U0538580

出土文獻與域外文獻視野中的
孝經學史新證

莊 兵 著

臺灣 學生書局 印行

出土文獻與域外文獻視野中的
孝經學史新證

目　次

導　論 ……………………………………………………… 1
　一、本書的研究面向 ……………………………………… 1
　二、本書的研究方法 ……………………………………… 4
　三、各章概要 …………………………………………… 10
　四、研究成果 …………………………………………… 22

第一部　出土文獻對《孝經》課題的開展 …………… 25

第一章　圍繞《孝經》成立諸問題 …………………… 27
　一、問題的提起 ………………………………………… 28
　二、〈察微〉所見《孝經》經名經句 ………………… 31
　三、與〈孝行覽・孝行〉篇的思想性對照 …………… 39
　四、再論《孝經》的成立 ……………………………… 50
　五、對《孝經》思想性評價 …………………………… 63
　結　語 …………………………………………………… 70

第二章　新文獻推動的《孝經》新課題 ……………… 73
　一、《孝經》文本的沿革 ……………………………… 74
　二、相關敦煌本《孝經》的研究整理 ………………… 80
　三、相關吐魯番出土《孝經》的研究整理 …………… 92
　四、敦煌吐魯番寫本對《孝經》研究的推展 ………… 98
　　（一）《御注孝經》 ………………………………… 98
　　（二）《孝經》今古文 ……………………………… 101
　　（三）《孝經注》、《孝經義疏》、《孝經疏》 …… 104

（四）《孝經鄭注》……………………………………107
　　結語……………………………………………………112
　　　　附錄：敦煌吐魯番出土《孝經》相關寫卷一覽表………114

第三章 六朝隋唐《孝經》文本的淵源辯析……………117
　　一、從唐玄宗「改經」說起……………………………118
　　二、關於《御注》經文加「故」字……………………121
　　三、關於《御注》刪今文〈庶人章〉經文「己」字…128
　　四、關於其他玄宗改經各條……………………………131
　　五、六朝《孝經》文本與《御注》經文的關聯………136
　　結語……………………………………………………142

第四章 《孝經》今古文流衍的諸問題……………………145
　　一、問題的提起…………………………………………145
　　二、傳世文獻所見《孝經》今古文……………………147
　　　（一）宋代以後中國傳世文獻中所呈現的《孝經》今古文…148
　　　（二）在日本傳世文獻中所呈現的《孝經》今古文………157
　　三、敦煌吐魯番本《孝經》所見今古文………………160
　　　（一）從章名顯現的特徵………………………………162
　　　（二）六朝本的特徵……………………………………165
　　　（三）唐五代本的特徵…………………………………170
　　四、重新考察《孝經》今古文的含義及版本流傳……175
　　　（一）宋代今古文的含義………………………………176
　　　（二）漢唐《孝經》今古文的本義……………………179
　　結語……………………………………………………190

第五章 《孝經》義疏學研究………………………………193
　　一、《孝經》義疏沿革…………………………………193
　　二、《孝經》義疏的體例衍進…………………………198
　　三、《孝經》義疏學的政教功能………………………205
　　四、《孝經》義疏學的社會多元開展…………………215
　　結語……………………………………………………221

第二部　域外文獻視野中的《孝經》學課題開展……223

第六章 日本見存《王羲之草書孝經》的發現………225
一、發現的緣起……226
二、在中國歷代的流傳……229
三、在日本的流傳……239
結語……244
附圖：《王羲之草書孝經》局部……247

第七章 圍繞《王羲之草書孝經》引發的新課題……251
一、問題的提起……252
二、《孔傳》所見〈閨門章〉……252
三、《長孫氏孝經》所見〈閨門章〉……264
四、《長孫氏說》的成書背景和思想性……273
結語……287

第八章 《孝經鄭注》的研究……289
一、圍繞《孝經鄭注》真偽之爭……290
（一）對《鄭注》作者的質疑……294
（二）對質疑論的駁辯……295
二、《孝經鄭注》的成書時期……304
三、《孝經鄭注》的思想特色……312
（一）《孝經鄭注》的經解特色……313
（二）《孝經鄭注》的孝道觀……322
結語……332

第九章 《孝經述議》的研究……333
一、引言……333
二、林秀一對《孝經述議》的文本復原及研究……335
（一）林秀一復原《孝經述議》的過程……336
（二）林秀一復原《孝經述議》之內容與研究……340

三、林秀一之後的整理及研究⋯⋯⋯⋯⋯⋯⋯⋯⋯⋯⋯⋯344
　　四、《孝經述議》的思想宗旨⋯⋯⋯⋯⋯⋯⋯⋯⋯⋯⋯⋯356
　　五、《孝經述議》的義疏特徵⋯⋯⋯⋯⋯⋯⋯⋯⋯⋯⋯⋯363
　　　　（一）先解篇名，次釋章義，並析篇章結構⋯⋯⋯⋯364
　　　　（二）對經文、注文作全面解釋，標明注釋起訖⋯⋯365
　　　　（三）疏文中常有問答、疏亦破注⋯⋯⋯⋯⋯⋯⋯⋯367
　　結語⋯⋯⋯⋯⋯⋯⋯⋯⋯⋯⋯⋯⋯⋯⋯⋯⋯⋯⋯⋯⋯⋯369

第十章 《御注孝經》研究的新展開⋯⋯⋯⋯⋯⋯⋯⋯⋯371
　　一、問題的提起⋯⋯⋯⋯⋯⋯⋯⋯⋯⋯⋯⋯⋯⋯⋯⋯⋯371
　　二、考察先行研究⋯⋯⋯⋯⋯⋯⋯⋯⋯⋯⋯⋯⋯⋯⋯⋯373
　　　　（一）史籍所載《御注》的成立⋯⋯⋯⋯⋯⋯⋯⋯⋯374
　　　　（二）林秀一的考察⋯⋯⋯⋯⋯⋯⋯⋯⋯⋯⋯⋯⋯⋯376
　　　　（三）長尾秀則的考察⋯⋯⋯⋯⋯⋯⋯⋯⋯⋯⋯⋯⋯380
　　　　（四）陳一風、陳壁生等的考察⋯⋯⋯⋯⋯⋯⋯⋯⋯381
　　　　（五）以開元「始注」為中心的諸考察⋯⋯⋯⋯⋯⋯383
　　　　（六）小結⋯⋯⋯⋯⋯⋯⋯⋯⋯⋯⋯⋯⋯⋯⋯⋯⋯⋯384
　　三、《御注》研究的新資料：〈賜薛王業勅序〉⋯⋯⋯⋯385
　　四、對《御注》成立的幾點新見解⋯⋯⋯⋯⋯⋯⋯⋯⋯390
　　　　（一）對先行研究的再澄清⋯⋯⋯⋯⋯⋯⋯⋯⋯⋯⋯391
　　　　（二）關於《孝經制旨》與開元「始注」⋯⋯⋯⋯⋯397
　　　　（三）關於天寶「重注」與石臺孝經⋯⋯⋯⋯⋯⋯⋯400
　　　　（四）〈玄宗序〉所見「六家」的疑義⋯⋯⋯⋯⋯⋯408
　　結語⋯⋯⋯⋯⋯⋯⋯⋯⋯⋯⋯⋯⋯⋯⋯⋯⋯⋯⋯⋯⋯⋯409

後　記⋯⋯⋯⋯⋯⋯⋯⋯⋯⋯⋯⋯⋯⋯⋯⋯⋯⋯⋯⋯⋯⋯411

徵引書目⋯⋯⋯⋯⋯⋯⋯⋯⋯⋯⋯⋯⋯⋯⋯⋯⋯⋯⋯⋯⋯421

導　論

一、本書的研究面向

　　既往學界針對《孝經》的研究，大致展現在兩個面向，其一在社會實踐、文化影響方面，其二在文獻考據、義理思想方面。前者關注點在於對《孝經》經典價值的發掘以因應時代課題，從而思考解決的途徑；後者關注點在於對《孝經》做文獻學研究，澄清其義理思想及歷史價值。兩者皆具以史爲鑒、鑑往知來的學術及人文關懷的價值，亦即針對古典中的思想精華及經驗智慧做出澄清，並由此對現今社會意義及家庭人倫的確認與建構做出回應。

　　由於漢代以後二千年封建宗法社會統治者提倡「以孝治天下」，《孝經》成爲闡釋孝道的代表經典倍受重視，對《孝經》的奉行與實踐，涉及領域遍及政治、社會、倫理、宗教、教育、禮俗、文化、家族認同等諸多方面，對形塑傳統文化產生過深遠的影響。史料中留存豐富的記錄，因而有關《孝經》以及「孝道」的社會實踐、文化影響方面的議題考察，前人研究在此方面取得了可觀的進展。例如綜論性的研究專著，較早有桑原騭藏：《中國之孝道》（臺北：中華書局，1980年）從傳統法律的脈絡考察孝道對古代政治、宗教、社會等方面的影響，之後寧業高等著：《中國孝文化漫談》（北京：中央民族大學出版社，1995年）、曹方林編著：《孝道研究》（成都：巴蜀書社，2000年）、肖群忠：《孝與中國文化》（北京：北京人民出版社，2001年）及《中國孝文化研究》（臺北：五南圖書出版股份

有限公司，2002 年）、朱嵐：《中國傳統孝道的歷史考察》（臺北：蘭臺出版社，2003 年）、張碩平等編：《中國孝文化》（西安：陝西人民教育出版社，2007 年）、陳愛平：《孝說》（重慶：重慶大學出版社，2007 年）等研究，內容涵蓋孝的起源和歷史發展，研究議題涉及孝道在傳統至現代的政治、社會、文化等各方面帶來的影響。另外，康學偉：《先秦孝道研究》（臺北：文津出版社，1992 年）、林安弘：《儒家孝道思想研究》（臺北：文津出版社，1992 年）、林佩儒：《孝經孝治思想研究》（臺北：國立政治大學碩士論文，1999 年）、池澤優：《「孝」思想の宗教學的研究—古代中國における祖先崇拜の思想的發展》（東京：東京大學出版會，2002 年）、徐復觀：《中國孝道思想的形成演變及其歷史中的諸問題》（《中國思想史論集》，臺北：臺灣學生書局，2002 年）、林麗真：〈論魏晉的孝道觀念及其與政治、哲學、宗教的關係〉（《臺大文史哲學報》第 40 期，1993 年）、鄭雅如：《唐代士人的孝道實踐及其體制化》（國立臺灣大學文學院歷史學系博士論文，2010 年）等在先秦至漢魏六朝隋唐的研究中，有關孝道觀念的歷史演進以及與《孝經》的思想關聯、社會實踐等諸多議題，亦有取得可觀成果。

尤其值得關注的新近研究成果，例如 2011 年舒大剛：《中國孝經學史》（福州：福建人民出版社）是大陸第一部《孝經》學通史，全書針對上起先秦、下迄 20 世紀兩千五百年間《孝經》流傳和學術歷史進行了系統考察，一定程度整理總結了歷史文獻資料及歷代學人的《孝經》學成果，同時針對《孝經》及孝道的歷史文化實踐及影響等議題亦多有闡述。2015 年出版陳壁生《孝經學史》（上海：華東師範大學出版社）主要從典章制度、禮法損益的經學史角度，考察《孝經》從漢代至民國時期在傳統社會的政治倫理實踐與影響，在梳理《孝經》的經世致用歷史脈絡中展現出卓有見地的論點。同在 2015 年出版劉增光《晚明孝經學研究》（上海：上海古籍出版社）為針對晚明《孝經》學所進行的經學史與哲學史的綜合研究，不但梳理

從宋元到明代《孝經》學的發展脈絡，而且在宋明學術思想發展的大背景下，揭示出晚明《孝經》學與程朱理學、陽明心學、佛道二教、晚明政治的內在關聯，並展示晚明學術思想發展的複雜性及晚明政治社會對當時儒者精神生活的深刻影響。最為值得關注 2011 年出版呂妙芬《孝治天下：孝經與近世中國的政治與文化》（臺北：聯經出版公司）一書，是針對明代以後近世社會的《孝經》實踐與思想文化形態等作出視野廣闊又具體而微的研究力作，展現出《孝經》在不同歷史情境中與歷史人物的生活及思想交會的豐富圖景，從而揭示中國傳統孝文化的豐富意涵及從傳統到現代的變化脈絡。

僅從以上列舉研究可以明顯察覺到，資料的多寡及方法論的不同，很大程度影響到相應課題研究的進展狀況及觀察角度，尤其既有研究總體呈現在《孝經》社會實踐、文化影響方面的研究成果更為突出，顯現出有關議題探究的諸多新進展。

相較而言，有關《孝經》文獻史層面的考察，特別在關於成書年代、作者、成書背景、歷代《孝經》文本之性質及流變狀況等最為基本的學術問題確認上，雖然前賢不乏針對這些問題的探究，亦由於問題範疇大多集中於文獻多有缺失的古代（先秦）中古（秦漢至隋唐）時期，[1]年代久遠以及資料

---

[1] 本書有關「古代」、「中古」歷史區分的設定，主要參考高明士先生研究。有關「中古」時期的區分，其研究指出：「以秦漢到隋唐作為『中古』，早期已有夏曾佑氏取世運之盛衰為區分的設定，日本的桑原騭藏氏則以民族的興替來設定。其後，以此時段作為『中古』者，如陳安仁氏以及日本的宇都宮清吉氏，乃至畏友雷家驥氏的『中古史學』皆是。筆者將秦漢至隋唐視為一個時段，而曰『中古』，基本上是著重於政治、社會結構的改變；在發展過程中，中古是將上古所建立的基礎與理論，給予有效的發揮。」引文參見高明士：〈時代區分論與隋唐史教學—秦漢至隋唐為「中古」的初步看法〉，《戰後日本的中國史研究》（臺北，明文書局，1996 年）修訂版；亦收入《隋唐史教學研討會論文集》（台灣大學歷史學系，1993 年 4 月）。本書有關《孝經》學史研究的課題集中於秦漢至隋唐時期，稱此歷史時段為「中古」，不是單純為本書行文上的便利，主要還因為秦漢至隋唐時期是《孝經》占據著官方學術地位的時期，這是其他時期所沒有的特徵。這就決定了中古時期《孝經》學從理論形成至發揮其「孝治天下」的政教功能，始終是從中古各王朝的政治統治核心，向社會

缺乏等限制，使得針對有關議題的探究，實際上仍多未得到充分的展開。例如圍繞《孝經》的成立諸問題至今爭議紛呈，而事實上仍然在宋儒、清儒的諸種論斷中折衷推敲，幾無實質性的進展；還有針對《孝經》在漢魏六朝時期流傳的今古文本流衍的理解亦有混淆。就個案而言，例如有關劉向對《孝經》整理的文本性質確認、有關鄭玄《孝經注》思想評述、有關劉炫《孝經述議》文獻輯佚及義理思想層面的研究、有關《御注孝經》的成立問題等，尚未得到充分的體系展開；更有諸如《長孫氏孝經》、《王羲之草書孝經》、敦煌及吐魯番出土《孝經》等新資料、新議題的研究，多在起步階段，尚需更為深入的探究。

有鑒於如上所述有關秦漢至隋唐的中古《孝經》學史研究尚存諸多議題有待澄清及研究拓展，本書寫作以筆者長期積累的系列研究成果作為基礎，在撰寫過程中，除廣為汲取前賢有關研究成果，更為側重有效利用 20 世紀以來新發現簡帛與敦煌吐魯番出土文獻以及英、法、美、日等域外見存中國古文獻，針對《孝經》各種傳統議題作出延伸研究，還有針對新問題的提出與澄清。為中古《孝經》學形成與演變的歷史樣貌，提供一些不同視角的發現與新成果，在開拓前人研究未嘗涉及的新議題部分更期望提供一些補白。

二、本書的研究方法

在從事經學議題研究上，採取經史結合的研究方法應當具有尤為重要的意義。以「五經」、「四書」、「十三經」為代表自古傳承的儒家經典，被認為是聖賢遺訓的不刊之鴻教，在中國傳統社會始終擔負著政治、道德、文化乃至宗教、禮俗、人倫關係確認等多重任務，對這些經典的解釋與傳承歷代積累形成體系，從而成為中國傳統社會中獨有的經學文化，並且在兩千年

其他階層乃至周邊世界擴展開來的重要時期。這與宋代以後以《孝經》主要作為個人道德修養之書為主要特徵有所不同。

的等級階層社會中,始終占據著官方學術的主導地位。時至今日,經學已經失去封建社會的生存土壤,只有在經學史評述中具有意義。然而,透過有益汲取古典中的思想精華及經驗智慧,對當今的社會及家庭人倫價值確認與建構,仍能發揮其人文關懷的價值,因此經學研究仍然可行。

《孝經》作為傳統社會的經學的重要組成部分,自漢代已降推行「以孝治天下」的歷代王朝中,曾經以不同姿態發揮過深遠的影響,在皇帝、士大夫、文人乃至庶民百姓在社會家庭等各種場域中被書寫、誦讀、講習、踐行、甚至被膜拜。在古今相異不甚體察傳統經驗的現代生活中,針對《孝經》在傳統社會曾經發揮的政教功能、歷史影響等學術研究不斷展開同時,對《孝經》本質上屬於傳承聖人遺訓的經學性質,實際上缺乏體驗式的理解。現代人幾乎無法按照《孝經》所云「始於事親,中於事君,終於立身」[2] 來規劃事業人生,「君子之事親孝,故忠可移於君」[3] 的價值觀亦難與民主文化相融,至於「孝悌之至,通於神明,光於四海,無所不通」[4] 的表述,更是令人感覺非同尋常也難以企及。然而亦有諸如「身體髮膚,受之父母,不敢毀傷」[5] 的警句,仍能提醒及感召為人子孫的人倫愛惜之心;「居則致其敬,養則致其樂,病則致其憂,喪則致其哀,祭則致其嚴」[6],事親五致的孝子事親圓滿之道,仍是影響華人社會的基本價值觀。

如此闡述,是要提示若使《孝經》的文本語境具有的時代影響意義,在於時代對它的選擇。之所以《孝經》能發揮其政教功能於兩漢社會,以經學立場而言,「五經」乃至《論語》、《孝經》被認為是孔子著述的治國經典;以史學立場而言,漢武帝時期,孔子著述立場的經典,被選擇成為代表

---

[2] 出自《孝經·開宗明義章》。引文參見唐·唐玄宗御注、宋·邢昺疏:《孝經注疏》,清·阮元校刻《十三經注疏》(北京:中華書局,1980年),頁2545下。

[3] 出自《孝經·廣揚名章》。同前引,頁2558上。

[4] 出自《孝經·感應章》。同前引,頁2559中。

[5] 出自《孝經·開宗明義章》。同前引,頁2545中。

[6] 出自《孝經·紀孝行章》。同前引,頁2555下。

漢代統治的意識形態。這樣，即便《孝經》表述中諸如「子爭於父」[7]明顯與孔子實際主張有差距，卻仍可歸結給孔子的思想。然而在宋代社會，例如朱熹以回歸家庭層面的孝道為倫理關懷的指標，針對《孝經》以「嚴父配天之孝」不合孔子理念為理由而予以嚴厲批評，[8]同樣也為了發掘《孝經》實踐於宋代社會的經學意義。由此可以發現，漢宋對《孝經》取捨的經史立場各有不同，但經史結合才能為時代課題提供思想倫理價值。由此可以明瞭，即便在傳統社會的歷史背景中，經學立場的主張，很大程度亦需要因應不同時代狀況的需求而調整。

在秉持「合理主義」、「實證精神」的現代學術研究理念中，若執意以傳統的經學立場為前提作為歷史理解，便會出現經史混淆的問題。例如在現今大陸經濟發展帶動「國學熱」、「孔子熱」的氣氛中，[9]針對《孝經》學史考證的一些學術研究，尤其在《孝經》成書及作者、《孝經》文本的流衍等最為基本學術問題上，歷經百年的學術成果似乎並未帶來實質的提醒，以認定《孝經》為孔子著述的漢唐經學立場，直接作為現今經學史學術研究的結論，堅持把孔子之後戰國秦漢產生的觀念或文獻直接歸結給孔子，并將之視為歷史事實來主張，此種混同經史立場而稱「經學史」的研究，便難免摻有迎合時代風尚的傾向。

在既涉及思想史又涉及經學範疇的經學史研究中，無論文獻資料的多寡，為了盡量避免造成「六經注我」的歷史錯覺，經史立場的分寸拿捏，實

---

[7] 《孝經·諫諍章》：「父有爭子，則身不陷於不義。故當不義，則子不可以不爭於父」。同前引，頁2558中。

[8] 朱熹指出：「但嚴父配天，本因論武王、周公之事而贊美其孝之詞，非謂凡為孝者皆欲如此也。又況孝之所以為大者，本自有親切處，而非此之謂乎？若必如此而後為孝，則是使為人臣子者皆有今將之心，而反陷於大不孝矣。」引文參見宋·朱熹撰：《孝經刊誤》，《文淵閣四庫全書》經部第182冊（上海：上海古籍出版社，1987年），頁107。

[9] 莊兵：〈「孔子熱」何去何從〉，《國文天地》第30卷第10期，總第358號（2015年3月），頁65-69。

際上至為重要。本研究認為在現今的經學史研究中,將經學著作亦視作「文獻」,切實理解經注疏解的文義及其被如此解讀歷史情境,直至明瞭注釋者的述求所在,採取「文獻與史證相結合」的研究方法,用以進行原典精讀以及整理歷史佐證及前人研究較為妥當。這種研究方法的有效利用,在筆者既刊論文,例如:〈敦煌吐魯番文獻展現的《孝經》今古文〉等業已獲得研究成效。

具體而言,傳世文本的《今文孝經》與《古文孝經》分章及語句的異同特徵清晰,亦能取證於《漢書》、《隋書》等記述,若此則「文獻」與「史證」契合,歷史事實由此便獲得落實。然而參核敦煌及吐魯番《孝經》諸本,則發現本來特徵清晰的今古文各自語句不同之處,在敦煌或吐魯番《孝經》的單一寫卷中,今文和古文的特徵同時呈現出來,傳世《孝經》今古文本各自獨有的語句特徵,在敦煌吐魯番《孝經》中混然同出,[10]本來以傳世文獻為背景的「文獻」與「史證」相契合而獲得的「事實」本身,卻由此出現了問題。

那麼問題出在何處了呢?在〈敦煌吐魯番文獻展現的《孝經》今古文〉一文,透過深入檢討歷代藝文書誌的記述,發現伴隨唐代《御注孝經》被官學規定為「今文本」,加之宋代以後朱熹對《古文孝經》的關注及對今古文經句的強調,導致黃震等學者為與「古文《孝經》二十二章」做對應,把從專稱的「今文《御注孝經》十八章」泛化成「今文《孝經》十八章」。亦即朱熹、黃震等據當時所見今古文本而論漢唐《孝經》今古文,於是十八章本的《孝經鄭注》(略作《鄭注》)被理解為與《古文孝經孔氏傳》(略作《孔傳》)相對立的「今文本」。漢代雖然流傳十八章博士傳隸書(今文)《孝經》與孔壁出古文字(古文)《孝經》,但當時並無後世所見《孝經》今古文經學分立的局面,反而劉向、鄭玄等漢代大儒對《孝經》諸本的折中做法,使《孝經》內容逐漸趨同。魏晉南北朝經學崇尚古文而《鄭注》通

---

10 參見本書第四章「三、敦煌吐魯番本《孝經》所見今古文」相關論證。

行，伴隨皇家以及士人講經風氣的流行而《鄭注》文本再趨分化。雖然《孔傳》自民間出現，於梁陳隋唐與《鄭注》爭置學官，當時亦僅是官學兩家之並立，以當時的文獻記錄：「開元七年三月一日敕：《孝經》《尚書》，有古文本《孔》《鄭》注……亦可並行」[11] 亦可明瞭，並無「十八章則為今文」的理解模式。即便之後《御注孝經》（略作《御注》）確立為「今文」，從石臺碑刻中留存的隸定古文字來衡量，實際上《御注》於文本層面，亦非簡單以今文可論定。

由此可以明確，《孝經》今古文本特徵分明并取證於《漢書》、《隋書》所構成的「事實」本身，實際上只是唐代以後學者在針對《孝經》經學文本價值確認的過程中，被逐漸建構起來的理解模式與集體認同。實際上《漢書》、《隋書》僅是對當時官學收藏《孝經》文本的記述，其他民間流傳的《孝經》諸本亦源流甚多。[12] 經由與敦煌吐魯番等六朝隋唐《孝經》文

---

[11] 宋・王溥撰：《唐會要》卷36，〈貢舉下〉（北京：中華書局，1955年），頁1405。

[12] 除《漢書・藝文志》所錄官本之外，史書文獻尚有記載多種民間流傳的《孝經》本。第一，孔鮒門人叔孫通等傳承的系列。第二，顏氏父子所獻十八章本，或得於叔孫通等，其祖本在秦火之前，或為古文。文帝時，天下諸子經傳往往頗出，為此，而朝廷一度設立「孝經博士」，所用或為「顏本」，傳入官學，則改為今文隸書。第三，在河間國的流傳之本。漢初的河間國一帶，盛行收集古籍經典，獻王曾研讀的《孝經》，或為古文。武帝以後，傳入學官，為齊、魯、韓諸家官學博士所傳，則改為今文（隸書）。第四，在孔氏家學中的傳授二十二章《古文孝經》於武帝以後由魯國孔惠等人相繼傳開，且有改成今文隸書的版本，則二十二章本亦有古文字本及今文隸書本，如「霍光」所好、「魯吏」所持，都是此本在民間的流傳。由此可以瞭解前漢流傳的《孝經》諸本，實際上源流甚多。至後漢，史載傳授《孝經》的學者，從經傳的記載中可見桓譚、鄭眾、范升、衛宏、賈逵、許慎、馬融、許沖、鄭玄等人。不過，需要提及一點是，前漢重「師法」，因而綿綿相傳，學統分明，就《孝經》來說，亦見齊、魯、韓、孔氏家學等師承之別。到了後漢，隨著各經學派自成其說，又有各自的章句著述作為一家之學的代表作，所以一般不再考察師承，而是單以「家法」為準。這是不同於前漢《孝經》學的特色之處。鑒於這樣的授受狀況，後漢學者對《孝經》的著述，亦不限於今文家專主隸書《孝經》，古文家專主古文《孝經》。參見本書第四章「四、重新考察《孝經》今古文的含義及版本流傳」相關論證。

本的特徵比較，亦能發現相類似的歷史脈絡。[13] 而《孝經》作為經典因應時代訴求，作為文獻的史證價值，亦藉由如此將「經典」作為「文獻」的觀察，採用經史結合的研究方法，從而梳理澄清此議題的有關經學、史學各種問題。

　　論及如此研究方法的淵源，或可從「二重證據法」獲得啟發。1925 年王國維先生提出：「吾輩生於今日，幸於紙上之材料外，更得地下之新材料。由此種材料，我輩固得據以補正紙上之材料，亦得證明古書之某部分全為實錄，即百家不雅訓之言亦不無表示一面之事實。此二重證據法惟在今日始得為之」。[14] 意指運用「地下之新材料」與傳世文獻記載相互印證，以考察古代歷史文化。這種研究方法近代以來影響甚大，適用範圍亦廣。陳寅恪先生曾經概括「二重證據法」在 20 世紀初的發展：「一曰取地下之實物與紙上之遺文互相釋證」；「二曰取異族之故書與吾國之舊籍互相補正」；「三曰取外來之觀念，以固有之材料互相參證」。[15] 本書利用簡帛文獻、敦煌吐魯番文獻（即陳先生所謂「地下之實物、紙上之遺文」）及域外文獻（即陳先生所謂「異族之故書」），在六朝隋唐時期《孝經》諸種課題研究所獲成果，已經能夠顯現出對此研究方法的有效利用。

　　而「二重證據法」被認為是 20 世紀中國考古學和考據學的重大革新，後來又有學者如饒宗頤先生、葉舒憲先生等在二重證據法的基礎上發展出三重證據法，加上社會學、文化人類學等資料與方法的運用。本書採取「文獻與史證相結合」的研究方法，以新出考古文獻針對傳統學術史做歷史還原，

---

[13] 例如敦煌吐魯番出土《孝經》寫卷中，可發現幾種《序》文，於文辭表述上明顯具有相互關聯的特徵，然而於核心宗旨部分各《序》又各有側重，顯現出共同祖述《孝經》鄭氏同時，又各有自身主張的文本特徵，展現出六朝乃至隋唐民間流傳的《孝經》版本的多元性格。參見本書第二章「四之（四）《孝經鄭注》」部分的論述。

[14] 王國維：《古史新證》（北京：清華大學出版社，1994 年），頁 2-3。

[15] 陳寅恪：〈王靜安先生遺書序〉，《金明館叢稿二編》（上海：上海古籍出版社，1980 年），頁 219。

在此基礎之上將議題放入歷史視野做更為具體的觀察，例如在六朝隋唐《孝經》義疏學課題的開展上，敦煌本《孝經》中發現一些義疏類寫卷，從疏解內文鋪陳經說義理的形式來看，仍不失六朝義疏風格，實際上仍是採取涵蓋全篇的「經注」訓注形式，並未全然流於散漫口說。而所見發揮經義的類似俗講經文的大幅講說故事文字，則多是附錄在「經注」之後，以「《傳》曰」提領文字，顯示出此類《孝經》注當有經注藍本，面對公眾講說之際，方成雜引故事發揮經義的類似俗講經文，從中亦容易察覺講經勸孝的說解色彩，文中蔓引故事，或衍說孝感天地，或夾敘佛教論說。[16] 若以學者稱之「猥俗褊陋，不足行遠」，則不能列入傳述古聖先賢訓誡的經學殿堂。然而若不拘泥於經學權威立場，面對這些講經勸孝文以文化史、社會史角度加以探究，會更為全面真實地反應出這些文本的歷史文化價值。從而顯現出「經史結合」的研究方法之有效運用，在確認文獻、義理、思想、歷史等諸方面連帶關係，不僅可以更為具體切實，而且對開拓研究視野更有助益。

　　本書各章議題研究利用「文獻與史證相結合」的研究方法，經學史學相結合，以新出文獻對既有《孝經》課題以及新發現課題，進行經學義理辨析及文獻史學考證，並將所獲推論在文化史、社會史視野加以印證。各章文字以既刊論文為基礎發展撰寫而成，在課題的開展以及延伸方面，期冀為《孝經》學史研究提供一些新證。

三、各章概要

　　本書分做「出土文獻對《孝經》課題的開展」與「域外文獻視野中的《孝經》學課題開展」兩個部分共十章內容，力圖提供在簡帛、敦煌寫卷、吐魯番文書等出土文獻以及域外文獻諸領域，本書於《孝經》學史研究的新成果。

---

[16] 參見本書第五章「四、《孝經》義疏學的社會多元開展」中相關論述。

在第一部是利用簡帛、敦煌吐魯番出土文獻所作的綜論性課題研究，涉及中古時期的《孝經》學史及文獻史課題，共包含五章。第一章主要利用《儒家者言》、《孔子家語》、《上博八・顏淵問於孔子》等簡帛文獻，結合傳世文獻對《孝經》課題研究的推進，集中於圍繞《孝經》的成立問題探究，並對《孝經》成書背景、成書時期及作者提出新見。第二章是運用20世紀於敦煌及吐魯番地區相繼發現的《孝經》寫卷所進行的研究史綜述，整理學界在敦煌及吐魯番《孝經》研究範疇取得的成果，並指出學界在《御注孝經》、《孝經》今古文流衍、《孝經》義疏學、《孝經鄭注》等方面的課題推展。第三章到第五章，是針對上述諸課題的本書專論。第三章從辨析「唐玄宗改經」公案作為切入點，為《御注孝經》文本性質及六朝隋唐《孝經》官學文本的流衍提出新見，指出六朝隋唐官學《孝經》文本仍是秉持傳遞聖人遺訓的經學立場，非如學者指斥的「導致傳統學術的斷絕」。進而第四章為《孝經》今古文本的歷史流衍做出統貫性廓清，針對陳陳相因的「論《孝經》十八章則今文，二十二章則古文」的混淆理解做出釐清。在此基礎上，進而在第五章圍繞敦煌吐魯番本《孝經》義疏類寫卷的探究，展現中古《孝經》義疏學的多元開展樣貌與社會實踐價值。

　　第二部是利用域外文獻的專論性課題研究，包含五章。第六章是針對《王羲之草書孝經》的發現整理所進行的文獻史研究，側重於文獻本身歷史傳承的澄清以及相關新課題的探討，還涉及中日學術交流的議題；第七章是《王羲之草書孝經》引發的新課題研究，涉及此書關聯《古文孝經》的問題、〈閨門章〉的問題、《長孫氏孝經》的問題等，主要範疇在兩漢《孝經》學議題。第八章參酌林秀一、陳鐵凡等前賢整理域外文獻成果，針對《孝經鄭注》的成書背景及思想宗旨做深入的探究，主要範疇在漢晉《孝經》學史議題。第九章是針對日本見存《孝經述議》的發現整理與思想宗旨的專論研究，主要範疇在六朝隋唐《孝經》學史議題。第十章是利用日本見存《王羲之草書孝經》及敦煌吐魯番文獻，針對《御注孝經》的成書過程及

經學史價值做出最新成果研究，主要範疇在唐代《孝經》學史議題。

以下針對各章內容做概要介紹。

第一章利用簡帛文獻與傳世文獻互證，圍繞有關《孝經》成立諸問題提出最新見解。具體而言，《呂氏春秋・察微》中可見一段引用《孝經・諸侯章》語句，《呂氏春秋・孝行》中也有酷似《孝經・天子章》的語句，自古圍繞《孝經》成立問題的眾多論考，無不以爭論《呂氏春秋》所見此二條《孝經》經句是否屬實，作為研判《孝經》成立於先秦抑或作於漢儒之重要論據。今存《呂氏春秋》為後漢高誘注本，本研究發現《呂氏春秋》高誘注引用《孝經》多達十三條，此前並未引起《孝經》研究者的重視，以至對此全無考察。本章以此作為切入點，並針對與《孝經》文本有關聯的出土文獻《儒家者言》、《上博八・顏淵問於孔子》，以及以往被認定成偽書而受忽略的《孔子家語》、《孔叢子》等進行綜合考察，從而釐定《呂氏春秋》兩處稱引《孝經》語句，〈察微〉中的引《孝經》語並非原本的文字而是後漢高誘注語，并且《孝經》在〈孝行〉篇成書之後成立，是發展了〈孝行〉篇的思想。再結合漢初諸子傳記中多見稱引《孝經》句，釐清《孝經》的流傳在秦始皇焚書之前，從而得出《孝經》成書於秦代的結論。[17]《孝經》作為儒家經典最早稱「經」，顯現出此書帶有明顯官學特徵，非僅是出自「私學」立場的學派思想傳承之作。在命名「孝經」並歸屬給孔子述傳的特徵上，亦體現出《孝經》作者為孔子家系編撰才能具有的名正言順性質，從而顯現有關《孝經》的著者與史料傳為傳承者的孔鮒等秦代孔氏家學傳人有密切關係。本章論證內容主要以既刊論文〈孝經の成立を巡って〉（《日本中國學會報》第 54 集，2002 年）及〈《呂氏春秋》引《孝經》經句考辯——兼論《孝經》的成立問題〉（《輔仁國文學報》第 24 期，2017 年 5 月）兩篇

---

[17] 莊兵：〈孝經の成立を巡って〉（《日本中國學會報》第 54 集，2002 年），頁 1-15。本書在此基礎上，後文針對師承孔鮒的叔孫通傳承《孝經》有一步的研究考察。參見本書第一章「三、再論《孝經》的成立」相關論述。

論文為基礎撰寫而成。

第二章是針對 20 世紀以來敦煌吐魯番出土《孝經》的相繼發現及對此先行研究的論介，本章透過全面梳理相關敦煌吐魯番《孝經》研究過程及既有成果，指出新史料對於《孝經》今古文、《孝經鄭注》、《御注孝經》等既有課題以及《孝經》學史研究新課題的推展。第一，針對既有成果的考察，瞭解分藏於中、法、英、俄等圖書館的敦煌《孝經》相關寫卷，已整理出五十餘件，還有吐魯番出土文書發現的《孝經》相關殘卷亦達二十件，合計超過七十件，已具備獨立的範疇及研究規模。所見卷本，絕大多數為白文《孝經》，另有鄭玄的《孝經注》、唐玄宗的《御注孝經》，以及十數卷佚名的《孝經注》、《孝經解》、《孝經疏》、《孝經讚》以及近十件《孝經》策問卷。這些《孝經》相關的寫卷中，不少存有紀年題記，從抄寫時期看，從北魏到五代時期皆有，其間橫跨五個世紀。對此範疇的研究，王重民、黃文弼、林秀一、蘇瑩輝、陳鐵凡、王利器、陳金木、榮新江、任半塘、嚴耀中、柳洪亮、鄭阿財、許建平、王素、李德超、張錫厚、趙楠、劉波、金瀅坤、呂玲娣等學者具有代表性成果，使敦煌吐魯番本《孝經》從個案性的綴合定名，至綜合性的輯佚校勘等皆已經獲得長足發展。第二，相關課題推展方面，指出六朝隋唐這一段《孝經》講習極為活躍，卻少有資料保存下來，由於寫卷中發現諸多前所未見的文獻，為《孝經》學術思想以及歷史價值等研究，皆提供了重要的補充及新課題的開展。具體而言，諸如針對《御注孝經》文本思想的新認識、相關《孝經》義疏學課題探討、對《孝經》今古文的重新界定問題、對《孝經鄭注》經學地位的確認，還有針對《孝經》傳習的歷史多元樣貌考察等，皆能提供新的認識。本章論證內容主要以既刊論文〈敦煌吐魯番出土《孝經》研究論介〉（《出土文獻研究視野與方法》第 5 輯，2014 年 11 月）為基礎撰寫而成。

第三章有關六朝隋唐《孝經》文本淵源辨析，本章首先從辨析「玄宗改經」的一則公案入手，自清代學者提出唐玄宗針對《孝經》經文有改動，學

者延續此說，逐漸主張唐玄宗針對《孝經》乃是「以己意改經」，如此便是造成六朝隋唐《孝經》文本作為聖人遺訓的經學意義的斷裂。然而，本研究具體透過逐字勘驗敦煌吐魯番諸種《孝經》寫卷，學者所主張唐玄宗「以己意改經」的各項佐證，多有資料考據不足與解讀上的偏差，無法作為立論唐玄宗「改經」的切實證據，而是恰恰相反，透過與敦煌吐魯番諸本資料參核比對，展現出被認為玄宗所改之「經」，實際上皆有六朝《孝經》文本乃至漢簡文獻的淵源，因此即便有所謂「改經」，亦當屬唐代官學立場的正訂經文範疇，而非唐玄宗「以己意改經」，由此辨明六朝隋唐《孝經》文本依然是秉持傳遞聖人遺訓的經學立場，非如學者指斥的「導致傳統學術的斷絕」。本章論證內容主要以既刊論文〈「玄宗改經說」新辯〉（《東華漢學》第28集，2018年12月）為基礎發展撰寫而成。

第四章圍繞《孝經》今古文流衍的諸問題探究，以全面校勘比對出土文獻與傳世文獻的文本異同、及重新梳理《孝經》今古文問題為關注點。唐代以後《孝經》今古文異同見於傳世諸本，本研究發現敦煌吐魯番諸本中，單一寫卷中多有混雜呈現唐代以後今古文才各自獨有的語句特徵，與學界一般認定的《孝經》今古文特徵有諸多出入。藉由綜合比對以及結合歷代藝文書誌記述重新加以梳理，發現伴隨唐代《御注孝經》被作為「今文本」確立，加之宋代以後朱熹對《古文孝經》的刊改及對今古文經句的強調，導致宋代以後產生一種將「今文《御注孝經》十八章」泛化成「今文《孝經》十八章」的過程，黃震等宋代以後學者據當時所見今古文本而論漢唐《孝經》今古文，於是十八章本的《孝經鄭注》被理解為六朝至隋唐前期與《古文孝經孔氏傳》相對而立的「今文本」，由此形成一種「《孝經》十八章則今文，二十二章則古文」的混淆的理解。歷代從官學至民間多元傳承的《孝經》學術源流，遂為宋代以後《孝經》今古文分立說統整簡化。本章還有指出，漢代雖然流傳十八章博士傳隸書（今文）《孝經》與孔壁出古文字（古文）《孝經》，但當時並無後世所見《孝經》今古文兩相分立的局面，反而劉

向、鄭玄等漢代大儒對《孝經》諸本的折中做法，使《孝經》內容逐漸趨同。魏晉南北朝經學崇尚古文而《古文孝經孔氏傳》出現，至梁陳隋唐與《孝經鄭注》爭置學官，亦僅是官學兩家之並立，非今古文含義的對立。即便之後《御注孝經》確立為「今文」，從石臺碑刻中留存的隸定古文字來衡量，實際上於《御注孝經》文本層面，亦非簡單以今文可論定。《孝經》今古文之爭由來已久，六朝隋唐有爭置學官的優劣之爭，宋明清有疑經改經的門戶之爭，乃至現今學術界對此爭論依然不斷，本研究目的正在於最基本的文獻理解層面，對向來混淆的《孝經》學術源流做出正本清源的釐清，打開《孝經》今古文對立的思維定式，讓歷史各時期的《孝經》文本回歸歷史脈絡，尤其為中古《孝經》學研究提供更為廣闊的視野。本章論證內容主要以既刊論文〈敦煌吐魯番文獻展現的《孝經》今古文〉（《政大中文學報》第二十七期，2017年6月）為基礎撰寫而成。

第五章 中古《孝經》義疏學研究的新展開，係利用敦煌《孝經》諸寫卷參核皇侃《孝經義疏》、劉炫《孝經述議》及邢昺《孝經注疏》等，主要探究六朝隋唐《孝經》義疏學蘊含的疏解特色及衍變過程中，如何因應時代變遷所展現的政教功能與社會實踐價值。具體而言，第一，藉由取證《孝經述議》、《孝經注疏》等作為比對資料，從而澄清P.3274《孝經鄭注義疏》的疏解方式，實與皇侃《論語義疏》「能宗一家為主，又能博采眾家之說，使異說並存」的特徵相近，展現出諸說分立、圓通百家的六朝義疏特色，與《孝經述議》及《孝經注疏》的「一家為主，駁辯眾家」的特徵有所不同，顯現出《孝經鄭注義疏》與皇侃《孝經義疏》及劉炫《孝經述議》的關聯，對《孝經注疏》亦產生一定的影響。第二，從六朝隋唐政教環境中考察《孝經鄭注》的實際影響，尤其在涉及君臣關係的確認上，我們能夠發現對《鄭注》義理的準從如何，很大程度取決於現實狀況的需求，也看到對《孝經》義理疏解的靈活多面。雖然在政治倫理上忠君在於強調「敬」與「嚴」，然而魏晉六朝隋唐多以巧取豪奪取得政權，為從經典獲得統治合法的依據，以

孝做忠，以愛入孝，先愛後敬的理論便成爲統治階層的現實需求。當愛敬的普遍意義在政治倫理上被認可與推行之際，履行孝道的義務與責任，實際上是從天子轉化爲天子以下各階層，尤其對於庶民階層的要求。六朝隋唐《孝經》義疏在現實的政教實踐中的具體展現，讓我們看到《孝經》義理在延展向義疏層面，看似自由多面，實際與現實政治息息相關。第三，敦煌本 S.6177+P.3378《孝經注》，P.3382《孝經注》等，從疏解內文鋪陳經說義理的形式來看，仍不失六朝義疏風格。但同時從中亦容易察覺講經勸孝的講經文特徵，尤其上述兩卷蔓引故事，或衍說孝感天地，或夾敍佛教論說，無怪乎受到「猥俗褊陋，不足行遠」、「自不得入傳述古聖先賢訓誡的經學殿堂」等負評。不過本研究從歷史角度加以考察，發現疏解雖然多有脫離經文原意，卻明顯側重以世俗家庭層面的道德行爲，作爲評價忠臣孝子的指標。並且還帶有佛教「因果」與「報恩」的觀念，行文的渲染方式，亦多以身臨其境的心理描述展開，顯得感人生動，貼近世俗。若不拘泥於官學正統立場，面對這些講經勸孝文以歷史社會學角度加以探究，則可更爲真實地開展出這些文本的多元文化價值。本章論證內容主要以〈《孝經》義疏學探究——以敦煌吐魯番出土文獻爲線索〉（《2022「傳承・通變・挑戰：漢學的視域融合」——臺灣師大百年校慶國際學術研討會論文集》）一文爲基礎發展撰寫而成。

　　第六章 《王羲之草書孝經》研究的新展開，《王羲之草書孝經》是東晉王羲之書寫的草書《孝經》，爲中國早已失傳而僅存日本之作，書中見存衆多中日歷代書家所留大量跋文、印鑑，大致明確此本是王羲之爲晉成帝作爲學習《孝經》而寫的教材，曾收藏唐宋兩代宮廷；唐代玄宗皇帝爲之序，宋代流入民間，先後爲北宋書畫家米芾父子及明代書畫收藏家項元汴等人收藏；約明代前期，其本傳入朝鮮，元祿年間，豐臣秀吉出兵朝鮮時被伊達政宗掠至日本，成爲陸奧國仙臺藩歷代藩主的祕藏。本研究所發現的《王羲之草書孝經》，不同於一般的學術思想著作，而是作爲書法作品流傳下來的

《孝經》本，較爲完整地保存了漢晉原本的風貌，因此具有學術兼書法藝術的多重價値。概括此本的特點有三：第一、原本存「十九章」經文，分章既不同於今傳「十八章」本的《今文孝經》，亦不同「二十二章」本的《古文孝經》，其中所見〈閨門章〉，與今傳《古文孝經》〈閨門章〉的語句所有不同，似乎沒有司馬貞所批判的「文句凡鄙」的狀況，很可能是失傳已久的《漢書‧藝文志》及《隋書‧經籍志》中所著錄前漢中期成書的《長孫氏孝經》。因此，對漢晉韓詩學派所傳承的《孝經》的研究，對《古文孝經孔氏傳》的真僞問題澄清，乃至《御注孝經》成書背景等的研究等，都是重要的參證文獻。第二、此本是王羲之二十五歲前後的書法作品，極爲罕見。此本用行草書寫的《孝經》，自唐玄宗李隆基以下歷代書法名家對此點多有鑑定品評。史載唐太宗時期，王羲之的書法有三千多卷，到宋太宗時只有一百六十餘件，現今存世的王羲之摹本僅有二十件。目前所見《王羲之草書孝經》爲日本刻書家雙鉤摹刻的印本。此本的發現，不僅對《孝經》研究本身，對王羲之思想研究、生平研究、書法研究，都將具有參考價値。第三、王羲之所書《孝經》經文的前後，可見唐玄宗御制「勅序」一篇以及宋代徽宗、米芾、米友仁父子、元代許衡、趙孟頫、貢師泰、張肅、虞集、倪瓚、明代項元汴、日本黃檗宗高僧即非如一、高泉性激以及西岡逾明、國分章、石井勝光等十六位歷代中日書法名家的品評跋文、落款及八十餘款鑑藏印的刻拓，因此本研究不僅對六朝隋唐的《孝經》研究具有意義，對中日書法史、東亞文化交流史等多方面課題研究都會有參考價値。本章論證內容主要以既刊論文〈日本見存《王羲之草書孝經》考察〉（《止善》第九期，2010 年 12 月）爲基礎發展撰寫而成。

　　第七章《王羲之草書孝經》引發的新課題研究，主要以考察《孝經‧閨門章》爲線索展開。今日所見《孝經》的各種本中，《孝經鄭注》十八章無〈閨門章〉，《御注孝經》十八章也不見〈閨門章〉，《古文孝經孔氏傳》二十二章中有〈閨門章〉，於是〈閨門章〉儼然成爲區別《孝經》今古文本

的最顯著特徵。然而，本研究發現日本見存十九章的《王羲之草書孝經》中竟然有「閨門一章」，如此若以《孝經》今古文範疇來看，便出現難以理解的局面。日人朝川鼎以為或為前漢流傳的《長孫氏孝經》，但是，《隋書・經籍志》但錄其事，不錄其書，蓋隋唐時在中土已經失傳，因而對《長孫氏說》及〈閨門章〉的問題，至今無人作過進一步探討。本章透過分別針對《古文孝經孔氏傳》及《長孫氏孝經》中〈閨門章〉之由來及思想性等的考察，主要澄清以下幾點：一、〈閨門章〉非前漢今古文《孝經》經文所原有，乃是前漢《長孫氏孝經》的傳文，亦即原屬於《長孫氏說》的內容。二、〈閨門章〉之所以見於六朝《王羲之草書孝經》及《孔傳》之經文，乃是漢末以降經傳合併所至，非如司馬貞所云始偽於《孔傳》。三、《長孫氏說》乃韓詩學派的《孝經》注說，或為前漢韓詩博士長孫順所傳，其宗旨體現出峻嚴宗法禮治的思想傾向，乃是前漢中後期帝國主導思想由武帝時代的法治思想向儒教禮治思想轉換過程中的產物。本章論證內容主要以既刊論文〈閨門章〉考——兼論前漢中後期《孝經》解釋學的思想傾向——〉，（《中國儒學》第5輯，2010年3月）為基礎發展撰寫而成。

第八章有關《孝經鄭注》的研究專論，伴隨19世紀以來敦煌文獻及吐魯番文書的陸續發現及研究的深入，有關《孝經》的諸種古本陸續被整理出來，其中尤以《孝經鄭注》文本最豐，林秀一、陳鐵凡等前賢對《孝經鄭注》的輯佚復原居功甚偉。本章參酌前賢成果，從已往針對《孝經鄭注》的文獻辯偽入手，透過深入考察《鄭注》的經解特徵及孝道觀，從而澄清《孝經鄭注》的思想傾向在於削弱《孝經》的政治學本旨及凸顯其道德文化價值，其動機有針對兩漢官學對《孝經》政治性的過度放大所做出的救正，是對《孝經》體現孔子禮樂教化意義及學問思想價值做出的弘揚。由此進一步確認《孝經鄭注》為鄭玄以《禮》說遍注經文，研判該書成於鄭玄晚年學問成熟的時期。在鄭玄經學體系中，《孝經》是被看作孔子總會六藝題目、指意之書，占居了鄭學至為重要的地位。本章論證內容主要以既刊論文〈《孝

經鄭注》文獻真偽與思想價值探究〉）（《第十屆漢代文學與思想暨創系 6 0 週年國際學術研討會論文集》，2017 年）為基礎撰寫而成。

第九章《孝經述議》研究的新展開，20 世紀 50 年代日本林秀一博士利用新發現保存在日本民間 500 年之久的《孝經述議》抄本（存兩卷），並費時二十年蒐集各種日本古傳《孔傳》舊抄本，復原出劉炫《孝經述議》五卷的大部分內容，並澄清《孔傳》非劉炫偽作的事實。林秀一復原整理的《孝經述議》由於閱讀不易，新近喬秀岩等針對林秀一復原本做出句讀整理。另有學界數例個案研究，但總體上利用《孝經述議》進行六朝隋唐《孝經》學術研究尚屬起步階段。本研究著重針對以林秀一為代表的前賢研究成果，作出經學史、文獻史的追蹤與論介，針對林秀一等前賢研究推論亦多有辨析糾正，藉由深入探究《孝經述議》的思想宗旨和經解特徵，釐清《孝經述議》是將《孝經》當作孔子自身體認實踐孝道孝行的經典，蘊含孔子對歷史「治亂興亡」的經驗總結，闡釋孝既是體現天地人倫之道，又是人人性情所生、自然可行的善行。如此獨樹一幟的思考方式，足以體現出其理論的思辯性與現實意義的指導性，能夠體會《孝經述議》對六朝富含思辯性的玄學思想汲取同時，對《孝經》本身「以孝治天下」的思想宗旨，作出歷史實踐意義的重新詮釋。至於《孝經述議》駁辯百家，以成一家之論的義疏學特徵，亦可謂為六朝至隋唐過渡期集義疏學之大成者。由此推展了有關《孝經述議》的思想價值考察。本章論證內容主要以既刊論文〈《孝經述議》藏本文獻整理與思想價值探究〉（《師大學報》第 67 卷第 1 期，2022 年 3 月）為基礎撰寫而成。

第十章圍繞《御注孝經》研究的新展開，以日本見存《王羲之草書孝經》及敦煌吐魯番出土《孝經》寫卷提供之線索，並經由檢討前賢研究以及深入歷史背景之實證分析，針對唐玄宗《御注孝經》的成立與改訂過程等相關議題進行釐定，藉以明確《御注》成立的具體原因及歷史價值。具體推論為：第一、開元初，唐玄宗李隆基自撰《孝經制旨》一書，用以督導宗室諸

王勉學《孝經》，使諸王体認孝治並敦行孝悌，不起反心。如開元二年三月唐玄宗賜胞弟李業《王羲之草書孝經》並手書《孝經制旨》序文作為「敕（命令兼告誡）」附於卷首。由於向來取證文獻的不足徵，既有學說對《孝經制旨》探討難以深入，本研究結合域外新發現資料，對其成立時期以及背景等作出了具體的澄清。第二、開元十年六月，為平息朝野圍繞《鄭注》、《孔傳》的爭議，唐玄宗自撰《御注孝經》（或稱「始注」）頒行國子學，此舉不僅達成確立科舉經籍的目的，同時對消解朝臣對立也發揮實質的作用。第三、天寶二年唐玄宗修訂開元《御注》，並沿用〈制旨序〉取代「始注」的〈元行沖序〉以成天寶《御注孝經》（或稱「重注」）；且於天寶四年將「重注」的「經・注及序文」刊刻上石建成「石臺孝經」，藉以宣示「孝治天下」之太平盛世已經達成。第四、唐玄宗兩次修纂的《御注孝經》皆頒行天下，並明令地方學官勸課及家家收藏，使朝廷推行「孝治天下」的文教政策，得以普及庶民大眾，並成為爾後官方《孝經》的標準注本，為唐代及後代官方推行文教、宣揚孝道發揮了長久的影響力。上述所獲諸項推論，包括前人未提及之論，對歷代研究學說多有糾正和補充，為近代學者頗多爭議的公案，亦皆有提供解答。本章論證內容主要以既刊論文〈《御注孝經》的成立及其背景—以日本見存《王羲之草書孝經》為線索〉，（《清華學報》新四十五卷第二期，2015年6月）為基礎撰寫而成。

　　本書以上各章節的文字，基本皆是藉由新出土文獻及域外文獻與傳世文獻比較參證的研究成果，並已經撰寫成學術論文刊登於各種學術期刊，各章所獲諸項推論，包括前人未提及之論，對歷代研究學說多有糾正和補充，為近代學者頗多爭議的「公案」皆一定程度提供了解答。所獲推論多為研究新見，在學界亦產生反響，被大陸、台灣、日本等《孝經》課題相關的研究論文或著述徵引，諸如：劉增光先生研究接受筆者有關《御注孝經》天寶序文

成立真相的推論、[18] 以及筆者有關漢代《孝經》諸本源流的推論，[19] 吳天宇先生接受筆者研究指出《鄭注》具有「約君」思想[20] 等，其他，趙婕妤先生、何晉先生、喬娜先生等論文多有引述筆者研究的觀點，[21] 有關《王羲之草書孝經》的研究論文，亦被日本及大陸網站做專文介紹。[22]「維基百科」之「孝經」項，亦於「外部連接」引用筆者三篇學刊論文。[23] 或有提出一些修正意見，諸如劉增光先生針對筆者有關劉向對《孝經》今古文本整理問題提出的參酌意見；[24] 陳鴻森先生針對筆者有關漢代六朝《孝經》相關文本考據所提出的評論，[25] 顯現筆者研究成果在學界產生了反響，於學術研究意義上取得了推動作用。此次體系整理成為一部專書，既有以比較大跨度視角對《孝經》文獻史、學術史作出求證的，例如《孝經》今古文、《孝經》義疏

---

[18] 劉增光：〈公天下的隱沒與忠君的凸顯──唐《孝經注疏》的批判性考察〉（《孔子研究》2023年第2期），頁96-108。

[19] 劉增光：《晚明孝經學研究》（上海：上海古籍出版社，2015年）。

[20] 吳天宇：〈再論《古文孝經孔傳》的文本構成與歷史語境〉，《文史》2021年第4輯，總第137輯，頁25-44。

[21] 趙婕妤：《皮錫瑞《孝經鄭注疏》研究》（桃園：國立中央大學碩士論文，2013年）；何晉：〈從西漢海昏侯劉賀墓出土竹書看《孝經》今古文問題〉，《文物》2022年6期（2022年6月）；喬娜：〈回歸原典：毛奇齡《孝經》學的學術史意義〉，《故宮博物院院刊》2022年第11期，頁頁112-124。

[22] 〈王羲之の筆：孝経について〉，日本網站「高坂堂」，https://kousaka1527.web.fc2.com/ougishi.html（2012年3月下載。）另外可見〈網友藏《王羲之草書孝經》日本拓本〉，網站：https://blog.sina.com.cn/s/blog_6138b5320102zjug.html（2024年4月23日）有張貼筆者論文。

[23]「維基百科」之「孝經」項於「外部連接」引用筆者三篇研究論文分別為〈《呂氏春秋》所見《孝經》經句考述－兼論《孝經》的成立問題〉；〈敦煌吐魯番文獻展現的《孝經》今古文〉；〈《御注孝經》的成立及其背景──以日本見存《王羲之草書孝經》為線索〉，另外引用呂妙芬教授四篇《孝經》相關研究論文）。網址：https://zh.wikipedia.org/zh-tw/%E5%AD%9D%E7%B6%93。（2023年2月2日）。

[24] 劉增光：《孝經學史研究》（上海：上海古籍出版社，2015年7月）。

[25] 陳鴻森：〈漢長孫氏《孝經》有〈閨門〉章說辨惑〉，《復旦學報》2014年第4期，頁128-144。

學的研究；亦有專論作出文獻義理思想及歷史價值論證的，例如《孝經述議》、《御注孝經》等。從而期望為《孝經》學史研究，增添一部較為面向歷史還原意義的學史新證。

四、研究成果

（以下論文依照前述章節參引順序排列）

1、〈孝經の成立を巡って〉，《日本中國學會報》第 54 集，2002 年 10 月，日本中國學代表性期刊，頁 1-15。

2、〈《呂氏春秋》引《孝經》經句考辯——兼論《孝經》的成立問題〉，《輔仁國文學報》第 24 期，2017 年 5 月，頁 1-43，THCI（第三級）。本文為執行科技部 104 年度專題研究計劃：「敦煌吐魯番出土文獻於《孝經》研究的價值（MOST：104-2410-H-211-007）」部分衍生成果。

3、〈敦煌吐魯番出土《孝經》研究論介〉，《出土文獻研究視野與方法》第 5 輯，2014 年 11 月，頁 275-309。

4、〈「玄宗改經說」新辯〉，《東華漢學》第 28 集，2018 年 12 月，頁 71-100，THCI（第二級），本文為執行科技部 106 年度專題研究計劃：「敦煌吐魯番文獻對《孝經》研究的價值：考察隋唐官學《孝經》文本之形成及民間《孝經》學的展開情形（MOST：106-2410-H-211-004）」部分衍生成果。

5、〈敦煌吐魯番文獻展現的《孝經》今古文〉，《政大中文學報》第 27 集，2017 年 6 月，頁 231-278，THCI（第一級），本文為執行科技部 104 年度專題研究計劃：「敦煌吐魯番出土文獻於《孝經》研究的價值（MOST：104-2410-H-211-007）」部分衍生成果。

6、〈《孝經》義疏學探究——以敦煌吐魯番出土文獻為線索〉（《2022「傳承・通變・挑戰：漢學的視域融合」——臺灣師大百年校慶國際學術

研討會論文集》，頁 1-15。本文為執行國科會研究計劃「《孝經》義疏學研究：以敦煌吐魯番《孝經》注疏類文獻為主（MOST：109-2410-H-211-002）」部分衍生成果。

7、〈日本見存《王羲之草書孝經》考察〉，《止善》第 9 期，2010 年 12 月，頁 1-23，THCI。本文為執行國科會 100 年度專題研究計劃：「《王羲之孝經》研究（MOST：99-2410-H-211-010）」部分衍生成果。

8、〈閨門章〉考—兼論前漢中後期《孝經》解釋學的思想傾向—〉，中華孔子學會主編《中國儒學》第 5 輯，2010 年 3 月，（中國大陸）國家級期刊，頁 342-277。

9、〈《孝經鄭注》文獻真偽與思想價值探究〉，《第十屆漢代文學與思想暨創系 60 週年國際學術研討會論文集》（具審稿制），2017 年 3 月，頁 263-296。

10、〈《孝經述議》藏本文獻整理與思想價值探究〉，《師大學報》第 67 卷第 1 期，2022 年 3 月，頁 71-100，THCI（第一級）。本文為執行國科會 108 年度專題研究計劃：「《孝經》義疏學研究：以《孝經述議》為主（MOST：108-2410-H-211-002）」部分衍生成果。

11、〈《御注孝經》的成立及其背景—以日本見存《王羲之草書孝經》為線索—〉，《清華學報》新 45 卷第 2 期，2015 年 6 月，頁 235-274，THCI（第一級），本文為執行國科會 99 年度專題研究計劃：「《御注孝經》研究，（MOST：98-2410-H-211-004）」部分衍生成果。

第一部
出土文獻對《孝經》課題的開展

第一章 圍繞《孝經》成立諸問題

　　1973 年河北定縣（今定州市）出土西漢中山懷王劉修陵的墓葬中，發現了《儒家者言》、《論語》、《保傅》、《孔子家語》等大量竹簡，其中還有相當一部分內容不見於傳世文獻，這些新材料的發現，為更加全面、深入地瞭解先秦、秦漢的思想文化發展狀況提供了新的機緣。其中《儒家者言》內容與今本《孔子家語》相近，李學勤先生將其稱為竹簡本《家語》，看作今本《家語》的原型，認為今本《家語》很可能陸續成於孔安國、孔僖、孔季彥、孔猛等孔氏學者之手，是漢魏孔氏家學的產物。[1]《隋書・經籍志》稱：「《孔叢》、《家語》並孔（安國）氏所傳仲尼之旨。」[2] 看來，《孔叢子》和《孔子家語》本為孔氏家學，是經過孔安國等孔氏後人長期修補增刪而成。而通過定縣漢簡的出土，發現了這類原形素材。

　　《儒家者言》廿七章中，還發現與《大戴禮記》〈立孝〉、〈大孝〉及《呂氏春秋・孝行》等相類的字句。1994 年 5 月由香港發現後收入上海博物館的《上海博物館藏戰國楚竹書四》中，有〈內豊〉一篇，與〈曾子立孝〉文字相類，專家考證其成書不晚於公元前 4 世紀末的戰國中期。[3] 另外《上

---

[1] 李學勤：《竹簡〈家語〉與漢魏孔氏家學》，《孔子研究》1987 年第 2 期，頁 60。
[2] 唐・魏徵撰、令狐德棻撰：《隋書》（北京：中華書局，1973 年），卷 32，〈志第二十七・經籍一〉，頁 939。
[3] 相關研究參見張磊：〈上海博物館竹書《內豊》與《大戴禮記》「曾子十篇」〉（《管子學刊》2007 年第 1 期），頁 110；王巧生：〈博藏戰國楚竹書（四）《內豊》篇集釋〉，《平頂山學院學報》第 23 卷第 6 期（2008 年 12 月），頁 72-77。

海博物館藏戰國楚竹書八》中見存〈顏淵問於孔子〉一篇，與《孝經・三才章》文字酷似。這些文獻雖然零星斷片，卻為《孝經》的成立問題，提供了極為重要的參證資料。

一、問題的提起

《孝經》成書於何世何人之手，自古以來紛說不一。自從漢代學者認為《孝經》是孔子作的說法通行於世以後，[4] 後世的學者針對此說，或從之或駁之，莫衷一是。從之者大加衍說，諸如漢代《孝經緯》中有關孔子創制《孝經》的種種神話，[5] 後漢兩晉南北朝奉《孝經》為神書而用來驅邪伏兵

---

[4] 司馬遷最早記述「曾參，南武城人，字子輿，少孔子四十六歲，孔子以為能通孝道，故授之業，作孝經，死於魯」（漢・司馬遷撰、唐・張守節正義：《史記》，卷 67，〈仲尼弟子列傳〉第七，北京：中華書局，1963 年，頁 2205）。由於其表述簡略，應讀成「孔子以為能通孝道，故授之業，作孝經」？還是「孔子以為能通孝道，故授之業。（曾參）作孝經」？常常成為後世爭論《孝經》歸屬問題而談及的記錄。不過從同時代的眾多文獻記載中，還是可以看出漢代人對《孝經》作者的理解是明確的。例如劉向在調查當時前漢朝廷的藏書之際曾著有調查記錄《別錄》一書，留下「別錄云：孝經之名，曾子所記。蓋聞孔子，然後成之」（日・林秀一：《孝經述議復原に關する研究》，東京：文求堂書店，1953 年，頁 80）的記載；後漢班固著錄《藝文志》亦有云「孝經者，孔子為曾子陳孝道也」；鄭玄《六藝論》亦云：「孔子既敘六經，題目不同，指意殊別，恐斯道離散，後世莫知其根源所生，故作孝經以惣會之，明其枝流本萌於此」（漢・班固撰、唐・顏師古校：《漢書》，北京：中華書局，1962 年，頁 1719）。顯現《孝經》流傳當時，其作者歸屬是指向「講述者」的孔子而非是「記錄者」的曾子。

[5] 如後漢流行的《孝經援神契》云：「孔子作《春秋》，制《孝經》，既成……向北辰拜。告備於天曰：《孝經》四卷，《春秋》、《河洛》凡八十一卷，謹已備。天乃虹郁起白霧摩地，赤虹自上下，化為黃玉，長三尺，上有刻文。孔子跪受而讀之。曰：寶文出，劉季握，卯金刀，在軹北，字禾子，天下服。」諸如此類在東漢時期一時流行的緯書中，孔子曾被認為是傳達天意並預言漢王朝將興的教主，《孝經》則成為為漢所制的法典。引文參見日・安居香山、中村璋八輯：《緯書集成》（石家莊：河北人民出版社，1994 年），頁 1001。

亂,⁶ 乃至歷代皇家的注解《孝經》,⁷ 還有士子學人對《孝經》的誦讀膜拜等,⁸ 都是對「孔子作《孝經》說」的再三認證。駁之者則旁證博引,力圖反證,以至派生出「曾子作」⁹、「曾子門徒作」、「孔子門徒七十子

6　如《後漢書・獨行列傳》記載:「會張角作亂,(向)栩上便宜,頗譏刺左右,不欲國家興兵,但遣將於河上北向讀孝經,賊自當消滅。」引文參見南朝宋・范曄撰、唐・李賢等注:《後漢書》(北京:中華書局,1965 年),頁 2694。在漢魏六朝時期,《孝經》曾被視為具有特殊能力的書籍,持有它和頌唸它,能具有去邪、消災、治病的功效。甚至有皇侃日誦《孝經》二十遍,以擬《觀世音經》;顧歡見議病邪者取《孝經》置於病患枕邊,《孝經》正氣自能勝邪,而病自癒,等等有關神秘靈驗的《孝經》均有所載。參見呂妙芬:〈做為蒙學與女教讀本的《孝經》－兼論其文本定位的歷史變化〉,《臺大歷史學報》第 41 期(2008 年 6 月),頁 28-29。

7　如《隋書經籍志》記載:「《孝經》一卷。梁有晉穆帝時《晉孝經》一卷,武帝時《送總明館孝經講》、《議》各一卷,宋大明中《東宮講》,齊永明三年《東宮講》,齊永明中《諸王講》及賀瑒講、議《孝經義疏》各一卷,齊臨沂令李玉之為始興王講《孝經義疏》二卷。《孝經義疏》十八卷。梁武帝撰。梁有皇太子講《孝經義》三卷,天監八年皇太子講《孝經義》一卷,梁簡文《孝經義疏》五卷,蕭子顯《孝經義疏》一卷。」引文參見唐・魏徵撰、令狐德棻撰:《隋書》(北京:中華書局,1973 年),卷 32,〈志第二十七・經籍一〉,頁 934。唐玄宗親撰《御注孝經》,其〈孝經序〉云:「聖人知孝之可以教人也,故因嚴以教敬,因親以教愛,於是以順移忠之道昭矣,立身揚名之義彰矣。子曰:吾志在《春秋》,行在《孝經》。是知孝者,德之本歟?」表明玄宗以《孝經》為孔子行孝教人的立場。引文參見唐・玄宗御注、宋・邢昺疏:《孝經注疏》(北京:中華書局,1980 年影印清阮元校刻《十三經注疏》本),頁 2540 上。

8　呂妙芬指出明清之際士人中間出現一股誦讀膜拜《孝經》的現象,朱鴻、孫本、呂維祺、虞淳熙等江南一帶士人為爭取《孝經》作為朝廷科舉考試的必考科目,曾掀起一股彙編、纂輯《孝經》的熱潮。他們宣稱《孝經》的地位與《春秋》相當,是一部「夫子平生所蘊,治天下之大經大法」,因而總體以《孝經》為孔曾問答之言,是承載聖人之言行的經典來看待。參見呂妙芬:〈晚明士人論《孝經》與政治教化〉,《臺大文史哲學報》第 61 期(2004 年 11 月),頁 256。

9　《孔傳》在針對《孝經》作者的理解上,稱「唯曾參躬行匹夫之孝而未達天子諸侯以下揚名顯親之事,因侍坐而諮問焉。故夫子告其誼,於是曾子喟然知孝之為大也,遂集而錄之,名曰《孝經》」(漢・孔安國撰:《古文孝經孔氏傳》,《文淵閣四庫全書》經部第 182 冊,上海:上海古籍出版社,1987 年,頁 5 上),傾向於書寫《孝經》的曾子是作者。隋代的劉炫著《孝經述議》五卷,專為疏解與宣揚《孔傳》,但

作」、「子思作」、「孟子門徒作」、「漢儒偽作」等等不同說法。[10]各說各執一辭而互見長短,且無不爭論「《呂氏春秋》所見《孝經》經名經句是否屬實」以為自說之論據。亦即,《呂氏春秋》的〈察微〉中可見一段引用《孝經・諸侯章》的語句,〈察微〉中也有酷似《孝經・天子章》的語句,認為《孝經》為先秦成書的諸說,全以這兩處「引用」為最有力的證據,而主張漢儒作的各說,也必批判此處為後人之篡入。

今見《呂氏春秋》為後漢高誘注本的流傳,但是本研究發現既有學說在爭論《孝經》成立議題上,針對《呂氏春秋》高誘注中引用《孝經》達十三條內容既無綜合考察,對高誘於《呂氏春秋》之解經立場亦無深入探究。本文以此作為考查的切入點,並針對與《孝經》有關聯的《儒家者言》、《上

　針對《孝經》作者問題則反復指出:「前世學者,皆以孝經為他人所錄,莫不惑於此言」、「此等不知孝經是仲尼自制,故致斯謬耳」,並強調「炫以為:孝經者,孔子身手所作,筆削所定,不因曾子請問而隨宜答對也」(日・林秀一:《孝經述議復原に關する研究》,頁 78)。從上述劉炫要將《孝經》的歸屬還給孔子的表達中,不難察覺六朝時期曾子作《孝經》說法的流行。

[10] 唐代雖有唐玄宗親撰《御注孝經》強化孔子作《孝經》的觀念,但北宋司馬光撰《古文孝經指解》認為《孝經》為「孔子與曾參論孝而門人書之」(宋・司馬光:《古文孝經指解》,《文淵閣四庫全書》經部第 182 冊,上海:上海古籍出版社,1987 年,頁 88);至南宋朱熹撰《孝經刊誤》,更以首六七章為「經」並作為「夫子曾子問答之言而曾氏門人之所記」(宋・朱熹撰:《孝經刊誤》,《文淵閣四庫全書》經部第 182 冊,上海:上海古籍出版社,1987 年,頁 105 下),其餘十二章為「傳」是「皆齊魯間陋儒纂取左氏諸書之語為之」(宋・朱熹:《晦庵集》,《文淵閣四庫全書》集部第 1145 冊,卷 84,〈跋程沙隨帖〉,上海:上海古籍出版社,1987 年,頁 756 下)。此說既出,影響尤鉅,遂開《孝經》著者爭端。宋代以後,更派生出「曾子門徒作」、「子思作」、「樂正子門徒作」、「孟子門徒作」、「漢儒作」等眾多說法。當代針對《孝經》作者的諸說學者多有整理,較早並較為全面的整理以王正己〈孝經今考〉(載《古史辨》四,上海:上海古籍出版社,1982 年)、蔡汝堃:《孝經通考》(北京:商務印書館,1937 年)影響較著。朱明勛:〈《孝經》成書說論述〉,《重慶師院哲學學報》,2001 年 1 期,頁 8-11)、新近常佩雨:〈《孝經》作者新論〉(《孝感學院學報》第 32 卷第 1 期,2012 年 1 月,頁 5-11)等亦為以考辯既有諸說論證《孝經》作者及成書年代之論。

博八・顏淵問於孔子》、以及向來以偽作之嫌受到忽略的《孔子家語》、《孔叢子》等進行綜合考察，從而釐定《呂氏春秋》兩處稱引《孝經》書名和語句是否可以作為《孝經》至遲在戰國末年已經存在的證據？抑或相反？由此針對《孝經》的成立問題及思想意義，做進一步考察。

二、〈察微〉所見《孝經》經名經句

首先，看《呂氏春秋・先識覽・察微》中稱引《孝經》之處，其相關語句如下：

> 凡持國，太上知始，其次知終，其次知中。三者不能，國必危，身必窮。孝經曰：高而不危，所以長守貴也；滿而不溢，所以長守富也。富貴不離其身，然後能保其社稷，而和其民人。楚不能之也。[11]

上述引用文中，「楚不能之也」以外加重點的文字，與《孝經・諸侯章》文字全同，且〈察微〉明言引自《孝經》，主張《孝經》為《呂氏春秋》以前成書的諸說，認為這段話是〈察微〉引《孝經》語。如，畢沅曰：

> 黃東發云：觀此所引，然則《孝經》固古書也。

汪中云：

> 孝行、察微二篇並引《孝經》，則《孝經》為先秦之書，明。（《新校釋》之〔註二十四〕，頁1018。）

以上，畢、汪以「孝經曰」為據，並不懷疑「高而不危」之後語句本於《孝經》，認為是〈察微〉引用《孝經》。

---

[11] 陳奇猷：《呂氏春秋新校釋》（上海：上海古籍出版社，2002年），頁1013。本章凡出此書之引用文，皆於引文之後略稱為《新校釋》及標示頁碼。

但是反對意見也不乏有之。蔣伯潛提出一種觀點：

> 今按高誘《呂氏春秋注》不釋《孝經》為何書。疑「孝經曰」三字，乃讀者旁注，後乃誤入正文者，蓋讀《呂氏春秋》之人，見此數語與《孝經·諸侯章》同，故旁注此三字耳。[12]

蔣氏立論《孝經》為漢人作，認為只有「孝經曰」三字是後世讀者誤入正文，以「高而不危」云云為〈察微〉本有文字，乃《孝經》襲用〈察微〉文字。

另有以陳奇猷為代表的說法：

> 陳昌齊曰，呂氏時《孝經》未出，無從所引。「孝經曰」四十六字當是注語。……奇猷案：陳說是，本書別無引《孝經》者，惟高誘多引《孝經》為注。

並補案云：

> 「楚不能之也」當接「三者不能，國必危，身必窮」，蓋謂楚不能三者。中間不當以《孝經》云隔絕，且《孝經》之語與「三者不能」云云之義亦不相屬。今補證陳說。（《新校釋》，頁1019。）

陳氏指出「孝經曰」云云之語隔在「身必窮……楚不能之也」之間，與「三者不能」云云文義相不銜接，從陳昌齊說以為是高誘注的誤入。

這樣，即便認為《呂氏春秋》有後人文字攙入本文的問題存在，各說亦有分歧。那麼，「高而不危」諸句的歸屬是《孝經》原文？還是《呂氏春秋》本有文字？到底是誰襲用誰？至此則有必要針對高誘注〈察微〉全篇做一深入考察。

為了直觀瞭解《呂氏春秋·察微》的內容，且將全篇錄出，與本節關聯

---

[12] 蔣伯潛：《諸子通考》（臺北：正中書局，1984年），頁339。

之處，在〔　〕中標出高誘注。全篇原本不分段，為了方便解讀，參照陳奇猷《呂氏春秋新校釋》，且將全文分成五段，並在段前加上序號。

　　①使治亂存亡若高山之與深溪，若白堊之與黑漆，則無所用智，雖愚猶可矣。且治亂存亡則不然，如可知，如可不知，如可見，如可不見。故智士賢者相與積心愁慮以求之，猶尚有管叔、蔡叔之事與東夷八國不聽之謀。故治亂存亡，其始若秋毫。察其秋毫，則大物不過矣。

　　②魯國之法，魯人為人臣妾於諸侯，有能贖之者，取其金於府。子貢贖魯人於諸侯，來而讓不取其金。孔子曰：「賜失之矣。自今以往，魯人不贖人矣。〔淮南記曰：子貢讓而亡義。此之謂也。〕取其金則無損於行，不取其金則不復贖人矣。」子路拯溺者，其人拜之以牛，子路受之。孔子曰：「魯人必拯溺者矣。〔淮南記曰：子路受而勸德。此之謂也。〕」孔子見之以細，觀化遠也。

　　③楚之邊邑曰卑梁，其處女與吳之邊邑處女桑於境上，戲而傷卑梁之處女。卑梁人操其傷子以讓吳人，吳人應之不恭，怒殺而去之。吳人往報之，盡屠其家。卑梁公怒，曰：「吳人焉敢攻吾邑？」舉兵反攻之，老弱盡殺之矣。吳王夷昧聞之怒，使人舉兵侵楚之邊邑，克夷而後去之。吳，楚以此大隆。吳公子光又率師與楚人戰於雞父，大敗楚人，獲其帥潘子臣、小惟子、陳夏齧，又反伐郢，得荊平王之夫人以歸，實為雞父之戰。凡持國，太上知始，其次知終，其次知中。三者不能，國必危，身必窮。〔言楚不知始與終，又不知中，故國危身窮也。〕孝經曰：「高而不危，所以長守貴也；滿而不溢，所以長守富也。富貴不離其身，然後能保其社稷，而和其民人。」楚不能之也。

　　④鄭公子歸生率師伐宋。〔魯宣二年傳曰：鄭公子歸生受命於楚，伐宋。言受命於楚，與晉爭盟也。〕宋華元率師應之大棘，羊斟御。明日將戰，華元殺羊饗士，羊斟不與焉。明日戰，怒謂華元曰：「昨日

之事,子為制;今日之事,我為制。」遂驅入於鄭師。宋師敗績,華元虜。夫弩機差以米則不發。戰,大機也。饗士而忘其御也,將以此敗而為虜,豈不宜哉?〔傳曰:羊斟非人也,以其私憾,敗國殄民,刑孰大焉。此之謂也。〕故凡戰必悉熟偏備,知彼知己,然後可也。⑤魯季氏與郈氏鬥雞。郈氏介其雞,季氏為之金距。季氏之雞不勝。季平子怒,因歸郈氏之宮而益其宅。郈昭伯怒,傷之於昭公,曰:「禘於襄公之廟也,舞者二人而已,其餘盡舞於季氏。季氏之舞道,無上久矣,弗誅必危社稷。」公怒不審,乃使郈昭伯將師徒以攻季氏,遂入其宮。仲孫氏,叔孫氏相與謀曰:「無季氏,則吾族也死亡無日矣。」遂起甲以往,陷西北隅以入之,三家為一,郈昭伯不勝而死。昭公懼,遂出奔齊,卒於乾侯。魯昭聽傷而不辯其義,懼以魯國不勝季氏,而不知仲,叔氏之恐而與季氏同患也,是不達乎人心也。不達乎人心,位雖尊,何益於安也?以魯國恐不勝一季氏,況於三季?同惡固相助。權物若此其過也。非獨仲,叔氏也,魯國皆恐。魯國皆恐,則是與一國為敵也,其得至干侯而卒猶遠。(《新校釋》,頁1012-1014。)

　　如題目所示,全篇闡述的是一個「察微」的道理,即第①段中所云「治亂存亡,其始若秋毫。察其秋毫,則大物不過矣」之義。大意為:決定事物成功還是失敗,存續還是滅亡,關鍵是能否由秋毫細微的小地方開始注意,如果在小過失上可以避免,那麼就不會釀成將來不可收拾的大錯。後面四段各舉一件事,並分別加作者評語(上述各段中加點的文字),用以闡述「察微」的道理。

　　第②段事例是說,孔子批評子貢贖人不收酬謝的後果是「魯人不贖人矣」,即魯國人再無人贖人,表揚子路救人收酬謝的後果是「魯人必拯救落水者」,作者對此評價稱「孔子見之以細,觀化遠也」,即孔子能夠從子路、子貢對酬謝的不同處理方式上,看出由此將導致將來魯國民風的截然不

同，從而說明「察微」的意義。第④⑤段分別以「華元饗士而忘其御者以至敗而為虜」及「魯國季氏與郈氏鬥雞引發內亂，以至魯昭公出奔客死齊國」的史例，同樣展現「察微」的道理。

　　本文要關注的是第③段。此段是說吳楚邊境上，由兩國小女孩的口角，引起兩村人的爭鬥，進而發展成吳楚兩國的戰爭。〈察微〉的作者對此評價：「凡持國，太上知始，其次知終，其次知中。三者不能，國必危，身必窮。」大意是在遇到關係到國家興衰存亡的大事情上，最好能洞察危機的開始，（可以防患於未然）；不能早期察覺，也要看出最終的後果，（可以減少更大的損失）；最低限度要知道事情發生的全過程，（可以防止重蹈覆轍）。接下來，便是問題的引用文「孝經曰：高而不危，所以長守貴也；滿而不溢，所以長守富也。富貴不離其身，然後能保其社稷，而和其民人。楚不能之也。」若作為經文原有的文字，總體感覺是有之不為多，無之不為缺。就其與全篇的關聯看，第一、就其文意而言，講君主要居高不危，滿而不溢，作為反省的警句可以，對此段事件及全篇「察微」主題的說明並未直接涉及，因此有之不為多；第二、此句之前作者的評語，已經充分闡明了事件的教訓，即使省去「孝經曰」以後的引語，此段乃至全篇似乎沒有任何解說的不足的感覺，因此是無之不為缺。

　　那麼，作為注語來看如何呢？

　　案兩漢以前流傳下來的《呂氏春秋》，唯有高誘注本一種，後世的所有再注本全以此為底本。關於注的撰作，高誘在其本人所作的〈序〉中云：

> 誘正《孟子》章句，作《淮南》、《孝經》解畢訖。家有此書，尋繹案省，大出諸子之右。既有脫誤，小儒又以私意改定，猶慮傳義失其本真，少能詳之。故復依先師舊訓，輒乃為之解焉。（《新校釋》，頁2。）

　　由此可知高誘作《孟子》、《淮南子》、《孝經》等的注以後，著手註

釋《呂氏春秋》。案《隋書‧經籍志》中收錄「《孝經》一篇,高誘注」,今日不傳。實際考察《呂氏春秋》高誘注本,其中引《孟子》二十二條,引《淮南子》十九條,引《孝經》十三條,其他,引《論語》二十六條,引各種《傳》(包擴《左傳》、《公羊傳》、《穀梁傳》等)八十五條之多。以下只列舉引《孝經》為注的十三條,〔 〕中為高誘的注語。

其於人也,有不見也。〔務在齊民不求見之。孝經曰:「非家至而見之也。」此總說隱朋所行。〕(《新校釋》卷一〈孟春紀‧貴公〉,頁53。)

故曰:道之真,以持身;其緒餘,以為國家;其土苴,以治天下。〔土,瓦礫也。苴,草蒯也。土鼓蒯桴伊耆氏之樂也。《孝經》曰:「安上治民,莫善於禮,移風易俗,莫善於樂。」故可以治天下。〕(《新校釋》卷第二〈仲春紀‧貴生〉,頁80。)

言無遺者,集肌膚,不可革也。〔遺,失也。《孝經》曰:「言滿天下無口過。」此之謂也。〕(《新校釋》卷三〈季春紀‧論人〉,頁167。)

是月也,農乃升穀。天子嘗新,先薦寢廟。〔升,進也。先致寢廟。《孝經》曰:「四時祭祀,不忘親也」。〕(《新校釋》卷七〈孟秋紀‧孟秋〉,頁386。)

人主孝,則名章榮,下服聽,天下譽。〔譽,樂也。孔子曰,「昔者,明王之以孝治天下也,不敢遺小國之臣,而況於公侯伯子男乎。故得萬國之懽心」。〕(《新校釋》卷十四〈孝行覽‧孝行〉,頁739。)

人臣孝,則事君忠,處官廉,臨難死。〔孝於親故能忠於君。《孝經》曰,「以孝事君則忠」,此之謂也。處官廉,《孝經》曰,「修身慎行,恐辱先也。」此之謂也。〕(《新校釋》卷十四〈孝行覽‧孝行〉,頁739。)

士民孝，則耕芸疾，守戰固，不罷北。〔耕芸疾，「用天之道，分地之利」，衣食足，知榮辱。故守則堅，戰必克，無退走者。〕（《新校釋》卷十四〈孝行覽・孝行〉，頁739。）

先王之所以治天下也。〔先王以孝治天下〕。故愛其親，不敢惡人；敬其親，不敢慢人。愛敬盡於事親，光耀加於百姓，〔加，施也〕。究於四海，〔究，極也〕。此天子之孝也。（《新校釋》卷十四〈孝行覽・孝行〉，頁740。）

戰陳無勇，非孝也。〔揚子曰：孟軻勇而立義，揚名於後世，孝之終也〕。（《新校釋》卷十四〈孝行覽・孝行〉，頁741。）

故賢主得賢者而民得，民得而城得，城得而地得。夫地得豈必足行其地，人說其民哉？得其要而已矣。〔《孝經》曰，非家至而日見之也。以德化耳。故曰得其要而已矣〕。（《新校釋》卷十六〈先職覽・先職〉，頁598。）

凡持國，太上知始，其次知終，其次知中。三者不能，國必危，身必窮。〔言楚不知始與終，又不知中，故國危身窮也。〕《孝經》曰：「高而不危，所以長守貴也；滿而不溢，所以長守富也。富貴不離其身，然後能保其社稷，而和其民人。」楚不能之也。（《新校釋》卷十六〈先職覽・察微〉，頁1018。）

人臣不爭持位。〔孝經云，「臣不可以不爭於君。」此不爭持位，非忠臣也〕。（《新校釋》卷十七〈審分覽・任數〉，頁1078。）

是君代有司為有司也。〔有司，大臣也。大臣匡君，「進思盡忠，退思補過。」此聽從取容，無有正君者，君當自正耳。是為代有司為有司〕。（《新校釋》卷十七〈審分覽・任數〉，頁1079。）

從上面所列出的十三條高誘注可以看出，高誘注的表述形式很相似。如「《孝經》曰（云云）……此總說隱朋所行」，「《孝經》曰（云云）……此之謂也」，「《孝經》（云云）……非忠臣也」等，與〈察微〉所引

「《孝經》曰（云云）……楚不能之也」一樣，針對經文引《孝經》語，之後再加簡短的評語以作結，這是《呂氏春秋》中高誘注的常用形式。

又就〈察微〉引經而言，除引「孝經曰」以外，其他可見引「淮南記曰」二條，「魯宣公三年傳曰」一條，「傳曰」一條（前揭引文）。若與這些高誘注中的引經之語比較一下，就此認為「孝經曰」以下諸句為高誘注，從形式上來看，則毫不見唐突。具體來看，〈察微〉原文：「凡持國，太上知始，其次知終，其次知中。三者不能，國必危，身必窮。」的高誘注為：

> 言楚不知始與終，又不知中，故國危身窮也。

仔細斟酌此處高誘注與本文的文義，可以發現既有緊靠之義，又有偏離所指。所謂「有緊靠之義」，是指「不知始與終，又不知中，故國危身窮也」的注語，只是「凡持國，太上知始，其次知終，其次知中。三者不能，國必危，身必窮」的重複表述，並無任何解釋。所謂「有偏離所指」，則在於高誘注云「言楚……」云云的表達。原文的文脈以吳楚邊境少女口角終至引發兩國戰爭做為闡明不懂察微之理的例證，之後云「凡持國，太上知始，其次知終，其次知中。三者不能，國必危，身必窮」，闡述治理國家如果不從微小的事情察覺禍事進展的始終過程，則最終會釀成國滅身窮的嚴重後果。但是針對「吳」還是「楚」未能「察微」並未帶有傾向所指，莫若說是在指彼此的不諳「察微」而一錯再錯。但高誘注云「言楚……」，則將未能「察微」指向楚國，由此可以清楚高誘對此處原文的理解，在於以最終失敗的楚國作為批評警示的對象，那麼「言楚……」之後接續「孝經曰：高而不危，所以長守貴也；滿而不溢，所以長守富也。富貴不離其身，然後能保其社稷，而和其民人。楚不能之也」，亦是話題指向楚國，則只能說明一個事實：即如陳奇猷等提出的反證，〈察微〉中「孝經曰」諸句，正是高誘將原文理解為「楚未能懂得察微而國滅身窮」的評語。陳奇猷等以「楚不能之也」為〈察微〉原有語句，就以上考察來看，此句無論從形式上還是從文義

銜接上，亦明顯是高誘注語。書籍在長期輾轉傳抄中，出錯在所難免。結論是〈察微〉中的引《孝經》語並非原本的文字，而是後漢高誘注語，因此不能以此做為《孝經》成書於《呂氏春秋》以前的一項證據。

三、與〈孝行覽・孝行〉篇的思想性對照

接下來再看《呂氏春秋・孝行覽・孝行》中與《孝經・天子章》酷似的部分（附錄高誘注）。由於〈察微〉中明引「《孝經》曰」，所以〈孝行〉的這段話也向來被認為是抄自《孝經》。為了便於直觀瞭解文義，仍先抄錄〈孝行〉全篇內容。全篇原本不分段，為了方便解讀，參照陳奇猷《呂氏春秋新校釋》，且將全文分成九段，並在段前加上序號。文中加框的字並見於《儒家者言》。

①凡為天下，治國家，必務本而後末。所謂本者，非耕耘種殖之謂，務其人也。務其人，非貧而富之，寡而眾之，務其本也。務本莫貴於孝。人主孝，則名章榮，下服聽，天下譽。人臣孝，則事君忠，處官廉，臨難死。士民孝，則耕芸疾，守戰固，不罷北。夫孝，三皇五帝之本務，而萬事之紀也。

②夫執一術而百善至，百邪去，天下從者，其惟孝也。故論人必先以所親而後及所疏，必先以所重而後及所輕。今有人於此，行於親重，而不簡慢於輕疏，則是篤謹孝道，先王之所以治天下也〔先王以孝治天下〕。故愛其親，不敢惡人；敬其親，不敢慢人。愛敬盡於事親，光耀加於百姓〔加，施也〕。究於四海〔究，極也〕，此天子之孝也。

③曾子曰：「身者，父母之遺體也。行父母之遺體，敢不敬乎？居處不莊，非孝也。事君不忠，非孝也。蒞官不敬，非孝也。朋友不篤，非孝也。戰陳無勇，非孝也。五行不遂，災及乎親，敢不敬乎？」

④《商書》曰：「刑三百，罪莫重於不孝。」

⑤曾子曰：「先王之所以治天下者五：貴德，貴貴，貴老，敬長，慈幼。此五者，先王之所以定天下也。所謂貴德，為其近於聖也。所謂貴貴，為其近於君也。所謂貴老，為其近於親也。所謂敬長，為其近於兄也。所謂慈幼，為其近於弟也。」

⑥曾子曰：「父母生之，子弗敢殺。父母 置之 ， 子弗敢廢 。 父母全之 ， 子弗敢 闕。故身而不遊，道而不徑，能全支體，以守宗廟，可謂孝矣。」

⑦養有五道：修宮室，安床第，節飲食，養體之道也。樹五色，施五采，列文章，養目之道也。正六律，徵五聲，雜八音，養耳之道也。熟五穀，烹六畜，徵煎調，養口之道也。徵顏色，說言語，敬進退，養志之道也。此五者，代進而厚用之，可謂善養矣。

⑧樂正子春下堂而傷足，瘳而數月不出，猶有憂色。門人問之曰：「夫子下堂而傷足，瘳而數月不出，猶有憂色，敢問其故？」樂正子春曰：「善乎而問之。吾聞之曾子，曾子聞之仲尼： 父母全而生之 ，子全而歸之，不虧其身，不損其形，可謂孝矣。君子無行咫步而忘之。餘忘孝道，是以憂。」故曰：身者非其私有也，嚴親之遺躬也。

⑨民之本教曰孝，其行孝曰養。養可能也，敬為難。敬可能也，安為難。安可能也，卒為難。父母既沒，敬行其身，無遺父母惡名，可謂能終矣。仁者仁此者也，禮者履此者也，義者宜此者也，信者信此者也，強者強此者也。樂自順此生也，刑自逆此作也。[13]

上文第二段中加重點部分的文字與《孝經·天子章》文字略有出入。〈天子章〉的經文如下：

---

[13] 同前引，頁 736-738。

> 子曰：愛親者，不敢惡於人，敬親者，不敢慢於人。愛敬盡於事親，而德教加於百姓，刑於四海，蓋天子之孝也。[14]

從兩者分別對相似語句的處理方式來看，首先有一點值得注意：如果〈孝行〉引《孝經・天子章》的話，這與〈察微〉稱引《孝經》比較，〈孝行〉中與《孝經・天子章》酷似的語句關聯性更強。並且，〈孝行〉中引《書》而稱「《商書》曰」，引曾子語而稱「曾子曰」，若是引自《孝經》，為什麼反而不稱「孝經曰」，不僅如此，甚至不明示是引用文？如果《孝經》成書早於《呂氏春秋・孝行》的話，〈孝行〉不是更該以「孝經曰」的形式引用嗎？再者，從〈孝行〉第二段的文脈上看，加重點標記的文字並不是附加上去的引用文，沒有這部分則意義變得不完整。第二段前半部是說先王施行「執一術而百善至」的孝治，因而「所以治天下也」，亦即到這裏是結句，接下去的內容，講天子孝治的具體作法，而整個第二段則是發明第一段提出的「孝治」主題。第三段以後各段之間，不見有明顯的論理相承的關係，主要是羅列曾子的話，用以敷衍第一、二段的「孝治」主題。所以說，成為議題的加重點標記文字，莫若說是全文的中心所在，決不是有無均可的附加部分。并且，只要留意一下，會發現〈孝行〉中與《孝經・天子章》酷似的語句，其實還有高誘爲之注解的文字：

> 先王之所以治天下也〔先王以孝治天下〕。故愛其親，不敢惡人；敬其親，不敢慢人。愛敬盡於事親，光耀加於百姓〔加，施也〕。究於四海〔究，極也〕，此天子之孝也。

如此，便只有一種可能，就是〈孝行〉中與《孝經・天子章》酷似的語句，即是〈孝行〉本有的文字。

---

[14] 唐・唐玄宗御注，宋邢昺疏《孝經注疏》，頁 2545 下。本章有關《孝經》引用，皆出自此本，並於引用文之後標注。

那麼會不會是受《孝經》的影響而作成〈孝行〉的呢？通過比較兩篇的思想來源以及思想展開的程度，可以釐清這一點。學者多注意到《孝經》和〈孝行〉篇，與大小戴《禮記》中有關曾子說孝的諸篇有著密切的關聯性。[15]《大戴禮記》是由戴德編成於前漢宣帝時期，《小戴禮記》即《禮記》是戴聖編成於元帝時期。[16]《隋書・經籍志》云：

> 漢初，河間獻王得仲尼弟子所記一百三十一篇獻之，時亦無傳之者。至劉向考校經籍，撿得一百三十篇，向因第而敘之。而又得《明堂陰陽記》……凡五種，合二百十四篇。戴德刪其繁重，合而記之，為八十五篇，為之《大戴記》。[17]

《大戴禮記》的資料來源是「河間獻王得仲尼弟子所記一百三十一篇」，這意味著編成《大戴禮記》諸篇的材料多為先秦古籍。如前文提及，1994年5月由香港發現後收入上海博物館的《上海博物館藏戰國楚竹書四》中，有〈內豊〉一篇，與〈曾子立孝〉文字相類，專家考證其成書不晚於公元前4世紀末的戰國中期。[18]另外，《上博八・顏淵問於孔子》6-8簡可見與《孝經・三才章》內容酷似的語句：

> 孔子曰：修身以先，則民莫不從矣；前以博愛，則民莫遺親矣；導之以儉，則民知足矣；前之以讓，則民不爭矣；或迪而教之，能能，賤

---

[15] 清代阮元曾將《大戴禮記》中有關曾子言行的〈立孝〉、〈大孝〉至〈天圓〉等十篇摘出，著《曾子注釋》四卷，在所著〈曾子十篇敍錄〉中云：「今讀〈事父母〉以上四篇，實與《孝經》相表裏也。」阮氏立論於《孝經》孔子作說，因而認為編入《大戴禮記》的「曾子十篇」是《孝經》的注釋書。清・阮元：《曾子注釋》，收入阮元編：《皇清經解》卷803（上海：上海書店，1988年）第5冊，頁266。

[16] 漢・鄭玄注、唐・孔穎達等正義：《禮記正義》（清・阮元校刻《十三經注疏》，北京：中華書局，1980年），〈卷一〉，1229下。

[17] 唐・魏徵撰、令狐德棻撰：《隋書》卷32，〈志第二十七・經籍一〉，頁925。

[18] 張磊：〈上海博物館竹書《內豊》與《大戴禮記》「曾子十篇」〉，頁110。

不肖而遠之，則民知禁矣。如進者勸行，退者知禁，則其於教也不遠矣。[19]

另外，比《上博楚簡》早些時間 1973 年出土「河北定州市八角廊西漢墓出土竹簡廿七章《儒家者言》」文獻中，還發現與《大戴禮記》〈立孝〉、〈大孝〉及《呂氏春秋‧孝行》等相類的字句。且將有關部分簡文抄錄如下：

〔二十二〕

999—故人主孝則名

1840—天下〔譽矣（1）人臣孝〕則事君忠處

1842—置之子不敢撅（2）也父母全之子不敢

1848—父母全而生之（3）

編者注：本章見《呂氏春秋‧孝行覽》。

（1）《呂氏春秋》無矣字。

（2）《呂氏春秋》撅作廢。

（3）此句又見《大戴禮記‧本孝》，《禮記‧祭義》

〔二十三〕

610、2340—子惡言不出於口縶（1）言不反於己□（2）

編者注：本章見《禮記‧祭義》，《大戴禮記‧本孝》。

（1）《禮記‧祭義》縶作忿，《大戴禮記‧本孝》亦作忿，《大孝》作煩。

---

[19] 引文參看復旦吉大古文字專業研究生聯合讀書會：〈《上博八‧顏淵問於孔子》校讀〉，http://fdgwz.org.cn/Web/Show/1592，（2024 年 4 月 23 日）。《孝經‧三才章》與簡文酷似的部分為：「先王見教之，可以化民也。是故先之以博愛，而民莫遺其親；陳之於德義而民興行；先之以敬讓而民不爭；導之以禮樂而民和睦；示之以好惡而民知禁」。「校讀」有指出簡文與《孝經‧三才章》可印證處。

（2）《大戴禮記》反作及。

〔二十四〕

866——膚受諸父母曾子

1831——何謂身體髮膚弗敢毀傷曰樂正子

313——毀傷父不子也士不友也□□

1199——尊榮無憂子道如此可胃（謂）孝

1845——〔□□教之所由日孝□經□□〕

769——之旦夫〔為人子親死然後事〕

以上內容引自定縣漢墓竹簡整理組編寫的〈《儒家者言》釋文〉。[20] 據何直剛考證，《儒家者言》簡文通順樸實，保存了比較原始的面目，較《呂氏春秋》等要早，屬於戰國晚期的彙編之作，出於樂正子春學派人之手。[21] 這樣，從這些新近出土的文獻也證明了《漢書·藝文志》所記「《記》百三十一篇，七十子後學者所記也」[22] 的正確性，即構成《大戴禮記》中的曾子諸篇的材料是戰國中晚期的作品。

將《大戴禮記·大孝》及《儒家者言》二十二、二十三兩組竹簡與《呂氏春秋·孝行》對照一下，〈孝行〉第①⑥⑧段的文字源於《儒家者言》，第③④⑤⑦⑧段全部文字又可見於〈大孝〉及《禮記·祭義》。〈孝行〉是撮取以上諸篇而成，可一目瞭然。

尤其值得注意的是，《儒家者言》中第二十四組六支竹簡（即 866、1831、313、1199、1845、769）的字句，在《孝經》中也能看到相似的內容。這是除《呂氏春秋·孝行》及《上博八·顏淵問於孔子》以外，所能見到與《孝經》語句最為接近的發現。

---

20 定縣漢墓竹簡整理組：〈《儒家者言》釋文〉，《文物》1981年第8期，頁19。
21 何直剛：〈《儒家者言》略說〉，《文物》1981年第8期，頁20。
22 漢·班固撰、唐·顏師古校：《漢書》第十，頁1709。

那麼，是否為《儒家者言》引用《孝經》呢？

本研究以為恰恰相反，是《孝經》有出於此者。《儒家者言》中的這組簡文，與〈孝行〉中第②、⑥段文字，不見於《大戴禮記》「曾子十篇」，有可能是「曾子十篇」以外的遺失部分，即《漢書‧藝文志》著錄而後世不傳的「曾子十八篇」中，可能原有收錄這些內容的篇章。《漢書‧藝文志》中著錄「曾子十八篇」，[23] 題目當然是〈藝文志〉加上的，原本是沒有篇題的。其資料來源大致為戰國時代曾子學派著述的一批《禮》書。[24] 從上述同類的出土文獻看，在當時世間應該有廣泛流傳。呂不韋延攬各家學者集體編纂《呂氏春秋》，一些學者撮錄這些《禮》書的某些內容寫進〈孝行〉，因此〈孝行〉中的引用稱「曾子曰」而不言篇題。由此也可一證當時不會有《孝經》，若不然何以稱「書曰」、「曾子曰」而不言「孝經曰」，這證明〈孝行〉中「先王之所以治天下也」云云諸句，亦可能是引自這些《禮》書。這樣看來，〈孝行〉自有其思想資料的來源，並非是受《孝經》的影響。

日本學者池澤優曾將《大戴禮記》中〈立孝〉〈本孝〉、〈大孝〉諸篇與《呂氏春秋‧孝行》、《孝經》之間的思想相承的關係作過比較，其結論云：

> 《孝經》是集之前孝道思想的大成之作。從其思想內容看，作為其主題的「孝治」是直接發展〈孝行覽‧孝行〉篇前半部分的思想而來。而構成「孝治」的理論前提是引入「愛敬」的概念，這一點極有可能受〈曾子立孝〉篇的影響；同時，〈孝行〉篇後半部分是從〈曾子大孝〉篇（即「祭義」中的孝論）的拔萃。就是說〈孝行〉篇是綜合〈立孝〉篇和〈大孝〉篇而成書的。而〈曾子本孝〉篇與〈大孝〉篇

---

[23] 同前引，頁 1724。
[24] 張踐：〈《孝經》的形成及其歷史意義〉，《中國哲學‧經學今詮續編》（瀋陽：遼寧教育出版社，2001 年）第 23 輯，頁 196。

具有相同思想水平，但是，較〈大孝〉篇思想完成程度要低，可以認為是〈本孝〉篇發展而成〈大孝〉篇的。另外，〈大孝〉篇中「樂正子春說話」一節，原本作為獨立的文獻，其思想水平大致介於〈大孝〉篇與〈本孝〉篇之間。[25]

學者大都認同《孝經》是闡述孝道的集大成作品，卻又為其涉獵的雜博而感到困惑，有關《孝經》作者及成書的諸多說法便可理解這一點。具體言之，《孝經》的思想構成中，除前述曾子學派的《禮》書、《呂氏春秋·孝行》以外，還可見與《孟子》[26]、《中庸》[27]、《荀子》[28]、《韓詩外傳》[29]、

---

[25] 日·池澤優：〈中國戰國時代末期の「孝」思想の諸文獻──孝の宗教學·三〉（筑波大學《地域研究》第 11 集，1993 年），頁 17。

[26] 如《孟子》所見：「孟子曰：三代之得天下也以仁，其失天下也以不仁。國之所以廢興存亡者亦然。天子不仁，不保四海；諸侯不仁，不保社稷；卿大夫不仁，不保宗廟；士庶人不仁，不保四體」（〈離婁上〉）等表述，與《孝經》相關內容具有關聯性。引文參見宋·朱熹撰：《四書章句集注》（北京：中華書局，1983 年），頁 277。

[27] 例如《中庸》「郊社之禮，所以事上帝也，宗廟之禮，所以祀乎其先也。明乎郊社之禮，禘嘗之義，治國其如示諸掌乎。」（〈第十九章〉），引文參見宋·朱熹撰：《四書章句集注》，頁 27；「是故居上不驕，為下不倍」（〈第二十七章〉），頁 36；「凡有血氣者，莫不尊親，故曰配天」（〈第三十一章〉），頁 38 等表述，與《孝經》相關內容具有關聯性。

[28] 《荀子》：「魯哀公問於孔子曰：子從父命，孝乎？臣從君命，貞乎？三問，孔子不對。孔子趨出以語子貢曰：鄉者，君問丘也，曰：子從父命，孝乎？臣從君命，貞乎？三問而丘不對，賜以為何如？子貢曰：子從父命，孝矣。臣從君命，貞矣，夫子有奚對焉？孔子曰：小人哉！賜不識也！昔萬乘之國，有爭臣四人，則封疆不削；千乘之國，有爭臣三人，則社稷不危；百乘之家，有爭臣二人，則宗廟不毀。父有爭子，不行無禮；士有爭友，不為不義。故子從父，奚子孝？臣從君，奚臣貞？審其所以從之之謂孝、之謂貞也。」（〈子道〉）引文參見清·王先謙撰、沈嘯寰、王星賢點校：《荀子集解》，（北京：中華書局，1988 年），頁 530。

[29] 如《韓詩外傳》：「天子有爭臣七人，雖無道，不失其天下。昔殷王紂殘賊百姓，絕逆天道，至斫朝涉，刳孕婦，脯鬼侯，醢梅伯，然所以不亡者，以其有箕子比干之故。……諸侯有爭臣五人，雖無道，不失其國。吳王夫差為無道，至驅一市之民以葬

《左傳》[30]等書相類似的思想成分存在。據池澤氏分析,由〈立孝〉、〈本孝〉、〈大孝〉、〈孝行〉到《孝經》存在一個思想漸進的深化過程,並提出《孝經》是直接發展〈孝行〉的思想內容而來,這為我們找到了《孝經》的形成脈絡及思想重心。

比較兩者的相同之處。第一,《孝經》和〈孝行〉都是闡發一個「孝治」主題。如淺野裕一指出〈孝行〉是「將孝提升為統治秦國臣民的政治原理」[31],〈孝行〉中孝的性格已經不再是尊親的倫理,而是與《荀子》提出的「禮治」,《韓非子》提出的「法治」一樣,變成天子統治臣民的治術之一。〈孝行〉「夫執一術而百善至,百邪去,天下從者,其惟孝也」即體現了此義。而《孝經》從開篇講「先王有至德要道,民用和睦」,以至〈天子〉、〈諸侯〉、〈卿大夫〉、〈士〉、〈庶人〉各章中實現孝道的各種規範,實質上同樣是講君主如何用「孝治」來約束臣民。在宣揚君主「孝治」這一點,兩者是一致的。

第二,如前面分析過的,構成〈孝行〉全篇的核心部分在第一、二段。第一段中提出「孝治」為治政之本的主題之後,從人主、人臣、庶人的社會三個階層,分別論證「孝治」的達成結果。在第二段中,講天子孝治的具體作法。第三段以後,各段之間不見有明顯的論理相承的關係,主要是羅列曾子學派的《禮》書(《大戴禮記・大孝》等諸篇)中的曾子語,用以作為

闔閭,然所以不亡者,有伍子胥之故也。……大夫有爭臣三人,雖無道,不失其家。季氏為無道,僭天子,舞八佾,旅泰山,以雍徹,孔子曰:是可忍也,孰不可忍也?然不亡者,以冉有季路為宰臣也。」(〈卷十〉)等表述與《孝經》相關內容具有關聯性。引文參見漢・韓嬰撰、屈守元箋疏:《韓詩外傳箋疏》(成都:巴蜀書社,1996年),頁855。類似表述,亦見於《孔子家語・三恕》。

30 《左傳》:「子太叔……對曰……聞諸先大夫子產曰,夫禮,天之經也,地之義也,民之行也。天地之經,而民實則之,則天之明,因地之性。……簡子曰,甚哉禮之大也。(〈昭公二十五年〉)」引文參見晉・杜預注、唐・孔穎達正義:《春秋左傳正義》,清・阮元校刻《十三經注疏》(北京:中華書局,1980年),頁2107中。

31 日・淺野裕一:《孔子神話》(東京:岩波書店,1997年),頁171。

「孝」及「孝治」的思想依據。因此〈孝行〉要闡述的是如何使天子達成「孝治」，而全篇呈現一種王者「以孝治天下」的論調。《孝經》同樣首先提出「王者以孝治天下」的「孝治」主張，繼而在第二章至第六章中，分說天子、諸侯、卿大夫、士、庶人之孝，以此論證天子施行「孝治」的必要性。[32] 第七章以後，從曾子《禮》書、《左傳》、《孟子》、《荀子》、《中庸》等徵引思想素材，作為「孝」及「孝治」的思想依據。與〈孝行〉相對比，於全篇構成形式上完全相同。加之共通語句的互見，可知兩篇之間有著直接相承的關係。

再比較兩者的不同之處。第一，在論理展開程度上，《孝經》則遠遠超出〈孝行〉。〈孝行〉分人主、人臣、庶人的社會三個階層講孝，而《孝經》則提出天子、諸侯、卿大夫、士、庶人的五等級孝論，這是主張以天子為權力核心，建立「孝治」的封建體制論，比較〈孝行〉的以社會三個階層講孝，《孝經》的王者統治思想更鮮明。第二，作為輔助主體思想的部分，《孝經》第七段以後的諸章內容，並非如〈孝行〉單單羅列曾子語，而是延續首章孔曾對答的形式，採取曾子再三發問而孔子作答的行文方式來開展與深化主題。並且，正如前文所示，對曾子《禮》書、《左傳》、《孟子》、《荀子》、《中庸》等思想素材的取捨，也不是單純是引用，而是改成以孔子的口吻講出來，全篇由此而整合為一體（後文對此還將展開論述）。

針對於《孝經》思想內容上的這一特點，池澤優氏指出：「《孝經》中五等級概念是按照傳統的封建領主制度整理出來的，而〈孝行〉中的三階層

---

[32] 梁濤亦關注到《孝經》發展〈大孝〉的王者孝治理論展現出天子、諸侯、卿大夫、士、庶人之孝治結構，指出「《曾子大孝》之後，作於樂正子春弟子之手的《孝經》對孝作了進一步闡發，這主要表現在《孝經》將孝的一般思想具體到天子、諸侯、卿大夫、士、庶人身上，提出所謂的五等之孝，使孝與政治實踐發生密切聯繫，突出了孝的政治功能和作用。」參見梁濤：〈樂正氏之儒的「泛孝論」及與思孟學派的關係（上）〉《孝感學院學報》第 26 卷第 1 期（2006 年 1 月），頁 14-16。

概念，已經存在於五等級概念的基層之中。」³³ 另外，武內義雄注意到《孝經》與《孟子》相發明之處，如，《孝經》言先王之「法服」、「法言」、「德行」，《孟子》也以「服堯之服」、「誦堯之言」、「行堯之行」三者並言；³⁴《孝經》以「〈天子章〉言刑於四海，〈諸侯章〉言保其社稷，〈卿大夫章〉言守其宗廟，〈庶人章〉言謹身」的形式論五等級的孝，與《孟子・離婁上》中「天子不仁不保四海，諸侯不仁不保社稷，卿大夫不仁不保宗廟，士庶人不仁不保四體」的表現相類似等等，從而指出：「《孝經》作者在達成五等級孝論的思惟過程中，《孟子》成為其理論形成的依據所在。」³⁵

孟子極言「堯舜之道，孝悌而已矣」³⁶，從而提倡全政治道德化的王道論。《孝經》中呈現出的封建等級觀念，很顯然如武內氏所指出的那樣，是《孝經》的作者結合《孟子》中的封建階級的觀念和敘述形式，將〈孝行〉中三階層的孝說，有意識地發展成《孝經》中五等級的孝說，從而提出一個封建國家孝治論的理論模式。

具體比較《孝經》與〈孝行〉兩篇共見的語句，在內容的編排上，〈孝行〉稱道的「天子之孝」，被編入《孝經》的天子、諸侯、卿大夫、士、庶人的封建體制論框架中，其中存在一個由〈孝行〉講說天子之孝的「君主論」發展成《孝經》「國家體制論」的思惟過程。由此看來，《孝經》的「愛親者，不敢惡於人，敬親者，不敢慢於人」云云才是自〈孝行〉的引用文，並且不是單純從〈孝行〉截取而來，而是將〈孝行〉提出的社會政治意

---

33 日・池澤優：〈中國戰國時代末期の「孝」思想の諸文獻—孝の宗教學・三〉，頁17。
34 漢・趙岐注、宋・孫奭疏：《孟子注疏》（清・阮元校刻《十三經注疏》，北京：中華書局，1980年），〈告子章句下〉，頁2756上。
35 日・武內義雄：〈孝經の研究〉，《武內義雄全集》（東京：角川書店，昭和53年）第3卷・儒教篇一，頁82。
36 漢・趙岐注、宋・孫奭疏：《孟子注疏》：〈告子章句下〉，頁2755下。

義的孝治的理論，進一步展開擴大成為封建君主政治體制意義的孝治理論。因而，從主題到結構編排上，《孝經》受〈孝行〉的影響諸多，《孝經》的成書，也是在〈孝行〉成書之後。

結合前項所澄清〈察微〉中的引《孝經》語並非原本的文字而是後漢高誘注語，亦可推論《孝經》的成書時期，不會早於《呂氏春秋》。

四、再論《孝經》的成立

根據學者考察，《呂氏春秋》的成書分別在兩個時期，〈十二紀〉完成於秦始皇六年（前 241），而〈八覽〉、〈六論〉則完成於呂不韋左遷在蜀的兩年間編纂而成的，亦即呂不韋被免宰相的秦王十年（前 237）到他死去而呂氏學團解散的秦王十二年（前 235）的兩年間。[37] 編入〈八覽〉中的〈孝行〉的成書時期由此可知。

---

[37] 關於《呂氏春秋》的成書時間，〈十二紀〉中〈序意〉說：「維秦八年，歲在涒灘，秋，甲子朔，朔之日，良人請問十二紀。」高誘注說：「八年，秦始皇即位八年也。」古人的習慣是書成後才寫序，那麼《呂氏春秋》成於秦始皇即位八年（前二三九）。但是，針對此說，後來學者多持有不同意見，原因之一是，秦始皇即位第八年的干支，與「歲在涒灘」不合。之二，與《史記》所記載的「不韋遷蜀，世傳呂覽」（〈太史公自序〉）也不合。對這兩點疑問，陳奇猷〈呂氏春秋的成書年代考〉的考察較為妥善，現引其說如下：「依太歲紀年，『涒灘』是『申』，而秦始皇即位八年是『壬戌』，不是『申』。孫星衍就此作過考訂：『考秦莊襄王滅周後二年癸丑歲至始皇六年，共八年，適得庚申歲，申為涒灘，呂不韋指是年。』這就是說，所謂『秦八年』，應該從莊襄王滅周的第二年癸丑（前 274）算起。秦始皇即位之六年（前 241）庚申歲，而呂氏之書即寫成此年。」關於與《史記》記述的矛盾，陳氏認為：「《史記・自序》說『不韋遷蜀，世傳呂覽』，張守節《正義》說：『即《呂氏春秋》。這就是說，《呂氏春秋》成於不韋遷蜀之後。據《史記・呂不韋列傳》說：『秦王（秦始皇）十年（前 237）十月免相國呂不韋，出文信侯（呂不韋）就國河南。歲餘，諸侯賓客相望於道，請文信侯。秦王恐其為變，乃賜文信侯書，其與家屬徙處蜀。呂不韋自度稍侵，恐誅，乃飲酒鴆而死。」參見陳奇猷：《呂氏春秋新校證》，頁 1885、1887。

筆者曾撰文論證《孝經》為「漢儒制作」說的難以成立，釐清「《孝經》的流傳在秦始皇焚書之前」，[38] 結合本文推論「《孝經》在〈孝行〉篇成書之後」是發展了〈孝行〉的思想而成之推論，則得出《孝經》成書於秦代的結論。具體時期可從呂氏學團解散的秦王十二年（前 235）到秦始皇焚書的三十四年（前 213），以中間二十三年時間為限。就此，以下針對《孝經》成立問題，做進一步探究。

首先釐清對於《孝經》文本的理解問題。由於《孝經》思想及文本資料來源的複雜多歧，使學者大多認同此書是論說孝道的集大成作品同時，亦因

---

[38] 漢初諸子傳記中多見稱引《孝經》句，根據筆者考證，陸賈《新語》引《孝經》句四條，韓嬰《韓詩外傳》引一條，《史記》引八條，董仲舒《春秋繁露》引十條之多。《春秋繁露》中還記載河間獻王問《孝經》義於董仲舒的事。河間獻王立於漢景帝二年，對儒學有強烈的興趣，並且是一位古籍收藏家。《史記·景十三王傳》記載河間獻王「修學好古，實事求是，從民得善書必爲好寫與之，留其真。」而民間「或有先祖舊書，多奉獻王……其書與漢廷等。」漢初的河間國一帶，盛行收集古籍經典，獻王所讀《孝經》，或在所獻古書之列。劉炫《孝經述議》記載：「《別錄》云：古文稱大孝經。焚書之後，河間之人顏芝受而藏之，漢氏受命……芝子貞出之民間。建元初，河間王得而獻之，然則，河間所得，顏芝所藏者也。」司馬貞也認爲：「《今文孝經》是漢河間王所得顏貞本」（《唐會要》卷 77）。《漢書·藝文志》收錄此本稱「《孝經》一卷，十八章」。又另錄「《古孝經》一卷，二十二章。」顏師古注曰：「《家語》云孔騰字子襄，畏秦法峻急，藏《尚書》、《孝經》、《論語》於夫子舊堂壁中，而《漢記·尹敏傳》云孔鮒所藏。二說不同，未知孰是。」《漢書·藝文志》另有記載：「《古文尚書》者，出孔子壁中。武帝末，魯共王壞孔子宅，欲以廣其宮，而得《古文尚書》及《禮記》、《論語》、《孝經》凡數十篇，皆古字也。」（漢·班固撰、唐·顏師古校：《漢書》，頁 1719。）這是與今文本別行的古文本，出自孔子家宅的壁中，相傳其書為孔鮒（一說孔騰所藏）為避秦始皇的焚書藏匿起來的。另外，夏竦《古文四聲韻·序》中，也有記載楚漢之際的一次發掘《古文孝經》記錄：「又有自項羽妾墓中得《古文孝經》，亦云渭上耕者所獲。」（宋·夏竦撰：《古文四聲韻》，《文淵閣四庫全書》第 224 冊，上海：上海古籍出版社，1987 年，頁 416 上。）從這些記錄可以看出，《孝經》在秦始皇焚書前後已然有不同途徑的流傳。由此也證明了朱熹、姚際恒、王汝堃等學者主張的漢儒制作說是不能成立的。莊兵：〈孝経の成立を巡って〉，《日本中國學會報》第 54 集（2002 年 10 月），頁 1-15。本論在此基礎上，後文針對師承孔鮒的叔孫通傳承《孝經》有一步的研究考察。

為學者針對文本或思想的關注重點不同，從而對此書的成立年代及作者的推論分歧亦衆。尤其自朱熹一反漢唐「以十八章《孝經》為孔子述作囑於曾子」[39]的基本理解，取流傳於南宋當時的二十二章本《古文孝經》，提出《孝經》逐次成立說，針對《孝經》的文本及思想批判遂成風潮。[40]

朱熹認為《孝經》思想核心在首六七章（首章至〈孝平章〉），並作為「經文」，將其餘多引《詩》、《書》、《左傳》之語的十二個章（〈三才章〉至篇末），作為解說「經文」的「傳文」，認為「經文」為孔曾問答之言而曾氏門人所記，傳文成於「齊魯間儒」之手。如此將《孝經》一分為二，說經文是孔子所述，傳文是後儒所加的逐次成立說，之後為學者多所認同衍說。[41]

然而這顯然是朱熹自主取捨文本的結果，而非以《孝經》思想宗旨統合

---

[39] 「夫《孝經》者，孔子之所述作也。……修《春秋》，以正君臣父子之法。又慮雖知其法，未知其行，遂說《孝經》一十八章，以明君臣父子之行所寄。……既說之後，乃屬與曾子。」唐‧玄宗御注、宋‧邢昺疏：《孝經注疏》，頁 2540 上。

[40] 陳鐵凡指出：「四庫總目曰：孝經……傳注……宋以前，傳者寥寥，宋以後之說，大抵執古文以攻今文，又執朱子《刊誤》以攻古文。於孔曾大義微言反視為餘事……（注孝經集註條）自兩宋逸迄清初，七百年來《孝經》之學，此『執古文以攻今文，執《刊誤》以攻古文』二語足以進之，然則《孝經刊誤》一書影響後世孝經學者，其深鉅可想。」陳鐵凡：《孝經學源流》（臺北：國立編譯館，1986 年），頁 219。從呂妙芬：〈晚明士人論《孝經》與政治教化〉（235-237 頁）、劉增光：〈朱熹《孝經刊誤》在明代的流傳與反響〉，（《朱子文化》2011 年第 3 期，頁 23-26）等論文可以深入瞭解宋代以後無論贊同還是批判《孝經刊誤》的言論，尤其在元明之際對闡揚《孝經》的學者們來說：《孝經刊誤》成了學者必須面對的萬仞高牆，深深主導了元明以後的《孝經》學。

[41] 朱熹撰《孝經刊誤》以首六七章為「經」並作為「夫子曾子問答之言而曾氏門人之所記」（宋‧朱熹撰：《孝經刊誤》，《文淵閣四庫全書》經部第 182 冊，上海：上海古籍出版社，1987 年，頁 105 下），其餘十二章為「傳」是「皆齊魯間陋儒纂取左氏諸書之語為之」（宋‧朱熹：《晦庵集》，《文淵閣四庫全書》集部第 1145 冊，卷 84，〈跋程沙隨帖〉，上海：上海古籍出版社，1987 年，頁 756 下）。此說既出，影響尤鉅，遂開《孝經》著者爭端。相關朱熹說對後世影響的考察，可參見日‧武內義雄：〈孝經の研究〉，《武內義雄全集》第 3 卷‧儒教篇一，頁 82。

文本之論。正如朱熹批評「但嚴父配天本因論武王周公之事而贊美其孝之詞，非謂凡為孝者皆欲如此也。又況孝之所以為大者，本自有親切處，而非此之謂乎？若必如此而後為孝，則是使為人臣子者皆有今將之心，而反陷於大不孝矣」[42]，認為《孝經》當專講孝親，若談孝失卻親切，則非聖人所言，可知朱熹對《孝經》中把「孝」定位在「君主以孝治天下」的政治宗旨是不以為然的。

前文明瞭《孝經》文本的思想結構，以天子、諸侯、卿大夫、士、庶人的五等級論孝結構，呈現以天子為權力核心建立孝治的封建體制論，比較〈孝行〉以社會三階層闡述的孝治理論更具規模。作為輔助主體思想的部分，《孝經》第七段以後的諸章內容，並非如〈孝行〉單單羅列曾子語，而是延續首章孔曾對答的形式，採取曾子再三發問而孔子作答的行文方式來開展與深化主題。並且，對曾子《禮》書、《左傳》、《孟子》、《荀子》、《中庸》等思想素材取捨的，也不是單純引用，而是改成以孔子的口吻講出來，全篇文脈的起承轉合明顯是作為一個整體的文本而確立的。

具體而言，《孝經》全篇以〈開宗明義〉「仲尼居，曾子侍。子曰：……汝知之乎？曾子避席曰：……何足以知之？子曰：夫孝，……」（頁 2545），的孔子提問而曾子不能答、然後以孔子為曾子開陳孝義的對話形式展開，開陳「王者孝治天下」的宗旨。繼而以〈天子〉、〈諸侯〉、〈卿大夫〉、〈士〉、〈庶人〉諸章指示孔子為曾子開陳五孝，由此引出〈三才〉「曾子曰：甚哉，孝之大也」云云曾子的感慨，然後以「子曰：夫孝，天之經也，地之義也，民之行也……」（頁 2549）作為孔子的作答；在經過如上兩次接受孔子開陳孝治之後，接下來曾子主動提問；在〈聖治〉曾子第一次提問「曾子曰：敢問聖人之德，無以加於孝乎」，孔子由此以「子曰：天地之性，人為貴……」（頁 2553）作答，繼而在接下來的〈紀孝行〉、〈五刑〉、〈廣要道〉、〈廣至德〉、〈廣揚名〉諸章開陳君主孝

---

[42] 宋·朱熹：《孝經刊誤》，頁 105。

治的各種道理和原則；由此在〈諫諍〉曾子第二次以承上啟下的方式發問：「曾子曰：若夫慈愛、恭敬、安親、揚名，則聞命矣。敢問子從父之令，可謂孝乎」，然後以「子曰：是何言與，是何言與……」（頁 2558）云云作為孔子為曾子開陳子從父命不能達成孝治的道理；繼而在接下來的〈感應〉、〈事君〉、〈喪親〉三章，以孔子開陳君主在家族層面實施孝治作結，顯現出全篇行文是以貫穿全文宗旨而編排的一個整體作品。[43]

這種文本的編排形式以及思想宗旨，與〈孝行〉不僅相似，亦顯示出與〈孝行〉的承接關係，是發展了〈孝行〉的文本形式及思想宗旨而成。〈孝行〉是為了編入《呂氏春秋・孝行覽》而製作，帶有一種「命題作文」的性質，其文本成立以鮮明的「君主孝治」宗旨展現一個整體文本成立的樣貌，雖然內容編排上含帶既有成文，卻顯然是圍繞「君主孝治」的思想核心而衍說。《孝經》的文本成立情形亦具有類似特徵，亦即在「以孝治天下」宗旨下統括全篇。由此本論即便不否定如朱熹想像那樣在《孝經》（首章至〈喪親章〉）的全文成立之前有過類似資料（朱熹所云「首六七章」），但透過本研究多角度的考察，則很大程度顯現出以「孝經」為名之作是一個整理成立的文本，[44] 正如前述分析，雖然語句表述不乏從諸多既有文獻摘取纂集帶有「集結」性質，然而《孝經》最初立意即是以「在封建體制下建立君主孝治」的宗旨貫穿整體內容，並以「孝經」作為書名編成的一個整體文本。

---

[43] 文本參見唐・玄宗御注、宋・邢昺疏：《孝經注疏》，頁 2545-2561。

[44] 朱熹針對《孝經》「仲尼閒居，曾子侍坐……孝無終始，而患不及者，未之有也」的部分，指出「其首尾相應，次第相承，文勢連屬，脈絡通貫，同是一時之言，無可疑者。而後人妄分以為六七章，又增子曰及引詩書之文以雜乎其間，使其文意分斷間隔，而讀者不復得見聖言全體大義，為害不細。故今定此六七章者合為一章，而刪去子曰者二，引《書》者一，引《詩》者四，凡六十一字，以復經文之舊。」（引文參見宋・朱熹：《孝經刊誤》，頁 106 上。）按此則首六七章的銜接的確顯現為一體之作，然而亦無法由此排除其他部分的整體成立，也不能排除《孝經》整體文本以此為基礎而展開的可能。況且「首六七章」本身是否作為獨立篇章成立過，甚至是否以「孝經」為篇名，至今並無相關文獻可資印證。

這裡從書名確立為「孝經」，還可提及兩項特徵：第一，稱「經」是帶有「經出孔子」的含義。大致先秦典籍有過諸子稱「經」而儒家稱「傳」的過程。[45] 至戰國晚期乃至秦代，始出現稱儒家典籍為「經」的例子，例如《荀子・勸學》：「始於誦經，終於習禮」[46]，《莊子・天道》：「孔子……繙十二經」、《莊子・天運》：「丘治詩、書、禮、樂、易、春秋六經」[47]，皆帶有「經」是經由孔子傳述整理的含義。《孝經》既然成立於秦際，並且是第一本從一開始命名為「經」的書籍，不難察覺《孝經》作者編寫動機，是期待讀者把《孝經》當作「孔子述作」、「孔子之書」來看的。第二，劉炫《孝經述議》稱「劉向《別錄》云：古文稱大孝經。焚書之後，河間人顏芝受而藏之。漢氏受命，尊尚聖道，芝子貞乃出之民間」[48]，據此《孝經》最初似稱作「大孝經」。《漢書・藝文志》云「夫孝，天之經，地之義，民之行也。舉大者言，故曰孝經」，[49] 以「天之經」為最大並以此做為書名，亦是「大孝之經」的含義。由此顯示「孝經」之書名的直接來源，並非為朱熹所云「首六七章」。整體而言「大孝經」即是「孔子開陳王者孝治之書」，實際是寫給特定身份者的，與《孝行》篇具有類似的政治取向，亦是《孝經》作者的根本立意。實則與當時《老子》主張「無為而治」，《孟子》主張「王道之治」，《荀子》主張「禮治」，《韓非子》主張「法治」等具有共通的撰著目的，是預想作為供給最高統治者的「帝王之術」而撰就的。朱熹注意到《孝經》多引《詩》、《書》、《左傳》之語，如此「引經以證經」的特徵，多見於漢代學官博士的經典註釋，且漢制多襲用秦

---

[45] 日・諸橋轍次：〈經學の概念〉，《經學研究序說》（東京：目黑書店，1936 年），頁 31。

[46] 清・王先謙撰、沈嘯寰、王星賢點校：《荀子集解》（北京：中華書局，1988 年），頁 11。

[47] 清・郭慶藩集釋、王孝魚校：《莊子集釋》（北京：中華書局，1961 年），頁 477、頁 531。

[48] 日・林秀一：《孝經述議復原に關する研究》，頁 82。

[49] 漢・班固撰、唐・顏師古校：《漢書》，頁 1719。

制，文帝時期比照秦制一度置「傳記博士」，《孝經》亦在其列。王國維考證《孝經》、《論語》為文帝時「傳記博士」，武帝設立「五經博士」並罷「傳記博士」，但《孝經》、《論語》仍然由博士官所教授。[50] 參照一下漢代例證，《漢書·杜欽傳》云：

> 上盡召直言之士詣白虎殿對策，策曰：「……人之行何先？取人之術何以？……各以經對。」欽對曰：「臣聞……不孝，則事君不忠，蒞官不敬，戰陳無勇，朋友不信。孔子曰：『孝無終始，而患不及者，未之有也。』孝，人行之所先也。觀本行於鄉黨，考功能於官職，達觀其所舉，富觀其所予，窮觀其所不為，乏觀其所不取，近觀其所為，遠觀其所主。孔子曰：『視其所以，觀其所由，察其所安，人焉廋哉？』取人之術也。」[51]

漢代選官用「察舉制」，「對策」之法雖非常規，卻是由皇帝直接就政事、經義等設問，由應試者對答。晁錯、董仲舒、公孫弘，都是通過「對策」得到起用，對漢代國家決策發揮過重大影響。上述對策是漢成帝召請直言之士徵求治國之方，且明確提示「各以經對」。從上文杜欽對策中可以發現，其引用《孝經》、《論語》經句皆以「孔子曰」云云形式，即是「以經」對策。上面引述中還可見「不孝，則事君不忠，蒞官不敬，戰陳無勇，朋友不信」云云，其文並見《呂氏春秋·孝行》、《禮記·祭義》、《大戴禮記·曾子大孝》，是具有指標性的曾子之言。在漢代士人的引述中，代表

---

[50] 趙岐《孟子題辭》：「漢興，除秦虐禁，開延道德，孝文皇帝欲廣遊學之路，《論語》、《孝經》、《孟子》、《爾雅》皆置博士，後罷傳記博士，獨立五經而已。」《漢書·劉歆傳》中對此事亦有言及：「至孝文皇帝始使掌故晁錯從伏生受《尚書》、《詩》、始萌芽於天下、眾諸往往頗出、皆諸子傳記、猶廣立於學官、為置博士。」從這兩條記錄看，《孝經》與《論語》、《爾雅》等書，作為學習儒家「六藝」的入門教課，是先於五經設立在學官的第一批儒家典籍。

[51] 漢·班固撰、唐·顏師古校：《漢書》，頁 2674。

官方經學的「孔子之言」是要明確被表述出來的，由此可以清晰看到漢代官學意識形態下的《孝經》地位，是如何與代表「儒家子學《禮》書範疇的曾子之言」做區隔的。如此總總跡象，皆顯現《孝經》的官學政治對應性質，是從一開始便具備了的，與《曾子十篇》等呈現學派思想特徵相比較，《孝經》更呈現出政治功用為優先的特徵。

接下來探討作者問題。作為闡述孝道的專著，自然使人察覺其書必出於對孝道思想特別關注的儒者之手。學者多指出，《孝經》與曾子諸篇以及〈孝行〉之間的密切關聯性，〈孝行〉為樂正子春學派的作品，[52]《大戴禮記》曾子諸篇和《儒家者言》，也是繼承了曾子學派論孝的樂正子春學派之作，因此《孝經》的作者，與樂正子春學派的關聯至為密切，可能是繼承樂正子春學派孝道思想的儒者所為。[53]

若以學術思想的源流理解《孝經》作者的學派歸屬，上述推論則達成一定的澄清。然而若結合本文推論「作為以『孝經』為書名而確立的文本」成立於秦代，還有作者於此書所展現的明顯政治取向，則《孝經》為秦代儒者

---

[52] 陳氏指出：「本篇論治天下國家必以孝為本，蓋即演繹《論語・學而》「君子務本，本立而道生，孝弟也者，其為人之本與」之旨。篇中又多《禮記・祭義》之文，屢稱引曾子之語，則此篇為儒家者流之作無疑。本篇下文樂正子春謂「吾聞之曾子，曾子聞諸仲尼」。孔門弟子，曾參以孝聞。《公羊傳・昭十九年》何休注：「樂正子春，曾子弟子，以孝名聞。」然則樂正子春傳曾子之學而自成一派。考《韓非子・顯學》謂孔子死後，儒分為八，有樂正氏之儒，尤為先秦確有樂正子春學派存在之明證。據此，則此篇實係儒家樂正子春學派之言也。」參見陳奇猷：《呂氏春秋新校證》，頁738。

[53] 傾向《孝經》出於樂正子春學派的觀點，可舉郭沂：〈《孝經》新辨〉，《郭店楚簡與先秦學術思想》（上海：上海教育出版社，2001年）；胡平生：《孝經譯注》（北京：中華書局，1996年）；孫筱：〈孝經小考〉，《心齋問學集》（北京：團結出版社，1993年）等。還有前述梁濤：〈「仁」與「孝」--思孟學派的一個詮釋向度〉（《儒林》2005年第1輯，上海：上海古籍出版社，2005年）；〈樂正氏之儒的「泛孝論」及與思孟學派的關係（上）〉，頁12-16；常佩雨：〈《孝經》作者新論〉諸論。這些研究，或從思想史脈絡進行梳理，或整理辯證既有諸說，展現出由思想史學及史料新證入手所產成果。

所作的本文推論,還可做進一步探討。

關於《孝經》在秦代的傳承,《漢書·藝文志》顏師古注記載孔鮒(另一說孔騰)為秦際藏匿《孝經》之人。孔鮒是孔子八世孫,通六藝,始皇召為魯國文通君,又拜少傅,後為陳勝博士。孔騰是孔子九世孫,漢高祖過魯,祀孔子,封為奉嗣君,惠帝時徵為博士。[54] 顏師古在注中列此二人,雖稱其「未知孰是」,蓋兩人都是孔氏家學傳授《孝經》的人物,而史載孔鮒的事跡尤多。據《河南通志》記載:

> 秦孔鮒,字子魚,孔子八代孫。該通六藝。始皇時,召為魯國文通君,拜少傅。及李斯議焚書,鮒懼遺典滅亡,藏書壁間。隱居嵩陽,授弟子常百餘人。後陳涉起為楚王,聘鮒為博士。鮒託疾而退卒,於陳著書二十餘篇,曰《孔叢子》。[55]

上述記載「始皇時,召為魯國文通君,拜少傅」,「文通君」為朝廷授予孔門後人的頭銜,但稱「文通」必指其人碩學。「少傅」一職,與「太傅」、「博士」同為秦代所設中央執掌教育、宣導法令以及議禮諮政的官員。秦以吏為師,在焚書坑儒之前,博士、太傅、少傅等很受重視,常參與國家大事的討論,秦始皇出遊巡行郡縣往往有博士等陪同。在職守分工上,「博士」、「少傅」多充任吏師,教授貴族弟子,而「太傅」是輔導太子及諸皇子的教官,執掌秦代宮廷教育。例如趙高「故嘗教胡亥書及獄律令事」(《史記·秦始皇本紀》),指其做過始皇第十八子胡亥之師。孔鮒官拜「少傅」,雖大致仍活動在魯國,但無疑曾一度位列秦代學官,雖然遇焚書

---

[54] 《四庫全書·欽定歷代職官表》記載,「孔子九世孫騰,漢高帝過魯封為奉嗣君,一云奉聖君。」《幸魯聖典》亦有云「漢高祖自淮南還過魯謁孔廟,封九代孫孔騰為奉聖君。」《欽定續通志·孔氏後裔傳》:「騰,字子襄。漢高帝十二年過魯,乙太牢祀孔子,封騰為奉祠君。惠帝時征為博士。」

[55] 清·孫灝:《河南通志》卷 69,《文淵閣四庫全書》史部第 538 冊(上海:上海古籍出版社,1987 年),頁 332。

憤然辭官，然而對政治的關心與熱情似乎並未減退。

史料記述孔鮒楚漢之交，身處民間，廣開教學，授弟子百餘人，雖然對秦政失望，卻一段時期仍推薦弟子仕秦，《孔叢子・獨治》記載孔鮒建議叔孫通仕秦，[56] 可孔鮒其人最終還是走上反秦之路，亦有過一個過程。加入起義軍後，為陳勝博士，後隱居嵩山，再退隱於陳地。這樣看來，孔鮒其人不僅碩學，還對參與政治抱有極大熱衷，甚至文運不濟，假以武途，展現其人生的輾轉坎坷，使人隱約感覺有孔子風範。

由前文云「及李斯議焚書，鮒懼遺典滅亡，藏書壁間」，可知孔鮒為了從秦代焚書令下拯救家傳典籍，而藏書壁間。《孔叢子》也有記載：

> 魏人陳餘謂孔鮒曰：秦將滅先王之籍，而子為書籍之主，其危哉。子魚曰：吾為無用之學，知吾者惟友，秦非吾友，吾何危哉。吾將藏之以待其求，求至無患矣。

孔壁藏書，《漢書》、《說文解字》、《論衡》、《前漢紀》等漢代史傳多有記述，近代學者出於今古文之爭或疑古思潮等種種原因，例如康有為、劉起釪、陳夢家等懷疑孔壁出書的史傳記載。目前爭議依然存在，然而學界主流大致認同孔壁出書為史實，所出典籍包括《古文尚書》、《禮古經》、《論語》、《孝經》等，孔鮒等孔家傳人為藏書者。[57]

又《古文孝經孔氏傳・序》記述「昔吾（孔安國）逮從伏生論《古文尚書》義，時學士會云出叔孫氏之門，自道知《孝經》有師法。其說移風易

---

[56] 「秦始皇東並。子魚謂其徒叔孫通曰：子之學可矣，盍仕乎？對曰：臣所學于先生者，不用於今，不可仕也。子魚曰：子之材、能見時變，今為不用之學，殆非子情也。叔孫通遂辭去，以法仕秦。」傅亞庶：《孔叢子校釋》（北京：中華書局，2011年），頁410。

[57] 參見陳以鳳：〈孔壁出書綜考〉，《唐都學刊》第24卷第5期（2008年9月），頁10-13。

俗，莫善於樂，謂為天子用樂，省萬邦之風，以知其盛衰」[58]，叔孫氏即叔孫通，秦時為孔鮒弟子，云「時學士會云出叔孫氏之門，自道知《孝經》有師法」，可知叔孫通秦漢之際亦傳授《孝經》，且出自孔鮒。

由此，關於《孝經》在秦漢之際的傳播，隱約展現出兩種渠道，其一為孔鮒門人叔孫通等傳承的系列，河間顏貞、顏芝所傳，河間獻王所得蓋屬此類，此一系列正如《古文孝經孔氏傳·序》云「其說移風易俗，莫善於樂，謂為天子用樂，省萬邦之風，以知其盛衰」，似以主張天子禮樂之治作為宗旨，從而成為前漢博士官授之本，亦即《漢書·藝文志》著錄「《孝經》一篇，十八章。長孫氏、江氏、后氏、翼氏四家」[59]。其二為孔氏家傳系統，起初孔鮒、孔騰一直藏匿於孔宅，之後魯恭王壞壁出書，孔安國所得，魯國三老孔惠所獻，霍光所見，出於此系列，亦即後來所謂《古文孝經》。值得注意者，以上各種傳播渠道俱在齊魯地方，顯示《孝經》傳授的源頭，與「授弟子常百餘人」的孔鮒本人有莫大的關聯。

透過前文瞭解《孝經》成書的上限，不早於秦始皇經略東方諸國之際（此時〈孝行〉成立），秦帝國統一後不久，被法家視作百家之言、私學之屬的孔門經籍（包括《孝經》），在遭遇焚書事件之際，被孔鮒、孔騰等藏匿以及由弟子叔孫通等傳授民間，不絕如縷。在這樣的背景中，以《孝經》的政治傾向以及稱「經」並帶有官學風格等特徵，在無其它資料積極證明《孝經》曾經有「首六七章」的「準文本孝經」存在過的狀況下，則諸多旁證資料指向仕秦又反秦且多任博士的孔鮒，很可能是《孝經》的編纂者。之後或有孔騰、叔孫通有各自的傳授而出現後世今古文的分歧。

史傳記述孔鮒其人該通六藝，著述《小爾雅》、《孔叢子》等書，編撰《論語》、《孔子家語》，為孔氏家學的中堅人物。[60]《孔叢子》多記述孔

---

[58] 漢·孔安國撰：《古文孝經孔氏傳》，《文淵閣四庫全書》經部第 182 冊，頁 5 上。
[59] 漢·班固撰、唐·顏師古校：《漢書》，頁 1719。
[60] 傅亞庶：《孔叢子校釋》，〈附錄四 孔叢子的成書年代與真偽〉，頁 605。

鮒的言行。不過《孔叢子》和《孔子家語》，經過王肅等人添改，兩書都曾被認為是「偽書」。近年出土的《儒家者言》、《論語》、《保傳》、《孔子家語》等大量竹簡及學者考察，基本指向今本《家語》是漢魏孔氏家學的產物。[61]《隋書‧經籍志》稱：「《孔叢》、《家語》並孔（安國）氏所傳仲尼之旨。」看來，《孔叢子》和《孔子家語》本為孔氏家學，是經過孔安國等孔氏後人長期修補增刪而成。而通過定縣漢簡的出土，發現了這類原形素材。[62]

考察與孔鮒關聯密切的兩書，《孔叢子》見《孝經》之語一條：

平原君曰，良之有患時不明也。居家理，治可移於官。[63]（〈公孫龍〉）

又，《孔子家語》中，并見於《孝經》的語句十餘條，[64] 此僅列舉三

---

[61] 李學勤：〈竹簡〈家語〉與漢魏孔氏家學〉，《孔子研究》1987年第2期，頁60。
[62] 黃懷信：《漢晉孔氏家學與「偽書」公案》（廈門：廈門大學出版社，2011年）一書，針對《孔叢子》及《孔子家語》有做出細密考證。針對《孔叢子》的考證，透過與《戰國策》、《韓非子》、《尚書大傳》、《韓詩外傳》、《呂氏春秋》、《淮南子》、《說苑》等眾多戰國秦漢的諸子傳記作文本比較對照分析，一一考察出《孔叢子》各篇的材料來源與撰作編集者，從而推論前《孔叢子》十八篇除《小爾雅》外，撰集者是出自孔鮒手筆（頁194）；記述孔鮒三篇的基本資料，由其弟子子襄所撰；當然也不能排除後人重新編訂過（頁198）。針對《家語》的考證，透過將《家語》與《論語》、《荀子》、《禮記》、《大戴禮記》、《說苑》、《儒家者言》等進行對比分析，推論《家語》較《荀子》晚出，但原始資料明顯不盡本於《荀子》等：《家語》並非割裂諸書而作，在諸書之前或同時確有類似材料流傳，從而指出《家語》內容豐富，各篇所記孔子事跡言論大多於他書有見（頁298）。孔安國有可能將之撰集成書，不排除後人改動（頁330）；王肅注《家語》使孔安國所編孔氏家傳本《家語》得以流傳於世，在注釋過程對原文或進行整理的少量改動，不等於撰作，更不等於偽作（頁353）。
[63] 傅亞庶：《孔叢子校釋》，頁283。
[64] 引用參見莊兵：《秦漢孝經學史研究》書後〈附錄：經籍所見兩漢《孝經》經言經說輯要〉（日本國立名古屋大學文學研究科博士論文，2004年），頁197-255。

條：

> 孔子曰，所謂賢人者，德不逾閑，閑法行中規繩，言足以法於天下，而不傷於身；言滿天下無口過也。[65]（〈五儀解〉）
>
> 子貢問於孔子曰，子從父命孝，臣從君命貞乎。奚疑焉。孔子曰，鄙哉賜，汝不識也。昔者明王萬乘之國，有爭臣七人，則主無過舉；千乘之國，有爭臣五人，則社稷不危也；百乘之家，有爭臣三人，則祿位不替；父有爭子，不陷無禮；士有爭友，不行不義。故子從父命，奚詎為孝？臣從君命，奚詎為貞？夫能審其所從，之謂孝，之謂貞矣。[66]（〈三恕〉）
>
> 孔子曰，禮之所以象五行也，其義四時也，故喪禮有舉焉，有恩有義，有節有權。其恩厚者其服重，故為父母斬衰三年，以恩制者也；門內之治恩掩義，門外之治義掩恩。資於事父以事君而敬同，尊尊貴貴，義之大也，故為君亦服衰三年，以義制者也；三日而食，三月而沐，期而練，毀不滅性，不以死傷生，喪不過三年，齊衰不補，墳墓不修，除服之日，鼓素琴，示民有終也，凡此以節制者也；資於事父以事母而愛同，天無二日，國無二君，家無二尊，以治之，故父在為母齊衰期者，見無二尊也。[67]（〈本命解〉）

比較上列《孔叢子》、《孔子家語》、《孝經》之間的內容關聯，與《孝經》比較，雖然《孔叢子》及《孔子家語》原文多見增衍，但與《孝經》語句的類似性，顯示或是《孝經》著述資料用到了《孔叢子》、《孔子家語》，或者是《孔叢子》、《孔子家語》著述之際參考了《孝經》，總之展現出在文本層面的彼此間的關聯性。例如上述《孔子家語‧三恕》「子從

---

65 楊朝明、宋立林主編：《孔子家語通解》（山東：齊魯書社，2009年），頁59。
66 同前引，頁104。
67 同前引，頁314。

父命，奚詎為孝？臣從君命，奚詎為貞」的命題，在《孝經‧諫諍章》、《荀子‧子道》、《韓詩外傳‧卷十》等不約而同地出現絕非偶然，毋寧說這些類似的表述，共同對應的社會背景是針對法家主導的秦代政治形態中被極端強化的君權父權，從儒家立場提出的反省之論。即便如上述「居家理，治可移於官」、「資於事父以事君」、「為君亦服衰三年」，亦對應到君權已然行使在家族範疇的秦代前後社會背景，從儒家立場探討繼承這一事實基礎之上的倫理對策。由此顯示孔鮒、孔騰等對應當時政治形勢的思考所產，一定程度呈現於對此三種書的編撰或整理之中。若《孔叢子》、《孔子家語》因內容多為孔門後裔資料的集結，為孔鮒、孔騰等編撰而成，則《孝經》的編撰僅是論理性資料參用既有文本，總體仍然顯現出以統貫的王者孝治宗旨整體編成的性質。由此意義而言，本文推論以如此王者孝治宗旨編成《孝經》之人為孔鮒的可能性極大。

政治對應色彩濃厚且帶有官學性質編成的《孝經》，與掌管「先王之書」被時人視為「書籍之主」的孔鮒身份亦有相合之處。以當時的經典形成的方式來看，即便孔鮒利用眾多的既有資料撰著《孝經》，為《孝經》的實際作者，亦仍能以其作為孔門後裔的立場，展現《孝經》為孔子述作方式，符合時人「經出聖人」的理解。稱「經」恰恰是在當時社會狀況下才有對應政治的意義，這與秦漢之際儒家包括《詩》、《書》等稱「經」之書即便出於儒門後學的實際編輯，其歸屬仍在孔子的狀況類似。以這樣的狀況來看，即便孔鮒編成《孝經》，仍可對外聲稱孔子所傳。

五、對《孝經》思想性評價

孝觀念到戰國末期已經發展成相當豐富的思想體系，在儒、墨、道、法等諸子思想中，都得到了形式不同的發揮。《孝經》廣泛採摘儒家學派自孔子、曾子至孟子、荀子等論孝的言論，假借孔子與曾子問答的形式加以穿

聯，綴輯在一起而成篇。可以說，該書是對先秦儒家孝道的總匯，是對先秦儒家孝道思想的集成和總結，《孝經》中諸如「身體髮膚，受之父母，不敢毀傷」（頁 2545）、「孝子之事親也，居則致其敬，養則致其樂，病則致其憂，喪則致其哀，祭則致其嚴。五者備矣，然後能事親」（頁 2555）、「生事愛敬，死事哀戚」（頁 2561）等展現家庭倫理的孝觀念，對孔子以後儒家孝觀念的繼承。然而藉由前一節的考察已然充分明確，《孝經》的宗旨在「以孝治天下」的孝治主題，服務於這個主題思想，《孝經》對「孝」的政治功用性作出了各種形式的理論發揮。不僅如前述提出一種封建國家孝治模式的五等級孝說，其他如，「移孝作忠」（頁 2548）、「父母之道，天性也」（頁 2554）、「天經地義」（頁 2553）、「從義不從父」（頁 2558）等，都是《孝經》論孝具有特色的地方。

　　第一、「移孝作忠」，是對孝的內涵意義的擴大。時代發展到秦代統一國家的誕生，東方諸國的舊貴族、大宗族遭受打擊而解體。伴隨郡縣制度的推行，從事農耕生產的個體家庭，成為社會的主要納稅者。這樣，使君主對家庭的行政統治更為接近，從而，使作為家族尊親倫理的「孝」，與對君主關係的「忠」的衝突，變得益發明顯。

　　法家認為「君之直臣，父之暴子」、「父之孝子，君之背臣」，[68] 將孝父與忠君看成是不可調和的對立關係。於是以犧牲忠孝的倫理性，將兩者統轄於國家法令之下而謀求矛盾的解決。如《睡虎地秦墓竹簡‧封診式》中載有兩條父親控告兒子的案例，因親子「不孝」，父親請求政府將其殺死或械足流放，政府則予以照辦。[69]這是以法令而不是教化來推行孝道的典型實

---

[68] 《韓非子‧五蠹》。引文參見清‧王先慎撰、鍾哲點校：《韓非子集解》（北京：中華書局，2003 年），頁 449。

[69] 原文是：「爰書：某里士五（伍）甲告曰：甲親子同里士五（伍）丙不孝，謁殺，敢告。即令令史己往執。」大意是：「爰書：某裏士伍甲控告說：甲的親生子同裏士伍丙不孝，請求處以死刑，謹告。當即命令史已前往捉拿。」另一則是：「爰書：某里士五（伍）甲告曰：謁鋈親子同里士五（伍）丙足，遷（遷）蜀邊縣，令終身毋得去

例,所以體現的是法家式的孝道觀。其思想實質是通過對孝的道德內涵的摒除,使孝變成了維護秦帝國統治的法治工具之一。

與此相對,《孝經》則採取濃化孝中「敬」的成分,將其擴展為「忠」,從而使孝既適用於父,又適用於君。〈士章〉云:「資於事父以事母而愛同,資於事父以事君而敬同。故母取其愛而君取其敬,兼之者父也。故以孝事君則忠,以敬事長則順。」(頁 2584 中)子對父的「敬」和民對君的「敬」既然被解釋成同樣性質的尊從順服,便符合了君主專制國家的尊君倫理。孝於父同孝於君,同樣成為政治的組成部分,從而成為〈廣揚名章〉所說的那樣:「君子之事親孝,故忠可移於君。事兄悌,故順可移於長。居家理,故治可移於官。是以行成於內,而名立於後世矣。」(頁 2558 上)

儒家的移孝作忠,是將家族道德生活同社會政治生活聯繫起來看,體現出儒家傳統的「聖人之政」的政治理想。〈天子章〉云:「愛親者,不敢惡於人,敬親者,不敢慢於人。愛敬盡於事親,而德教加於百姓,刑於四海,蓋天子之孝也。」(頁 2545 下)〈聖治章〉亦云:「故親生之膝下,以養父母日嚴。聖人因嚴以教敬,因親以教愛。聖人之教,不肅而成,其政不嚴而治。」(頁 2545 下)將天下變成一個大家庭,統治者以愛子女的心愛護百姓,而百姓則以尊敬父母之情尊敬長上,即使長上對下民有些嚴厲的措施,那也不過如同父母對子女的嚴格要求,出發點還是一片愛心。就這樣,《孝經》通過對孝本身「愛敬」因素作理論的擴展,為孝成為「忠君」原理

罨(遷)所,敢告。告法(廢)丘主:士五(伍)咸陽才(在)某里曰丙,坐父甲謁鋈其足,罨(遷)蜀邊縣,令終身毋得去罨(遷)所論之,罨(遷)丙如甲告,以律包。今鋈丙足……。」大意是:「爰書:某士伍甲控告說:請求將本人親生子同里士伍丙械足,流放到蜀郡,叫他終生不得離開流放地點,謹告。謹告廢丘負責人:士伍咸陽某里人丙,因其父甲請求將他械足,流放到蜀郡,叫他終生不得離流放地點而定罪,按甲所告將丙流放,並依法命其家屬同往,現將丙械足……。」引文參見睡虎地秦墓竹簡整理小組:《睡虎地秦墓竹簡》(北京:文物出版社,1990 年),頁 156。

找到了本體性及普遍性的依據。

第二、「天經地義」，是對孝的理論抬升。〈三才章〉云：

> 曾子曰，甚哉，孝之大也。子曰，夫孝，天之經也，地之義也，民之行也。天地之經，而民是則之，則天之明，因地之利，以順天下。是以其教不肅而成，其政不嚴而治。（頁2549下）

在這裏，把孝道提升到宇宙根本規律的高度來看待，孝道不僅是人間道德的根本，而且是宇宙運行的普遍規則。前面已經提及，這段話是從《左傳》對「禮」的論證中，引證加工而得來的。禮是宗法等級社會中政治、經濟、軍事、文化、思想、道德等一切意識形態的總和。稍加改動來說明孝，顯然是在抬高孝的意義。但是，《孝經》並沒有進一步解釋，孝為什麼是天經地義的。直到漢代董仲舒將「忠孝」說成是流轉在天地人間的「陰陽五行之氣」的相生原理，因之導出「忠臣孝子」乃是則「五行天道」而生，才使孝的「天經地義」之義具有政治實踐說服力。經過董仲舒為孝作出的天道思想的發揮，使孝成為伸張君權、父權、夫權的所謂「三綱」的政治倫理，成為維護二千多年中國封建社會的最根本的思想原理。[70]

第三、「從義不從父」，對孝的本義的轉換。〈諫諍章〉云：

> 曾子曰：若夫慈愛恭敬安親揚名，則聞命矣。敢問子從父之令，可謂孝乎。子曰：是何言與，是何言與。昔者天子有爭臣七人，雖無道不失其天下。諸侯有爭臣五人，雖無道不失其國。大夫有爭臣三人，雖無道不失其家。士有爭友，則身雖不離於令名。父有爭子，則身不陷於不義。故當不義則子不可以不爭於父，臣不可以不爭於君，故當不義則爭之，從父之令，又焉得為孝乎。（頁2558上）

---

[70] 詳論參見莊兵：〈董仲舒「孝經義」考辨〉，《中央大學人文學報》第42期（2010年4月），頁1-43。

這段話，向來被看作《孝經》中異色的內容，因其一反孔子以後儒家「諫諍」的主張，因而多受批判。孔子云：「事父母，幾諫」，[71] 曾子云：「父母之行，若中道則從，若不中道則諫。諫而不用，行之如由己。從而不諫，非孝也。諫而不從，非孝也。」[72] 孟子云：「父子之間不責善，責善則離，離則不祥莫大焉。」[73] 孔子到孟子皆主張父對子的絕對性權威，因此，家族以外的原則不能動搖這一家長絕對的制度。但是，《孝經》卻主張「從義不從父」，這段話顯然是接受了荀子學派的影響。《荀子·子道》云：

> 曾子曰：若夫慈愛恭敬，安親揚名，則聞命矣。敢問子從父之令，可謂孝乎。子曰：是何言與，是何言與。昔者天子有爭臣七人，雖無道不失其天下。諸侯有爭臣五人，雖無道不失其國。大夫有爭臣三人，雖無道不失其家。士有爭友，則身雖不離於令名。父有爭子，則身不陷於不義。故當不義，則子不可以不爭於父，臣不可以不爭於君，故當不義，則爭之。從父之令，又焉得為孝乎。[74]

這裏的「從義」，含有一種遵從社會公則的意味。「從義不從父」觀念的發生，正體現了戰國分裂至秦漢統一帝國成立過程中，「個體族權」制度瓦解和對社會公則（表現為道義、法則）的自覺過程。張踐在所著〈《孝經》的形成及其歷史意義〉一文中指出：「《孝經》的〈諫諍章〉基本是從荀子的書中衍繹來的，不過爭臣的人數，嚴格套用了《禮記》關於廟制的說法，文辭也稍加改動而已。然而其精神實質，則反應了戰國末期，中央集權

---

71 《論語·里仁》。引文參見宋·朱熹撰：《四書章句集注》，《新編諸子集成》第 1 輯（北京：中華書局，1983 年），頁 73。
72 《大戴禮記·曾子事父母》。清·王聘珍撰，王文錦點校：《大戴禮記解詁》（北京：中華書局，1983 年），頁 86。
73 《孟子·離婁上》。引文參見宋·朱熹撰：《四書章句集注》，頁 284。
74 清·王先謙撰、沈嘯寰、王星賢點校：《荀子集解》，《新編諸子集成》第 1 輯（北京：中華書局，1988 年），頁 530。

制度建立，宗法宗族制度向宗法家族制度轉化的事實」。[75]

第四、「父母之道，天性也」，為孝找到人性論的依據。〈聖治章〉云：

> 曾子曰：敢問聖人之德無以加於孝乎。子曰：天地之性，人為貴。人之行莫大於孝，孝莫大於嚴父，……父子之道，天性也，君臣之義也。（頁 2553 上）

這種觀念，明顯是受孟子「性善說」的影響而來。以孝為人性所固有的一種美德。《孟子》云：「孩提之童，無不知愛其親者。」[76] 就是說，兒童在成長過程中對父母的情感依戀，是源於一種天性。《論語》云：「子貢曰，夫子之言性與天道，不可得而聞也。」[77] 這說明孔子並非大談「天地之性」的。《孝經》將其運用於政治倫理，便成為「君臣之義」的依據。漢代緯書中，認為孝子更具有社會政治的價值性，直言「求忠臣必於孝子之門」，而漢代的「舉孝廉」的制度，亦正是這種「孝子忠臣」觀念的實際應用。

以上所列舉的幾點，主要在於明確《孝經》的成書特色。《孝經》對孝作了各種意義的放大、提升、轉變，對「孝治」的理論可行性，可謂作了充分的闡述。而最為關鍵的是，《孝經》中所體現出的從家族延展向國家的人倫德治精神。

看《孝經》中，反復申說「孝子之事親」、「君子之事上」、「君子之事親」、「明王之事父母」、「以孝事君」、「以敬事長」，正反應出一種對家族、宗族、社會、國家中各種統屬關係以道德方式處理的姿態。其具體

---

[75] 張踐：〈《孝經》的形成及其歷史意義〉，《中國哲學‧經學今詮續篇》第 23 輯（瀋陽：遼寧教育出版社，2001 年），頁 196。
[76] 《孟子‧盡心上》》。引文參見宋‧朱熹撰：《四書章句集注》，頁 353。
[77] 《論語‧公冶長》。引文參見宋‧朱熹撰：《四書章句集注》，頁 79。

提供天子以愛敬父母臣民，諸侯以奉節守度，卿大夫以言行不越制，士大夫以實踐忠孝，庶人百姓以生活的勤勞等「孝治」的實施方法，在伸張君權同時，也給如何伸張君權以及行使君權的正當性找到了理由。從《孝經》將「孝治」導入封建體制論這一點上看，並不單純以讚美封建制度為目的，而是通過在傳統的等級觀念中，加入「以孝事君則忠」的觀念，在認同家族、宗族的自主秩序同時，實現君主統御的正當性。這實質是將舊來的封建體制，進行了符合君主專制制度的理論再編，其理論成立的目的所在，則是面對統一國家的形成，提供一個順應君權優先的道德政治模式。為改善認法無情的法治思想，應該說是有意義的。

集權國家成立的根本目的，在於君主統治意識得到最大程度的施行。秦帝國兼併六國以後，秦始皇將六國的舊貴族進行了大遷徙，使當地的家族、宗族秩序遭到了嚴重的打擊。然而，這種以武力高壓達成的統治並不能維持長久，事實也是以秦始皇卒死之後短短三年便導致帝國滅亡的悲運。歷史證明，能夠通過武力達成天下的統一，卻不能以武力證明強權的合理。尤其是以強調君主支配徹底性的專制統治中，伴隨統治意識深入各個家族、宗族內部，勢必干擾家族、宗族原有的自主秩序，如何對家族、宗族內部君主權的政治介入，給以理論的合理解釋，對緩和統屬關係的緊張、謀求政治的安定至關重要。但是，正如賈誼批判秦帝國的思想政策是「仁義不施，而攻守之勢異也」[78]，將帝國確立的根本依據，置於認法無情的法家思想之上，正是導致秦帝國短期滅亡的根本原因所在。宇都宮清吉氏批判法家思想的欠缺指出：「傳統的家族制度是維持民間秩序構造中關鍵的要素，（法家思想）卻欲將其徹底抹殺，不能算是十全的政治思想。」[79]

---

[78] 《新書・過秦論》。漢・賈誼撰、閻振益、鍾夏校注：《新書校注》（北京：中華書局，2000 年），頁 3。

[79] 日・宇都宮清吉：〈「古代帝國史概論」と解題〉，收入《漢代社會經濟史》（東京：弘文堂，1955 年）。

秦帝國的滅亡使得人們認識到文化傳統的重要，認識到德治教化的重要。社會政治不可能只依靠刑法來管理，皇權的維護也不能只依賴武力，必須要爭取民心，順應天意，注重道德教化。儒家思想所提倡的德治主張，正是可以緩和君民統屬關係的緊張，彌補法家認法無情的思想欠缺。因而，漢帝國成立初始，便打出「以孝治天下」的懷柔主張。歷史的發展，亦證明了《孝經》對反倫理思想的批判以及肯定人倫等道德思想上的意義。

結 語

經由本章利用新出土文獻與傳世文獻的參酌比對，考察有關《孝經》的成立時期、文本特徵及著者，顯現與史料傳爲傳承者的孔鮒等秦代孔氏家學傳人有密切關係。雖然既有研究顯現《孝經》與曾子學派及樂正子春學派的思想帶有關聯，若如此亦僅可能仍是與《曾子》諸篇相類似的狀況，而非脫穎而出。從前漢《孝經》率先代表儒家成爲官方學術以及之後長久政治影響來看，《孝經》自成立之初，即已提供一套具備指導於實踐的「王者孝治」理論，並以孔子口述形式標示出「孔子述作」的含義，這兩點實可成爲《孝經》的核心特徵，從而顯現出《孝經》與曾子、樂正子春系列的「曾子十八篇」、《儒家者言》等先秦儒家作爲禮書範疇的「孝論」有本質性區別。亦即《孝經》作爲儒家經典最早稱「經」，已然顯現出此書的著述所帶有的明顯政治動機，非僅是出自「私學」立場的學派思想傳承之作，這在命名「孝經」並歸屬給孔子述傳的特徵上，正體現出《孝經》作者為孔子家系編撰才能具有的名正言順性質。

因此，從《孝經》作爲一個整體文本確立而提出「王者以孝治天下」的思想體系來看，從《孝經》以孔子述傳並以「經」命名的成書特徵來看，從漢代最初作爲「一經博士」傳授的第一批官方認定的儒家典籍來看，從魯國三老、孔安國等一系列孔氏家傳典籍的獻書朝廷事件來看，在秦漢之際孔門

後裔的政治參與孔氏家學復興過程中，《孝經》的著述與傳承則成爲一個關鍵環節，並切實發揮了如期的功效。

第二章 新文獻推動的《孝經》新課題

　　自本章開始,將主要以敦煌寫卷及吐魯番文書對《孝經》課題研究的推動做出考察。20 世紀初,在敦煌莫高窟藏經洞發現了五萬餘件書寫於西元 5 至 11 世紀的文獻,成為中國近代文化史上的重大發現。對於這些文獻的研究整理,形成專門的敦煌學,自 1909 年中日學者相繼刊行相關敦煌文獻研究論著,[1] 迄今敦煌學已走過百年的學術歷程。在這些絕大多數為佛教寫經的卷子中,存有三百餘件儒家典籍,《孝經》亦在其內,是發現數量僅次於《論語》的儒家經籍。[2] 與敦煌同屬西域地區的吐魯番,[3] 20 世紀以來亦相

---

[1] 1909 年 9 月羅振玉發表〈敦煌石室書目及其發現之原始〉和〈莫高窟石室秘錄〉,(《東方雜誌》6 卷 11、12 期);同年 11 月 12 日《朝日新聞》發表內藤虎次郎《敦煌石室發見物》一文,成為分別成為中日敦煌學研究的開端。

[2] 許建平:《敦煌經籍敘錄》之〈卷七・論語〉頁 290-386,統計出敦煌《論語》寫卷共 74 號,綴合成 60 件;〈卷八・孝經〉頁 387-429,統計出敦煌《孝經》寫卷共 41 號。這僅是藏經洞發現的數量。據筆者統計,若加上土地廟遺書 1 號、吐魯番出土的《孝經》寫卷 12 號,則西域地區出土合計 54 號。其他還有敦煌寫卷:歌詠、頌讚《孝經》類殘卷 10 號、學郎《孝經》策論草稿 2 號綴合成 1 件;吐魯番出土:考試時學生所答《孝經》策問卷 8 號。這樣,敦煌吐魯番出土《孝經》寫本合計已達 74 號。另有疑偽的「首都博物館藏白文《孝經》1 號」未計在內。相關敦煌吐魯番出土《孝經》寫卷統計細目,請參看本論〈附錄:敦煌吐魯番出土《孝經》相關寫卷一覽表〉。相關藏經洞出土敦煌儒家類寫卷狀況,許建平:《敦煌經籍敘錄》(北京:中華書局,2006 年)一書,賅博詳實,可資參照。

[3] 榮新江先生曾提出,研究敦煌文獻:「從廣義的敦煌學來講,還應當把與敦煌文獻性質相同的吐魯番、和田、庫車、黑城等地出土的寫本文獻也考慮進來。」由此意義而言,吐魯番出土文獻亦屬於榮氏提出的「廣義的敦煌學」範疇。引文參見榮新江:

繼出土大量文書,其中發現十數件《孝經》殘卷。至今經過百年的歷程,學界在敦煌及吐魯番《孝經》研究範疇已經取得了豐碩的成果。首先本章將要針對這些研究成果做出盡量充分的整理和綜述,並指出學界在《孝經》文本流衍、今古文問題、《孝經》義疏學、《孝經鄭注》、《御注孝經》等方面的課題推展。第三章以後,將於各章針對上述諸課題提供本書研究的新進展與新成果。

一、《孝經》文本的沿革

《孝經》作為倡導封建君主孝治的儒家典籍,在思想史中登場,開始發揮其對社會的影響力是在漢帝國成立以後,《孝經》在儒家各學派以及朝廷官學中得以廣泛流傳,為諸如封禪、郊祀、立嗣、冊封等多方面的政治統治運營,提供了思想的指導,從而受到當朝統治者的高度重視。到前漢末期,使《孝經》的權威性和經典性,達到了與五經同樣的高度。《後漢書‧荀爽傳》云「漢制使天下誦《孝經》,選吏舉孝廉」,[4] 最為簡明道出了《孝經》在漢代的政教功能。後漢兩晉《孝經》甚至被奉為神書,乃至歷朝歷代的皇帝注解《孝經》等,都是對《孝經》「以孝治天下」的政治教化功能的再三確認。不僅受到漢代以降歷代統治者的青睞,《孝經》同時廣泛傳播社會各階層,對中國傳統孝道的推行影響深遠。

從學術史傳承來看,《孝經》在前漢文帝時既已先於五經,一度置「孝經博士」於學官。當時主要通行十八章和二十二章的二種本,十八章本為朝廷博士官用隸書所寫,或稱今文《孝經》,二十二章本出自孔壁為古文字本,或稱《古文孝經》、《古孝經》。據說孔安國為之作《傳》,慣用稱呼

〈敦煌文獻與古籍整理〉,《慶祝吳其顯先生八秩華誕敦煌學特刊》(臺北:文津出版社,1996 年),頁 269。

[4] 宋‧范曄撰、唐‧李賢等注:《後漢書》(北京:中華書局,1973 年),頁 2051。

《古文孝經孔氏傳》，或簡稱《孔傳》，獻上武帝朝廷卻未能見用於官學。至前漢後期劉向整理折中今古文《孝經》並定為十八章，[5] 後漢鄭眾、馬融等經學大師曾為劉向本作注，皆已失傳。通行魏晉南北朝官學用本唯有《孝經鄭氏注》，相傳或云鄭玄注，或有疑之者。《古文孝經孔氏傳》亦於梁代一度設立於官學，旋即亡佚梁亂。至隋，秘書監王劭於京師訪得《孔傳》，送至劉炫，劉炫為之述議，講於民間，漸聞朝廷，遂置學官，然當時儒者多疑炫之偽作。[6]

唐代開元 7 年（719）3 月 1 日，唐玄宗詔令儒官質定「令明經者習讀」

---

[5] 莊兵：〈劉向刪繁《孝經》考辯〉，《華梵人文學報》第 14 期（2010 年 6 月），頁 1-42。

[6] 《隋書‧經籍志》記載「古文孝經，與古文尙書同出，……孔安國爲之傳。……又有鄭氏注，相傳或云鄭玄，其立義與玄所注餘書不同，故疑之。梁代，安國及鄭氏二家，並立國學，而安國之本，亡於梁亂。陳及周、齊、唯傳鄭氏。至隋，秘書監王劭於京師訪得孔傳，送至河間劉炫。炫因序其得喪，述其義疏，講於人間，漸聞朝廷，後遂著令，與鄭氏並立。儒者喧喧、皆云炫自作之，非孔舊本，而秘府又先無其書」。由此記載來看，梁隋之際爲爭置學官主導地位，力主《鄭注》與力主《孔傳》的雙方朝臣，已然彼此指斥對方偽作而展開爭執。引文參見唐‧魏徵撰、令狐德棻撰：《隋書》，頁 935。另外，有關《孔傳》偽作者，清人盛大士《孝經徵文叙》云：「近汪氏翼滄所得日本《古文孝經孔傳》一卷。安國作傳漢人不言，獨《家語》言之，《家語》爲王肅偽撰，而安國之注《孝經》有與《家語》暗合者，隋《志》所載王肅《孝經解》久佚，今見邢昺《疏》中，多與《孔傳》同，是必王肅妄作，假託孔氏，以與己之臆見相證。」由此指出《孔傳》的偽作者是王肅。引文見丁晏《孝經徵文》（見《續皇清經解》八四七）。然而，《孔傳》研究史上，無論指斥劉炫偽作還是指斥王肅偽作的諸說，實際上多失考證。林秀一博士依據日本古傳劉炫《孝經述議》的研究，指出《述議》「達十二條之多並未祖述《孔傳》而是指出《孔傳》違背經旨」，從而明確劉炫爲《孔傳》的校訂者而非偽作者。參見日‧林秀一：《孝經述議復原に關する研究》（東京：文求堂書店，1953 年）頁，47。另外，陳鴻森先生於〈《孝經》孔傳與王肅注考證〉一文，亦利用包括《孝經述議》以及敦煌寫卷等諸多文獻輯佚出王肅《孝經注》32 條，並明確《孔傳》乃是東晉時人的偽作，且多有參酌王肅《孝經注》。參見陳鴻森：〈《孝經》孔傳與王肅注考證〉，《文史》2010 年 4 輯，頁 5-32。

的科舉用經籍，《孔傳》與《鄭注》亦在質定優劣之列，然而並未達成共識而兩注依舊並用。至開元 10 年（722）6 月 2 日，玄宗以十八章《鄭注》本為底本，參酌古文及漢晉舊注，自製《御注孝經》一卷，並命元行沖作《疏》三卷，頒行國子學及天下。相隔 22 年後的天寶 2 年（743），玄宗修訂「始注」以成天寶「重注」，亦頒行國子學，同 3 年詔令天下各家收藏《孝經》一本。天寶 4 年（745），玄宗以八分書御書「重注」上石，建碑於長安大學前，即「石臺孝經」的建立。翌年更令補訂元行沖《疏》令集賢院抄寫副本頒行中外。[7]

《御注》確立為官學經籍以後，《孔傳》、《鄭注》遂廢於唐土，終亡佚於五代戰亂。開元「始注」亦不知何時失傳，獨天寶「重注」流傳後世，為唐代以後各朝官學所沿用。然而，開元「始注」在唐土失傳卻見存日本，現存最古的「始注」為日本室町時代享祿 4 年（1531）三條西實隆手書寫本，寬政 12 年（1800）屋代弘賢覆刻此本，現存日本京都大學附屬圖書館「清家文庫」。[8] 明治 17 年（1884），弘賢覆刻本回傳中國，收入黎庶昌編《古逸叢書》，題為《覆卷子本唐開元御注孝經》。[9]

天寶「重注」至北宋真宗咸平 2 年（999），邢昺奉敕命以「重注」為底本，改訂元行沖的《疏》撰《孝經正義》3 卷。今日所見本是把「重注」的《御注孝經》1 卷與《正義》3 卷合併，卷首增邢昺「孝經注疏序」和「成都府學主鄉貢傅注奉右撰」的「序」而成，亦即《四庫全書》所收《孝經注疏》9 卷。阮元校刻的《十三經注疏》中亦收錄邢疏本，並為之增作

---

[7] 本論有關開元七年至天寶四年《御注》成立過程的記述，參見宋・王溥撰：《唐會要》卷 77，〈論經義〉，頁 1405-1411；及同書卷 36，〈修撰〉，頁 658。

[8] 參見京都大學附屬圖書館所藏：《清家文庫目錄》，http：//edb.kulib.kyoto-u.ac.jp/exhibit/seike/index.html，（2013 年 4 月 20 日）。

[9] 收入清・黎庶昌編：《古逸叢書》之五，據光緒 10 年（1884 年）黎庶昌於日本東京使署刊本。參見唐・唐玄宗御注、日・屋代弘賢覆刻：《覆卷子本唐開元御注孝經》，黎庶昌編《古逸叢書》之五（臺北：藝文印書館，1965 年）。

〈挍勘記〉附於各卷末,成為後世流通最廣之善本。元行沖《疏》失傳於宋代以後,邢昺的《正義》大致承襲了《元疏》。[10]

《孔傳》、《鄭注》亡佚於五代戰亂,北宋太平興國 9 年(984),日僧奝然一度來獻《孝經鄭注》。[11] 然藏於祕府,世罕有傳。乾道中(1165-1173),秘書郎熊克(1132-1204,字子復),曾從袁樞(1131-1205,字機仲)獲得此本,並刻於京口學宮,然而之後亦下落不明。[12]《古文孝經》至北宋僅存經文,司馬光為之作《古文孝經指解》1 卷,范祖禹作《古文孝經說》1 卷,四庫本皆有收錄。1945 年馬衡先生於四川大足發現范氏《古文孝經》摩崖石刻,撰〈宋范祖禹書《古文孝經》石刻校釋〉,以《古文孝經說》之四庫本和《通志堂經解》本校之,詳加考辨,並錄有釋文。[13] 此為目前發現年代最早的《古文孝經》石刻。至南宋朱熹分《古文孝經》為經 1 章,傳 14 章,撰《孝經刊誤》1 卷,元代吳澄仿《刊誤》體例分《今文孝經》為經傳撰《孝經定本》1 卷。兩本明清以降產生影響,乃至遠播朝鮮日本。

及至清代輯佚學興盛,作為漢學大宗的鄭玄之著述,但殘存於古籍者,不論隻言片語盡皆被蒐集無遺。余蕭客《古經解鉤沉》,王謨《漢魏遺書抄》,黃奭《漢學堂叢書》,袁鈞《鄭氏佚書》等皆輯錄有《鄭氏注》,另有陳鱣、孔廣森、嚴可均、洪頤煊、臧庸、孫季咸、龔道耕、潘任、曹元弼

---

[10] 此據林秀一說。參見日‧林秀一:〈邢昺の孝經注疏校定に就いて〉,收入《孝經學論集》,頁 178-183。

[11] 《宋史‧日本傳》記載:「雍熙元年(984),日本國僧奝然與其徒五六人浮海而至,……其國多有中國典籍,奝然之來,復得《孝經》一卷、越王《孝經新義》第十五一卷,皆金縷紅羅標,水晶爲軸。《孝經》即鄭氏注者。」引文參見元‧脫脫等撰:《宋史》(北京:中華書局,1977 年),頁 14135。

[12] 宋‧陳振孫著,徐小蠻、顧美華點校:《直齋書錄解題》(上海:上海古籍出版社,1987 年),頁 69-70。

[13] 馬衡:〈宋范祖禹書《古文孝經》石刻校釋〉,《中央研究院歷史語言研究所集刊》第 20 本 1 分冊(1948 年 6 月),頁 19-24。

等 10 家專門輯錄《鄭注》。同時期日本岡田挺之等亦自《群書治要》輯佚出《鄭注》，傳回清國，為嚴可均、洪頤煊等看重。然而仍僅得過半的分量。《孔傳》在日本自古多有抄本傳承，如，仁治 2 年抄寫本、愛知縣猿投神社藏本，建久 6 年（1195）抄寫、兵庫縣武田長兵衛氏藏本，仁治 2 年（1241）抄寫、京都大原三千院所藏建治 3 年（1277）等古抄本。由太宰治自日本古傳抄本校刊出一本傳回清國，乾隆年間收入鮑廷博《知不足齋叢書》，使清季學者得以重睹兩書。[14] 至此，相關《孝經》諸本的輯佚研究，在中日雙方的努力下，進展超過以往，同時亦顯現出資料方面的極限。

自 20 世紀初敦煌莫高窟藏經洞寫卷被發現，五萬餘件佛經以及各種文書經史資料，成為近代文化史上的重大發現。相關研究歷經百年業已發展成為國際顯學的敦煌學。令人欣喜的是，分藏於法、英、俄等國家圖書館的敦煌寫卷（伯希和編號以 P.開頭、斯坦因編號以 S.、俄敦編號以 Дx.開頭）中，《孝經》（包含歌詠、頌讚類）藉由編目解題或個卷研究，已經由學者整理出五十餘件，為《孝經》課題研究的開展，無疑增添了巨大的助力。

從多為學郎、考生抄寫的各種《孝經》卷本來看，絕大多數為白文《孝經》，另有鄭玄《孝經注》、唐玄宗《御注孝經》，以及十數卷佚名的《孝經注》、《孝經解》、《孝經義》、《孝經疏》、《孝經讚》等。其中編號為敦研 0366 號寫卷末題記有「和平二年十二月六日，唐豐國寫此孝經」的字樣，「和平二年」指北魏和平 2 年（461），此亦為敦煌寫卷中標示年代最早的寫卷。[15] 最晚的是五代時期後晉天福 7 年（942）的編號 S.1386 號《孝經》殘卷，[16] 卷末有題記「維天福柒年壬寅歲十二月十二日，永安寺學

---

[14] 參顧永新：〈日本傳本《古文孝經》回傳中國考〉，《北京大學學報（哲學社會科學版）》第 41 卷第 2 期，（2004 年 3 月），頁 100-109；及〈《孝經鄭注》回傳中國考〉，《文獻季刊》2007 年第 3 期，頁 217-228。

[15] 圖版參見蘇瑩輝：《敦煌學概要》（臺北：臺北編譯館，1988 年），圖 57，頁 362；陳鐵凡：《敦煌本孝經類纂》（臺北：燕京文化，1977 年），頁 55-66。

[16] 圖版參見陳鐵凡：《敦煌本孝經類纂》，頁 91-99；黃永武主編：《敦煌寶藏》（臺

仕郎高清子書記了」。這樣保留題記的卷子不在少數，可以發現從北魏到五代時期皆有，而以唐寫本居多，期間橫跨5個世紀。

隨著其他收藏於世界各地的敦煌寫卷陸續公開，仍可期待有新發現。如，與敦煌同屬西域地區的吐魯番，20世紀以來相繼出土大量文書，其中發現十數件的《孝經》殘卷。與敦煌本比較，吐魯番出土《孝經》殘卷，亦包含白文《孝經》、鄭玄《孝經注》、唐玄宗《孝經注》、《孝經解》、《孝經義》，類型相似。[17] 另外，敦煌寫卷中還有「學郎《孝經》策論草稿」2件，[18] 吐魯番出土「考試時學生所答策問卷」三十餘號中，亦發現《孝經》策問卷8件，反映唐代西北邊陲的沙州、西州地區學生練習策答、準備明經科舉考試的情形。[19] 2010年中國國家圖書館古籍館收藏新疆和田等地出土的吐魯番文書中，還有新發現「唐寫本《孝經鄭氏解・卿大夫章》」殘卷。[20]

針對敦煌吐魯番出土《孝經》範疇的研究，王重民、黃文弼、蘇瑩輝、林秀一、陳鐵凡、王利器、陳金木、榮新江、任半塘、嚴耀中、柳洪亮、鄭

北：新文豐出版公司，1981-1986年）10冊，頁371-373；中國社會科學院歷史研究所、中國頓換吐魯番學會古文獻編輯委員會、英國國家圖書館、倫敦大學亞非學院編：《英藏敦煌文獻（漢文佛經以外的部分）》（成都：四川人民出版社，1990-1995年），卷3，頁1-3。

[17] 根據學者針對吐魯番出土《孝經》的研究，筆者整理出白文《孝經》殘卷4件，鄭玄《孝經注》殘卷3件，唐玄宗《孝經注》殘片3件，佚名《孝經義》、《孝經解》殘卷各1件，合計達12件。參見本書第二章後〈附錄：敦煌吐魯番出土《孝經》相關寫卷一覽表〉相關項目。

[18] 高啟安、買小英：〈上海古籍出版社《俄藏敦煌文獻》第11冊非佛經文獻輯錄〉，《敦煌學輯刊》2003年第2期，頁20-21。

[19] 劉波：〈普林斯頓大學東亞圖書館藏吐魯番文書唐寫本經義策殘卷之整理與研究〉，《文獻》2011年第3期，頁10-23。

[20] 2010年6月11日公佈《第三批國家珍貴古籍名錄》推薦名單中，收錄此卷編號及題記為：「00109 孝經鄭氏解・卿大夫章〔漢〕鄭玄注唐寫本 國家圖書館」；「中國古籍保護網」http：//pcab.nlc.gov.cn/gjpc/list.action?id=25885（2014年5月21日）；《光明日報》2013年12月13日10版以題為〈西域文書的新發現〉，有對此作出報導。

阿財、許建平、王素、李德超、張錫厚、趙楠、劉波、金瀅坤、呂玲娣等學者，於此領域具有代表性研究成果。透過學者諸多的努力，相關敦煌吐魯番本《孝經》在針對傳世文本的輯佚校勘、綴合定名乃至綜合編目等皆有不同程度的深入與長足發展。本章是對這些研究成果的綜合整理。[21]

二、相關敦煌本《孝經》的研究整理

相關敦煌本《孝經》的研究整理，始於 20 世紀 30 年代。在主要收藏在英、法、俄等國家圖書館的敦煌寫卷尚未公開的狀況下，1924 年石濱純太郎與內藤虎次郎尋訪歐洲，針對伯希和蒐集的西域出土古文書和敦煌文獻展開調查，並且抄錄了大量的資料。回國後石濱氏發表〈敦煌雜考〉、《敦煌石室の遺書》等文章，[22] 成為日本敦煌學領域的開拓者。1935年林秀一博士據石濱氏與內藤氏的抄錄筆記，撰寫發表〈補訂敦煌出土孝經鄭注〉，[23] 1936年發表〈敦煌出土孝經義疏解説〉。[24] 之後陸續更有補訂，校勘用寫卷包括 P.3428、P.2674、P.3274、P.3378、P.3382、S.1386、S.728、P.3372、P.2545、P.2715、P.2746、P.3830（以上為石濱氏與內藤氏的抄錄筆記）、S.70

---

[21] 2007 年韓峰博士論文《敦煌本儒家文獻研究》設〈敦煌本《孝經》的整理研究〉一項，針對敦煌本《孝經》研究成果作出簡明的整理，亦可茲參考。韓峰：《敦煌本儒家文獻研究》，（甘肅：蘭州大學博士論文，2007 年），頁 100-105。

[22] 石濱氏〈敦煌雜考〉發表於《支那學》第 4 卷第 2 號（1927 年 3 月），頁 321-326；《敦煌石室の遺書》為大正 14 年（1925）8 月 5-8 日於大阪懷德堂講演文稿，同年 12 月以單行本私家出版。

[23] 原載《書誌學》第 4 卷第 1-5 號，昭和 10 年（1935）1 月-5 月；後經修訂，以題為〈敦煌遺書孝經考〉、〈敦煌遺書孝経鄭注本の経文復原に就いて〉、〈敦煌遺書孝経鄭注復原に関する研究〉三篇收入《孝經學論集》（東京：明治書院，1976 年），頁 32-108。案本論凡徵引日文論著，引文為筆者譯成中文，但論著題目保留原文，採用日文假名及當用漢字表述。

[24] 原載《漢學會雜誌》第 4 卷第 1 號，昭和 11 年（1936）3 月；後經修訂，以題為〈敦煌遺書鄭注孝経復原に関する研究〉收入《孝經學論集》，頁 109-148。

7、S.3824、S.3993、S.5545、S.5821、S.6165、S.6177、P.3527、P.3369，P.4628、P.4775、P.3897 合計 24 個卷號，[25] 開日本使用敦煌寫卷輯佚《孝經》之先河。

1934 年，王重民先生接受北平圖書館的派遣，赴英法兩國蒐集資料，並於 1935 年至 1937 年在《大公報圖書副刊》、《北平圖書館圖書刊》等雜誌上陸續發表了調查期間所整理出的寫卷提要，後由北平圖書館匯集成兩輯《巴黎敦煌殘卷敘錄》（1936、1941），包括經部敘述 11 篇，涉及經籍寫卷 25 號。[26] 其中，1937 年 10 月 30 日撰寫〈御注孝經疏‧元行沖疏‧伯三二七四〉一文，是民國時期第一篇針對敦煌《孝經》寫卷研究的論文。[27]

30 年代還有伯希和編、陸翔譯《巴黎圖書館敦煌寫本書目》在《北平圖書館圖書刊》分期刊出，[28] 其中提要介紹《孝經》寫卷 11 件。到 50 年代，在中國已公開的敦煌《孝經》寫卷有 16 件，1962 年商務印書館出版《敦煌遺書總目索引》收錄英法藏 25 種，[29] 孟列夫主編《俄藏敦煌漢文寫卷敘錄》對俄藏《孝經》寫卷 3 件亦有提要介紹。[30] 這樣，針對敦煌本《孝經》進行匯集整理的綜合性研究條件已經具備。

60 年代至 70 年代，陳鐵凡先生在臺灣較早針對敦煌《孝經》作出體系的整理。1977年，由其彙編整理出 31 號綴合 29 件的敦煌本《孝經》殘卷，著成《敦煌本孝經類纂》一書出版，並於翌年發表〈敦煌本孝經考略〉一

---

[25] 日‧林秀一：《敦煌遺書孝經鄭注復原に関する研究》，頁 65-108。
[26] 許建平：《敦煌經籍敘錄》，頁 23。
[27] 王重民：《敦煌古籍敘錄》（北京：中華書局，1979 年），頁 64。
[28] 法‧伯希和編、陸翔譯：《巴黎圖書館敦煌寫本書目》，《北平圖書館圖書刊》第 7 卷 6 號（1933 年 11、12 月）、第 8 卷 1 號（1934 年 2 月），又影印本收入北京：書目出版社，1992 年。
[29] 王重民主編：《敦煌遺書總目索引》（北京：商務印書館，1962 年），頁 419-420。
[30] 俄‧孟列夫主編，袁席箴、陳華平譯：《俄藏敦煌漢文寫卷敘錄》（上海：古籍出版社，1999 年）上冊，頁 564、565；下冊，頁 450。

文,[31] 針對前書所彙編 31 號綴合 29 件，逐一作出解題，並加以分類：

1、《孝經白文》，12 種，原 12 卷（包括：P.3369+4775、P.3830、S.5545、S.5821、M1423、P2715、S.707、P.2746、M.1424、S.6165、T.53）；

2、《鄭氏孝經並序》，7 卷（包括：P.4628、P.4897、P.3372、P.2524、P.3698、P.3416、S.1386）；

3、《孝經鄭氏解》及其《義疏》，5 種，原 6 卷（包括：P.2674+3428、M.2815、S.3993、S.3826B1、P.3274）；

4、《御注孝經》及其《集義》，2 卷（包括 S.6019、S.3824B2）；

5、其他《注疏》，3 種，原 4 卷（包括：S.6177+P.3378、P.3382、P.2757）。

藉上述整理，陳氏對敦煌本《孝經》做出概括評述，指出「敦煌所出《孝經》，什九皆鄭氏，無一古文」、「敦煌卷中《御注》僅殘存一帙」等，並最先將 S.6177 與 P.3378 綴合。[32] 還利用敦煌本復原《孝經鄭注》全書百分之九十以上，撰著《孝經鄭氏解抉微‧孝經鄭氏解輯銓》、[33]《孝經鄭注校證》。[34] 這些成果，至今依然是《孝經》研究不可或缺的學術參考。

另外，1944 年 8 月，敦煌藝術研究所（今敦煌研究院）中寺後園中的土地廟殘塑體內，發現 70 多件文書寫卷，其中藏有北魏寫本的《毛詩》、《孝經》（編號：敦研 0366）。此卷是當時中國境內唯一見存的《孝經》寫卷。1944 年至 1961 年，蘇瑩輝先生陸續發表〈敦煌新出寫本孝經校後

---

[31] 陳鐵凡：〈敦煌本孝經考略〉，《東海學報》19 期（1978 年 6 月），頁 1-14。

[32] 陳鐵凡：《敦煌本孝經類纂‧序》，頁 1-3。

[33] 陳鐵凡：《孝經鄭氏解抉微‧孝經鄭氏解輯銓》（臺北：燕京文化事業股份有限公司，1977 年。）

[34] 陳鐵凡：《孝經鄭注校證》（臺北：國立編譯館，1987 年。）

記〉[35]、〈敦煌新出寫本毛詩孝經合考〉[36]、〈北魏寫本孝經殘葉補校記〉[37]、〈從敦煌北魏寫本論詩序真偽及孝經要義〉[38]，對此作出專題研究，確證此本為鄭玄《孝經注》。

伴隨 80 年代中法兩國所藏敦煌文獻的縮微膠卷及《敦煌寶藏》[39]的發行出版，以及 90 年代以來《英藏敦煌文獻（漢文佛經以外的部分）》[40]、《俄藏敦煌文獻》[41]、《法藏敦煌西域文獻》等大型圖錄本相繼刊行，[42] 使研究環境甚為改觀。相關敦煌本《孝經》的個案研究及綜合整理，更加深入

---

[35] 蘇瑩輝：〈敦煌新出寫本孝經校後記〉，《西北日報》（西北文化）第 5 期（1944 年 12 月 12 日）。

[36] 蘇瑩輝：〈敦煌新出寫本毛詩孝經合考〉，《東方雜誌》第 41 卷第 3 號（1945 年 2 月），頁 41-53；後收入孫彥等編：《敦煌學研究》（北京：國家圖書館出版社，2009 年），頁 1928-1933。

[37] 蘇瑩輝：〈北魏寫本孝經殘葉補校記〉，《大陸雜誌》第 20 卷第 5 期（1960 年 3 月），頁 6-11；後收入《敦煌論集》（臺北：臺灣學生書局，1983 年），頁 283-295。

[38] 蘇瑩輝：〈從敦煌北魏寫本論詩序真偽及孝經要義〉，《孔孟學報》第 1 期（1961 年 4 月），頁 79-85。

[39] 黃永武主編：《敦煌寶藏》（臺北：新文豐出版公司，1981-1986 年）。據釋禪叡編：《敦煌寶藏遺書索引》（臺北：法鼓文化，1996 年 9 月），收錄「孝經」48 號、「孝經白文」8 號、「孝經讚」2 號，頁 180。

[40] 中國社會科學院歷史研究所、中國頓換吐魯番學會古文獻編輯委員會、英國國家圖書館、倫敦大學亞非學院編：《英藏敦煌文獻（漢文佛經以外的部分）》（全 14 冊），（成都：四川人民出版社，1990-1995 年）。筆者統計《英藏》見存《孝經》相關寫卷圖版合計 17 號，相關細目參看本章〈附錄：敦煌吐魯番出土《孝經》相關寫卷一覽表〉。

[41] 俄羅斯科學院東方研究所聖彼得堡分析、俄羅斯科學出版社東方文學部、上海古籍出版社編：《俄藏敦煌文獻》（全 17 冊）（上海：古籍出版社，1992-2001 年）。筆者統計《俄藏》見存《孝經》相關圖版合計 9 號，相關細目參看本章〈附錄：敦煌吐魯番出土《孝經》相關寫卷一覽表〉。

[42] 上海古籍出版社、法國國家圖書館編：《法藏敦煌西域文獻》（全 34 冊）（上海：古籍出版社，1995-2005 年）。筆者統計《法藏》見存《孝經》相關圖版合計 26 號，相關細目請參看本章〈附錄：敦煌吐魯番出土《孝經》相關寫卷一覽表〉。

及具備規模。

尤其針對 P.3274、P.3378、P.3382 等新發現佚名《孝經注》、《孝經義疏》的專論研究，1986 年 8 月潘重規先生〈簡論幾個敦煌寫本儒家經典〉[43]及 1990 年陳金木先生〈敦煌本孝經鄭氏解義疏作者問題重探〉[44]，是繼 1937 年王重民前揭文、1948 年王利器〈敦煌本孝經義疏跋〉[45]、1957 年林秀一〈敦煌遺書孝経鄭注義疏の研究〉之後的力作。還有 1976 年林秀一補訂前揭文針對 P.3274 的文本復原，以及 2008 年許建平《敦煌經部文獻合集》第 4 冊〈群經類孝經之屬〉針對上述三個寫卷的錄文，[46] 皆為重要研究參考，後述。

1991 年李德超先生〈敦煌本孝經校讐〉，利用陳鐵凡《敦煌本孝經類纂》的彙編成果，以敦煌寫卷與宋本《古文孝經》、四庫本《古文孝經孔氏傳》進行經文全文的逐句校勘比對，指示出唐代以前古抄本與傳世的宋元以後今古文本字讀的諸多差異，為重新認識與界定《孝經》今古文，提供了一項直接參考。[47]

榮新江先生針對敦煌寫卷以及吐魯番出土文書的編目、定名、綴合、解題等，具有諸多開拓之功。《孝經》方面，1991 年其在英國圖書館編制未刊敦煌殘片時，首次針對 S.9213B+A+C（《孝經鄭氏解》）、S.9956+5821（白文《孝經》）、S.10056+10060（白文《孝經》）、S.707+12911（白文

---

[43] 潘重規：〈簡談幾個敦煌寫本儒家經典〉，《孔孟月刊》第 24 集 12 號（1986 年 8 月），頁 3-4。

[44] 陳金木：〈敦煌本《孝經鄭氏解義疏》作者問題重探〉，《嘉義師院學報》第 4 期（1990 年 11 月），頁 147-192。

[45] 王利器：〈敦煌本孝經義疏跋〉，《圖書季刊》新 9 卷 3、4 合期（1948 年 12 月），頁 1-3。

[46] 張涌泉主編、許建平撰：《敦煌經部文獻合集》第 4 冊（北京：中華書局，2008 年），頁 1961-2014。

[47] 李德超：〈敦煌本孝經校讐〉，《第二屆敦煌國際研討會論文集》（漢學研究中心編印發行，1991 年 6 月），頁 101-122。

《孝經》）、S.10726A+10312（《御注孝經讚》）等作出定名、解題及相關殘卷的綴合，[48] 後收錄於《英國國家圖書館藏敦煌漢文非佛教文獻殘卷目錄（S.6981-13624）》一書。[49] 此書與由其主編的《吐魯番文書總目（歐美收藏卷）》，為學界提供了大量的新發現文獻的訊息，成為現今從事敦煌吐魯番相關研究必備的工具書。如，後一書中收錄有吐魯番出土的 23 件「策問殘片（包括 8 件《孝經》策問卷）」[50]，為研究唐代教育史及科舉制度提供了第一手資料，受到學者關注。

許建平先生在綜合前人研究基礎上，先後於 2006 年出版《敦煌經籍敍錄》之〈卷八‧孝經〉及 2008 年出版由其主編的《敦煌經部文獻合集》第 4 冊之〈群經類孝經之屬〉的部分，針對敦煌本《孝經》的考察最為體系賅博，達到一個新高峰。

在《敦煌經籍敍錄》一書，許氏於〈卷八‧孝經〉將所獲伯希和編號（以 P.開頭）19 件、斯坦因編號（以 S.）15 件、俄敦編號（以 Дх.開頭）7 件合計 41 件的《孝經》寫卷加以體系地分類定名。[51] 其分類方法是，第一，以「經、注、疏」體例分類定名為《孝經》、《孝經注》、《孝經疏》；第二，由於敦煌本《孝經》什九都是鄭氏經文，故將所有無注白文本歸於一類，不管是否是鄭本還是其他本；第三，以「著者別」對《孝經注》、《孝經疏》再分類；第四，對每個寫卷所涉及內容的篇目括注於後以示區別。藉此編列出如下六類及各卷定名：

1、為白文《孝經》，針對 27 個卷號，綴合成 22 件，各卷定名為：

---

[48] 榮新江：〈《敦煌漢文文獻》評介〉，《中國敦煌吐魯番學會研究通訊》1992 年第 4 期，頁 26-31。
[49] 榮新江：《英國國家圖書館藏敦煌漢文非佛教文獻殘卷目錄（S.6981-13624）》（臺北：新文豐出版公司，1994 年。）
[50] 榮新江主編：《吐魯番文書總目（歐美收藏卷）》（武漢：武漢大學出版社，2007 年），頁 950-952。
[51] 許建平：《敦煌經籍敍錄》，頁 387-429。

P.2545《孝經（序—五刑）》，P.2715《孝經（三才—喪親）》，P.2746《孝經（紀孝行—喪親）》，P.3369/4775《孝經（開宗明義—喪親）》，P.3372《孝經（序—廣至德）》，P.3416C《孝經（序—喪親）》，P.3643p1《孝經（孝治）》，P.3698《孝經（序—喪親）》，P.3830《孝經（天子—廣要道）》，P.4628/Дх.02962《孝經（序）》，P.4897《孝經（序—開宗明義）》，S.1386《孝經（序—喪親）》，S.5545《孝經（卿大夫—三才）》，S.6165《孝經（廣要道—喪親）》，S.707+12911《孝經（聖治—喪親）》，S.728《孝經（開宗明義—喪親）》，S.9956+5821《孝經（士行孝—聖治）》，S.10056A+10060《孝經（天子—卿大夫行孝）》，Дх.00838《孝經（廣要道—喪親）》，Дх.01318《孝經（三才—聖治）》，Дх.04646《孝經（聖治）》。

2、為鄭玄《孝經注》，針對 9 號，綴合成 7 件，各卷定名為：P.2674+3428《孝經注（開宗明義—喪親）》，P.2556p《孝經注（喪親）》，S.3824V/1《孝經注（喪親）》，S.3993+9213《孝經注（五刑—諫諍）》，Дх.02784《孝經注（聖治）》，Дх.02979《孝經注（聖治）》，Дх.03867《孝經注（紀孝行、五刑）》。

3、為唐玄宗《孝經注》，存 1 號 1 件，對其定名為：S.6019《孝經注（聖治）》。

4、為佚名《孝經注》，針對 3 號，綴合成 2 件，各卷定名為：S.6177+P.3378《孝經（開宗明義—三才）》，P.3382《孝經注（三才—聖治）》。

5、為佚名《孝經鄭注義疏》，存 1 號 1 件，對其定名為：P.3274《孝經鄭注義疏》。

6、為佚名《孝經疏》，存 1 號 1 件，對其定名為：P.2757V《孝經疏（喪親）》。

這樣的分類定名，第一，使各卷納入統一的體系，同時涵蓋「編號」、「經注疏體例」、「著者」及「內容」四項要素，使各卷之間的關聯與區別更為特徵明顯。第二，將白文寫卷統一定名為《孝經》，從而改進了陳鐵凡於《敦煌本孝經類纂》將「有鄭玄《孝經序》的白文本與無序白文本分開，將有序白文本計入鄭注《孝經》類」的不恰當分類方式。[52] 第三，針對各卷解說之後，均有列舉卷本「圖版、錄文」的出處及相關代表「研究」，為研究者總體把握並易於利用，提供了簡明切當的基礎研究，帶有工具書的性質。

第四，還有針對前人未定或者定名錯誤的卷本做出補訂及修正。如，將 P.4628 與 Дx.02962 綴合，並定名為《孝經序》，修正了《俄藏》對 Дx.02962 原來定名為「孔子傳」的錯誤。又如 P.3382《孝經注（三才—聖治）》，有學者認為是韋昭《孝經解讚》，許氏列舉四證以證明其說之謬，認為應以潘重規以此為《孝經》講經文為然。[53]

第五，另於〈存目〉收錄兩件。其一，〈土地廟遺書〉收錄「敦研 0366《孝經（感應—喪親）》」殘卷 1 件。[54]卷尾有「和平二年十一月六日唐豐國寫孝經」字樣，和平二年（461）為北魏年號。針對此卷的歸屬學者有爭議，許氏從李正宇、池田溫認為「非藏經洞遺物」。[55]《敍錄》明確以藏經洞寫卷作為考察範疇，故另設〈存目〉收錄此卷，其立意在於明確此卷與「藏經洞遺物」有別，並依其出土地點歸為〈土地廟遺書〉，就此而言，許氏仍是將此卷歸入敦煌寫卷體系的。

---

52 同前引，頁 387。
53 同前引，頁 422-423。
54 同前引，頁 435。
55 施萍婷認為此卷是王道士隱藏在殘塑中的藏經洞遺物，參見施萍婷：〈敦煌研究院藏土地廟寫本源自藏經洞〉，《敦煌研究》1999 年第 2 期，頁 39-46。另有學者持相反意見。參見李正宇：〈土地廟遺屬的發現、特點和入藏年代〉，《敦煌研究》1985 年第 3 期，頁 92-97；日·池田溫：〈一九四四年莫高窟土地廟塑像中發現文獻管見〉，收入《敦煌文藪》上冊（臺北：新文豐出版公司，1999 年），頁 1-38。

其二，〈疑偽〉收錄「首都博物館藏本《孝經》」1 件。此卷為白文《孝經》，起〈廣要道章〉首句，至〈喪親章〉末，卷末有題記「太康四年歲在癸卯五月十六日張儵寫」1 行。[56] 葉渡先生認為卷本「書寫工麗謹嚴」，是「傳抄嚴謹的本子」，字體風格為「西晉墨跡」，從而研判此卷為西晉寫卷。[57] 王素先生亦親睹此卷，並廣泛引證民國以來書家針對西晉索紞寫《道德經》殘卷以及張儵寫此《孝經》殘卷的鑑定，撰文支持葉氏的觀點。[58] 但許氏指出：第一，「寫卷所存佔《孝經》全文近三分之一的內容，而與今本（注疏本）的差異僅僅是幾個古今字、異體字的差別」；第二，「寫卷第 14 行『居家理故治可移于官』句與注疏本全一樣」，「邢昺說『故治可移于官』的『故』字是唐玄宗注《孝經》時加上去的。」[59] 由此指出此卷之偽。葉氏、王氏參酌近代書家從書法鑑定角度對卷本的肯定性評述，認為此卷之真；許氏則從文本傳承沿革加以分析，指出此卷之破綻。比較而言，文本傳承沿革的學術分析，令人感到更具說服力，且近代書家對此寫卷從書法角度亦有指其為「民國偽作」的觀點。[60]

---

[56] 首都博物館編：《歷代書法選》（北京：人民美術出版社，1993 年），頁 1-3 有收載此卷的圖版影印，題記定名為「西晉 張儵寫本《孝經》殘卷」，解題云「紙本 縱 27 釐米 橫 89.4 釐米 這卷殘卷紙色灰暗，多處殘蝕，個別字漫滅損壞。……此卷除最後一章與前面連寫外，其餘每章另起一行，但無篇名和次序。文字與《十三經注疏》本無大出入，只有個別脫字和一些通假或異體字。……此卷款署太康四年為西晉年號，書手張儵不知何許人。這段殘卷字體俊秀古雅，隸書意味極濃郁，風格典型，意趣盎然。」

[57] 葉渡：〈西晉寫本《孝經》殘卷初探〉，《首都博物館十五周年論文選》（北京：地質出版社，1996 年），頁 200-207。

[58] 王素：〈西晉索紞寫《道德經》殘卷續論－兼談西晉張儵寫《孝經》殘卷〉，《首都博物館叢刊》第 17 期（北京：燕山出版社，2003 年），頁 3-11。

[59] 許建平：《敦煌經籍敍錄》，頁 453-455。

[60] 張永強研究指出：「敦煌吐魯番寫經的作偽大約在民國初年就開始了。現首都博物館所藏西晉太康四年（283）《孝經》殘卷（卷末題記「泰康四年歲在癸卯五月十六日張儵寫」），就是這樣的偽跡之一。」引文參見華人德、張永強、毛秋瑾等編：《中國書法全集・兩晉南北朝寫經寫本卷》（北京：榮寶齋出版社，2013 年），頁 1。

在此基礎上，許氏於《敦煌經部文獻合集》第 4 冊〈群經類孝經之屬〉部分，綜合參用敦煌本及傳世本，針對諸種《孝經》及經注疏做出錄文。依次為：

1、《孝經一卷並序》，包括鄭序及《鄭注》經文；
2、鄭玄《孝經注》，包括〈開宗明義—喪親〉部分的經注文；
3、開元本玄宗御制《孝經注》，存〈聖治章〉部分經注文；
4、撰者不詳《孝經注》，包括〈開宗明義—三才〉部分經注文；
5、撰者不詳《孝經注》，包括〈三才—聖治〉部分經注文；
6、撰者不詳《孝經鄭注義疏》，包括〈開宗明義—喪親〉部分經注疏文；
7、撰者不詳《孝經疏》，包括〈喪親〉部分疏文。

還有針對上述各種復原本文詳備的「校記」。[61] 綜觀所錄之文，詳實可靠，體例清晰，汲取了林秀一、陳鐵凡等眾多前人研究成果，標誌出在此範疇的最新研究水準。

由此，敦煌藏經洞出土的《孝經》寫卷全貌與規模，大致清晰明確。許氏在上述兩書所取得成果，堪為新近相關敦煌《孝經》學研究之「集大成」。

此外，敦煌寫卷中發現幾組歌讚《孝經》類作品及策問答卷，對研究唐代至五代《孝經》在西北地區的影響及傳習，具有重要研究價值，亦可歸入敦煌本《孝經》類的研究。

其一，見於敦煌殘卷 P.3386、P.3582、P.2633、P.3910 的《楊滿山詠孝經十八章》。徐俊先生考察明確：「五言十八首，詩題及序次均依《孝經》各章，內容為隱括《孝經》文義。……其中《聖治章第九》末二句云：『從

---

61 張涌泉主編、許建平撰：《敦煌經部文獻合集》第 4 冊（北京：中華書局，2008 年），頁 1883-2016。

來邦有道，不及大中年。』大中年，當即唐宣宗大中年間。宣宗在當時有『小太宗』的美譽，敦煌地區於大中初回歸唐國，對宣宗大中朝有特殊感情，可知此詩應作於宣宗大中年間。又據題記，此卷鈔寫於天福七年（942），寫作年代應在此之前。由此知，《詠孝經十八章》乃是一組唐詩，作者為晚唐時人楊滿山，全詩以《孝經》章次為序，依章吟詠。」[62] 張錫厚先生集上述 4 卷所輯錄本最全。[63]

其二，P.2721、P.3910、S.0289、S5780《新集孝經十八章皇帝感》，任半塘先生有校錄全文，並作出解題：「甲本（P.2721）寫珠玉抄等 3 種，繼寫《開元皇帝讚金剛經》1 卷，繼寫《新集孝經十八章》，殘存 12 首，辭屬玄宗朝作品。背面寫舜子變後有題記為『天福十五年』，實乃乾祐 2 年，公元 949 年。乙本（P.3910）前有標題『新合孝經皇帝感辭一十一首』，末又有「新合孝經一卷」6 字，惟辭僅 5 首，且短一句，並無十一首。丙丁二本（S0289，S7580）即下一套『千文皇帝感』之二本，其中有六首非括千文，乃括《孝經》，茲移補入右組，即最後之六首是也。」[64]

其三，P.3816、S5739、S.3824《御注孝經讚並進表》，由鄭阿財先生作出寫卷全文校錄，並研究明確，開元天寶中，「經過積極提倡，《孝經》一書遂成為家家必備，人人必讀的經典，而玄宗頒行的《御注孝經》尤為全國上下所稱道」，「《御注孝經讚》作者蓋因唐玄宗《御注孝經》的完成而作讚以為頌揚，同時作者請求同州縣例，於天下諸郡及都護府置《孝經》為官學，以訓導將士子弟」，「《御注孝經讚》作者為唐開元天寶年間，曾為安西都護的張嵩、張孝嵩。」[65]

其四，Дx.03895+Дx.03901《讀孝經一卷足以立身治國論》，此殘卷為

---

[62] 徐俊：《敦煌詩集殘卷輯考》（北京：中華書局，2000 年），頁 253-263。
[63] 張錫厚：〈敦煌本《詠孝經十八章》補校〉，《敦煌研究》2005 年第 2 期，頁 88-91。
[64] 任半塘：《敦煌歌辭總編》（上海：上海古籍出版社，1987 年），頁 734-743。
[65] 鄭阿財：〈敦煌寫卷「御注孝經讚並進表」初探〉，《敦煌學》第 18 期（1992 年 5 月），頁 107-115。

兩卷綴合，存 21 行。起行及第 9 行分別有策題「讀孝經一卷足以立身治國論」，2 行至 15 行是先後針對〈紀孝行章〉、〈廣揚名章〉、〈天子章〉、〈開宗明義章〉的相關內容進行的策論。16 行至 21 行為另一篇策題為「立仁以忠信不欺為主本論」的策論，文中多處反復塗改及添字，還有施加句讀。高啓安、買小英先生合著論文及金瀅坤先生論文皆有對此卷的錄文校釋，前論指出此卷蓋為五代以後「學郎策論草稿」，[66] 金論認為此卷為「黑水城文書的可能非常大」、「是西夏準備應舉的舉子練習試論的草稿」，但並未有效排除此卷為「藏經洞文書」。[67] 崔峰先生從敦煌儒佛兼容的視角，指出此卷有「寺學」習作的背景；[68] 楊明璋先生從敦煌文學著重實用的特徵，將此卷與 Дx19015〈問周鄭交質其失孰甚試明言之〉三篇文章進行比對，指出「文章塗改甚多，應該是作者書寫時的草稿，目的顯然是為科舉考試『貼經』一項的練筆試作」，[69] 則是較為契合此卷書寫背景的考察。

至此，敦煌出土《孝經》相關的寫卷，許建平整理敦煌藏經洞寫卷計 41 號、敦煌研究院出土 1 號、歌詠、頌讚《孝經》類寫卷 10 號、學郎策論草稿 2 號，合計達 54 個卷號。

---

[66] 高啓安、買小英：〈上海古籍出版社《俄藏敦煌文獻》第 11 冊非佛經文獻輯錄〉，頁 20-21。

[67] 金瀅坤：〈《俄藏敦煌文獻》中的西夏科舉「論」稿考—兼論唐宋西夏的科舉試論〉，《敦煌寫本研究年報》第 4 號（2010 年 3 月），頁 101、108。金論針對唐宋科舉制度沿革做出細密考查，主要在於論證唐末五代科舉試論之不興。然而由此無法排除唐末五代科舉全無試論，更不能由此將 Дx.03895+Дx.03901 殘卷孤立排除於唐末五代。另外，從元代科舉不興「以論試士」定前述殘卷為西夏文書，輔助此說，以「《孝經》在西夏科舉考試中非常重要，並且很常見」，就此指出本卷為「黑水城文書」，以及相關卷本紙質、書法等討論，皆為間接的背景性考察，大都不能構成直接論據。由此，筆者仍然傾向多數論者指出此卷為唐末五代學郎策問練習草稿的觀點。

[68] 崔峰：〈晚唐五代宋初地區儒佛兼容的社會文化〉，《敦煌學輯刊》2009 年第 3 期，頁 27。

[69] 楊明璋：《敦煌文學中之諧隱研究》（臺北：國立政治大學博士論文，2007 年），頁 57。

唐代推行「以孝治天下」的文教政策，十分注重對《孝經》的研習與推廣。據《唐六典》記載：「明經各試所習業，文注精熟，辨明義理，然後為通。正經有九：《禮記》、《左傳》為大經；《毛詩》、《周禮》，《儀禮》為中經；《周易》、《尚書》、《公羊》、《谷梁》為小經。通二經者，一大一小，若兩中經；通三經者，大、小、中各一；通五經者，大經並通。其《孝經》、《論語》並須兼習。」[70] 這是指科舉明經取士，生員任選九經作為選修課目同時，必須兼修《孝經》和《論語》。另有設童子科，據《唐會要》記載：「童子舉人取十歲以下者，習一經兼《論語》、《孝經》，每卷誦文十科，全通者與出身。」[71] 這些皆表明經由科舉仕途推廣《孝經》、培養官僚預備人員的政策。又《唐會要》云：「（天寶三載）十二月，敕：自今已後，宜令天下家藏《孝經》一本，精勤教習，學校之中，倍加傳授，州縣官長，明申勸課焉。」[72] 這是地方學校與官府在庶民百姓階層合力推廣《孝經》的政策。敦煌寫卷儒家類經籍中，《論語》、《孝經》數量最多，一定程度體現出這樣的「舉孝勸孝」文教政策的成效。陳鐵凡先生指出「敦煌本《論語》、《孝經》，頗多為學童默寫課卷」，[73] 亦可了解這些《孝經》寫卷的性質與用途。

三、相關吐魯番出土《孝經》的研究整理

　　伴隨上世紀初以來敦煌寫卷的發現，吐魯番地區的石窟、寺院遺址及古墓中亦陸續出土大量的文書殘片。其中，漢文文書二千七百多件，相關《孝

---

[70] 唐・李林甫等撰、陳仲夫點校：《唐六典》（北京：中華書局，1992 年），卷 2，〈尚書吏部〉，頁 45。

[71] 宋・王溥撰：《唐會要》（北京：中華書局，1955 年），卷 76，〈貢舉中〉，頁 1399。

[72] 同前引，卷 35，〈經籍〉，頁 645。

[73] 陳鐵凡：〈敦煌本《孝經》考略〉，頁 2。

經》的殘卷或殘片，已由學者研究整理出十餘件。

黃文弼先生對吐魯番文書的早期發掘，貢獻卓越。在其 1956 年出版的《吐魯番考古記》一書，全面介紹了 1928 年至 1930 年兩次在新疆吐魯番地區進行考察的過程及針對所發覺遺物的圖文介紹，其中兩篇相關吐魯番出土《孝經‧三才章》及《孝經‧開宗明義章》殘紙的介紹，是最早相關吐魯番出土《孝經》專論研究。[74]

自 1959 年至 1975 年，新疆博物館文物考古隊以吐魯番之阿斯塔那、哈拉和卓兩墓葬區為重點，進行十餘次大規模發掘和清理，掘得近萬片漢文文書。1975 年，中國國家文物局古文獻研究室、新疆博物館和武漢大學歷史系組成吐魯番出土文書整理小組，由唐長孺先生主持整理，拼得文書近 1800 件，編印成《吐魯番出土文書》（錄文本）全 10 冊，1981 年至 1991 年由文物出版社陸續出版。之後於 1992 年至 1996 年，再由文物出版社出版《吐魯番出土文書》（圖文對照本）全 4 冊。2005 年，陳國燦、劉安志先生主編的《吐魯番文書總目（日本收藏卷）》及 2007 年榮新江先生主編的《吐魯番文書總目（歐美收藏卷）》，相繼由武漢大學出版社出版，針對收藏於英、法、美、俄、德、日等國家的吐魯番文書，作出全面的存目整理。這樣，相關吐魯番出土文書的資料蒐集，大致齊備。

筆者初步整理，《吐魯番出土文書（錄文本）》收錄吐魯番《孝經》殘片錄文計有 2 件，編號及定名分別為：「72TAM169：26（a）古寫本《孝經》」、「60TAM313：07/3 義熙元年辛卯抄本《孝經解》殘卷」。《文書》（圖文對照本）除收錄此兩卷的圖版及錄文之外，[75] 增補 2 件：「72TAM169：84 文書殘片」（王素先生為之定名為「高昌《孝經》」）[76]、「6

---

[74] 黃文弼：《吐魯番考古記》，《考古學特刊》第 3 號，（北京：中國科學院，1954 年），頁 20-22。

[75] 國家文物局古文獻研究室等編：《吐魯番出土文書（錄文本）》（北京：文物出版社，1992 年）第 2 冊，頁 268-273；第 2 冊，頁 354。

[76] 王素：〈《吐魯番出土文書》〔壹〕附錄殘片考釋〉，《出土文獻研究》第 3 集（北

6TAM67：15/1，15/2 古寫本《孝經》殘卷（一）（二）」的圖版及錄文。[77]《吐魯番文書總目（日本收藏卷）》編目《大谷文書》收藏吐魯番《孝經》殘片計有 2 件：「3279v《御注孝經》（？）殘片」[78]、「5417（A）《孝經注》殘片」。[79]《總目（歐美收藏卷）》編目《德國國家圖書館藏吐魯番出土文獻》收錄 1 件：「Ch2547r《御注孝經疏・五刑章》」。[80]

2005 年許建平發表〈跋大谷文書中四件未經定名的儒家經籍殘片〉一文，是少數針對吐魯番出土文書《孝經》殘片作出較為體系整理的研究，茲錄其整理內容如下：

1、白文本：

(1)《開宗明義》章殘片，[81] 1928 年黃文弼發現於吐魯番哈拉和卓舊城。

(2) 存《諸候》至《孝治》六章的內容，[82] 1968 年出土於交河故城遺址。

京：中華書局，1996 年），頁 145-169。

[77] 國家文物局古文獻研究室等編：《吐魯番出土文書（圖錄本）》第 1 冊（北京：文物出版社，1996 年），頁 230-232；第 1 冊，頁 290；第 2 冊，頁 354；第 1 冊，頁 236；第 3 冊，頁 444-445。

[78]《總目》解題云：前、後、上、下殘，存 4 行，3 行記有「明王孝治以致和平」。參見陳國燦、劉安志主編）《吐魯番文書總目（日本收藏卷）》（武漢：武漢大學出版社，2005 年），頁 158。

[79]《總目》解題云：7.3×6.0，前、後、上、下殘，存 2 行，1 行「而日見之」下有雙行小字「言……之」。同前書，頁 353。

[80]《總目》解題云：「10.4×11.3cm，3 行，楷書不精，大字正文，雙行小注。文字相當於〈五刑章〉部分殘文，與今文相較，注文略有不同。吐峪溝遺址出土。」參見榮新江主編：《吐魯番文書總目（歐美收藏卷）》，頁 209。

[81] 黃文弼：《吐魯番考古記》，圖板 2 之圖 4（摹本），頁 20。

[82] 柳洪亮：〈交河故城出土唐寫本《孝經》殘卷跋〉，《新出吐魯番文書及其研究》（烏魯木齊：新疆人民出版社，1997 年），（錄文）頁 118-120，（圖版）頁 470。

(3) 存《開宗明義》至《孝治》九章的內容，[83] 1972 年出土於阿斯塔那 67 號墓，編號為 72TAM169：26（a）。

2、鄭注本：

(1) 《三才》章殘片，[84] 1928 年黃文弼發現於吐魯番哈拉和卓舊城。
(2) 存《感應》、《事君》及《喪親》章的內容，[85] 1966 年出土於阿斯塔那 67 號墓，編號為 66TAM67：15/1，15/2。[86]

包括許氏於同論文針對《大谷文書集成》收錄編號 5417（A）作出解題並定名為「唐玄宗御撰《孝經注》」，[87] 則許氏統計出：白文本《孝經》3 件；鄭玄本《孝經注》2 件；唐玄宗《御注孝經》1 件。對至今尚未收入各種大型圖錄及編目的黃文弼 1928 年發現 2 件及柳洪亮論文圖文介紹 1968 年出土 1 件皆有論及，針對各卷的解題，亦清晰展現出上世紀吐魯番《孝經》出土的歷程。

許氏的整理，尚可增補。結合筆者前文整理，第一，《文書》（圖文本）收錄「72TAM169：84 文書殘片」，王素先生定名為「高昌《孝經》」，屬白文寫卷，可補許氏前文統計，則吐魯番出土白文《孝經》合計有 4 件。

第二，《大谷文書》「3279v《御注孝經》（？）殘片」，注記有「明王

---

[83] 國家文物局古文獻研究室等編：《吐魯番出土文書（圖錄本）》第 1 冊，頁 230-232；《吐魯番出土文書（錄文本）》第 2 冊，頁 268-273。
[84] 黃文弼：《吐魯番考古記》，圖板 2 之圖 3（摹本），頁 20。
[85] 圖版：《吐魯番出土文書（圖錄本）》第 3 冊，頁 444-445；《吐魯番出土文書（錄文本）》第 7 冊，頁 307-308。
[86] 許建平：〈跋大谷文書中四件未經定名的儒家經籍殘片〉，《敦煌學輯刊》（2005 年第 4 期），頁 11。
[87] 許建平云，「據《集成》言，本件殘片出自交河故城，乃是野村榮三郎與橘瑞超於 1908 年 11 月 19 日至 22 日在交河故城發掘所得。」同前引，頁 11。

孝治以致和平」，按《邢疏》云「此言曾子聞明王孝治以致和平，因問聖人之德」，蓋襲《元行沖疏》，《大谷文書》為此卷定名《御注孝經》亦有據；又，《總目（歐美收藏卷）》收錄「Ch2547r《御注孝經疏・五刑章》」殘片 1 件，亦可補許氏前文統計。這樣，吐魯番文書中已發現唐玄宗《御注孝經》計 3 件。

第三，2010 年 6 月 11 日中國國務院公佈《第三批國家珍貴古籍名錄》推薦名單中收錄 1 卷，編號及題記為：「00109 孝經鄭氏解・卿大夫章（漢）鄭玄注唐寫本國家圖書館」[88]，則鄭玄《孝經注》達到 3 件。

第四，關於 60TAM313：07/3 殘片，王素定名為「高昌抄本《孝經解》」。[89]按，此殘片存 5 行，首行存「孝經解」3 字，次行存朱書「釋比丘戒妙孝經一」8 字，三行存「孔子於魯襄公廿二年十一」11 字，四行存「公十六年夏四月卒於乙丑」11 字，五行存「畢命七十右二」6 字，後為雙行注文，存「義熙元年辛卯抄□一□正□」等字樣。按此卷記孔子生卒年採《史記》說，為傳世及其他出土諸本所未見，蓋釋家疏解，為首次發現。

第五，1997 年吐魯番地區洋海 1 號古墓中出土《孝經》殘片，編號為 97TSYM1：12p，此殘卷正面抄寫《論語・堯曰》「利而利之……猶之以人也」正文及注文，存 9 行；背面抄寫《孝經義》，存 10 行，首行「孝經義」3 字，自二行「孔子魯人……」至十行「世俗皆云仲尼（後缺）」為一序文，較敦煌諸本《鄭序》旨同而文約。朱玉麒先生認為此序行文避免了「文辭卑弱，義理乖違」的表現，是與敦煌本《鄭序》同樣，皆有祖述《鄭注》的傳統。[90] 此卷《孝經義》序文，與出土諸本不同，亦為首次發現。

---

[88] 國家圖書館館藏品鑒：〈唐代《孝經》鄭注殘片〉，公開網址：https：//www.sohu.com/a/235160145_391289。（2018 年 6 月 11 日）。
[89] 王素：《吐魯番出土高昌文獻編年》（臺北：新文豐出版公司，1997 年），頁 145。
[90] 朱玉麒：〈吐魯番新出《論語》古注與《孝經義》寫本研究〉，《敦煌吐魯番研究》第 10 卷（上海：上海古籍出版社，2007 年 9 月），頁 167-173；《新獲吐魯番出土文獻研究論集》（北京：中國人民大學出版社，2010 年），頁 158-173。

第六，《吐魯番文書總目（歐美收藏卷）》編錄《美國普林斯頓大學葛斯德圖書館館藏吐魯番文獻》收錄 23 件「策問卷」殘片，《文書》對此解題云：「按，1a、1b、3a、7a、7b、7c、7d、7e、7f、7g、7h、7i、7k-1、7k-2、7l、7m、7n、7o、7q、7r、7s 均屬於同一組文書，為唐西州學生考試時學生所答策問卷，後有老師批語。今剪作鞋樣，故分別編目。」[91] 其中，編號 Peald7a、7d、7k（2）、7m、7o、7r，Peald11a、11d 殘片 8 件，為「《孝經》策問卷」，皆為《鄭注》。劉波先生考察指出，這些「策問卷」或者可能只是習作試卷，反映出當時西北邊陲的沙洲、西州等地，學生與士子揣摩練習對策，準備進士明經科舉考試的情形。

而且，這批文書均有被剪裁的痕跡，是被當成廢紙製成的紙鞋等冥器，屬出土的墓葬品。[92] 吐魯番出土文書大多發掘於墓葬，多有被製成葬具（紙鞋）而埋入墓中，如黃文弼發掘的 2 件《孝經》殘紙亦如此。

但發掘於墓葬的《孝經》，還可見與上述被當成廢紙製成冥器正相反的形態，即鄭重以文書形態帶入墓室的隨葬品。嚴耀中先生考察明確，72TAM169：26（a）、60TMA313：07/3 殘片是作為隨葬品，見於麴氏高昌貴族墓葬的「衣物疏」內。並指出吐魯番出土的麴氏高昌（501-640）時期隨葬「衣物疏」中所列物品裡，往往有《孝經》一卷，這也是疏中唯一提到一種書籍。反映出在這一時期，《孝經》曾被作為用孝道維繫大家族秩序的重要經典，在貴族階層深具影響，乃至還被作為禳惡勝邪、保佑靈魂平安的神書，具有崇高的地位。[93] 吐魯番出土《孝經》這些獨具的特徵，與敦煌寫卷《孝經》多為學郎、考生抄寫習作之用，有明顯的區別。

這樣，以上已經發現吐魯番出土《孝經》殘片有，白文《孝經》4 件、

---

[91] 榮新江主編：《吐魯番文書總目（歐美收藏卷）》，頁 950-952。

[92] 劉波：〈普林斯頓大學東亞圖書館藏吐魯番文書唐寫本經義策殘卷之整理與研究〉，頁 10-23。

[93] 嚴耀中：〈麴氏高昌時期的《孝經》與孝的觀念〉，《中華文史論叢》第 38 輯，（1986 年 6 月），頁 275-282。

鄭玄《孝經注》3件、唐玄宗《孝經注》3件、《孝經解》1件、《孝經義》1件，《孝經》策問卷8件，合計已達20件。

四、敦煌吐魯番寫本對《孝經》研究的推展

（一）《御注孝經》

敦煌寫卷發現1件S.6019《御注孝經（聖治）》，曾令陳鐵凡先生感到「殊為可異」，並質疑「今敦煌本孝經，御注僅存一卷，而鄭氏本則有十餘帙，意者，御注雖以功令行，而民間猶以鄭本傳授耶？」。[94] 但就至今發現吐魯番出土文書中還發現3件編號：《大谷》3279v、《大谷》5417（A）、《總目》Ch2547r 的《御注孝經》殘卷來看，則《御注》在西域的傳播狀況不似陳氏所言。

關於S.6019《御注孝經（聖治）》殘卷的研究，英國翟理斯《英國博物館藏敦煌漢文寫本注記目錄》中，認為此卷「有注，出現在唐明皇御注《孝經》的初注本中」，最早判定其為唐玄宗的《御注孝經》。許建平認同翟理斯的判定，指出該卷相當於《覆卷子本唐開元御注孝經》218頁上欄4行至下欄5行，判定該卷為玄宗初注本，並將其名為「唐玄宗《孝經注（聖治）》。」[95] 吐魯番出土3件《御注》附有元行沖《疏》，或為開元本，亦不能排除有天寶本。

中唐時期敦煌曾一度脫離唐王朝的控制，[96] 而這一地區文教制度依然延續初唐時期的形式。開元中期之後，中原地區科舉經籍改為《御注》，敦煌

---

[94] 陳鐵凡：《敦煌本孝經類纂·序》，頁2。
[95] 許建平：《敦煌經籍敘錄》，頁419。
[96] 建中2年（781年）再度為吐蕃佔領，唐宣宗大中2年（848年），沙州人士張議潮募兵集眾起義奪回敦煌城，使河西地區重歸唐王朝。大中5年（851年）唐廷在敦煌設置歸義軍，並任命張議潮為敦煌歸義軍節度使。

地區在延續唐初文教制度沿用《鄭注》同時，亦開始推行《御注》，直至五代。這從敦煌吐魯番本《孝經》多見《鄭注》亦有《御注》的狀況可了解上述歷史事實。

《御注孝經》的傳播狀況，從敦煌相關的歌讚類寫卷描述來看，可能更具規模。P.2633、P.3386、P.3582《楊滿山詠孝經十八章》是直接簡約《御注》的作品，主要目的就是為了在民間便於傳唱與理解《御注》文意。[97] 徐俊先生指出《詠孝經十八章》是楊滿山作於敦煌重歸唐朝管轄的宣宗大中年間。[98]

還有 P.2721、S.0289、S5780《新集孝經十八章皇帝感》[99]，P.3816、S5739、S.3824《御注孝經讚》[100]，還有 S.6074《勸孝歌》，S.5739《孝經讚》，P.3680《孝子傳》，P.3943、P.4560《孝順樂讚》，P.3910《新合孝經皇帝感辭》等。[101] 從內容來看，諸如 P.2721《新集孝經十八章皇帝感》可見「新歌舊曲遍州鄉，未聞典籍入歌場。新合孝經皇帝感，聊談聖德奉賢良。開元天寶親自注，詞中句句有龍光。……立身行道德揚名，君臣父子禮非輕。事君盡忠事孝，感得萬國總歡情」、P.3910《新合千文皇帝感辭》可見「帝詔四海贊諸賓，黃金滿屋未為珍。……天寶聖主明三教，追尋隱士訪才人。……御注孝經先公唱，又談千文獻明君」等吟詠。從這些歌讚詩句，則能想像當時配合開元天寶《御注》的頒行天下，是如何以歌詠演奏的形式向庶民大眾推廣的盛況。[102]

---

[97] 趙楠：〈論《詠孝經十八章》〉，《西南民族大學學報（人文社科版）》總 25 卷第 5 期（2004 年），頁 225-228。

[98] 徐俊：《敦煌詩集殘卷輯考》，頁 253-263。

[99] 任半塘：《敦煌歌辭總編》（上海：上海古籍出版社，1987 年），頁 734-743。

[100] 鄭阿財：〈敦煌寫卷「御注孝經讚並進表」初探〉，《敦煌學》第 18 期（1992 年 5 月），頁 107-115。

[101] 買小英：〈由敦煌本《二十四孝》看儒釋倫理的融通〉，《絲綢之路》2019 年第 1 期，頁 54-58。

[102] 莊兵：〈敦煌吐魯番出土《孝經》研究論介〉，頁 300。

鄭阿財先生研究亦有明確，開元天寶年間的安西都護張嵩（或作張孝嵩）曾作《御注孝經讚並進表》，上奏希望在天下諸郡及督護府建置官學來推動《御注》的傳習。[103] 這些皆足見玄宗《御注》在西北邊陲地區普及民間的情形。

而這樣的歌讚形式，某種程度呈現出《御注孝經》的權威性質。六朝至唐代多有皇帝親自講習《孝經》，至唐玄宗親自為《孝經》作《注》命儒臣製《疏》，並把《孝經》列為官學頒行天下，使《孝經》成為君主直接干預家族秩序的重要工具，《孝經》的重心亦從漢晉六朝的「孔子教孝」轉變為「天子教孝」。[104]《孝經》歌讚類作品的產生，與這樣的背景有關。其將《御注》經注改為通俗便於吟詠的韻文，並加入對皇帝的歌功頌德及對孝子忠臣的讚頌，既有因應民眾文化層次俗講經典的背景，亦不乏如邊臣張嵩那樣藉以宣揚中原皇帝的威德。

另外，經學的衍進往往還會受到社會需求的影響，即便唐代《御注》確立為官學以及大力推行之際，《孝經鄭注》仍然盛行。例如吐魯番發現編號Peald7a、Peald11d 等 8 種《孝經》策問卷，學者指出這些寫卷當屬「考試時學生所答策《孝經》題的問卷」，所遵版本為《鄭注》。[105] 從大多由學郎抄寫的敦煌寫卷來看，諸如 S.728，S.1386，S.3993，S.5545，S.5821，S.6177，P.2545，P.2674，P.2715，P.2721，P.3378，P.3382，P.3428，P.3698，P.4775，P.4897，P.3369，P.3830 等屬於《孝經鄭注》類寫卷，[106] 從而顯現《鄭注》在西北地區的廣為流傳。

---

103 鄭阿財：〈敦煌寫卷「御注孝經讚並進表」初探〉，頁 108、111。
104 陳壁生：〈明皇改經與《孝經》學的轉折〉，《中國哲學史》2012 年第 2 期（2012 年 10 月），頁 50。
105 劉波：〈普林斯頓大學東亞圖書館藏吐魯番文書唐寫本經義策殘卷之整理與研究〉，《文獻》2011 年第 3 期，頁 26。
106 張涌泉主編、許建平：《敦煌經部文獻合集》（北京：中華書局，2008 年），第 4 冊，頁 1883。

傳世的史誌傳記多有記載皇族貴冑及士大夫傳習《孝經》的紀事，對民間的《孝經》傳習情形記載不多，以上文獻則對此多有豐富與補充，顯現出唐代傳播《孝經》講習孝道的多種渠道及豐富形態。若將這些寫卷一併加以討論，相關《御注孝經》的社會史研究，勢必更有拓展。

　　另外，在經學史研究視野中，由於敦煌吐魯番文獻以及域外文獻的發現整理，圍繞《孝經御注》文本淵源和成書之謎的學術公案，亦提供了極其重要的參證資料，並由此開出研究新局面。相關論證於本書「第三章 六朝隋唐《孝經》文本的淵源辯析」及「第十章《御注孝經》研究的新展開」另有專論考察。

（二）《孝經》今古文

　　本書第四章將圍繞《孝經》今古文的流衍諸問題做經學史及文獻史的澄清，在此，先介紹敦煌吐魯番文獻帶來對「《孝經》今古文問題」重新思考的契機。

　　既往研究發現一個現象，亦即《古文孝經孔氏傳》與《孝經鄭注》作為梁隋至唐開元年間的官學經注，相較於《孝經鄭注》的廣泛流傳，《孔傳》卻不見一本於敦煌吐魯番諸種《孝經》寫卷，頗為不可思議。

　　新近朱玉麒先生針對 97TSYM1：12p《孝經義》研究特別指出一點，《孝經義》引用的《孝經》原文「先王有至德要道以訓天下」，而向來只有《孔傳》本作「訓」字，並注：「訓，教也」，與今文、宋本古文及《孝經刊誤》皆作「順」相異。《孝經義》的發現，為孤證的《孔傳》提供了新證據。[107] 由此，也為如何理解《孝經》今古文特徵，提供了一個新角度。

　　早有林秀一指出敦煌本 P.3382「故至天子以下至于庶人」，與古文本的

---

[107] 朱玉麒：〈吐魯番新出《論語》古注與《孝經義》寫本研究〉，《敦煌吐魯番研究》第 10 卷，頁 170。

經文一致,今文作「故至天子至于庶人」,[108] 李德超先生對此亦有校勘明示。其它,李氏還指出:

> 今文〈開宗明義章〉「德之本也,教之所由生也」,P.2545、3369、3372、3416、3698、S.1386 兩句俱無「也」字(無「也」者,其它另有 24 處),如古文;
>
> 今文〈孝治章〉「治家者,不敢失於臣妾」,P.3369、P3382、P.3416、P2614+3428 俱作「不敢失於臣妾之心」,與古文同;
>
> 「祭則鬼享之」,S.728 作「祭則思享之」,如古文;
>
> 「故明王之以孝治天下也如此」,P3369、3830、S.728 作「故明王之以孝治天下如此」,俱如古文;
>
> 今文〈聖治章〉「雖得之,君子不貴也」,P3398、S728、1368、P2674+3428 俱作「雖得之,君子所不貴」,如古文。[109]

今日見存《古文孝經》本最早只能追溯至北宋,日本發現劉炫《孝經述議》(本書第九章對此有專論)一定程度保留了隋唐《古文孝經》的面貌。敦煌吐魯番本《孝經》中雖然不見一本《古文孝經》,但如前述學者所見,魏晉南北朝時期的敦煌本《孝經》中,不乏留有《古文孝經》痕跡。

為瞭解何以產生如此現象,筆者曾嘗試針對北魏「和平二年(461)十一月六日唐豐國寫孝經」殘卷、即許建平定名為敦研 0366《孝經(感應──喪親)》(以下略稱〈唐豐國本〉),與〈御注本〉[110]、〈指解本〉[111]、

---

108 日・林秀一:〈敦煌遺書孝經考〉,頁 38。
109 李德超:《敦煌本孝經校讐》,《第二屆敦煌國際研討會論文集》(臺北:漢學研究中心,民國 80 年 6 月),頁 101-122。
110 唐・玄宗御注、宋・邢昺疏:《孝經注疏》(北京:中華書局,1980 年影印清阮元校刻《十三經注疏》本)。
111 宋・司馬光撰、宋・范祖禹說:《古文孝經指解》(收入《文淵閣四庫全書》經部第 182 冊,上海:上海古籍出版社,1989 年)、

〈太宰本〉[112]、〈仁治本〉[113] 作過校勘，[114] 結果發現敦研 0366〈唐豐國本〉的字讀與前列四種本皆有相異，就句末助字的「也」字為省掉最多，符合北朝時期的書風，[115] 除俗字別字以外，實質性的異文可見以下四處：

1、〈唐豐國本〉：（前缺）兄，必有長（〈御注本〉、〈指解本〉作「必有先也，言有兄也」，〈太宰本〉、〈仁治本〉作「言有兄也，必有長也」）；

2、〈唐豐國本〉：自東自西（〈御注本〉、〈指解本〉作「自西自東」）；

3、〈唐豐國本〉：忠（〈御注本〉、〈指解本〉作「中」）心藏之，何日忘之；

4、〈唐豐國本〉：孝子之事（〈御注本〉、〈指解本〉多「親」）眾（〈御注本〉、〈指解本〉、〈太宰本〉、〈仁治本〉皆作「終」，別字）矣。

即〈唐豐國本〉的這四處字讀與〈御注本〉、〈指解本〉等中國傳本相異，而與〈太宰本〉、〈仁治本〉等日本古文諸本相同。由此可以看出，南北朝至隋唐的〈唐豐國本〉與日本傳本〈太宰本〉、〈仁治本〉），比唐代

---

[112] 漢・孔安國傳，日・太宰純音：《古文孝經孔氏傳》（《知不足齋叢書》乾隆四十一年據享保十七年刊本）。

[113] 此本為林秀一博士用於《孝經述議》經文傳文校勘底本，仁治二年（1241）清原教隆校點《古文孝經孔安國傳》本，是日本現存《孔傳》舊抄本中最古的版本。從仁治至昭和歷經六百八十餘年後歸內藤湖南博士所藏，並於昭和九年（1939）一月三十日被指定為國寶。鎌倉・清原教隆校點：《古文孝經孔安國傳》，現藏於「武田科學振興財團」所屬「杏雨書屋」。本文參用京都便利堂 1939 年影印清原教隆校點《仁治本古文孝經孔氏傳》本。

[114] 莊兵：〈《孝經・閨門章》考——兼論前漢中後期《孝經》解釋學的思想傾向〉，《中國儒學》第 5 輯（北京：中國社會科學院出版社，2010 年 9 月），頁 352-354。

[115] 據《顏氏家訓》書證篇云，「也是語已及助句之辭，文籍備有之矣，河北經傳，悉略此字」。可知北朝人抄書有省略「也」字的習慣。

以後的今文（〈御注本〉）古文（〈指解本〉）差異要更小。這樣，透過新發現的敦煌吐魯番《孝經》的考察，為還原歷史脈絡，瞭解《孝經》今古文，提供了新的理解方向。

對此，本書第三章考察，會指出南北朝至隋唐的所謂「《孝經》今古文」，比唐代以後的今古文差異要更小的原因。而在第四章，將具體澄清唐代以後《孝經》今古文差異何以清晰可辨，指出漢魏六朝《孝經》諸家林立與唐代以後《孝經》今古文分立的歷史真實樣貌。

（三）《孝經注》、《孝經義疏》、《孝經疏》

敦煌吐魯番寫卷發現數種的佚名《孝經注》、《孝經義疏》、《孝經疏》，大都前所未見，從而引發學者的關注與討論。以下主要根據許建平先生的整理，[116] 概述各卷的相關研究進展。

其一，S.6177+P.3378 佚名《孝經注》殘卷，由陳鐵凡先生綴合。[117] 潘重規先生指出「伯三三七八寫本，是一個《孝經注》的殘本，沒有注者的名氏。其書雜引故事，發揮經義，所引的故事，很像小說家言……。考今行《孝經疏》，為宋邢昺增損唐元行沖《疏》所成。宋《崇文總目》云：『初，世傳元行沖《疏》外，餘家尚多，皆猥俗褊陋，不足行遠。咸平中，昺等奉詔，據元氏本而增損焉。』我們看上引伯三三七八敦煌寫本《孝經疏》殘卷，大概就是《崇文總目》所說的元行沖以外的『猥俗褊陋，不足行遠』的《孝經疏》。但是蔓引故事，流於猥俗，顯然是受了唐代佛教徒俗講經文風氣的影響」。[118] 許建平認同「此說極有見地，」據以定名 S.6177+P.3378 殘卷為《孝經注（開宗明義—三才）》，並考察卷中「但」

---

[116] 許建平：《敦煌經籍敘錄》，頁 421-425。
[117] 陳鐵凡：〈敦煌本孝經類纂·序〉，頁 3。
[118] 潘重規：〈簡談幾個敦煌寫本儒家經典〉，《孔孟月刊》第 24 集 12 號（1986 年 8 月），頁 3-4。

字缺筆而「旦」則不缺筆,推定此卷抄寫時期不應早於睿宗時期。[119]

其二,關於P.3382殘卷的研究,許建平贊同《索引》以為此卷與P.3378是同書而不同寫本,抄寫時期亦不應早於睿宗時期。[120] 傅振倫認為此卷為孔安國所注之《古文孝經》;[121] 林秀一指出此卷「關於禮制的解釋長達二、三十行……帶有義疏性格,並且解釋受到五行思想、讖緯思想的影響濃厚,且有些部分晦澀難解」,從而推論乃是「六朝人的注解。」[122] 陳鐵凡亦認為是六朝義疏之屬。[123] 舒大剛對以上各說都加以否定指出:「此卷是『今文』經學家的作品,而不是『古文經學』的產物,更不能視為孔安國的注。同時,其中沒有受王肅的影響,也沒有玄學、佛學乃至道教的影響,因此作者不會晚於魏晉之後,其出現應在王肅之前,」並推論此卷可能是三國韋昭的《孝經解讚》。[124] 許建平則列舉四點駁論,指出舒論「無法使人信服」,第一,舒論全文所討論《韋注》,不可認為與韋昭《孝經解讚》是同一本書;第二,義疏體裁起於六朝,儒家疏體乃仿佛家經疏而作。此注體裁明顯具有疏體的性質,三國時韋昭怎能作出這樣的疏體;第三,殘注辭極鄙俗,文多口語,不可能是注《國語》的韋昭所為;第四,援引潘重規評述此注「蔓引故事,流於猥俗,……其書雜引故事,發揮經義,所引故事,與俗講經文籍故事以宣揚佛理者,其用意正同,……似出於薰染佛家思想者之手」,認同潘論「真正抓住了核心……乃無名氏所作講說《孝經》的講經文」,並據此把該卷定名為佚名《孝經注(三才—聖治)》。[125]

---

[119] 張涌泉主編、許建平撰:《敦煌經部文獻合集》第4冊,頁1968。
[120] 同前引,頁1976。
[121] 傅振倫:《敦煌寫本古文孝經殘卷一卷》,《續四庫全書總目提要・經部》下冊(北京:中華書局,1993年),頁817-818。
[122] 日・林秀一:〈敦煌遺書孝經考〉,頁36。
[123] 陳鐵凡:〈敦煌本《孝經》考略〉,頁2。
[124] 舒大剛:〈敦煌文獻伯3382號《孝經注》作者初探〉,《中華文史論叢》2003年第76期,頁225。
[125] 許建平:《敦煌經籍敘錄》,頁422-424。

其三，敦煌寫卷另存一卷 P.3274 佚名《孝經鄭注義疏》殘卷，王重民考察認為此卷「疏語頗似唐朝所撰正義」，因此斷定此卷為「元行沖《御注孝經疏》」[126]。王利器則認為此卷是《新唐志》所載孔穎達之《孝經義疏》；[127] 陳鐵凡亦不認同王說，指出此卷體例「猶有六朝義疏之舊」，卷中引劉先生、賀步兵、袁司空，如林秀一考證為劉瓛、賀瑒、袁昂，疑作者可能是皇侃或其門生。[128] 新近呂玲娣針對 P.3274 寫卷研究結論指出：敦煌本《孝經鄭注義疏》是一部介於義理經學與訓詁經學之間的著作形式，是研究南北朝義疏體著作外部體式、基本注疏原則和考察後世《孝經》類義疏體著書發展的珍貴資料。相關此卷的作者，呂玲娣認同林秀一推論，認為此卷「成立於皇侃相同或相近之時代」，「或成於與皇侃同受教之賀瑒門下弟子之手」。[129] 陳金木則針對此卷進行「經文」、「注文」、「所稱引皇侃《孝經義疏》之疏語」、「《孝經注疏》與此卷疏語」的分別考校，從而否定前述諸說，認為此卷為天寶元年以前所作，為疏解鄭玄《孝經注》之書，撰人未詳。[130] 許建平認同陳金木之考證精細，並對此評價「雖未考定作者，然已否定王重民、林秀一之說，亦一大進步。」並據以定名此卷為佚名《孝經鄭注義疏》。[131]

其四，P.2757v 亦為新發現《孝經疏》，陳鐵凡云：「此卷面為道藏殘帙。書法秀麗，行款疏朗，有細線格。卷被滿頁皆字，未悉何書。自第十一行起為《孝經疏》，計九行。字迹極草率，紙色深赭。卷耑之上，突出一小

---

[126] 王重民：《敦煌古籍敘錄》（北京：中華書局，1979 年），頁 64。
[127] 王利器：《敦煌本孝經義疏跋》，《圖書季刊》新 9 卷 3、4 合期（1948 年 12 月），頁 2。
[128] 陳鐵凡：〈敦煌本《孝經》考略〉，頁 10-11。
[129] 呂玲娣：〈敦煌本《孝經鄭注義疏》體例特點及其文獻學價值〉，《阜陽師範學院學報（社會科學版）》2018 年第 5 期，頁 60-65。
[130] 陳金木：〈敦煌本《孝經鄭氏解義疏》作者問題重探〉，頁 147-192。
[131] 許建平：《敦煌經籍敘錄》，頁 425-426。

籤，長約一寸，寬四分。題曰『孝經疏』。王重民以為御注疏，經比勘校讀，知其非是。今據原卷筆錄於此，其殘泐磨損之處，以□誌之。……案此疏《喪親章》之文也」。[132] 許建平根據黃永武說指出陳氏錄文9行之外，其餘內容則均為齋文。並據陳論定名為《孝經疏（喪親）》。另外，此殘卷有書題標籤「孝經疏」三字，陳鐵凡注意到這一特徵，指出「若此凸出標籤，則僅此一見，」但許建平指出《周易注》寫卷亦有此類浮籤。[133]

以上新發現的數件佚名《孝經疏》的共通特徵，在於疏解《孝經》的義疏體裁。學者指出，「義疏」是南北朝時期經典註釋的流行方式，而南北朝之際《孝經》義疏不下數十家卻均已散佚，敦煌寫本的出現，為瞭解這類注疏本的特徵，第一次提供了範本。[134] 但所謂「猥俗褊陋，不足行遠」云云，則不無比照儒家經學正統而立論，若非必以此為界定，而是將之作為歷史所產加以還原史實，或可展現出六朝隋唐的《孝經》傳播形式，具有更為多元的歷史樣貌。

相關《孝經》義疏學的探究，本書第五章有專論考察。

（四）《孝經鄭注》

自敦煌《孝經》寫卷陸續被發現整理，在針對傳世文本的輯佚校勘，最有進展的是《孝經鄭注》。亡佚於五代直至清代不見傳本，經過清儒潘任、嚴可均以及日本岡田挺之等學者的努力，輯佚出《鄭注》的部分內容，然而依然只是過半程度。敦煌本的發現，為此帶來樂觀的前景。

20世紀30年代，林秀一針對《孝經鄭注》的輯佚整理成就顯著，其據石濱氏與內藤氏的抄錄筆記，相繼撰寫發表〈補訂敦煌出土孝經鄭注〉[135]、

---

[132] 陳鐵凡：〈敦煌本《孝經》考略〉，頁13。
[133] 許建平：《敦煌經籍敘錄》，頁428-429。
[134] 朱玉麒：〈吐魯番新出《論語》古注與《孝經義》寫本研究〉，頁173。
[135] 原載《書誌學》第4卷第1-5號，昭和10年（1935年）1月-5月；後經修訂，以題為〈敦煌遺書孝經考〉、〈敦煌遺書孝経鄭注本の経文復原に就いて〉、〈敦煌遺書孝

〈敦煌出土孝經義疏解説〉之後，又撰〈敦煌遺書孝經考〉[136]、〈敦煌遺書孝經鄭注義疏研究〉[137]，持續針對所輯《鄭注》加以補訂。不僅全文復原出《鄭注》的《序》及《經》文，亦得以復原出《注》文「十中之八、九，」[138] 最先復原出 P.3274 佚名的《鄭注義疏》，並指出「玄宗的《御注》成立以後至 200 年後的五代，西北邊陲僻遠的沙州敦煌郡地區，依然使用六朝以來的《鄭注》本，反而在敦煌遺書中《御注》使用的形迹稀少，是《孝經》傳承歷史上一個值得令人關注的現象。」[139] 不過由於當初石濱手抄存在誤寫，林氏據其所輯佚產生的錯誤，後來得到陳鐵凡的修正。

至上世紀 70 年代，陳鐵凡先生利用敦煌本輯佚《鄭注》取得更大進展。除前述其將敦煌各本《孝經》殘卷合輯成《敦煌本孝經類纂》一書之外，又撰著《孝經鄭氏解抉微・孝經鄭氏解輯詮》[140]、《孝經鄭注校證》[141]，而以後一書多有彌補《群書治要》、《經典釋文》、《孝經注疏》等傳世文獻所沒有的《鄭注》資料，輯佚最為賅博。林氏指出：「寫本注文與舊輯本什九相同，而數量又增千餘字」、「注文所得約為全書百分之九十以上」、「敦煌遺書本與《治要》本和其他輯本，只有詳略之別，而無矛盾悖離之異。」從而推定：「此書注文實與鄭注他書符合，其為康成自著無疑。陸澄妄詆，諸儒訾噭，俱不必論。」[142] 至此，《孝經鄭注》不僅其原貌得

經鄭注復原に關する研究〉三篇收入《孝經學論集》，頁 32-108。
[136] 日・林秀一：〈敦煌遺書孝經考〉，《孝經學論集》，頁 32-48。據著者注記，此文於昭和23年（1948）3月脫稿。
[137] 日・林秀一：〈敦煌遺書孝經鄭注義疏研究〉，原載《漢學會雜誌》第4卷第1號（1956年8月）；又收錄於《孝經學論集》，頁 109-148。
[138] 日・林秀一：〈敦煌遺書孝經鄭注復原に關する研究〉，頁 86。
[139] 日・林秀一：〈敦煌遺書孝經考〉，頁 48。
[140] 陳鐵凡：《孝經鄭氏解抉微・孝經鄭氏解輯詮》（臺北：燕京文化事業股份有限公司，1977年8月。）
[141] 陳鐵凡：《孝經鄭注校證》（臺北：國立編譯館，1987年。）
[142] 陳鐵凡：《敦煌本孝經類纂・序》，頁 1-3。

到幾近完整的恢復，而且《鄭注》作者問題也得到肯定性回答。

　　許建平先生校定《孝經一卷並序》及鄭玄《孝經注》，全面汲取借鑑了林秀一及陳鐵凡的成果。尤其是林秀一成果，由於林氏的錄文乃據石濱氏的摹本，今所見底卷影本更有殘損，非復石濱氏所見之舊，故據林氏輯錄才得以補入。[143]

　　另外，敦煌本《孝經》可見 7 件存鄭氏《孝經序》，針對《孝經序》的版本問題，林秀一先生指出雖然仍是取「孔子自作說」，但又稱「弟子錄之」、「採用讖緯說」、「遂開啟了宋代以後所見曾子弟子作說」。[144] 陳鐵凡先生針對《孝經序》全文從稱謂、名物、徵引故事、釋義、文辭、語法六個方面作出全面考證，指出「漢代經學門戶森嚴，此序作者則不分畛域，雜揉古今」、「序文採及《家語》，或為王門餘緒」、「文辭卑弱，義理乖違，作者的學殖似欠深厚」，從而推論「此作者之時代不能早於西晉以前」，作者不可能是鄭玄。[145]

　　1997 年吐魯番洋海 1 號墓葬出土編號為 97TSYM1：12p 的《孝經義》殘片，可見另一種《孝經序》，朱玉麒將之與敦煌本《孝經序》做過比對指出：《孝經義》序「在行文上對鄭氏《孝經序》作了刪繁就簡的處理，一些被研究者指為『文辭卑弱，義理乖違』的表現如稱謂、名物、徵引、釋義、文辭、語法的問題，在《孝經義》序中都得到了避免。在認可敦煌本鄭氏《孝經序》就是魏晉以來流傳的《鄭注》序言的前提下，我們應該可以將這種關係表述為：與典籍所述魏晉南北朝《孝經》義疏祖述鄭氏注《孝經》一樣，寫本《孝經義》確實證實了宗尚鄭氏傳統的存在。」[146] 朱氏由認同《孝經義序》祖述鄭玄，連帶認同敦煌本鄭氏《孝經序》即為《鄭注》序

---

[143] 張涌泉主編、許建平撰：《敦煌經部文獻合集》第 4 冊，頁 1926。
[144] 日・林秀一：〈敦煌遺書孝經考〉，頁 42。
[145] 陳鐵凡：〈敦煌本鄭氏孝經序作者稽疑〉，《敦煌學》第 4 輯（1979 年 7 月），頁 9。
[146] 朱玉麒：〈吐魯番新出《論語》古注與《孝經義》寫本研究〉，頁 158。

文。

實際比對兩《序》，文辭類同者可見如下：

《孝經義序》：孔子魯人，姓孔，名丘，字仲□。
《孝經序》：魯國先師姓孔，名丘，字仲尼。

《孝經義序》：歷國應職，莫能見用。
《孝經序》：應聘諸侯，莫能見用。

《孝經義序》：迺刪《詩》、《書》，定《禮》、《樂》，脩《春秋》，述《易》道。
《孝經序》：修《春秋》，述《易》道，及刊《詩》、《書》，定《禮》、《樂》。

《孝經義序》：門徒三千，達者七十二人。弟子曾參，有至孝之姓（性）。
《孝經序》：弟子四方至者三千餘人，受業身通達者七十二人。唯有弟子曾參有至孝之性。

《孝經義序》：弟子書其言，以為《孝經》。
《孝經序》：弟子錄之，名曰《孝經》。

以上看來，兩者在文辭表達上的關聯的確是明晰的，朱玉麒指出「寫本《孝經義》……宗尚鄭氏傳統」有一定的合理性。只是，若從兩《序》的義理核心比較，則似乎又有明顯區別：

《孝經義序》：仲尼述其意曰：先王有至德要道以訓天下。則說先王之道明矣。
《孝經序》：夫孝者，蓋三才之經緯，五行之綱紀。如無孝則三才不

成，五行怨序。是以在天則曰至德，在地則曰敏德，施之於人則曰孝德。故下文言：夫孝者，天之經，地之義，人之行。三德同體而異名。

由上面兩《序》比對可以發現，《孝經義序》以〈開宗明義章〉的「至德要道以訓天下」意義為體現《孝經》宗旨的，《孝經序》則以〈三才章〉「三德同體」意義為核心宗旨，兩者側重顯然不相同。而且，若與鄭玄《六藝論》云：「孔子以六藝題目不同，指意殊別，恐道離散，後世莫知其根源，故作《孝經》，以總會之。」則兩《序》與《孝經鄭注》的思想宗旨，又有明顯不同者。

若再將兩《序》與《古文孝經孔氏傳‧序》比較發現：

《孝經義序》：是時禮壞□崩，臣煞其君，子煞其父。
《孝經序》：當春秋之末，文武道墜，逆亂茲甚，篡弒由生。
《孔傳序》：孔子之世，周失其柄，諸侯力爭，道德既隱，禮誼又廢，至乃臣弒其君，子弒其父，亂逆無紀，莫之能正。

三《序》對《孝經》成立背景的春秋之末，禮壞樂崩，逆亂篡弒，有共同的理解。還有對《孝經》的作者理解上亦有相同的見解：

《孝經義序》：弟子（曾參）書其言，以為《孝經》，
《孝經序》：弟子（曾參）錄之，名曰《孝經》。
《孔傳序》：曾子喟然知孝之為大也。遂集而錄之，名曰《孝經》。

亦即三《序》認為《孝經》是孔子為曾子講說孝道而曾子記錄書寫而成。如此，敦煌吐魯番本所見數種《孝經》序文雖然有語辭表達上的類似性，但在思想宗旨上又各自側重有別，且在針對《孝經》的成書背景及作者理解上，與《古文孝經孔氏傳‧序》相同，而與鄭玄「以《孝經》為總會六

藝之書」的「孔子作《孝經》」理解，反而有很大差距。由此，針對鄭氏《孝經序》的研究，呈現出不同觀點，為更為深入考察提供了線索。

有關《孝經鄭注》的諸課題研究，本書第八章有專章論述。

結　語

以上藉由針對敦煌吐魯番出土《孝經》相關研究成果的整理，許建平先生研究統計出敦煌《孝經》寫卷共 41 號，這僅是藏經洞發現的數量，加上土地廟遺書 1 號、吐魯番出土的《孝經》寫卷 12 號，則西域地區出土合計 54 號。其他還有敦煌寫卷：歌詠、頌讚《孝經》類殘卷 10 號、學郎《孝經》策論草稿 2 號，吐魯番出土：學生所答《孝經》策問卷 8 號，這樣，敦煌吐魯番出土《孝經》相關寫卷，合計達到 74 號，已具備獨立的範疇及研究規模。

我們藉由敦煌吐魯番文獻可以發現，《孝經》在敦煌吐魯番等西域地區，與在中原一樣深具影響，從輯佚校勘的文獻學研究，至考察六朝隋唐文教風俗、孝道傳播等，都提供了活生生的第一手資料。尤其在六朝隋唐《孝經》學史研究方面，敦煌吐魯番本《孝經》對此期的文獻與課題不足提供諸多彌補。比如針對科舉經籍傳習的歷史真實樣貌考察、《孝經》今古文的界定問題、乃至相關《孝經》義疏學的課題探討，皆可提供新認識。不僅敦煌寫卷以及吐魯番文書本身的歷史文獻價值值得重視，即便於研究視野與方法論方面，亦可期待新的開展。比如，藉由新發現的《孝經疏》的經注疏解形式，與十數件《孝經讚》的經注講誦情形進行類比對照，參以史傳記載搜求印證，則可更多了解《孝經》在當時社會各階層傳播講習的不同形態與訴求。這些課題的開展，對中古時期教育史與文化史研究，無疑具有積極的意義。

亦因為此期間的文獻多有缺乏、且誤解陳陳相因，中古《孝經》學史研

究是《孝經》學史研究的難度所在。尤其在最為基礎的澄清《孝經》文本源流的問題上，不僅涉及歷史脈絡本身的探究，還需要糾正後世學者為秦漢至隋唐的中古《孝經》學加諸的種種理解偏差。能夠有效地利用新發現資料，為《孝經》的學術源流盡量做出歷史還原的工作，是本研究的努力重點。

附錄：敦煌吐魯番出土《孝經》相關寫卷一覽表[147]

地域	種類	卷號以及定名	合計	總計
敦煌寫卷	白文《孝經》26號，綴合成22件。	S.707＋S.12911（〈聖治〉—〈喪親〉）、S.728（〈開宗明義〉—〈喪親〉）、S.1386（〈序〉—〈喪親〉）、S.5545（〈卿大夫〉—〈三才〉）、S.6165（〈廣至德〉—〈喪親〉）、S.9956+S.5821（〈士行孝〉—〈聖治〉）、S.10056A＋S.10060B（〈天子〉—〈卿大夫行孝〉）、P.2545（〈序〉—〈五刑〉）、P.2715（〈三才〉—〈喪親〉）、P.2746（〈紀孝行〉—〈喪親〉）、P.3369/P.4775（〈開宗明義〉—〈喪親〉）、P.3372（〈序〉—〈廣至德〉）、P.3416C（〈序〉—〈喪親〉）、P.3643p1（〈孝治〉）、P.3698（〈序〉—〈喪親〉）、P.3830（〈天子〉—〈廣要道〉）、P.4628/Дх.02962（〈序〉）、P.4897（〈序〉—〈開宗明義〉）、Дх.00838（〈廣要道〉—〈喪親〉）、Дх.00838（〈三才〉—〈聖治〉）、Дх.04646（〈聖治〉）	54	74
	鄭玄《孝經注》9號，綴合成7件。	P.3428＋P.2674（〈開宗明義〉—〈喪親〉）、S.3824V/1（〈喪親〉）、S.3993＋S.9213（〈五刑〉—〈諫諍〉）、P.2556p（〈喪親〉）、Дх.02784（〈聖治〉）、Дх.02979（〈聖治〉）、Дх.03867（〈紀孝行〉、〈五刑〉）		

---

[147] 引自莊兵：〈敦煌吐魯番出土《孝經》研究論介〉，《出土文獻研究視野與方法》第5輯（2014年11月），頁275-309。爲明示各卷號見存內容以示區別，分別於卷號之後括號內，以章名標示該卷之首尾見存內容，例如「S.5545（〈卿大夫〉—〈三才〉）」，S.5545屬「白文《孝經》」寫卷，「（〈卿大夫〉—〈三才〉）」指此卷見存內容起於〈卿大夫章〉，終於〈三才章〉。

	唐玄宗《孝經注》1號1件。	S.6019（〈聖治〉）	
	佚名《孝經鄭注義疏》1號1件。	P.3274（〈開宗明義〉—〈喪親〉）	
	佚名《孝經疏》1號1件。	P.2757V（〈喪親〉）	
	佚名《孝經注》3號，綴合成2件。	S.6177＋P.3378（〈開宗明義〉—〈三才〉）、P.3382（〈三才〉—〈聖治〉）	
	歌詠、頌贊《孝經》類殘卷10號，10件。	P.2633、P.3386、P.3582、P.3910（《楊滿山詠孝經十八章》）、P.2721、P.3910、S.0289、S.5780（《新集孝經十八章皇帝感》）、P.3816、S.5739、S.3824（《御注孝經讚》）	
	學郎練習試論草稿2號，綴合成1件。	Дx.03895＋Дx.03901（《讀孝經足以立身治國論》）	
	土地廟遺書：鄭玄《孝經注》1號1件。	敦研：0366（〈感應〉—〈喪親〉）	
吐魯番文書	白文《孝經》4號4件。	黃文弼發掘本（〈開宗明義〉）、交河故城遺址本（〈諸侯〉—〈孝治〉）、72TAM169：26（a）（〈開宗明義〉—〈聖治〉）、72TAM169：84（高昌《孝經》）	20
	鄭玄《孝經注》3號3件。	黃文弼發掘本（〈三才〉）、66TAM67：15/1、15/2（〈感應〉—〈喪親〉）、國圖00109（〈卿大夫章〉）	

	唐玄宗《孝經注》3號3件。	大谷5417（A）（〈廣至德〉）、大谷3279v（〈聖治〉）、Ch2547r（〈五刑〉）		
	《孝經解》1號1件。	60TAM313：07/3（高昌抄本《孝經解》）		
	《孝經義》1號1件。	97TSYM1：12p（〈序〉）		
	考試時學生所大策問卷8號8件。	Peald7a、Peald7d、Peald7k（2）、Peald7m、Peald7o、Peald7r、Peald11a、Peald11d（《孝經》策問卷）		
疑偽	首都博物館藏白文《孝經》1號1件。	〔西晉〕張儁寫本《孝經》殘卷	1	1

第三章 六朝隋唐《孝經》文本的淵源辯析

　　君主為《孝經》撰寫注釋，唐玄宗並非第一人，然而其所制《御注孝經》成為唐宋官學科舉考試用書，也是唐代以後最通行的《孝經》注本，對《孝經》學術發展發揮了長久影響。亦因唐玄宗以君主而非學者注經，同時也開啓了圍繞唐玄宗注《孝經》的是非論辯。如宋元明學者把玄宗朝廷發生的諸多宮闈不祥歸結為對《孝經》文本取捨的不當，[1]雖然四庫館臣辯云：「元宗此註之立，自宋詔邢昺等修此疏始，衆說喧呶，皆揣摩影響之談」，[2]指出針對《御注孝經》的各種爭議不乏主觀揣測，然而圍繞《御注孝經》成立的各種爭議不斷也是長久以來的事實（詳細參見本書第十章論述）。本章主要探討圍繞《孝經》學史上的一則公案——「玄宗改經」，由此辨析相關六朝隋唐《孝經》文本源流。

---

[1] 宋代司馬光、范祖禹、朱熹等不取玄宗《御注》，轉而提倡有〈閨門章〉的《古文孝經》，朱熹的批判：「唐源流出於夷狄，故閨門失禮之事，不以為異」，已經流露出那樣的取捨理由。引文參見宋・朱熹撰：《朱子語類》（北京：中華書局，1986年），頁 2929。元明學者的批評亦接踵不斷，《四庫提要辨證》云：「元熊禾作《董鼎孝經大義序》，遂謂：貞去《閨門》一章，卒啓元宗無禮無度之禍。明孫本作《孝經辨疑》，併謂唐宮闈不肅，貞削《閨門》一章乃為國諱。」引文參見唐・玄宗御注、宋・邢昺疏：《孝經注疏》（北京：中華書局，1980 年影印清阮元校刻《十三經注疏》本），頁 2537。

[2] 同前引，頁 2537。

一、從唐玄宗「改經」說起

唐玄宗《御注孝經・廣揚名章》經云：「居家理，故治可移於官」，北宋邢昺疏云：「先儒以為『居家理』下闕一『故』字，《御注》加之」，[3] 清儒臧庸則以邢昺之說，以此指摘唐本「增經」之非；[4] 皮錫瑞亦云：「明皇……以意增之……與經旨、鄭義皆不合」；[5] 嚴可均還有指斥《御注》臆刪〈庶人章〉經文「己」字。[6] 近代學者延續清儒此說，尋章摘句、蒐集更多經文字句作為唐玄宗改經的例證，如陳鐵凡先生延續清儒此說云：「嚴氏謂明皇臆刪『己』字，審矣」；[7] 新近陳壁生先生研究更舉證十餘處「明皇改經」，指摘「以新出《今文孝經》校明皇《孝經注》，可知明皇御注，決非今文之真，而是對今文經文不合己意處，頗加改易。此實注經之大忌」，[8] 遂將玄宗私改經文論成定案。諸說遞相傳承，影響日增，以至把「玄宗改經」理解為造成漢魏六朝隋唐《孝經》文本一貫作為聖人遺訓的經學意義的斷裂。[9]

---

[3] 唐・玄宗御注、宋・邢昺疏：《孝經注疏》，頁 2558 上。

[4] 〈廣揚名章〉「居家理故治可移於官」下，臧庸解云：「唐本增經字，非。」參見清・臧庸：《孝經鄭氏解輯本》（北京：商務印書館，1959），頁 17。

[5] 清・皮錫瑞撰、吳仰湘點校：《孝經鄭注疏》（北京：中華書局，2016 年），頁 109。

[6] 清・嚴可均：《孝經鄭注》（北京：商務印書館，1959 年），頁 4。

[7] 陳鐵凡：《孝經鄭注校證》（臺北：國立編譯館，1987 年），頁 71。陳鐵凡先生在臺灣較早針對敦煌《孝經》作出體系的整理，1977 年由其彙集整理出 31 號綴合 29 件的敦煌本《孝經》殘卷，著成《敦煌本孝經類纂》（臺北：燕京文化事業股份有限公司，1977 年）一書出版，並利用敦煌本復原《孝經鄭注》全書百分之九十以上，撰著《孝經鄭注校證》。

[8] 陳壁生：〈明皇改經與《孝經》學的轉折〉，《中國哲學史》2012 年 2 月，頁 50。

[9] 例如新近喬秀岩先生延引陳壁生論文觀點，駁斥玄宗改經之非而云：「《御注不考慮學術性，唯己意是從》、「現在《鄭注》、《孔傳》重現人間，再回頭看御注，發現御注竟隨己意，從《孝經》中消除了一切包含學術或思想價值的內容」、「《孝經御注》……經過統一規範之後，留下味同嚼蠟的官方文件。靠政治力量強制推廣的文化

陳鐵凡以降研究，指摘玄宗改經的依據非僅依憑清儒舉證，更有質諸敦煌出土《孝經》諸本。然而透過本文仔細勘驗敦煌及吐魯番諸種《孝經》寫卷，發現事實並非盡然如上諸說所云，學者主張玄宗以己意「改經」的各項佐證，多有資料考據不足與解讀上的偏差，幾皆不能成立，無法作為立論玄宗以己意「改經」的切實證據。恰恰相反，透過與敦煌及吐魯番諸本資料參核比對，顯現出被認為所改之「經」，實際上皆有六朝《孝經》文本的淵源，以下將以詳論。在進入具體考察之前，有必要瞭解一下所謂「玄宗改經」的歷史背景。

開元七年（719）三月一日，玄宗詔令儒官質定「令明經者習讀」的科舉用經籍，《孔傳》與《鄭注》亦在質定優劣之列，然而並未達成共識。同年四月七日，在上奏玄宗的奏議中，劉知幾宗《古文孝經》，立「十二驗」立證《鄭注》非為鄭玄著，主張採用劉炫校訂的《孔傳》，而司馬貞宗《今文孝經》，以《孔傳》為劉炫偽作，主張依舊採用《鄭注》，結果玄宗在五月的詔書中，詔令兩注並置學官。至開元十年六月二日，玄宗以十八章本為底本，參酌古文及漢晉舊注，自製《御注孝經》一卷，並命國子祭酒元行沖作《疏》三卷，頒行國子學及天下。[10]

此舉更有唐代自隋唐實施科舉採用「帖經」，考定科舉經籍的背景。唐初孔穎達主持考定「五經」文字，撰定《五經正義》，確立了官方經籍。玄宗新訂《御注》，實際上乃是延續唐初確立的《五經正義》擴大考定經典範圍。依據「開元七年三月一日敕」以及同年「四月七日奏議」記載，考定經

殘骸，封建教條的宣傳材料，理應遭到唾棄」、「經過玄宗的文化大變革，傳統學術已經斷絕」，如上評述已從指摘玄宗改經之非，趨向責難其對傳統文化的破壞。參見喬秀岩、葉純芳：〈小小的學術妄想—《孝經述議復原研究》編後記〉，《孝經述議復原研究》（武漢：崇文書局，2016年），頁529，530。

[10] 有關開元七年至天寶四年《御注》成立過程的記述，主要參見宋・王溥撰：《唐會要》（北京：中華書局，1955年），卷77，〈論經義〉，頁1405-1411；卷36，〈修撰〉，頁658。

典包括「孝經孔鄭注」、「尚書孔鄭注」、「子夏易傳」、「輔嗣注老子」、「老子河上公注」等多種。[11] 由於朝臣針對《孝經》今古文注的爭議僵持不下，使玄宗從原本意欲從「舊注」選定一種的打算，轉向自定「新注」，以親自參與編纂「新注」以取代原有爭議的《鄭注》、《孔傳》，達成確立科舉經籍目的。因而玄宗新制經注當屬官方立場，對此，元行沖《序》亦有明言：

> 夫子談經，文該旨頤；諸家所說，理蕩詞繁。爰命近臣，疇咨儒學；搜章摘句，究本尋源。練康成安國之言，銓王肅韋昭之訓；近賢新注，咸入討論。分別異同，比量疏密；惚編呈進，取正天心。每侍休間，必親披校；滌除氛瞢，搴擿菁華；寸長無遺，片善必舉。或削以存要，或足以圓文。其有義疑兩存，理翳千古，常情所昧，玄鑒斯通，則獨運神襟，躬垂筆削；發明幽遠，剖析毫釐。[12]

從元《疏》的記述來看，新訂《御注》過程，先是玄宗命儒臣蒐集鄭玄、孔安國、王肅、韋昭等漢魏六朝舊注彙編經注資料，之後玄宗針對儒臣彙編的資料，作進一步的披校增刪等修訂。因而嚴格意義上說，開元《御注》應該說是玄宗與儒臣的合作。而整個《御注》制定過程中，重點似乎更在注文的選定裁量之上。連帶配合注文改訂經文也在情理之中，[13] 然而是否如清儒以

---

[11] 宋・王溥撰：《唐會要》卷 77，〈論經義〉，頁 1405-1411。
[12] 唐・唐玄宗御注：《覆卷子本唐開元御注孝經》，收入清・黎庶昌編：《古逸叢書》之五（臺北：藝文印書館，1965 年）。
[13] 林秀一透過比對《鄭注》本與《御注》的開元本及天寶本，指出「今文孝經的經文，從鄭注本向開元本轉換的階段，被施加過相當大篇幅的刪改」。日・林秀一：〈今文孝經の經文成立に就いて〉，《孝經學論集》（東京：明治書院，1976 年），頁 231。然而，林秀一復原《孝經鄭注》經文選用 P.3428、P.2674 殘卷作為底本，欠缺經文部分選用 S.1386 作為補訂，並參見 S.707、S.728、S.5545、S.5821、S.6165 等卷，校勘底本書寫之訛誤。雖然林氏校訂精細，然而在以上各本依然無法確鑿認定為今文《鄭注》前提下，采取多數認同的方式，作出的勘定本實際已有折中。加之尚未利用

來學者遞相指斥的那樣，存在玄宗「以己意改經」之實呢？

新近陳壁生先生的研究涵蓋《御注》整篇內容，在指摘玄宗具體改動了哪些經文之後總結說：

> 以《古文孝經》之大略校明皇御注，可知明皇改經，實多據古文以改今文。可以說，就經文而言，明皇以《今文孝經》為本，采《古文孝經》之言，以及己意改易經文，使《孝經》經文，得一新定本。就經解而言，明皇采六家舊注，又加己意以解新定之經文，使《孝經》注解，歸於一家。[14]

這是說玄宗改動經文，多數是依據古文經，有些則依憑己意。若以前者而論，《御注》改訂經文有據，即便是擇取舊注重訂經文，仍屬唐代官學正訂經文的舉措，無從指斥玄宗「以己意改經」。若以後者而論，改經無據，依憑己意，則擅權專制，破壞聖經賢傳傳承等責難，便在所難免。

本章考察重點，因此落在探究玄宗是否有「以己意改經」之實的問題上，對此問題的釐清，亦能明瞭清儒以來競相確證的「玄宗改經」是否屬實。

二、關於《御注》經文加「故」字

《御注》經文：「居家理，故治可移於官。」《邢疏》云：「先儒以為『居家理』下闕一『故』字，《御注》加之」。清儒之後，陳鐵凡據敦煌諸本校訂復原《鄭注》經文，並指出此處《鄭注》經文為「居家理治可移於

吐魯番文書體系的《孝經》，致使六朝之際帶有體系性區別的不同本特徵，因亦此被折中一元化。陳鐵凡堪定《鄭注》，亦有同樣狀況。日・林秀一：〈敦煌遺書孝經鄭注本の經文復原に就いて〉，《孝經學論集》，頁 54-58。

[14] 陳壁生：〈明皇改經與《孝經》學的轉折〉，頁 50。

官」，由此更加論定經文原本無「故」字，玄宗「以意增之」。[15]

但是敦煌《孝經》寫卷見存 P.3274《孝經鄭注義疏》殘卷，[16] 林秀一、陳鐵凡指出此卷體例「猶有六朝義疏之舊」，卷中引「劉先生、賀步兵、袁司空」，林秀一考證為劉瓛、賀瑒、袁昂，疑作者可能是皇侃或其門生。[17] 陳金木認為此卷為天寶元年以前人抄寫，乃是疏解鄭玄《孝經注》之書，撰人未詳。[18] 天寶年間，敦煌已為吐蕃佔領，非唐朝屬地，因此《孝經鄭注義疏》是尚未受到天寶《御注》甚至開元《御注》影響的作品。

此卷《孝經鄭注義疏》於〈廣揚名章〉經文「居家理治可移於官」之後疏云：

> 居家修理，則為治之法，可移於官。一讀云：「居家理治」，「治」屬上句，「故」者連上之辭。所居則化，解「居家理治」，所在則治，釋「可移於官」。[19]

由此可發現此處經文的讀法在《鄭注》已存分歧，林秀一早有指正。[20] 其一種讀法為：

> 居家理治，可移於官。

但同時還可發現如「一讀云」所指示的另一種經文讀法：

> 居家理故治，可移於官。

---

[15] 陳鐵凡：《孝經鄭注校證》，頁71。
[16] 張涌泉主編、許建平撰：《敦煌經部文獻合集》第4冊（北京：中華書局，2008年），頁1987。
[17] 日・林秀一：〈敦煌遺書孝經鄭注の研究〉，《孝經學論集》，頁115。
[18] 陳金木：〈敦煌本《孝經鄭氏解義疏》作者問題重探〉，《嘉義師院學報》第4期（1990年11月），頁147-192。
[19] 張涌泉主編、許建平撰：《敦煌經部文獻合集》第4冊，頁1990。
[20] 日・林秀一：〈今文孝經の經文成立に就いて〉，《孝經學論集》，頁230。

云「『故』者連上之辭」，則顯示這個版本的經文有「故」字。與此互證，此卷〈士章〉經文「故以孝事君則忠」下疏云：「『故』者連上起下之辭」，亦可旁證《鄭注》經文有一種版本有「故」字。[21]

另外，陸德明《經典解文》錄《鄭注》經文為：

居家理故治。[22]

並疏解云「居家理故治絕句」，提示以「居家理故治」後斷句。由此看來，關於此處經文，六朝隋唐時期已經產生文本上的歧異，且有「故」字本與無「故」字本並存流傳，因此可以釐清，至少「故」字非是至《御注》才後加上的。

再者，《邢疏》全篇疏解除此條之外再不見指斥玄宗改經，則疏解含義，當再斟酌。按《邢疏》以其作為官方疏解經注立場，自是遵循經學傳統的「疏不破注」原則，本無從指斥玄宗改經，而且此處云「先儒以為『居家理』下闕一『故』字，《御注》加之」，若以北宋邢昺當時而論，《鄭注》、《孔傳》等六朝諸本已經亡佚，無從比對，邢昺何以知「先儒以為『居家理』下闕一『故』字」。實際正如學者指出，《邢疏》多為元行沖《疏》的沿用，[23] 此處蓋亦沿用元《疏》。

由此，元《疏》作為疏解《御注》的立場，自當立論《御注》經文之正，則「先儒以為『居家理』下闕一『故』字，《御注》加之」，應解釋為：「先儒以為（國子學傳授的十八章《鄭注》）『居家理』下闕一『故』字，《御注》因此加上『故』字，回復經文之正」，言外之意是「《御注》本之漢晉流傳的有『故』字本之經文，訂正了學官今文《鄭注》經文無

---

[21] 張涌泉主編、許建平撰：《敦煌經部文獻合集》第 4 冊，頁 1990。
[22] 唐・陸德明撰：《經典釋文》（上海：上海古籍出版社，1985 年），頁 1344。
[23] 日・林秀一：〈邢昺の孝經注疏校定に就いて〉，《孝經學論集》，頁 183；陳一風：《孝經注疏研究》（成都：四川大學出版社，2007 年），頁 163。

『故』字之誤」。此舉當屬以官學立場正訂經文的範疇，而非擅自以己意擅改經文。需知道在隋唐當時歷史狀況下，仍是無人敢冒改篡聖人經典之罪的，且孔子經過千年未得封王資格，正是在唐玄宗時期被正式封號為「文宣王」，[24] 主張《孝經》為孔子所製作的《御注》，[25] 更無道理非冒此「改經」罪名不可。

陳鐵凡等據敦煌本勘定《鄭注》經文，擇大多數本見存「居家理治可移於官」為正，其實反而排除掉六朝隋唐文本多樣的事實，亦未考慮到玄宗正訂經文之際乃是「搜章摘句，究本尋源，練康成、安國之言，銓王肅、韋昭之訓；近賢新注，咸入討論；分別異同，比量疏密」[26] 的狀況，亦即未考量到玄宗當時面對眾多文本抉擇經注的局面，唯以敦煌本為據勘定統整《鄭注》經文，（然而陳鐵凡等作出的勘定本，已經淡化諸本的多樣性，實際已有折中），並以此為基準比對《御注》，便有認同嚴可均、皮錫瑞等清儒之說，以為玄宗由己意「改經」。

再看陳壁生先生所論。為立論玄宗《御注》於「〈廣揚名章〉又增一『故』字」，[27] 其據陳鐵凡《孝經鄭注校證》之〈廣揚名章〉經文：「君子之事親孝故忠，可移於君。事兄悌故順，可移於長。居家理（《御注》有

---

[24] 孔子被玄宗追諡為「文宣王」，事在開元二十七年八月。玄宗〈追諡孔子十哲並昇曾子四科詔〉云：「夫子既稱先聖，可追諡為文宣王……夫子皆南面坐，十哲等東西列侍」。從漢至唐，孔子被追諡的稱號不在少數，但從未獲得當王的諡號，詔書所云「文宣王」者，實指「南面而坐」的天子之尊。參見宋・董誥等編：《欽定全唐文》（上海：上海古籍出版社，1990年），卷31，〈追諡孔子十哲並昇曾子四科詔〉，頁147。

[25] 唐玄宗〈孝經序〉云：「聖人知孝之可以教人也，故因嚴以教敬，因親以教愛，於是以順移忠之道昭矣，立身揚名之義彰矣。子曰：吾志在《春秋》，行在《孝經》。是知孝者，德之本歟？」表明玄宗以《孝經》為孔子行孝教人的立場。引文參見唐・玄宗御注、宋・邢昺疏：《孝經注疏》，頁2540上。

[26] 唐・唐玄宗御注：《覆卷子本唐開元御注孝經》，收入清・黎庶昌編：《古逸叢書》之五。

[27] 陳壁生：〈明皇改經與《孝經》學的轉折〉，頁49。

「故」字）治，可移於官。」推論「諸敦煌新出《今文孝經》白文、鄭玄《孝經注》抄本，皆無『故』字」。[28]

又引劉炫《孝經述議》疏文：「居在其家，能使家事理治，其治可移之於在官也。」以《述議》疏文中無「故」字，推論「可知《古文孝經》也無「故」字」。[29] 姑且不論如此以《孝經述議》疏文直接代替《古文孝經》作出如上論斷是否妥當，若考察《孝經述議》針對〈廣揚名章〉疏解全文，則另有事實。相關前述〈廣揚名章〉的《孝經述議》疏解在第五卷，原卷亡佚，有林秀一輯佚，可惜仍然不全，見存如下：

議曰：上章既言孝道能通於神明，此章又言孝行可施於家國。（抄本、祕本、靜本、○靜本作述曰）

其孝可移之於事君也。（抄本）

其弟可移之於事長也。（抄本）

居在其家、能使家事理治、其治可移之於在官也。（抄本）

孝弟理治、是家內之事耳、推此內心、即諧外務、是以為行成於家內、而名譽立於後世矣。（抄本）

結首章揚名於世之義也。（抄本、祕本）[30]

---

[28] 同前引，頁 48、49。

[29] 陳壁生：〈明皇改經與《孝經》學的轉折〉，頁 48。

[30] 日‧林秀一：《孝經述議復原に關する研究》（東京：文求堂書店，1953 年），頁 277。按《孝經述議》是隋代劉炫為《古文孝經孔氏傳》所作的疏解書，五代後亡於中土。二十世紀 50 年代，林秀一博士從東北大學武內義雄教授獲得東京舟橋清賢家藏劉炫《孝經述議》第一、四卷的古鈔本影印，進而從日本各地蒐集十五種《述議》相關刻本、鈔本，輯佚近八百條殘存的第二、三、五卷內容，復原出各卷大部分的內容。昭和二十四年（1949）六月，林氏以此作為學位申請論文提交東京大學文學部教授會獲準取得博士學位，之後補訂增益成《孝經述議の復原に關する研究》一書，於昭和二十八年（1953）七月由東京文求堂出版刊行。莊兵：〈書評林秀一著《劉炫孝經述議復原之研究》〉，《國文天地》第 29 卷 7 期，總第 343 號（2013 年 12 月），頁 83-86。

上述輯佚語句清楚顯現，即便針對〈廣揚名章〉經文：「君子之事親孝故忠，可移於君。事兄悌故順，可移於長」的《孝經述議》疏解中，亦不見有「故」字。若以陳氏前述推論方式，何以經文俱有「故」字，而《述議》疏解「其孝可移之於事君也」、「其弟可移之於事長也」俱無「故」字？由此可見，陳氏以《述議》疏文中無「故」字，推論「《古文孝經》也無『故』字」的論斷，僅是截取了對自說有利的資料，失諸客觀，恐非事實。

又《孝經鄭注》於〈廣揚名章〉注云：「欲求忠臣必出孝子之門，故言可移於君。以敬事兄則順，故可移於長。君子所居則化，所在則理，故可移於官。」則注文中出現「故」字，與經文（「君子之事親孝故忠，可移於君。事兄悌故順，可移於長。居家理（《御注》有「故」字）治，可移於官」）非正是完全對應？若以陳氏前述推論方式，依照《孝經鄭注》注語，則正可推論「可知《今文孝經》有『故』字」。且玄宗《御注孝經》注：「以孝事君則忠，以敬事長則順。君子所居則化，故可移於官也」，表述多從《鄭注》，則《御注孝經》經文所見「故」字，是否可推論玄宗只是擇取了漢晉舊注中有「故」字本。

按日本見存古傳《王羲之草書孝經》，其中〈廣揚名章〉經文有「故」字。[31] 此本為十九章經文，分章既不同於通行的十八章本《今文孝經》，亦不同二十二章本的《古文孝經》，其中所見「閨門章」，與今傳《古文孝經》「閨門章」的語句不盡相同，很可能是失傳已久的《漢書・藝文志》及《隋書・經籍志》中所著錄前漢中期成書的《長孫氏孝經》。[32] 玄宗極為看

---

[31] 莊兵：〈日本見存《王羲之草書孝經》考察〉，《止善》第9期（2010年12月），頁1-23。有關日本見存《王羲之草書孝經》的相關考察，亦可參見本書第六章的論證。

[32] 《王羲之草書孝經》所見〈閨門章〉經文為：「閨門之內具禮矣乎，嚴父，役也」，與傳世的《古文孝經》的〈閨門章〉經文：「閨門之內具禮矣乎，嚴親嚴兄，妻子臣妾，繇百姓徒役也」不盡相同。日本江戶末期的漢學者朝川鼎，曾經親自摹寫過此本，並記述云：「後觀晉《王羲之草書孝經》，〔鼎案：羲之《孝經》，今藏在仙臺侯文庫。云是慶長之役，得之朝鮮者，余藏其模本。〕其經從今文，而別有〈閨門〉一章，合為十九章。羲之所傳，果是長孫氏本。則自是一今文，亦可証《隋志》

重《王羲之草書孝經》,達到為之專門作〈序〉的程度,制定《御注孝經》之際,經文參酌此本從有「故」字亦有可能。[33]

另有北京首都博物館藏西晉寫本《孝經》殘卷,相當於〈廣揚名章〉經文亦有「故」字,然其本真偽尚難定論。然而若從六朝《孝經》文本特徵(後文論述)勘驗此本,似乎又非是無中生有之作。[34] 參證文獻不足,姑且言及至此,以備一說。

總體而言,透過針對以上諸本的考察,可以發現漢晉舊注中,實際是「有『故』字本」與「無『故』字本」的狀況並存的,並非如陳壁生先生推

矣。」參見日・朝川鼎:《古文孝經私記》,收入《日本儒林叢書》(東京:鳳出版株式會社,1978),頁34。

[33] 莊兵:〈《御注孝經》的成立及其背景—以日本見存《王羲之草書孝經》為線索—〉,《清華學報》新45卷2期,(2015年6月),頁250。亦可參見本書第十章的相關論證。

[34] 此卷為白文《孝經》,起〈廣要道章〉首句,至〈喪親章〉末,卷末有題記「太康四年歲在癸卯五月十六日張儁寫」1行。葉渡認為卷本「書寫工麗謹嚴」,是「傳抄嚴謹的本子」,字體風格為「西晉墨跡」,從而研判此卷為西晉寫卷。王素亦親睹此卷,並廣泛引證民國以來書家針對西晉索紞寫《道德經》殘卷以及張儁寫此《孝經》殘卷的鑑定,撰文支持葉氏的觀點。參見王素:〈西晉索紞寫《道德經》殘卷續論－兼談西晉張儁寫《孝經》殘卷〉,《首都博物館叢刊》,第17期(北京:燕山出版社,2003年),頁3-11。但張永強:《中國書法全集・兩晉南北朝寫經寫本卷》〈編纂劄記〉認為:「敦煌吐魯番寫經的作偽大約在民國初年就開始了。現首都博物館所藏西晉太康四年(283)《孝經》殘卷(卷末題記「泰康四年歲在癸卯五月十六日張儁寫」),就是這樣的偽跡之一。」參見華人德、張永強、毛秋瑾等編:《中國書法全集・兩晉南北朝寫經寫本卷》(北京:榮寶齋出版社,2013年),頁1。許建平認為:第一,「寫卷所存佔《孝經》全文近三分之一的內容,而與今本(注疏本)的差異僅僅是幾個古今字、異體字的差別」;第二,「寫卷第14行『居家理治可移于官』句與注疏本全一樣」,「邢昺說『故治可移于官』的『故』字是唐玄宗注《孝經》時加上去的。」由此指出此卷之偽。參見許建平:《敦煌經籍敘錄》(北京:中華書局,2006年),頁454。以上諸說各持己見,就此仍難論定寫卷真偽。筆者以為,偽作亦有程度之差,此本既為書法作品,似難以無中生有,雖不能排除臨摹仿造的狀況,但以思想著作而論,則探究其內容的來源才具意義。

論玄宗《御注》成立之際始於「〈廣揚名章〉又增一『故』字」。

結合前文已然澄清的《邢疏》「先儒以為『居家理』下闕一『故』字，《御注》加之」為沿用元行沖《疏》，則《元疏》為立論《御注》經文之正，是否可以解作「先儒以為（國子學傳授的十八章《鄭注》）『居家理』下闕一『故』字，《御注》擇取漢晉舊注（例如：王羲之本）有「故」字本經文，訂正了學官今文《鄭注》無「故」字的經文之闕」。元行沖《疏》以官學立場作出如上疏解，正表明《御注》正訂經文的用意，何有指摘玄宗於此處是以己意改經呢？

三、關於《御注》刪今文〈庶人章〉經文「己」字

嚴可均輯佚《孝經鄭注》，指斥《御注》有刪〈庶人章〉經文「己」字，其文云：

> 明皇本無「己」字，蓋臆刪耳。據鄭注「患難不及其身」，身即己也。《正義》引劉瓛云「而患行孝不及己者」，又云「何患不及己者哉」，則經文元有「己」字。[35]

據敦煌本《孝經》的白文本及《鄭注》本此處經文均有「己」字，證實玄宗十八章經文與《鄭注》本此處經文確有不同。[36] 學者遂據此支持嚴說，研判玄宗刪經文「己」字，已成定案。[37]

---

[35] 清・嚴可均：《孝經鄭注》，頁4。
[36] 據陳鐵凡考察，「敦煌所出《孝經》，什九皆鄭氏，無一古文」。案敦煌本白文《孝經》及《鄭注》存〈庶人章〉經文者凡十二件，均作「患不及者」。陳鐵凡：《敦煌本孝經類纂》（臺北：燕京文化事業股份有限公司，1977年），頁1-3。
[37] 陳鐵凡：《孝經鄭注校證》，頁188；許建平：《敦煌經籍敘錄》，頁454；張涌泉主編、許建平撰：《敦煌經部文獻合集》第4冊，頁1952；陳壁生：〈明皇改經與《孝經》學的轉折〉，頁48。

然而敦煌本 P.3274《孝經鄭注義疏》殘卷中，存有諸多不見於今日傳世文獻的六朝諸說，至為寶貴。相關〈庶人章〉經注疏解一處，即可見列舉王肅、謝萬、謝安、劉先生、鄭玄、袁司空等六家注解。由此引發許多新課題，在此不能一一展開討論，僅考察謝萬、謝安注：

> 謝萬云：行孝之事無終始，恆患不及，戰戰兢兢，日夜不息解矣，未之有者，歎少之辭也。謝安云：既不全其始，又不能保其終，此無終始。終始，患之所不及。[38]

其中，「恆患不及」、「患之所不及」，與《御注》注文作「而患不能及者」相類，「患」皆當作「憂」、「惡」解，即「擔心」或「懼怕」的意思。

按「患」向來有兩解，其一作「憂」，《邢疏》云：「《說文》云：患，憂也；《廣雅》曰：患，惡也」；其二解作「禍」，《邢疏》云：「《蒼頡篇》謂患為禍，孔、鄭、韋、王之學引之以釋此經。」[39]《邢疏》提及「孔、鄭、韋、王」，經文當作「孝無終始，而患不及己者，未之有也」，大意是「若行孝無始無終，禍患不及自身者，是從來沒有的」。

而謝萬、謝安注「患」作「憂、惡（擔心、懼怕）」解釋，若對應經文作「孝無終始，而患不及者，未之有也」，即「行孝是沒有開始，沒有結束的事情，擔心自身無法做到的人，是從來沒有的」則通，若經文作「而患不及己者」，則成為「擔心到自己身上」則不通。這樣看來，謝萬、謝安注對應的經文，似無「己」字，《御注》作「孝無終始，而患不及者」，未必無所本。

〈玄宗序〉云「至於跡相祖述，殆且百家」，《邢疏》云「言近且百家，目其多也。案其人，今文則有……吳韋昭、謝萬、徐整，……各擅為一

---

[38] 張涌泉主編、許建平撰：《敦煌經部文獻合集》第 4 冊，頁 1991。
[39] 唐・唐玄宗御注、邢昺疏：《孝經注疏》，頁 2549 下。

家也」，[40] 可見謝萬注在其中；又〈五刑章〉玄宗注「罪之大者，莫過不孝」，《邢疏》云「案舊注說及謝安、袁宏、王獻之、殷仲文等，皆以不孝之罪，聖人惡之」[41]，則謝安注亦為玄宗撰制《御注》參用注解之一。

　　上述考察，已經一定程度明確玄宗參用本無「己」字。與此相參證，另外可舉證三點：其一，吐魯番出土 72TAM169：26（a）古寫本《孝經》殘卷，經文作「孝無終始，而患不及者，未之有也」，[42] 正與《御注》經文相同，《御注》經文採用無「己」字舊注，由此可得直接確證。

　　按，72TAM169：26（a）古寫本《孝經》殘卷，1972 年出土於新疆阿斯塔那 169 號墓，據唐長孺〈阿斯塔那一六九號墓文書〉考察：「據同墓所出《高昌建昌四年（558）張孝章隨葬衣物疏》，隨葬物有《孝經》一卷，因知本件寫成之日不得晚於建昌四年」。西元 558 年為南朝陳武帝永定二年，北周明帝二年，北齊天保九年，可知張孝章墓出土此卷《孝經》寫本為六朝遺文。[43]

　　實際上，吐魯番出土此卷 72TAM169：26（a）六朝本《孝經》，經文與敦煌本《鄭注》相異者多，反而更多顯現出《御注》才有的特徵，後文詳述。元行沖《序》云：「爰命近臣，疇咨儒學；搜章摘句，究本尋源。練康成安國之言，銓王肅韋昭之訓；近賢新注，咸入討論」[44]，指出《御注》新訂經文參用了眾多的六朝舊注。此卷 72TAM169：26（a）古寫本《孝經》

---

[40] 同前引，頁 2540 下。
[41] 同前引，頁 2556 上。
[42] 國家文物局古文獻研究室等編：《吐魯番出土文書（錄文本）》第 2 冊（北京：文物出版社，1981 年），頁 269。
[43] 編號為：72TAM169：（a）吐魯番出土古寫本《孝經》殘卷為白文本，不分章且無章名，見存經文起「後世，以顯父母」（相當於〈開宗明義章〉第一），至「君親臨之，厚莫」（〈孝治章〉第九）。國家文物局古文獻研究室等編：《吐魯番出土文書（錄文本）》第 2 冊，頁 268-273。
[44] 唐・唐玄宗御注：《覆卷子本唐開元御注孝經》，收入清・黎庶昌編：《古逸叢書》之五。

殘卷，與魏晉王羲之、謝萬、謝安等所傳《孝經》有特徵相類之處，是否帶有關聯，留待其他機會深入考察。

其二，20世紀70年代出土的肩水金關漢簡中寫作「不及者未之有也」[45]。其三，《漢書·杜周傳》：「不孝則事君不忠，莅官不敬，戰陣無勇，朋友不信，孔子曰：孝無終始，而患不及者，未之有也。」師古注曰：「《孝經》載孔子之言也。言人能終始行孝，而患不及於道者，未之有也。一說行孝終始不備，而患禍不及者，無此事也。」[46]皆可見，漢代所流傳的《孝經》文本中無「己」字的狀況。顏師古所注云「而患不及於道者」、「而患禍不及者」，所本《孝經》亦無「己」字。按顏師古（581-645）為隋末唐初人，貞觀四年（630）受唐太宗之命於秘書省，考定五經，後奉太子李承乾之命註釋《漢書》，[47]是為唐代官學的核心人物。在玄宗《御注孝經》撰成之前的唐代官學《孝經》版本，已然顯現無「己」字。由此可以清楚，《御注孝經》經文無「己」字，絕非玄宗以己意刪改所至，而是確有漢魏六朝乃至隋唐舊注的文本依據。

清儒解讀《邢疏》有誤，陳鐵凡至陳壁生等參核敦煌《孝經》諸本基本以唐五代本為主，未及檢核漢晉六朝資料，以上兩處陳壁生指證玄宗以己意改經者，實際皆可從六朝《孝經》本乃至漢代文獻獲得依據。以下透過逐條檢討陳壁生指摘玄宗改經各條，進一步釐清課題。

四、關於其他玄宗改經各條

陳壁生論文指摘玄宗改經「有十餘處出入」，其中指示玄宗改經「據《古文孝經》以刪《今文孝經》經文也」者可見五條，指示「臆改」、「己

---

[45] 引文參見黃浩波：〈肩水金關漢簡所見《孝經》經文與解說〉，載《中國經學》第25輯，（桂林：廣西師範大學出版社，2019年），頁25。
[46] 漢·班固撰、唐·顏師古校：《漢書》，頁2674。
[47] 宋·歐陽修、宋祁等撰：《新唐書》（北京：中華書局，1975年），頁5641-5642。

意改經」者三條，其他言及《御注》增「也」字三例。陳氏指出改經有據者五條，似無助於指斥玄宗以己意改經。然而陳論並無積極區別玄宗改經是「有文本依據的改經」，還是「以己意改經」，而是重點落在指摘「玄宗改經」本身所帶來的後果：「《孝經》在後世之所以備受詬病，除了倫理上的君臣父子化，還有道德上的「移孝作忠」。而這一觀念，同樣是唐明皇改經的結果」、「致後世二家並微，《孝經》古本俱失」、「刊落典禮，以空言說經」、「使《孝經》從孔子為後世制定典憲的政治書，變成時王教誨百姓的倫理書」，[48] 如此例數玄宗種種改經之弊，責難之意甚為明顯。

其中，指示玄宗改經「據《古文孝經》以刪《今文孝經》經文也」五條如下：

1，〈聖治章〉：「父子之道，天性也，君臣之義也。父母生之，續莫大焉。君親臨之，厚莫重焉。」針對此條，陳氏論云：

> 觀劉炫《孝經述議》，解此句曰：「言父子相與之道，乃是天生自然之恒性也。其以尊嚴臨子，親愛事父母，又是君臣上下之大義也。」又曰：「經意言父子之道，是天性也，又是君臣之義也。」可見劉炫所見《古文孝經》經文也有兩個「也」字，而據《古文孝經》之《知不足齋叢書》本，日本足利本，司馬光《古文孝經指解》，皆有兩「也」字。但是，敦煌出土《今文孝經》此句經文為：「父子之道天性君臣之義。」由此可見，唐玄宗注此處經文，是為了使語句顯得更加通順，根據《古文孝經》來修改《今文孝經》的經文。[49]

陳氏所據《今文孝經》者，為陳鐵凡校勘整理敦煌本而定《鄭注》本，全文在《孝經鄭注校證》。若具體比對敦煌及吐魯番諸本，P.2715、P.3372、P.3416、P.3830、S.728、S.1386 作「父子之道天性也，君臣之義」；P.2545、

---

[48] 陳壁生：〈明皇改經與《孝經》學的轉折〉，頁48、51。
[49] 同前引，頁48。

P.3274、P.3428、P.3369、72TAM169：26（a）「父子之道天性，君臣之義」。諸本差異二分，《御注》作「父子之道天性也，君臣之義也」，似乎是選擇相當於 P.2715 等「父子之道天性也，君臣之義」的句式，僅較 P.2715 等「君臣之義」句末多一「也」字。據《顏氏家訓‧書證》云：「『也』是語已及助句之辭，文籍備有之矣。河北經傳，悉略此字」，[50] 可知北朝語體表述風格有此特徵。敦煌及吐魯番諸本多省「也」字，唐本多增「也」字，虛詞增刪，跟時代語境的變遷有關。對《御注》此特徵，陳氏論文亦有云「此處經文，是為了使語句顯得更加通順」。

然而陳論另外在指出《御注》多加「也」字的論述中，卻特別提醒：「這些都無關宏旨，不像改『父子之道天性，君臣之義』一句那樣使經義完全改變。」[51] 不連帶參看注文，單單比對「父子之道天性，君臣之義」與「父子之道天性也，君臣之義也」，實看不出有如陳氏所云的「經義完全改變」。何以《御注》其他多處經文增加「也」字「都無關宏旨」，偏偏對「父子之道天性（按：《御注》參用本當有『也』字），君臣之義」改成「父子之道天性也，君臣之義也」認為是「經義完全改變」，令人費解。經注相互關聯自是必然，但也無需以注文的發揮之論代替經文意義，從而必欲論出「經義完全改變」不可。若以《御注》為己意穿鑿，何需為之愈加穿鑿強說？

2，〈天子章〉：「愛敬盡於事親，而德教加于百姓，刑于四海。」針對此條，陳氏論云：

> 《經典釋文》「形於」下云：「法也。字又作『刑』。」是《今文孝經》本有兩種寫法，一般作「形」，有的作「刑」。校諸敦煌新出唐寫本，《孝經》白文抄本編號伯3398，伯3416C，斯728等寫本，皆

---

[50] 北齊‧顏之推著，王利器集解：《顏氏家訓集解》（上海：上海古籍出版社，1980年），頁398。
[51] 陳壁生：〈明皇改經與《孝經》學的轉折〉，頁51。

作「形」，而編號伯 2545，伯 3372，斯 1386，伯 3369 寫本皆作「刑」。鄭玄《孝經注》抄本（編號伯 3428）文為「刑于四海」，鄭注云：「刑，見也。德教流行，見於四海，無所不通。」可見明皇之前，《今文孝經》「形」、「刑」並用，而注解則以鄭注「見也」為正。而《古文孝經》則只用「刑」字，《孔傳》云：「刑，法。」可見明皇定「刑于四海」，是參用《古文孝經孔傳》之「刑」字義，故擇《今文孝經》之「刑」而棄「形」。[52]

陳論考據，此條堪求甚解，此即《御注》擇取舊注而訂經文之明證，正證明玄宗非以己意刪改。

3，〈聖治章〉：「故不愛其親而愛他人者，謂之悖德。不敬其親而敬他人者，謂之悖禮。」針對此條，陳氏論云：

> 新出土所有《今文孝經》抄本、鄭玄《孝經注》抄本中，經文兩處「他人」之下皆有「親」字。此處無二「親」字，唐玄宗刪之無疑。而據劉炫《孝經述議》解此句為：「若人君不自愛其己之親而敬他人者，謂之為悖亂之德也。不自敬其己之親而敬他人之謂之為悖亂之禮也。」則劉炫本無二「親」字，而《古文孝經》之《知不足齋叢書》本、日藏足利本、司馬光《古文孝經指解》，皆無二「親」字，是唐玄宗據《古文孝經》以刪《今文孝經》經文也。[53]

吐魯番本皆殘泐〈聖治章〉經文，但敦煌本 P.2715 經文兩處「他人」之下，皆無「親」字，作「故不愛其親而愛他人者，謂之悖德。不敬其親而敬他人者，謂之悖禮。」與《御注》正同，陳論考據有失。是知六朝經文有「親」字本與無「親」字本並存，此處經文仍是《御注》擇取六朝舊本而

---

52 同前引，頁 49。
53 同前引，頁 50。

定,非必據《古文孝經》以刪今文。

4,〈事君章〉:「君子之事上也,進思盡忠,退思補過,將順其美,匡救其惡,故上下能相親也。」針對此條,陳氏論云:

> 檢敦煌新出《孝經》白文,鄭玄《孝經注》,「故上下能相親也」一句,基本都作「故上下治,能相親也」。所以可以斷定,「治」字是明皇御注所刪。然觀劉炫《孝經述議》注釋此句云:「臣既愛君,君亦愛臣,以是故上下能相親也。」是劉炫所見本無「治」字,而《古文孝經》之《知不足齋叢書》本、足利本,司馬光《古文孝經指解》皆無「治」字,是唐玄宗據《古文孝經》以刪今文也。此處刪改,對經義沒有真正的影響。[54]

吐魯番本 72TAM169:26(a)經文作「故上下能相親」,與《御注》正同,仍是陳論考據有失。是知玄宗尚有六朝舊注參酌,非必據《古文孝經》以刪今文。

陳論指摘玄宗「臆改經文」者,除本文前面二、三節所論,還見如下一條:

〈孝治章〉:「治家者,不敢失於臣妾,而況于妻子乎?」,針對此條,陳氏論云:

> 新出土所有《今文孝經》抄本、鄭玄《孝經注》抄本中,「臣妾」下皆有「之心」二字。足見「之心」是唐明皇所刪。……而《古文孝經》之《知不足齋叢書》本,足利本皆有「之心」,可見古今文皆有「之心」二字,而唐玄宗臆刪之。……這種刪改,純屬臆改經文。」

[55]

---

[54] 同前引,頁 50。
[55] 同前引,頁 50。

但吐魯番本 72TAM169：26（a）作「治家者不敢失於臣妾」，與《御注》此處經文正同，是知仍是陳論考據有失。

透過以上逐條考據已然澄清，清儒以來學者例舉玄宗臆改經文的各條，皆不能成立，反而透過本研究考察，一定程度展現出《御注》經文所本，自有六朝《孝經》文本的淵源。對此將於以下作具體論述。

五、六朝《孝經》文本與《御注》經文的關聯

筆者曾撰文〈敦煌吐魯番文獻展現的《孝經》今古文〉，[56] 經由針對敦煌及吐魯番諸本與傳世今古文諸本綜合比對，判明六朝《孝經》中，有明顯不同於唐代以後敦煌吐魯番本的特徵。

敦煌吐魯番本大多為殘卷，少有標示抄寫年代，判定寫卷抄寫的具體時間有困難。然而由於寫卷中多存避諱唐代諸帝名號的「借字」、「缺筆」現象，對研判寫卷的大致年代則成為可能。實際上，從《敦煌經部文獻合集》針對敦煌本各卷所作〈題解〉，已能大致明瞭各卷多為唐代至五代抄本。[57]

關於唐代以後敦煌吐魯番本的特徵，歸納而言，諸如下列各條：

天地之性，人為最貴。[58]
不失於臣妾之心。[59]

---

[56] 莊兵：〈敦煌吐魯番文獻展現的《孝經》今古文〉，《政大中文學報》第 27 集，2017 年 6 月，頁 231-278。

[57] 張涌泉主編、許建平撰：《敦煌經部文獻合集》第 4 冊，頁 1884-1890、1924-1926、1961-1962、1976、1987-1988。

[58] 按：敦煌諸本作「天地之性人最為貴」；敦煌 P.3369、吐魯番本 72TAM169：26（a）作「天地之性人為貴」，與《御注》同。

[59] 按：敦煌諸本作「治家者不敢失於臣妾之心」；吐魯番本 72TAM169：26（a）作「治家者不敢失於臣妾」，與《御注》同。

必有先也，言有兄也。[60]

故明王之以孝治天下如此。[61]

故自天子以下至於庶人。[62]

雖得之，君子所不貴。[63]

而患不及己者未之有也。[64]

各以其職來助祭。[65]

故上下治，能相親。[66]

父母生之，續莫大焉。[67]

---

[60] 按：敦煌諸本作「必有先也，言有兄也」，《御注》亦作「故雖天子，必有尊也，言有父也；必有先也，言有兄也」。然土地廟本敦研 366 作「（前缺）兄，必有長」，多「必有長」三字，《述議》此處解云「又覆述長幼順之事。故雖貴爲天子，必有所遵崇也，言其有父故也；必有所推先也，言其有兄故也；推父兄之道，以接待群臣，使之長幼順敘也」，「推父兄……長幼順敘也」似解「必有長」，日傳古文作「必有先也，言有兄，必有長」，則敦研 366 此處獨與古文同，值得關注。

[61] 按：敦煌吐魯番諸本作「故明王之以孝治天下如此」，《御注》作「故明王之以孝治天下也如此」。

[62] 按：敦煌本 S.6177+P.3378 作「故自天子以下至庶於人」，72TAM169：26（a）作「故自天子以下至於庶人」，P.3372、P.3416、S.1386、S.5545、P.3274、P.2674+3428、S.728、P.3698、P.2545 作「故自天子至於庶人」；與《御注》同。

[63] 按：敦煌吐魯番諸本作「雖得之，君子所不貴」，P.3372 作「雖得之，君子所不貴也」，S.1386 作「雖得之，君子所不貴」，之後旁注小字一「也」字，則敦煌吐魯番諸本已未定是否添削「也」字。《御注》作「雖得之，君子不貴也」。

[64] 按：敦煌諸本作「而患不及己者未之有也」；吐魯番本 72TAM169：26（a）作「而患不及者未之有也。」《御注》作「而患不及者未之有也」，《御注》及古文諸本無「己」字，而可見章名的敦煌吐魯番諸本俱有「己」，無章名的吐魯番本無「己」字，與《御注》此處經文相同。

[65] 按：敦煌諸本均作「是以四海之內，各以其職來助祭」；吐魯番本 72TAM169：26（a）作「是以四海之內，各以其職來祭」，與《御注》同。

[66] 按：敦煌諸本作「故上下治，能相親」，似爲當時通行的經文內容。然敦研：366 作「故上下能相親」，與《御注》同。

[67] 按：敦煌吐魯番諸本作「父母生之，續莫大焉」，唯日傳古文作「父母生之，續莫大焉」。《孔傳》作「續，功也」，《述議》解云「母生之養之以至於長大，其功績無

居家理，治可移於官。⁶⁸

自東自西。⁶⁹

以上各條所顯現的特徵，為敦煌吐魯番諸本共通，大致可以作為某種較為代表版本，亦即隋唐官學《孝經鄭注》的特徵。在唐代西州官學仍是用《鄭注》而不是中土的《御注》，從而可以一定程度了解何以《鄭注》廣為流傳的原因。⁷⁰

然而還可以發現，諸如敦研 0366、⁷¹ 97TSYM1：12p、⁷² 72TAM169：2

有大此者焉」，此則為《孔傳》獨有之論。《御注》作「父母生之，續莫大焉」，與敦煌吐魯番本同。

68 按：敦煌本吐魯番本作「居家理，治可移於官」，P.2374 此處疏解云「居家修理，則為治之法，可移於官。一讀云：居家理治，治屬上句；故者，連上之辭」，則有一種經文讀法，似有「故」字。《經典釋文》云「居家理故治絕句」，則還可讀成「居家理故治，可移於官」。《御注》作「居家理，故治可移於官」。

69 按：敦煌吐魯番本作「自東自西」，《御注》作「自西自東，自南自北」。

70 劉波：〈普林斯頓大學東亞圖書館藏吐魯番文書唐寫本經義策殘卷之整理與研究〉，《文獻》2011 年 3 月，頁 10-28。

71 編號：敦研 0366 號寫卷，通篇為楷書寫成，其中可見北朝至隋唐時期的俗字，存相當於《今文孝經·感應章》後半部，及〈事君〉、〈喪親〉兩章的經文，不列章名，卷末題記有「和平二年十二月六日，唐豐國寫此孝經」的字樣。「和平二年」指北魏和平 2 年（461），此亦為敦煌寫卷中標示年代最早的寫卷。參見蘇瑩輝：《敦煌學概要》（臺北：臺北編譯館，1988 年），圖 57，頁 362；陳鐵凡：《敦煌本孝經類纂》（臺北：燕京文化事業股份有限公司，1977 年），頁 55-66。

72 1997 年吐魯番地區洋海 1 號古墓中出土《孝經義》殘片，編號為 97TSYM1：12p，朱玉麒等學者考察，此本抄寫大致相當於北魏、宋、齊年間。殘卷正面抄寫《論語·堯曰》「利而利之……猶之以人也」正文及注文，存 9 行；背面抄寫《孝經義》，存 10 行，首行「孝經義」3 字，自二行「孔子魯人……」至十行「世俗皆云仲尼（後缺）」為一序文，較敦煌諸本〈鄭序〉旨同而文約。朱玉麒考察以為此序行文與敦煌本〈鄭序〉相類似，皆有祖述《鄭注》的傳統。朱玉麒還有指出，其中引用的《孝經》原文有「先王有至德要道以訓天下」字樣，而向來只有日傳《孔傳》本作「訓」字，並注：「訓，教也」，與今文、宋本古文及《孝經刊誤》皆作「順」相異，並指出《孝經義》的發現，為向來只有孤證的《孔傳》作偶。參見朱玉麒：〈吐魯番新出《論語》古注與《孝經義》寫本研究〉，《敦煌吐魯番研究》第 10 卷（上海：上海古

6（a）[73] 等見存篇幅較大的北朝諸本，以及日本發現的《王羲之草書孝經》，其中一些特徵與《御注》經文多相近，諸如：

> 先王見教之可以化天下（《鄭注》作「先王見教之可以化民也」）。
> 導之以禮樂而民和穆（《鄭注》作「道之以禮樂，而民和睦」）。
> 治家者不敢失於臣妾（《鄭注》作「治家者不敢失於臣妾之心」）。
> 而患不及者未之有也（《鄭注》作「而患不及己者未之有也」）。
> 以訓天下（《鄭注》作「以順天下」）。
> 是以四海之內，各以其職來祭（《鄭注》作「是以四海之內，各以其職來助祭」）。
> 天地之性人爲貴（《鄭注》作「天地之性人最爲貴」）。
> 故上下能相親（《鄭注》作「故上下治，能相親」）。

如上各條經文，與敦煌《鄭注》體系多爲學郎書寫的文本有所不同，爲六朝《孝經》明顯有別於唐代以後敦煌吐魯番諸本特徵之版本，似乎顯現「六朝官方文本」與「唐代西州官學《鄭注》文本」特徵上的差異。

尤其 72TAM169：26（a），董永強考察此本作爲高昌將軍張孝章隨葬「衣物疏」中所條列之「一卷《孝經》」，實際上屬於一種官方「公文」。高昌古墓出土陪葬品清單「衣物疏」中，有陪葬《孝經》習俗，此俗因襲於漢魏中原地區的喪葬習俗。其中發現列有《孝經》的「衣物疏」或稱「移文」，是當時各衙署之間同級官員之間正式使用的一種平行文書。其論文還有指出，高昌國麴堅（531-548 年在位）時《孝經》傳入高昌國，當時「文字亦同華夏，兼用胡語，有《毛詩》、《論語》、《孝經》，置學官弟子，

籍出版社，2007 年 9 月），頁 167-173；榮新江、李肖、孟憲實合編：《新獲吐魯番出土文獻研究論集》（北京：中國人民大學出版社，2010 年），頁 158-173。
[73] 國家文物局古文獻研究室等編：《吐魯番出土文書（錄文本）》第 2 冊，頁 268-273。

以相教授。」[74]而《御注》經文比之與唐代西州官學文本及其民間傳播本，與六朝帶有官方傳承色彩的《孝經》經文更為接近。

具體而言，「患不及者未之有也」、「治家者不敢失於臣妾」、「天地之性人為貴」、「先王見教之可以化天下」、「導之以禮樂而民和穆」、「治家者不敢失於臣妾」、「則天之明，因地之利，以訓天下」、「是以四海之內，各以其職來祭」、「天地之性人為貴」、「必有先也，言有兄，必有長」、「故上下能相親」等，並非為唐代以後的敦煌吐魯番本共通顯現的特徵，反而集中顯現於唐代《御注》經文的特徵中。由此大致釐清開元年間唐玄宗與儒官合作新訂《御注》的實際狀況，亦即在確認經文的部分，實際是參照了如上具有代表性的六朝文本，[75]即便有「改經」之實，所改經文，除了為適應於唐代語言習慣通順行文而隨機增刪「也」之類虛詞之外，應當大致還是取證於諸多的漢魏六朝經注，所作出的《御注》文本，實際上已經是一個折中本，這與漢代劉向刪定《孝經》狀況類似，[76]皆屬統一王朝背景之下的代表官學立場的正訂經文範疇，決非玄宗個人性質的「以己意改經」。

---

[74] 董永強：〈唐代西州百姓陪葬《孝經》習俗考論〉，《西北大學學報（哲學社會科學版）》2015年第2期，第45卷（2015年3月），頁17。另有曹仕邦：〈高昌國毛詩、論語、孝經立學官的原因試釋〉（《唐代研究論集》第4輯，臺北：新文豐出版公司，1992年，頁490）論文可茲參考。

[75] 按《御注孝經》玄宗序云：「今故特舉六家之異同，會五經之旨趣。」對此邢疏曰：「六家即韋昭、王肅、虞翻、劉邵、劉炫、陸澄也，言舉此六家，而又會合諸經之旨趣耳」，指出《御注》經文的制定，是參酌了以上六家為主、其他舊注諸經的經文為輔的過程，因而很顯然完成的文是一個折中本。唐・玄宗御注、宋・邢昺疏：《孝經注疏》，頁2541上。林秀一檢出邢昺等校書之誤，指出構成開元「始注」的根本資料應為「鄭康成、孔安國、王肅、韋昭、魏克己」等五人。日・林秀一：〈御注孝経序に関する疑惑〉，《孝經學論集》，頁151。

[76] 莊兵：〈劉向刪繁《孝經》考辯〉，《華梵人文學報》第14期（2010年6月），頁1-42。本書第四章《孝經》今古文的流衍諸問題 四之（二）「漢唐《孝經》今古文的本義」亦有相關論述。

唐代西州官學一直延用唐初使用的《鄭注》文本，開元中期之後，即便中原地區科舉經籍改為《御注》，敦煌地區依然通行《鄭注》。觀察敦煌吐魯番本《孝經》各卷，大致寫於唐至五代，其中十之八九是《孝經鄭注》，章名中，如多將〈士章〉作〈士人章〉或〈士仁章〉、〈士行孝章〉，還有諸如〈庶人行孝章〉、〈三才行孝章〉、〈廣揚名孝行章〉等，[77] 這些可能都是在《御注》統一章名之前，在不同版本被用過的章名。或因為西北邊陲《御注》傳入而《鄭注》依然傳播廣泛，章名不同者仍有留存，反應出民間傳播過程中的《鄭注》文本有多元分化的過程。從前一章論及的敦煌吐魯番發現的幾種以《鄭注》為祖本的《孝經注》、《孝經義》的序文，亦能看出那種文本分化的現象，乃至其中有與《孔傳》文本諸多特徵類似的現象。[78]

宋代以後漸漸固定下來的《孝經》今古文二分的特徵，在敦煌本中原是混在狀態的，由此讓我們對所謂的「《孝經》今古文」的理解，應當重新思考：在唐玄宗所制《御注》被確立為「官學今文」以前，可以說六朝隋唐並沒有《孝經》今古文的文本截然兩分的狀況。我們幾乎可以說，六朝基本沒有所謂的「今文」的理解方式，即便《古文孝經孔氏傳》一度被魏晉官學王肅推崇，或者被梁武帝立為學官，乃至隋代經過劉炫的講授傳播後補入隋代學官，也只是因為《孔傳》帶著「出自孔家」意義的古文。六朝隋唐通行古文經學的大背景，早已決定在南北朝至隋唐各個王朝被置於官學地位獲得傳播的《鄭注》，本就是古文經學立場的文本。魏晉南北朝時期各朝官學多用《鄭注》，從皇帝到百姓也多有講疏流傳，便也分化出各種文本，如敦煌吐魯番各種《孝經》文本的特徵顯現那樣。

透過本章的考察，讓我們可以初步瞭解到，唐代《御注》文本整體接近六朝官學《鄭注》，唐代西州流傳的《鄭注》則是產生分化之後的多元特

---

[77] 參見張涌泉主編、許建平撰：《敦煌經部文獻合集》第 4 冊，頁 1904 注七九、頁 1905 注九十、頁 1916 注二一三。
[78] 參見本書第二章「（四）《孝經鄭注》」一節中的具體論述。

徵。至於《孔傳》在六朝隋唐時期的沉浮，作爲一種古文本雖流傳未廣，但一定程度對《鄭注》經文的走向多元分化，應當給予了一定影響，對此的進一步論證，將在下一章體系澄清。

結　語

　　以上各項考察，經由比對敦煌吐魯番《孝經》諸本，大致釐清唐代《鄭注》本的代表特徵，以及六朝本中存有與唐代《御注》特徵相近的文本。雖尚不能整體明晰制訂《御注》經文所參酌文本的來源，然而透過本章仔細勘驗敦煌吐魯番諸種《孝經》本，已經瞭解清儒稱玄宗「臆刪」經文的論斷，實是有失於對六朝文本的瞭解不足，失之武斷；清儒以來學者主張玄宗「改經」的各項佐證，亦多爲考據不足及解讀之偏差，無法作爲立論玄宗以己意「改經」的切實證據。而是恰恰相反，透過與敦煌吐魯番諸本資料參核比對，展現出被認爲所改之「經」實際上皆有六朝《孝經》文本的淵源。因此即便所謂玄宗「改經」，亦當屬官學立場的正訂經文範疇，而非玄宗「以己意改經」。

　　20 世紀以來學者在敦煌及吐魯番文獻可資參證狀況下，仍泥執此說，且有愈加回護衍說之勢，不乏以唐玄宗爲君主而非學者作爲其立論的支點。陳壁生論文指出《御注》成立「促成了《孝經》學的根本轉折」，[79] 作爲評價《御注》的思想史意義本自有見地，然而以玄宗在注文的經解發揮，直接作爲立論玄宗「改經」的證據，疏於針對《御注》經文文本來源的考據，屢言「臆刪」、「臆改」、「實注經之大忌」放大清儒之說，由此失去更爲全面縝密的考察機會，不無遺憾。

　　相關《孝經》的研究，既涉及思想史範疇，又涉及經學範疇。雖然現今經學業已失去封建社會的生存土壤，只有在經學史評述中具有意義，然而學

---

[79] 陳壁生：〈明皇改經與《孝經》學的轉折〉，頁 51。

界在針對《御注》的政教功能、歷史展開等經學史研究不斷深化同時,對《御注》本質上仍屬於傳承聖人遺訓的經學性質缺乏理解,對內容上仍然延續六朝隋唐義疏學義涵亦了解不足,從而將清儒考據學範疇提出的個條玄宗「改經」,以經學史立場進一步加以合理並擴大,從而引向唐玄宗體系性「改經說」、乃至不無責難《孝經》文本作為聖人遺訓的經學意義因此而斷裂,如此的研究取向,不得不說已摻有預設立場。

　　本章參核敦煌吐魯番以及新發現文獻針對「玄宗改經說」展開辨析,希望針對這一問題首先作出文獻學層面的辨明,指出六朝隋唐官學《孝經》文本特徵仍然在於繼承而非斷裂的意義上。在此基礎上,進而於下一章體系澄清漢晉唐宋的《孝經》諸本的文本特徵,從而為《孝經》今古文流衍的歷史脈絡,提供文獻史與經學史的真相還原。

第四章 《孝經》今古文流衍的諸問題

　　唐代以後《孝經》今古文異同見於傳世諸本，本文以敦煌吐魯番《孝經》諸本與傳世諸本加以逐次比對，發現敦煌吐魯番諸本中，各寫卷多有呈現今古文字體混在的狀況，學者指摘敦煌本「古文竟無一帙之遺」似未盡然。藉由比對結果，結合歷代藝文書誌記述重加梳理，發現梁陳隋唐官學原本十八章《鄭注》與二十二章《孔傳》的兩家分立，伴隨十八章《御注》取代《鄭注》、《孔傳》作為國子學「今文」的確立，加上朱熹刊改《古文孝經》的影響，宋代以後形成一種「《孝經》十八章則今文，二十二章則古文」的混淆的理解。歷代從官學至民間多元傳承的《孝經》學術源流，遂為宋代以後《孝經》今古文並立說統整簡化。敦煌吐魯番文獻的發現，對重新釐清六朝隋唐《孝經》學術源流，提供了第一手參證資料。

一、問題的提起

　　陳鐵凡先生蒐集敦煌本《孝經》31 號 29 件撰著《敦煌本孝經類纂》一書，對瞭解敦煌本《孝經》的概貌，良有助益。針對寫卷的分類與內容，陳先生概括有云：

> 經文多今文，本編壹、「孝經白文」俱為十八章本，無一「閨門章」；貳、「鄭氏孝經並序」，鄭主今文；參、「孝經鄭氏解及疏」所本目自必鄭氏。據此三類經文雠比校讀，除少數譌俗異文外，大致

相同，然則敦煌本《孝經》什九以上皆今文也。石室藏卷，亘數百歲。上自北朝，下迄五季，載籍所記，在此期間古文實未曾偏廢。而今竟無一帙之遺，是則民間宗鄭廣且久矣。[1]

根據本書第二章考察統計，敦煌《孝經》寫卷共 41 號，主要是藏經洞發現的數量，加上土地廟遺書 1 號、吐魯番出土的《孝經》寫卷 12 號，則西域地區出土合計 54 號；其他還有敦煌寫卷歌詠、頌讚《孝經》類殘卷 10 號、學郎《孝經》策論草稿 2 號，吐魯番出土學生所答《孝經》策問卷 8 號，這樣，敦煌吐魯番出土《孝經》相關寫卷，合計達到 74 號，較陳先生蒐集所見更應全面客觀。然而就上述版本的內容來看，仍然大致不出陳鐵凡先生的指摘：敦煌吐魯番寫卷中大部分為十八章的《鄭注》本（包括白文、注疏、策問卷），還有少量《御注》及佚名《孝經注》，獨缺二十二章的《古文孝經》，殊為可異。陳先生以「民間宗鄭廣且久矣」為解釋，似乎未能有效地回應古文「竟無一帙之遺」的疑問。

概括而言，敦煌吐魯番出土的《孝經》皆為書寫卷子本，敦煌本多為學童學習之作，因聽錯而寫錯，或抄錯、借字、訛誤偶有出現，[2] 反映出唐代《孝經》文本在民間層面流傳的實際狀況。吐魯番本多為殘片，但是也最為直接反映出六朝文本的樣貌。以下透過與傳世《孝經》諸本的對照，對《孝經》文本的流衍及相關《孝經》今古文議題，提供一項新見解。

---

[1] 陳鐵凡：《敦煌本孝經類纂》（臺北：燕京文化，1977 年），卷首，解題。

[2] 陳鐵凡綜計敦煌本《孝經》三十一帙編次成「敦煌本孝經類纂」一卷，針對各卷作出題記，一一指出各卷中的文字訛誤等。例如針對 P.3369 與 P.4775 綴合卷子書寫題記中指出：「此兩卷係由隋麗玫女士綴合……殆索氏學塾之遺歟。余嘗疑敦煌本論語、孝經，頗多為學童默寫課卷，蓋其中訛誤，多為同音別字。若臨摹藍本，其資質魯頓者，或難免缺筆脫漏之失。今則假借同音，像必藍本憑依，倉卒之間，姑以此代彼亦充數耳。茲由白文卷中擇其數例。本卷如『不肅而成』，以『誠』代『成』。『臣妾之心』，以『棱』代『妾』。『恐辱其先』，以『褥』代『辱』。『言不文』，以『聞』代『文』。」參見陳鐵凡：〈敦煌本孝經考略〉，《東海學報》第 19 卷，頁 2。

二、傳世文獻所見《孝經》今古文

　　現今可見的《孝經》版本，敦煌吐魯番寫卷之外，傳世版本還有三個系統：其一，十八章本的《今文孝經》系統，具有代表性的版本有唐代開元10年玄宗撰《御注孝經》（開元本，或略稱為開元《御注》）、天寶2年重訂開元《御注》並刻成碑文的《石臺孝經》（石臺本）、宋代以降作為官方版本疏解天寶《御注》的邢昺《孝經注疏》（注疏本，或略為《注疏》）等。[3] 其二，宋本《古文孝經》系統，代表版本有司馬光《古文孝經指解》（指解本，或略為《指解》），[4] 范祖禹書寫刻於四川大足的《古文孝經》碑本（大足本，或略為〈校釋〉）等，[5] 這些版本總體分章為二十二章，但細部分章稍異。其三，是日傳《古文孝經》系統，最古有猿投本（抄於1195），[6] 其他還有清原教隆校點仁治本（仁治本，或略為《仁治本》）、[7] 太

---

[3] 本稿參用唐・唐玄宗御注：《覆卷子本唐開元御注孝經》，收入清・黎庶昌編：《古逸叢書》第5輯（臺北：藝文印書館，1965年《百部叢書集成》影印光緒十年（1884）遵義黎氏日本東京使署刊本）；唐・唐玄宗御注、宋・邢昺疏：《孝經注疏》（清・阮元校刻《十三經注疏》，北京：中華書局，1980年），頁2537-2562。

[4] 宋・司馬光指解、宋・范祖禹說：《古文孝經指解》，《文淵閣四庫全書》（上海：上海古籍出版社，1987年）第182冊，頁84-101。

[5] 關於大足石刻范祖禹書《古文孝經》，馬衡有全文錄文及校勘。參見馬衡：〈宋范祖禹書《古文孝經》石刻校釋〉，《中央研究院歷史語言研究所集刊》第20本1分冊（1948年6月），頁19-24；又重慶大足石刻藝術博物館、重慶市社會科學院大足石刻藝術研究所合編：《大足石刻銘文錄》（重慶：重慶出版社，1998年），頁48-55，有碑文拓本及銘文錄文。

[6] 日・阿部隆一：《古文孝経舊鈔本の研究（資料篇）》，收入慶應義塾大學附屬研究所斯道文庫編：《斯道文庫論集》第6輯（東京：慶應義塾大學附屬研究所，1968年），頁26-126。

[7] 仁治2年（1241）清原教隆校點《古文孝經孔安國傳》，是日本現存《孔傳》舊抄本中最古的版本。從仁治至昭和歷經六百八十餘年後歸內藤湖南博士所藏，並於昭和9年（1939）1月30日被指定為國寶，林秀一博士調查時期，此本歸湖南博士子內藤乾吉氏收藏，現藏於武田科學振興財團所屬「杏雨書屋」。本文參用京都便利堂1939年4月影印清原教隆校點本。關於此本的研究有林秀一博士〈仁治本古文孝経解說〉專

宰純校本（太宰本，或略為《孔傳》）等十多個版本，[8] 一些版本中，仍有保存隸定、楷定的古文字。[9]

（一）宋代以後中國傳世文獻中所呈現的《孝經》今古文

首先取《十三經注疏》所收注疏本與指解本（併大足本）比較，主要相異點如下：

1、分章不同，注疏本十八章，指解本、大足本俱二十二章，但分章處稍有相異。[10]

2、指解本、大足本句末比注疏本多省二十二處「也」字。按：《顏氏家訓・書證》云「『也』是語已及助句之辭，文籍備有之矣。河北經傳，悉略此字」，[11] 可知北朝語體表述風格有此特徵。司馬光以隸書編定《指解》所用本為「祕閣所藏古文」，他雖懷疑「此蓋後世好事者用孔氏傳本，更以古文寫之，其文則非」，但還是認同

論解說。參見日・林秀一：《孝經學論集》（東京：明治書院，1975年），頁249-263。

[8] 漢・孔安國傳、日・太宰純音：《古文孝經孔氏傳》，《文淵閣四庫全書》（上海：上海古籍出版社，1987年），第182冊。

[9] 日傳本有阿部隆一彙校整理撰成《古文孝経舊抄本の研究（資料篇）》最爲全面，日本慶應義塾大學附屬研究所「斯道文庫」藏。日・石川泰成：〈日本出土木簡・漆紙文書を用いた『論語』、『古文孝経孔氏伝』の隋唐テキストの復原〉，《九州産業大学国際文化学部紀要》第56號（2013年12月），頁87-115等論考，針對一些日傳本《古文孝經》的古文字有作出比對研究。

[10] 《孔傳》亡佚於五代，大足石刻本、《指解》合編本爲僅存宋本《古文孝經》本。早有馬衡針對兩本作出對比，明確分章的異同：大足本總體分章爲二十二章，但細部分章有異，大足本第6章「此庶人之孝也」下即接「故自天子」一段23字，又下接「曾子曰」九字，通爲一章。而〈合編本〉則「故自天子」一段別爲第7章，而以「曾子曰」九字屬下章。碑本「先王見教之可以化民也」以下別爲第8章，〈合編本〉屬上爲一章。參見馬衡：〈宋范祖禹書《古文孝經》石刻校釋〉，頁21。

[11] 北齊・顏之推著，王利器集解：《顏氏家訓集解》（上海：上海古籍出版社，1980年），頁398。

「其語則是」,[12] 可知指解本所據古文本帶有北朝語體風格。

3、注疏本各章俱有章名,指解本、大足本俱無章名。

4、指解本、大足本有〈閨門章〉「子曰:『閨門之內,具禮矣乎。嚴父、嚴兄、妻子、臣妾,猶百姓徒役也。』」(《指解》,頁 99;〈校釋〉,頁 21),注疏本無此章。按:學者多懷疑〈閨門章〉並非為漢代孔壁出二十二章古文《孝經》所原有,指出此章文字與魏晉《孔傳》同出,但無疑也是用以區別《孝經》今古文的最主要特徵。[13]

5、注疏本「仲尼居,曾子侍」(《注疏》,頁 2545),指解本、大足本作「仲尼閒居,曾子侍坐」(《指解》,頁 90;〈校釋〉,頁 22);注疏本「子曰:『先王有至德要道』」(《注疏》,頁 2545),指解本、大足本作「子曰:『參,先王有至德要道』」(《指解》,頁 90;〈校釋〉,頁 22);注疏本「各以其職來祭」(《注

---

[12] 司馬光云:「今祕閣所藏止有鄭氏、明皇及古文三家而已。其古文有經無傳。案孔安國以古文時無通者,故以隸體寫《尚書》而傳之。然則《論語》、《孝經》不得獨用古文,此蓋後世好事者用孔氏傳本,更以古文寫之,其文則非,其語則是也。夫聖人之經,高深幽遠,固非一人所能獨了。是以前世並存百家之說,使學者擇焉。所以廣思慮重經術也。臣愚,雖不足以度越前人之胸臆,窺望先聖之藩籬,至於時有所見,亦各言爾志之義。是敢輒以隸寫古文為之指解,其今文舊注有未盡者引而伸之,其不合者易而去之,亦未知此之為是而彼之為非。」宋・司馬光指解、宋・范祖禹說:《古文孝經指解》,《文淵閣四庫全書》第 182 冊,頁 88。

[13] 《唐會要》卷 77〈貢舉下〉云:「其古文二十二章,元出孔壁。先是安國作傳,緣遭巫蠱,世未之行。荀昶集注之時,尚有孔傳,中朝遂亡其本。近儒欲崇古學,妄作此傳,假稱孔氏,輒穿鑿改更。又偽作閨門一章。劉炫詭隨,妄稱其善,且閨門之義,近俗之語,非宣尼之正說。案其文云:閨門之內,具禮矣乎。嚴兄妻子臣,緣百姓徒役也。是比妻子於徒役,文句凡鄙,不合經典。」參見宋・王溥撰:《唐會要》(北京:中華書局,1955 年),卷 36,頁 1405。筆者亦針對〈閨門章〉的來源作過考察,推論此章內容本為《長孫氏孝經》的說解文字混入經文,並為魏晉出現的《孔傳》吸收。參見莊兵:〈《孝經・閨門章》考——兼論前漢中後期《孝經》解釋學的思想傾向〉,《中國儒學》第 5 輯(2010 年 3 月),頁 342-277。

疏》，頁 2553），指解本、大足本作「各以其職來助祭」（《指解》，頁 95；〈校釋〉，頁 23）。以上各處，亦是常為學者區別《孝經》今古文的標誌。

6、注疏本「子曰：『是何言與，是何言與』」（《注疏》，頁 2558），指解本作「子曰：『是何言與，是何言與，言之不通也』」（《指解》，頁 99），大足本無「言之不通也」。宋代早有王應麟懷疑「言之不通也」五字為范祖禹將司馬光旁注混入經文，然而之後關於此五字是否為古文經文仍有爭議。自 20 世紀七十年代劉炫《孝經述議》被發現，證明此五字實為隋唐古文已有文字，非范祖禹混同旁注入經文，古文特徵亦由此再添一處。[14]

7、注疏本「復坐，吾語汝」（《注疏》，頁 2545），指解本作「復坐，吾語女」（《指解》，頁 90）；注疏本「故自天子至於庶人，孝無終始」（《注疏》，頁 2549），指解本作「故自天子已下至於庶人，孝無終始」（《指解》，頁 93）；注疏本「故明王之以孝治天下也如此」（《注疏》，頁 2552），指解本作「故明王之以孝治天下如此」（《指解》，頁 94）；注疏本「敢問聖人之德，無以加於孝乎？」（《注疏》，頁 2553），指解本作「敢問聖人之德，其無以加於孝乎？」（《指解》，頁 94）；注疏本「君子不貴也」（《注疏》，頁 2554），指解本作「君子所不貴」（《指解》，頁

---

[14] 針對古文見存「言之不通也」五字，據曹景年考察指出：「林書復原的《孝經述議》中正有『言之不通也』一句。據林書，劉炫對此句的解釋是：『議曰：夫子方弘諫法，乃責而說之，子曰參乎，汝之此問，是何等言與，汝之此言，是言之不通於理也。』對於傳文『曾子魯鈍，不推致此誼，故謂之不通也』，劉炫也發表了自己的意見：『曾子魯鈍，不解推致此意，故夫子謂之不通也。傳之此言，非經旨也，夫子自陳諫爭之道，假為曾子之問。將大弘其法，故責而說之。非曾之不悟也。』由此可見，劉炫對經文和傳文的『言之不通也』一句都進行了解說，可見此句遠在隋朝劉炫就已見到。」參見曹景年：〈日傳本《古文孝經孔傳》為隋唐舊書新證〉，「每日頭條」，網址：https：//kknews.cc/n/3qkool8.html。（2013 年 4 月 20 日）。

96），指解本「故能成其德教，而行其政令」（《注疏》，頁2554），指解本作「故能成其德教，而行政令」（《指解》，頁96）；注疏本「是以行成於內，而名立於後世矣」（《注疏》，頁2558），指解本、大足本作「是故行成於內，而名立於後世矣」（《指解》，頁99；〈校釋〉，頁21）；注疏本「從父之令，又焉得為孝乎」（《注疏》，頁2558），指解本作「從父之令，焉得為孝乎」（《指解》，頁99）；注疏本「非聖人者無法」（《注疏》，頁2556），指解本作「非聖者無法」（《指解》，頁97），大足本作「非聖人者無法」（〈校釋〉，頁23），同於注疏本。

以上比對，呈現出注疏本與指解本、大足本字句差異在第1、2、3、4、5、6點較為明顯，第7點諸條僅為些微的字句之間差異。然而這些唐代以後具代表性的《孝經》版本之間的分章、字句等的相異點，總體上被當作區別《孝經》今古文本的特徵，亦同步展現於宋代以後學者對《孝經》今古文特徵的基本理解上。

如宋代黃震的說法最具代表性，其所撰《黃氏日抄·讀孝經》云：

> 漢興，河間人顏芝之子得《孝經》十八章，是為今文《孝經》。魯恭王壞孔子屋壁，得《孝經》二十二章，是為古文《孝經》。鄭康成諸儒主今文，孔安國、馬融主古文，而今文獨行。唐明皇詔議二家孰從，劉知幾謂宜行古文，諸儒爭之，卒亦行今文。明皇自註《孝經》，遂用今文十八章者為定本。我朝司馬溫公在秘閣始專主古文《孝經》，作為《指解》而上之，至以世俗信偽疑真為言。愚按：《孝經》一耳，古文、今文特所傳微有不同。如首章今文云「仲尼居，曾子侍」，古文則云「仲尼閒居，曾子侍坐」，今文云「子曰：『先王有至德要道，……』」，古文則云「子曰：『參，先王有至德要道，……』」，今文云「夫孝，德之本也，教之所由生也」，古文則云「夫孝，德之本，教之所由生」。文之或增或減不過如此，於大

義固無不同。至於分章之多寡，今文〈三才章〉「其政不嚴而治」與「先王見教之可以化民」通為一章，古文則分為二章；今文〈聖治章〉第九「其所因者，本也」與「父子之道天性」通為一章，古文亦分為二章；「不愛其親而愛他人者」，古文又分為一章。章句之分合率不過如此，於大義亦無不同。古文又云：「閨門之內，具禮矣乎？嚴父嚴兄，妻子臣妾，猶百姓徒役也。」此二十二字，今文全無之，而古文自為一章，與前之分章者三，共增為二十二，所異者又不過如此，非今文與古文各為一書也。若以今文為偽，而必以古文為真，恐未必然。[15]

上述黃氏的表述，體系清晰地表達出由其理解的自古《孝經》今古文流衍過程，亦即今文體系的流傳狀況為：「顏芝之子得《孝經》十八章」、「鄭康成諸儒主今文」、「明皇自註《孝經》，遂用今文十八章者為定本」；古文體系的流傳狀況為：「魯恭王壞孔子屋壁，得《孝經》二十二章」、「孔安國、馬融主古文」、「司馬溫公在秘閣始專主古文《孝經》」。針對今古文的特徵性區別，黃氏還以字句及分章的不同，作出約略的比對。

黃氏有此表述，本是為了贊同朱熹刊誤《孝經》，[16]出於其自身強調

---

[15] 宋・黃震：《黃氏日抄》卷1，〈讀孝經〉，《文淵閣四庫全書》（上海：上海古籍出版社，1987年）第182冊，頁283。

[16] 黃震云：「至晦庵朱先生因衡山胡侍郎及玉山汪端明之言就古文《孝經》作《孝經刊誤》，以天子至庶人五章皆去『子曰』與引『《詩》云』之語，而併五章為一章，云『疑所謂《孝經》者，本文止如此』，而指此為經，其餘則移置次第而名之為傳，并刊其用他書竄入者，如『孝天之經，地之義』至『因地之義』為《春秋左氏傳》載子太叔為趙簡子道子產之言，如『以順則逆』以下為《左氏傳》所載季文子北宮文子之言，如『進思盡忠退思補過』亦《左傳》所載士貞子之言，遂以《孝經》為出於漢初《左氏傳》未盛行之前，且云『不知何世何人為之』。凡係先儒考《孝經》之異同如此。愚按，《孝經》視《論語》雖有衍文，其每章引《詩》為斷，雖與劉向《說苑》、《新序》、《列女傳》文法相類，而孝為百行之本，孔門發明孝之為義，自是

《孝經》作為「孔門發明孝義」、「學者宜審所躬行」之經典，略舉《孝經》今古文字句分章不同，目的則是在於表達兩者內容差距不大，同出一源，藉以稱許朱熹改本廓清了孔門真孝義。而且從其上述表達，亦可發現在黃震的理解中，以「今文十八章」、「古文二十二章」流傳的方式是從漢代即如此的。這樣的理解，實際上是宋代以後學者的通行理解，並不斷被反覆確認著。

如明初宋濂〈孝經集善序〉云：

> 《孝經》一也，而有古、今文之異者，蓋遭秦火之後，出於漢初顏芝之子貞者，為今文，凡十八章，而鄭玄為之注；至武帝時，得於魯恭王所壞孔子屋壁者，為古文，凡二十二章，而孔安國為之注。後世諸儒，各騁己見，尊古文者，則謂《孔傳》既出孔壁，語其詳正，無俟商榷。揆於《鄭注》，雲泥致隔，必行孔廢鄭，於義為允，況鄭玄未嘗有注，而依倣託之者乎？尊今文者，則謂劉向以顏芝本參校古文，省除繁惑，而定為今文，無有不善為之傳者。縱曰非玄所作而義旨實敷暢。若夫古文并安國之注其亡已久，世儒欲崇古學，妄撰《孔傳》，又偽為〈閨門〉一章，文氣凡鄙，不合經典，將何所取徵哉。二者之論，雖莫之有定，然皆並存於時，各相傳授。自唐玄宗注用今文，於是今文盛行，而古文幾至廢絕；宋司馬光溫公始專主古文，撰為《指解》上之。且憫流俗信偽疑真，諄諄見於言辭之間。以予觀

萬世學者所當拳拳服膺，他皆文義之細，而不容不考，至晦庵疏剔瞭然矣。嚴父配天一章，晦庵謂孝之所以為大者，本自有親切處，使為人臣子者皆有今將之心，反陷於大不孝，此非天下通訓，而戒學者詳之，其義為尤精。愚按，《中庸》以追王大王、王季為達孝，亦與此章嚴父配天之孝同旨。古人發言義各有主，學者宜審所躬行焉。若夫推其事之至極，至於非其分之當，言如晦庵所云者，則不可不知也。」參見宋．黃震：《黃氏日抄》卷1，〈讀孝經〉，《文淵閣四庫全書》第182冊，頁284。

之，古今文之所異者，特辭語微有不同。[17]

清代《四庫提要》云：

> 《孝經》今文、古文自《隋志》所載，王劭、劉炫以來，即紛紛聚訟。至唐而劉知幾主古文，司馬貞主今文，其彼此駁議《唐會要》具載其詞。至今說經之家亦多遞相左右，然所爭者不過字句之間。[18]

又：

> 今觀其文，去二戴所錄為近，要為七十子徒之遺書。使河間獻王采入一百三十一篇中，則亦《禮記》之一篇，與《儒行》、《緇衣》轉從其類。惟其各出別行，稱孔子所作，傳錄者又分章標目，自名一經。後儒遂以不類《繫辭》、《論語》繩之，亦有由矣。中間孔、鄭兩本，互相勝負。始以開元《御注》用今文，遵制者從鄭；後以朱子《刊誤》用古文，講學者又轉而從孔。要其文句小異，義理不殊，當以黃震之言為定。故今之所錄，惟取其詞達理明，有裨來學，不復以今文、古文區分門戶，徒釀水火之爭。蓋注經者明道之事，非分朋角勝之事也。[19]

如上黃震、宋濂、四庫館臣等從《孝經》作為「經世明道」之書的立場出發，表明《孝經》「特辭語微有不同」、「所爭者不過字句之間」，今古文並無實質區別，提醒不必計較古來的學術分歧。如此反覆強調「今古文為一書」，正反襯出宋代以後伴隨疑經之風盛行，《孝經》呈現今古文及由此衍

---

[17] 清・朱彝尊原著，游均晶、許維萍、黃智明點校：《點校補正經義考》（臺北：中央研究院中國文哲研究所籌備處，1999年）第7冊，卷228，頁62。

[18] 清・四庫館臣：〈古文孝經指解提要〉，《文淵閣四庫全書》（上海：上海古籍出版社，1987年）第182冊，頁85-86。

[19] 清・四庫館臣：〈古文孝經指解提要〉，收入清・紀昀、永瑢等編：《文淵閣四庫全書》第182冊，頁86。

生《刊誤》、《定本》、《大義》等諸本林立的局面。[20] 不管是尊今還是尊古，或是認為古今為一，甚至自創新本，寄予《孝經》的孝治目的大致相類。

然而此種針對《孝經》今古文的反覆討論，無疑發揮了更為清晰區分《孝經》今古文的功效。例如與黃震形成對照，清儒毛奇齡則是站在批判「朱熹以己意刊改《孝經》」的立場上，主張《孝經》今古為一書，[21] 並為表達此意亦細述今古文字句的區別，在其撰《孝經問》云：

> 予謂古、今文原無二本，《古文尚書》其與《今文》異者，以增多五十八篇為《今文》所無有，故異耳。若兩家俱有，則二十八篇並無一字有差殊也。《孝經》亦然，其異者祇《古文》增多一章二十四字，《今文》無有，其他則經文並同。雖《古文》分為二十二章，《今文》分為十八章，⋯⋯古文多「聞」字、「坐」字、「參」字、「子曰」字，今文多諸「也」字，⋯⋯古文「女」、「辟」、「弟」、「豈」、「謹」、「弗」諸字，今文作「汝」、「避」、「悌」、「愷」、「慎」、「不」諸字⋯⋯則意《藝文志》所云，「經文皆同，惟孔氏壁中古文為異」者，非經文有異，而古字異也，劉向所謂古文字也。又云，「父母生之，續莫大焉。故親生之膝下，諸家說不安處，古文字讀皆異」者，正指古文之字與讀也，字異句讀亦異也。

---

[20] 繼朱熹刊改《古文孝經》之後，元代吳澄改今文著《孝經定本》，其他董鼎《孝經大義》、明代江元祚《孝經定本》、清代周春《中文孝經》等，皆是或宗今文、或宗古文。參見陳鐵凡：《孝經學源流》（臺北：國立編譯館，1986年），頁201-241。

[21] 四庫館臣評價毛奇齡《孝經問》云：「是編皆駁詰朱子《孝經刊誤》及吳澄《孝經定本》二書，設為門人張燧問，而奇齡答。凡十條：一曰《孝經》非偽書，二曰今文、古文無二本，三曰劉炫無偽造《孝經》事，四曰《孝經》分章所始，五曰朱氏分各經傳無據，六曰經不宜刪，七曰《孝經》言孝不是效，八曰朱氏吳氏刪經無優劣，九曰閒居、侍坐，十曰朱氏極論改文之弊。」參見清・四庫館臣：〈孝經問提要〉，《文淵閣四庫全書》第182冊，頁281。

> 若桓譚《新論》云：「古《孝經》千八百七十二字，今異者四百餘字。」則吳澄刪《孝經》亦云：「古本一千八百零七字」，與譚所記不甚遠。其少有贏縮，或彼此差訛，俱未可定。至如異者四百餘字，則斷是古字。若經文祇千餘字，而異者四百餘，則別一《孝經》，非古今文矣。[22]

上述毛奇齡是用與黃震所見相同的宋本今古文，雖然針對朱熹刊改《孝經》兩者是一個認同、一個批判，於今古文對照的立場是一致的。即便之後回傳清國的日傳《古文孝經孔傳》被當時清儒一邊倒地大加排斥，似乎在意的重點還是以經批傳，確認宋本古文之實。[23] 僅看四庫館臣的評述便可了解其實：

> 《古文孝經孔氏傳》一卷……舊本題「漢孔安國傳，日本信陽太宰純音」。據卷末乾隆丙申歙縣鮑廷博〈新刊跋〉，稱其友汪翼滄附市舶至日本，得於彼國之長崎澳。核其紀歲干支，乃康熙十一年所刊。前有太宰純〈序〉，稱「古書亡於中夏、存於日本者頗多」。……其《傳》文雖證以《論衡》、《經典釋文》、《唐會要》所引，亦頗相合。然淺陋冗漫，不類漢儒釋經之體，並不類唐、宋、元以前人語。殆市舶流通，頗得中國書籍，有桀黠知文義者摭諸書所引《孔傳》，影附為之，以自誇圖籍之富歟？[24]

如此看來，相關《孝經》今古文的評述，並非是盡然以內容遠近便可釋然的問題，宋明清儒執此議論，在各自門戶之見使然，即便現今學界，這樣

---

[22] 清·毛奇齡：《孝經問》，《文淵閣四庫全書》第182冊，頁283-284。
[23] 陳以鳳：〈今本《古文孝經》孔傳成書問題考辨〉，《孝感學院學報》第29卷第5期（2009年9月），頁27-31。
[24] 清·四庫館臣：〈古文孝經孔氏傳提要〉，收入清·紀昀、永瑢等編：《文淵閣四庫全書》第182冊，頁2。

的爭論依然未熄。[25] 然而學術問題，畢竟佐以學術資證，才能愈辯愈明，參雜於學術的偏見，亦會引發反省使學術走向客觀。如今，學界對清儒以來認為「日傳《孝經》文本為日人偽作」的偏見已然逐漸辯析明瞭，日傳《孝經》諸種文本的學術價值，亦日趨獲得客觀持平的評價。[26]

雖然如此說，陳陳相因與理解的慣性，往往會在最尋常處忽略問題。何謂「《孝經》的今文」？何謂「《孝經》的古文」？似無須過問的常識，且向來也是少被深問。面對宋代以後愈辯特徵愈清晰的「十八章《今文孝經》」與「二十二章《古文孝經》」，似已成為學者據以研究《孝經》各種議題的基本概念。即便針對日傳《孝經》今古文諸本的瞭解日趨客觀，在反覆指出所謂「今文」特徵、所謂「古文」特徵的過程中，反而是有意無意間強化了這就是「今文」、這就是「古文」的理解方式。

（二）在日本傳世文獻中所呈現的《孝經》今古文

姑且以學界理解的今文即注疏本與日傳古文（以仁治本《孔傳》為底本）作出比對如下：[27]

1、注疏本「仲尼居，曾子侍」（《注疏》，頁 2545），仁治本作「仲尼間居，曾子侍坐」（《仁治本》，無頁碼）；注疏本「故自天子

---

[25] 參見舒大剛針對胡平生相關研究的爭議。參考胡平生：〈日本《古文孝經孔傳》的真偽問題〉，收入《文史》編輯部編：《文史》第23輯（北京：中華書局，1985年），頁 287-299；胡平生：《孝經譯注》（北京：中華書局，1996年），頁 20。舒大剛：〈論日本傳《古文孝經》決非隋唐之際由我國傳入〉，《四川大學學報（哲學社會科學版）》2002年第 2 期，頁 110-117。

[26] 參見日・林秀一：《孝経述議復原に関する研究》（東京：文求堂書店，1953年），頁 49；曹景年：〈《古文四聲韻》所引「古孝經」字形考論〉，參見：http://www.gwz.fudan.edu.cn/old/SrcShow.asp?Src_ID=2434，瀏覽日期：2015 年 5 月 3 日；日・石川泰成：〈日本出土木簡・漆紙文書を用いた『論語』、『古文孝經孔氏伝』の隋唐テキストの復原〉，頁 110 等研究。

[27] 漢・孔安國傳、日・清原教隆校點：《仁治本古文孝經孔氏傳》（京都：便利堂，1939年），卷子本無頁碼。

至於庶人，孝無終始」（《注疏》，頁 2549），仁治本作「故自天子以下至于庶人，孝無終始」（《仁治本》，無頁碼）；注疏本「故明王之以孝治天下也如此」（《注疏》，頁 2552），仁治本作「故明王之以孝治天下如此」（《仁治本》，無頁碼）；注疏本「雖得之，君子不貴也」（《注疏》，頁 2554），仁治本作「雖得之，君子所不貴」（《仁治本》，無頁碼）；仁治本「子曰：『閨門之內，具禮矣乎。嚴父、嚴兄、妻子、臣妾，猶百姓徒役也。』」（《仁治本》，無頁碼），注疏本無此章文字；注疏本「是何言與，是何言與」（《注疏》，頁 2558），仁治本作「是何言與，是何言與，言之不通也」（《仁治本》，無頁碼）。

上述諸條為日傳古文與宋本古文相同而與今文相異之處。除此之外，以下尚有日傳古文獨與宋本今文相異之處：

2、注疏本「《甫刑》云：『一人有慶，兆民賴之，……』」（《注疏》，頁 2546），仁治本作「《呂刑》云：『一人有慶，兆民賴之，……』」（《仁治本》，無頁碼）；注疏本「先王有至德要道，以順天下」（《注疏》，頁 2545），仁治本作「參，先王有至德要道，以訓天下」（《仁治本》，無頁碼）；注疏本「則天之明，因地之利，以順天下」（《注疏》，頁 2549），仁治本「則天之明，因地之利，以訓天下」（《仁治本》，無頁碼）；注疏本「其孰能順民如此其大者乎」（《注疏》，頁 2557），仁治本作「其孰能訓民如此其大者乎」（《仁治本》，無頁碼）（述議「誰能教訓下民，使如此其大者乎」（《述議》，頁 177））；注疏本「治家者不敢失於臣妾，而況於妻子乎」（《注疏》，頁 2552），仁治本作「治家者不敢失於臣妾之心，而況於妻子乎」（《仁治本》，無頁碼）；注疏本「是以四海之內，各以其職來祭」（《注疏》，頁 2553），仁治本作「是以四海之內，各以其職來助祭」

（《仁治本》，無頁碼）；注疏本「父母生之，續莫大焉」（《注疏》，頁 2554），仁治本作「父母生之，績莫大焉」（《仁治本》，無頁碼）；注疏本「忠順不失，以事其上，然後能保其祿位」（《注疏》，頁 2548），仁治本作「忠順不失，以事其上，然後能保其爵祿」（《仁治本》，無頁碼）；注疏本「故親生之膝下，以養父母日嚴」（《注疏》，頁 2553），仁治本作「是故親生毓之，以養父母曰嚴」（《仁治本》，無頁碼）；注疏本「必有先也，言有兄也」（《注疏》，頁 2559），仁治本作「必有先也，言有兄，必有長也」（《仁治本》，無頁碼）。

由以上比對，呈現上述第 2 部分的諸條與宋本古文相異，從而展現出日傳《古文孝經》自成體系，與中國宋代以後的宋本古文及今文《孝經》皆有不同。諸如古文「呂刑」與今文「甫刑」、「各以其職來助祭」與「各以其職來祭」、「以訓天下」與「以順天下」、「績莫大焉」與「續莫大焉」、「是故親生毓之，以養父母曰嚴」與「故親生之膝下，以養父母日嚴」、「不敢失於臣妾之心」與「不敢失於臣妾」、「言有兄，必有長也」與「言有兄也」等，已經一定程度成為清代以來《孝經》今古文對照的基本指標，同時亦能由此發現宋本古文諸本受到當時今文影響的痕跡。[28] 儘管清代太宰純校訂的《孔傳》回傳清國一段時期引發諸多的排斥和爭論，然而作為區別《孝經》今古文的指標，實際上並未將日傳古文體系排除在外，莫若說上述

---

[28] 其他，司馬光《指解》可見「親生之膝下」下有司馬光解云「膝或作育」；「父母生之續莫大焉」下有司馬光解云「續或作績」（宋・司馬光指解、宋・范祖禹說：《古文孝經指解》，頁 95）。按：司馬光撰著《指解》所取底本為「祕閣所藏古文」，且云「今祕閣所藏止有鄭氏、明皇及古文三家而已，其古文有經無傳」。然於此二處經文《指解》未取古文作「育」、「績」，而從「鄭氏、明皇」本作「膝」、「續」，蓋因《漢書・藝文志》云「父母生之，續莫大焉，故親生之膝下，諸家說不安處，古文字讀皆異」（漢・班固撰、唐・顏師古校：《漢書》，北京：中華書局，1962 年，頁 1719），亦即司馬光以《藝文志》所云諸家稱古文所不安者而不從古文，是為《指解》受今文影響之例證。

的區別，更為加強了對《孝經》今古文各自特徵的理解，直至今日。

三、敦煌吐魯番本《孝經》所見今古文

這樣的狀況在 20 世紀初伴隨敦煌吐魯番文獻的發現以及研究的深入，開始出現鬆動現象。陳鐵凡先生首先注意到，在中唐以前並未受到中原政治文化影響的敦煌吐魯番地區出土《孝經》諸本中，二十二章的《孔傳》曾作為梁隋至唐開元年間官學用本，相對於十八章的《鄭注》在敦煌吐魯番的廣泛流傳，卻不見一本《古文孝經》留存於敦煌吐魯番寫卷。[29]

還有學者注意到，敦煌本《孝經》中，實際不乏留有《古文孝經》字讀的現象。林秀一先生指出 P.3382「故至天子以下至於庶人」，與古文本的經文一致，今文作「故至天子至於庶人」。[30] 李德超先生據《敦煌本孝經類纂》諸本對此亦有校勘明示，另有其它指示諸條，引述如下：

1、今文「德之本也，教之所由生也」，P.2545、P.3369、P.3372、P.3416、P.3698、S.1386兩句俱無「也」字，如古文（按：無「也」者，李氏其它由敦煌諸本另有指出 22 處，此從略）。

2、今文「甫刑」，S.728 作「呂刑」，P.3698 作「呂形」，如《古文孝經孔氏傳》作「呂刑」。

3、今文「故自天子至於庶人」，S.6177 與 P.3378 綴合卷作「故自天子以下至庶於人」，《古文孝經》宋本有「以下」二字。

4、今文「治家者，不敢失於臣妾」，P.3369、P.3382、P.3416、P.2614 ＋P.3428 俱作「不敢失於臣妾之心」，同於《古文指解》及《古文孝經孔氏傳》。

5、今文「祭則鬼享之」，S.728 作「祭則思享之」，如古文。

---
[29] 陳鐵凡：《敦煌本孝經類纂》，卷首，解題。
[30] 日・林秀一：〈敦煌遺書孝経考〉，收入日・林秀一：《孝經學論集》，頁 32-48。

6、今文「故明王之以孝治天下也如此」，P.3369、P.3830、S.728 作「故明王之以孝治天下如此」，俱如古文。

7、今文「各以其職來祭」，P.2545、P.2715、P.3372、P.3369、P.3416、P.3698、P.3830、S.728、S.1316 俱作「各以其職來助祭」，《古文孝經孔氏傳》、《古文孝經》宋本及《古文孝經指解》有「助」字。

8、今文「其順民如此其大者乎」，P.3398 作「順人」，《古文孝經孔氏傳》作「順民」。[31]

新近朱玉麒先生亦有指出一點，吐魯番發現的 97TSYM1：12p《孝經義》，其中引用的《孝經》原文有「先王有至德要道以訓天下」字樣，而向來只有日傳《孔傳》本作「訓」字，並注：「訓，教也」，[32] 與今文、宋本古文及《孝經刊誤》皆作「順」相異。朱先生就此指出《孝經義》的發現，為向來只有孤證的《孔傳》作偶。[33]

那麼依據上述學者的指摘，在全無〈閨門章〉文字且絕大多數為十八章《鄭氏解》的敦煌吐魯番諸本《孝經》中，何以存在與傳世《古文孝經》諸本特徵一致的「古文」呢？要探究明瞭這一現象，則有必要針對敦煌吐魯番《孝經》諸本與傳世今文及宋本古文、日傳古文整體作出綜合比對。以下底本參用注疏本，敦煌吐魯番本用「敦煌吐魯番出土《孝經》相關寫卷一覽

---

[31] 李德超：〈敦煌本孝經校讐〉，收入中國文化大學中國文學系主辦，漢學研究中心協辦：《第二屆敦煌學國際研討會論文集》（臺北：漢學研究中心，1991 年），頁 101-122。

[32] 漢・孔安國傳、日・太宰純音：《古文孝經孔氏傳》，頁 7。

[33] 朱玉麒：〈吐魯番新出《論語》古注與《孝經義》寫本研究〉，收入中國敦煌吐魯番學會等編：《敦煌吐魯番研究》第 10 卷（上海：上海古籍出版社，2007 年），頁 43-56；後收入榮新江、李肖、孟憲實編：《新獲吐魯番出土文獻研究論集》（北京：中國人民大學出版社，2010 年），頁 158-173。

表」（參見第二章「附錄」）所列卷號；[34] 宋本古文用指解本、大足本，日傳古文用仁治本，其他日傳古文本參用阿部隆一：《古文孝經舊鈔本の研究（資料篇）》。對校用資料還有參見陳鐵凡：《敦煌本孝經類纂》；張涌泉主編，許建平撰：《敦煌經部文獻合集》第 4 冊（略為《經部合集》）；李德超：〈敦煌本孝經校讐〉；林秀一：《孝経述議復原に関する研究》（略為《述議》）等。

（一）從章名顯現的特徵

1、注疏本全文分作十八章；宋本古文、指解本、大足本、日傳古文諸本，俱分作二十二章；敦煌吐魯番本除缺損不可辯識者俱分作十八章；72TAM169：26（a）無章名且各章銜接書寫。

2、注疏本各章有章名；日傳古文諸本各章亦有章名；敦煌吐魯番諸本除不可辨識者及後揭二種之外，俱有章名；宋本古文、指解本、大足本、土地廟本敦研：0366、72TAM169：26（a），俱無章名。

3、敦煌吐魯番本存章名而與注疏本有異者：注疏本〈士章〉，P.3698、P.3428、P.3416、P.2545、P.3372、P.3274、S.1386、P.3369、S.7

---

[34] 本文參用敦煌吐魯番卷本參照：上海古籍出版社、法國國家圖書館編：《法藏敦煌西域文獻》（上海：上海古籍出版社，1995-2005 年）；中國社會科學院歷史研究所、中國敦煌吐魯番學會古文獻編輯委員會、英國國家圖書館、倫敦大學亞非學院編：《英藏敦煌文獻（漢文佛經以外的部分）》（成都：四川人民出版社，1990-1995年）；俄羅斯科學院東方研究所聖彼得堡分析，俄羅斯科學出版社東方文學部、上海古籍出版社編：《俄藏敦煌文獻》（上海：上海古籍出版社，1992-2001 年）；榮新江主編：《吐魯番文書總目（歐美收藏卷）》（武漢：武漢大學出版社，2007 年）；黃文弼：《吐魯番考古記》，收入中國科學院考古研究所編：《考古學特刊》第 3 號（北京：中國科學院，1954 年）；陳國燦、劉安志主編：《吐魯番文書總目（日本收藏卷）》（武漢：武漢大學出版社，2005 年）；國家文物局古文獻研究室等編：《吐魯番出土文書（錄文本）》第 1-3 冊（北京：文物出版社，1981-1991 年）；國家文物局古文獻研究室等編：《吐魯番出土文書（圖錄本）》第 1-3 冊（北京：文物出版社，1992 年）。

28、P.3830 作〈士人章〉，P.3378＋P.6177 作〈士仁章〉，S.9956 作〈士行孝章〉；注疏本〈庶人章〉，P.3416C、P.2545、P.3372、S.1386、P.3369、S.728、P.3830、S.5545 同作〈庶人章〉，S.9956 作〈庶人行孝章〉；此本其他還存〈三才行孝章〉、〈士行孝章〉，S.6165 存〈廣揚名行孝章〉。

從以上對照來看，可以瞭解敦研：0366 為北朝《孝經》版本，不標章名但分章明確，殘卷存相當於注疏本的〈感應〉、〈事君〉、〈喪親〉三章經文，不能清楚必為十八章本。吐魯番出土 72TAM169：26（a）被認為是《鄭氏解》的北朝版本，[35] 由於不標章名、各章銜接書寫，亦不能清楚必為十八章本。然而從經文章序來看，可見殘卷與相當於注疏本的〈士〉、〈庶人〉、〈三才〉、〈孝治〉、〈聖治〉各章文字雷同。從內容來看，並無宋本古文或《孔傳》作為分章標示的四處「子曰」字樣，亦即無相當於古文「子曰：『因天之道，……』」（《指解》，頁 92；《孔傳》，頁 10；《校釋》，頁 23）、「子曰：『故自天子至於庶人，……』」（《孔傳》，頁 10）、「子曰：『先王見教之可以化民，……』」（《孔傳》，頁 1；《校釋》，頁 23）、「子曰：『父子之道，天性，……』」（《指解》，頁 95；《孔傳》，頁 12；《校釋》，頁 23）各句首的「子曰」字樣。此本不標章名特徵與古文宋本、指解本、大足本同，但古文宋本、指解本、大足本雖無章名，卻似乎為了標示分章而較注疏本多出以上各處「子曰」字樣（按：上述諸本因分章有異而有「子曰」字樣之處不盡相同），日傳古文諸本各章俱標章名，章首皆有「子曰」字樣，蓋如朱熹指摘「子曰」字樣乃為分章而隨機加入的分段標誌。

按：《孝經》章名的由來，據《孝經注疏》云：

---

[35] 國家文物局古文獻研究室等編：《吐魯番出土文書（圖錄本）》第 1 冊，頁 230-233。董永強：〈唐代西州百姓陪葬《孝經》習俗考論〉，《西北大學學報（哲學社會科學版）》第 45 卷第 2 期（2015 年 3 月），頁 15-21。

案《孝經》遭秦坑焚之後，為河間顏芝所藏，初除挾書之律，芝子貞始出之。長孫氏及江翁、後倉、翼奉、張禹等所說皆十八章。及魯恭王壞孔子宅得古文二十二章，孔安國作《傳》。劉向校經籍比量二本，除其煩惑以十八章為定，而不列名。又有荀昶集其《錄》及諸家《疏》並無章名。而《援神契》自〈天子〉至〈庶人〉五章，唯皇侃標其目而冠於章首。……《御注》依古今集詳議，儒官連狀題其章名，重加商量，遂依所請。[36]

從這段記述來看，《孝經》漢代版本雖分章不同，但本來沒有章名，荀昶所處的東晉《孝經》仍沒有章名。實際考察兩漢魏晉史書，言及《孝經》之處亦都以章次或內容而稱，並不見有提及章名之處。如，《漢書·匡衡傳》所載元帝時期匡衡的上奏文之言：「《大雅》云：『無念爾祖，聿修厥德。』孔子著之《孝經》首章，蓋至德之本也。」[37] 又，《南史·王儉傳》記載：「上使陸澄誦《孝經》，起自『仲尼居』，儉曰：『所謂博而寡要，臣請誦之，乃誦君子之事上章』」。[38] 邢昺疏云梁代始見皇侃據《援神契》加上〈天子〉至〈庶人〉五章的章名，而皇侃《孝經義疏》又有「〈開宗〉及〈紀孝行〉、〈喪親〉等三章，通於貴賤」的語句，[39] 則可知皇侃時，《孝經》各章都已經加上了章名。按：《周禮·春官》賈公彥疏有「《孝經援神契》敢問章」云云，[40]《周禮·秋官大司寇》注引《孝經說》「刑者」二句疏說「《孝經援神契》五刑章」云云，[41] 可知《孝經》章名是援於《緯

---

36 唐·唐玄宗御注、宋·邢昺疏：《孝經注疏》，頁 2545 上。
37 漢·班固撰、唐·顏師古校：《漢書》，頁 3339。
38 唐·李延壽撰：《南史》（北京：中華書局，1975 年），頁 593。
39 唐·唐玄宗御注，宋·邢昺疏：《孝經注疏》，頁 2545 上。
40 漢·鄭玄注、唐·賈公彥疏：《周禮注疏》，收入清·阮元校刻：《十三經注疏》（北京：中華書局，1980 年），頁 837。
41 同前引，頁 867。

書》。⁴² 敦研：0366「和平二年孝經本」作於北魏，並不見章名，這證明邢昺稱《孝經》章名始於梁武帝時代的皇侃之時是可信的。梁武帝時代，《孔傳》與《鄭注》並立國學，對《孝經》來說，是前所未有的大事，推測標明《孝經》的全體章名始於其時，而最終改定於唐代的《御注孝經》。敦煌吐魯番本《孝經》各卷，大致寫於唐至五代，而其中十之八九是《孝經鄭注》，章名中，如多將〈士章〉作〈士人章〉或〈士仁章〉、〈士行孝章〉，還有諸如〈庶人行孝章〉、〈三才行孝章〉、〈廣揚名孝行章〉等，這些可能都是在《御注》統一章名之前，在不同版本被用過的章名。或因為西北邊陲《御注》傳入而《鄭注》依然傳播廣泛，章名不同者仍有留存。

由此可以瞭解「有無章名」的特徵，可以作為區分敦煌吐魯番《孝經》為隋唐以前或之後版本的重要特徵。

（二）六朝本的特徵

1、注疏本「先王有至德要道以順天下」（《注疏》，頁 2545），宋本古文指解本、大足本同此；敦煌本 P.2545、S.1386、P.3274、P.3698、P.3372 亦作「以順天下」；日傳古文仁治本等作「先王有至德要道以訓天下」，《述議》解云「古先聖王，有至美之德，要約之道，以此道德，訓化天下之民」（《述議》，頁 209）；吐魯番本 97TSYM1：12p《孝經義》作「以訓天下」，按：此本抄寫大致相當於北魏、宋、齊年間。

其他注疏本作「順」而諸本有異者還可見兩條：

2、注疏本「則天之明，因地之利，以順天下」（《注疏》，頁 2549），宋本古文指解本、大足本同此；敦煌本 P.3369、S.728、P.3830、P.3372、P.2545、S.1386、P.2674＋P.3428 亦作「以順天下」；

---

42 相關《孝經》章名由來，參見莊兵：〈《孝經・閨門章》考——兼論前漢中後期《孝經》解釋學的思想傾向〉，頁 349-350。

仁治本作「則天之明，因地之利，以訓天下」，《述議》解云「故先王法則天之明道，因循地之宜利，制為要道至德，用以訓教天下」（《述議》，頁 253）；吐魯番本 72TAM169：26（a）古寫本《孝經》作「則天之明，因地之利，以訓天下」。

3、注疏本「其孰能順民如此其大者乎」（《注疏》，頁 2557）；宋本古文指解本、大足本同此；敦煌本 P.3416C、S.1386、P.3369、S.728、Дx.00838、S.6165、S.12911 亦同此；而敦煌本 P.3698 作「其孰能訓民如此其大者乎」，S.728 作「其孰能訓順人而此其大者乎」，「訓」下有「順」；仁治本作「其孰能訓民如此其大者乎」，《述議》解云「誰能教訓下民，使如此其大者乎」（《述議》，頁 177）。

由以上三條對照可以發現，敦煌吐魯番諸本中，既有與宋代今古文注疏本、指解本同作「順」的版本，亦有與日傳古文諸本同作「訓」的版本，如 S.728 作「訓」，其下又有一「順」字，《經部合集》認為是「訓順必衍一字」，[43] 從其它本亦有作「訓」字來看，或許是聽者書寫至此想到不同版本，從而拿捏不準，遂將「訓、順」兩字都寫下來。

還可發現作「訓」字的各寫卷，吐魯番本 97TSYM1：12p、72TAM169：26（a）為六朝本。P.3698 存有〈鄭氏序〉，《經部合集》定此本抄寫下限於五代的 939 年；S.728《經部合集》定此卷抄寫下限亦在 939 年，[44] 李德超先生指出此兩卷均衍「事父孝故事天明，事母孝故事地察」十四字，故「疑彼此間傳抄所致，或系出自同一祖本」。[45] 又 97TSYM1：12p 存〈孝經義序〉，與 P.3698〈鄭氏序〉內容不同，但語句有雷同處，朱玉麒先生指出

---

[43] 張涌泉主編，許建平撰：《敦煌經部文獻合集》第 4 冊（北京：中華書局，2008 年），頁 1915。

[44] 同前引，頁 1886。

[45] 李德超：〈敦煌本孝經校譽〉，頁 117。

97TSYM1：12p 存「〈孝經義序〉在行文上對鄭氏〈孝經序〉作了刪繁就簡的處理」。[46] 綜合來看，作「訓」字的各寫卷明顯並非同一體系，但彼此之間卻存在彼此承接關係，祖本指向六朝時期流傳最廣的《孝經鄭氏解》。

4、注疏本「故自天子至於庶人，孝無終始，而患不及者未之有也」（《注疏》，頁 2549）；宋本古文指解本、大足本同此；敦煌諸本俱作「而患不及己者未之有也」；吐魯番本 72TAM169：26（a）作「而患不及者未之有也」。按：注疏本及古文諸本無「己」字，而可見章名的敦煌吐魯番諸本俱有「己」，無章名的吐魯番本無「己」字，與注疏本此處經文相同。清代以來學者多指玄宗《御注》有刪〈庶人章〉經文「己」字，嚴可均輯佚《鄭注》校對經文至此云：「明皇本無『己』字，蓋臆刪耳。據鄭注『患難不及其身』，身即己也。《正義》引劉瓛云『而患行孝不及己者』，又云『何患不及己者哉』，則經文元有『己』字。」[47] 學者據此支持嚴說，研判玄宗刪經文「己」字幾成定案。[48] 然而吐魯番本 72TAM169：26（a）無「己」字，P.3274 還見存六朝學者解此處經文之語：「謝萬云：『行孝之事無終始，恆患不及，戰戰兢兢，日夜不怠解矣，未之有者，歎少之辭也。』謝安云：『既不全其始，又不能保其終，此無終始。終始，患之所不及。』」則謝萬、謝安注對應的經文，似無「己」字，《御注》作「孝無終始，而患不及者」（《注疏》，頁 2549），未必無所本。按：〈玄宗序〉云「至於跡相祖述，殆且百家」（《注疏》，頁 2540），《邢疏》云「言近且百家，目其多也。案其人，今文則有……吳韋昭、謝萬、徐

---

[46] 朱玉麒：〈吐魯番新出《論語》古注與《孝經義》寫本研究〉，頁 9。
[47] 清・嚴可均：《孝經鄭注》（北京：商務印書館，1959 年），頁 4。
[48] 張涌泉主編，許建平撰：《敦煌經部文獻合集》第 4 冊，頁 1942；陳壁生：〈明皇改經與《孝經》學的轉折〉，《中國哲學史》2012 年第 2 期，頁 50。

整,……各擅為一家也」(《注疏》,頁 2540),可見謝萬注在其中;又〈五刑章〉玄宗注「罪之大者,莫過不孝」(《注疏》,頁 2556),《邢疏》云「案舊注說及謝安、袁宏、王獻之、殷仲文等,皆以不孝之罪,聖人惡之」(《注疏》,頁 2556),則謝安注亦為玄宗撰制《御注》參用注解之一。如此看來《御注》自有經文的來源,非清儒及現今學者所認同的此處為玄宗改經。於本書第三章已然澄清。

與此狀況相類似,以下還可見三處:

5、注疏本「治家者不敢失於臣妾」(《注疏》,頁 2552),宋本古文指解本、大足本同此;敦煌諸本俱作「治家者不敢失於臣妾之心」;吐魯番本 72TAM169：26(a)作「治家者不敢失於臣妾」,與注疏本同。

6、注疏本「是以四海之內,各以其職來祭」(《注疏》,頁 2553),宋本古文指解本、大足本、日傳古文、敦煌諸本均作「是以四海之內,各以其職來助祭」(《指解》,頁95;〈校釋〉,頁 23;《仁治本》,無頁碼;《孔傳》,頁 12);吐魯番本 72TAM169：26(a)作「是以四海之內,各以其職來祭」,與注疏本同。

7、注疏本「天地之性人為貴」(《注疏》,頁 2553);宋本古文指解本、大足本、日傳古文均同此;敦煌諸本作「天地之性人最為貴」;敦煌本 P.3369、吐魯番本 72TAM169：26(a)作「天地之性人為貴」,與注疏本同。

由以上來看,72TAM169：26(a)作為六朝本《孝經》,卻多顯現出《御注》才有的特徵。此本為高昌將軍張孝章隨葬「衣物疏」中所條列之「一卷《孝經》」,其性質實際上屬於一種「官方公文」。[49] 此本與敦煌

---

[49] 據董永強考察明確,高昌古墓出土陪葬品清單「衣物疏」中,有陪葬《孝經》習俗,此俗因襲於漢魏中原地區的喪葬習俗。其中發現列有《孝經》的「衣物疏」或稱「移

《鄭注》體系多為學郎書寫的文本有特徵性的不同,似乎顯現六朝「官方文本」與唐代「民間文本」性格上的差異。這一方面顯示玄宗撰制《御注》之際蓋有參用此類六朝的文本,另一方面顯示此本某種程度自成體系。如以下兩條:

8、注疏本作「導之以禮樂,而民和睦」(《注疏》,頁 2550);宋本古文、日傳古文均同此;敦煌本 P.3372、P.3416、S.5821、P.3830、P.2674＋P.3428、S.728、P.3372、P.3416、P3369、S.1386、P.3698、P.2545 作「道之以禮樂,而民和睦」;敦煌本 P.3382、吐魯番本 72TAM169:26（a）作「尊之以禮樂,而民和穆」。

9、注疏本作「先王見教之可以化民也」(《注疏》,頁 2550);宋本古文、日傳古文均同此;敦煌本 P.372、P.3416、P.3830、P.2674＋P.3428、S.728、P.3372、P.3416、P.3369、S.1386、P.3698、P.2545 作「先王見教之可以化民也」;敦煌本 P.3382、吐魯番本 72TAM169:26（a）作「先王見教之可以化天下」。

則顯現出 72TAM169:26（a）與注疏本、宋本古文、日傳古文、唐代以後敦煌諸本所不同的獨具特徵。

10、注疏本「故雖天子,必有尊也,言有父也;必有先也,言有兄也」(《注疏》,頁 2559);宋本古文指解本、大足本均同此;敦煌諸本亦均作「必有先也,言有兄也」;日傳古文仁治本作「必有先也,言有兄,必有長」(《仁治本》,無頁碼)。土地廟本敦研:0366 作「（按:前缺）兄,必有長」,與日傳古文同。按:敦煌文獻出土之前,「必有長」三字無任何互見本,學者多認為是衍文。

文」,是古代各衙署之間,同級官員之間正式使用的一種平行文書。其論文還有指出,高昌國麴堅（531-548 在位）時《孝經》傳入高昌國,當時「文字亦同華夏,兼用胡語,有《毛詩》、《論語》、《孝經》,置學官弟子,以相教授」。參見董永強:〈唐代西州百姓陪葬《孝經》習俗考論〉,頁 16、17、18。

然敦研：0366 可見此三字，《述議》此處解云「又覆述長幼順之事。故雖貴為天子，必有所遵崇也，言其有父故也；必有所推先也，言其有兄故也；推父兄之道，以接待群臣，使之長幼順敘也」（《述議》，頁 271），則「推父兄……長幼順敘也」似解「必有長」，則敦研：0366 此處獨與古文同。

另外，敦研：0366 此本另有一處，獨與今文同者：

11、注疏本「故上下能相親也」（《注疏》，頁 2560）；日傳古文同此，宋本古文指解本、大足本作「故上下能相親」（《仁治本》，無頁碼；《指解》，頁 100；〈校釋〉，頁 24）；敦煌諸本均作「故上下治，能相親」，似為當時通行的經文內容。然敦研：0366 作「故上下能相親」，與注疏本同。

由此可以發現，諸如敦研：0366、97TSYM1：12p、72TAM169：26（a）等北朝諸本，其中一些特徵諸如「以訓天下」、「患不及者未之有也」、「治家者不敢失於臣妾」、「天地之性人為貴」、「必有長」、「故上下能相親」，並非為唐代以後的敦煌吐魯番本共通顯現的特徵，反而會赫然顯現於唐宋以後的今古文特徵中。

（三）唐五代本的特徵

由於敦煌吐魯番本大多為殘卷，且少有標示抄寫年代，判定寫卷抄寫的具體時間有困難。然而由於寫卷中多存避諱唐代諸帝名號的「借字」、「缺筆」現象，對研判寫卷的大致年代則成為可能。實際上，從《經部合集》針對敦煌本各卷所作〈題解〉，已能大致明瞭各卷多為唐代至五代抄本。[50]

1、注疏本「父母生之，續莫大焉」（《注疏》，頁 2554）；宋本古文指解本、大足本同此；日傳古文均作「父母生之，續莫大焉」

---

[50] 張涌泉主編，許建平撰：《敦煌經部文獻合集》第 4 冊，頁 1884-1890、1924-1926、1961-1962、1976、1987-1988。

（《仁治本》，無頁碼；《孔傳》，頁 12）；敦煌吐魯番諸本均作「續」，唯日傳古文作「績」。按：《孔傳》作「績，功也」（《孔傳》，頁 12），《述議》解云「母生之養之以至於長大，其功績無有大此者焉」（《述議》，頁 126），則為《孔傳》獨有之論。

2、注疏本「故明王之以孝治天下也如此」（《注疏》，頁 2552）；日傳古文同此；宋本古文指解本、大足本均作「故明王之以孝治天下如此」（《指解》，頁 94；〈校釋〉，頁 23）；敦煌吐魯番諸本與宋本古文同。不知玄宗《御注》從何本增「也」字，蓋日傳古文從之以增「也」。

3、注疏本「雖得之，君子不貴也」（《注疏》，頁 2554）；宋本古文指解本、大足本均作「雖得之，君子所不貴」（《指解》，頁 96；〈校釋〉，頁 23）；P.2715 作「雖得之，君子不貴」，P.3372、S.1386 作「雖得（P.3416 誤作「德」）之，君子所不貴也」，其他敦煌吐魯番諸本均作「雖得（P.2545、P.3830 誤作「德」）之，君子所不貴」，則敦煌吐魯番諸本已未定是否添削「也」字。日傳古文作「雖得志，君子弗從也」（《仁治本》，無頁碼），按：《述議》云「此得志者，即上以訓之人也」（《述議》，頁 135），日傳開元本《御注》作「雖得志之，君子不貴」（《開元御注》，頁 16），似從《孔傳》而增「志」字；至天寶本《御注》改為「雖得之，君子不貴也」（《注疏》，頁 2554），似亦折中諸本而成。

4、注疏本「《甫刑》云：『一人有慶，兆民賴之，……』」（《注疏》，頁 2546），宋本古文指解本、大足本同此；日傳古文均作「呂刑」（《仁治本》，無頁碼；《孔傳》，頁 8）；敦煌吐魯番本 P.3372、P.2545、S.10060、S.1386、P.3369、P.3372、P.3428、S.6177 作「甫刑」，P.3416 作「甫形」，P.3698、S.728 作「呂

形」，則宋本今古文此處分見於敦煌吐魯番諸本。

5、注疏本「中心藏之，何日忘之」（《注疏》，頁 2560）；宋本古文指解本、大足本同此；日傳古文作「忠心藏之」（《仁治本》，無頁碼；《孔傳》，頁 17）；敦煌吐魯番本 P.2715、P.2746，作「中心藏之」，P.3698、S.1386、P.3416、敦研：0366、S.728、S.707、P.2674＋P.3428、P.3416、Дх.00838 作「忠心藏之」，則宋本今古文此處分見於敦煌吐魯番諸本。

6、注疏本「從父之令，又焉得為孝乎」（《注疏》，頁 2556）；日傳古文作「從父之命，又安得為孝子乎」（《仁治本》，無頁碼；《孔傳》，頁 17）；宋本古文指解本、大足本均作「從父之令，焉得為孝乎」（《指解》，頁 99；〈校釋〉，頁 24）；敦煌吐魯番諸本 P.2674＋P.3428、P.2715、P.3416、P.3698、S.707、S.1386 作「從父之令，又焉得為孝乎」，P.2746 作「從父之令，有焉得為孝乎」，Дх.00838 作「從父之令，可謂孝乎」，則宋本今古文此處分見於敦煌吐魯番諸本。

7、注疏本「自西自東，自南自北」（《注疏》，頁 2559）；宋本古文指解本、大足本同此；日傳古文作「自東自西」（《仁治本》，無頁碼；《孔傳》，頁 15）；敦煌吐魯番本均作「自東自西」，古文同此。

8、注疏本「居家理，故治可移於官」（《注疏》，頁 2558）；宋本古文、日傳古文均同此；敦煌本吐魯番本均作「居家理，治可移於官」，P.2374 此處疏解云「居家修理，則為治之法，可移於官。一讀云：居家理治，治屬上句；故者，連上之辭」，則有一種經文讀法，似有「故」字。《經典釋文》云「居家理故治絕句」，[51] 則似還可讀成「居家理故治，可移於官」。則注疏本有「故」字，亦有

---

[51] 唐・陸德明撰：《經典釋文》（上海：上海古籍出版社，1985 年），頁 343。

所本。

9、注疏本「故自天子至於庶人」（《注疏》，頁 2549）；宋本古文指解本、大足本作「故自天子已下至於庶人」（《指解》，頁 93；〈校釋〉，頁 23）；日傳古文作「故自天子以下至於庶人」（《仁治本》，無頁碼；《孔傳》，頁 10）；敦煌本 S.6177＋P.3378、72TAM169：26（a），作「故自天子以下至庶於人」，P.3372、P.3416、S.1386、S.5545、P.3274、P.2674＋P.3428、S.728、P.3698、P.2545 作「故自天子至於庶人」，則宋本今古文此處，亦混然分見於敦煌吐魯番諸本。

10、注疏本「夫孝，德之本也，教之所由生也」（《注疏》，頁 2545），宋本古文指解本、大足本作「夫孝，德之本，教之所由生」（《指解》，頁 90；〈校釋〉，頁 22）；日傳古文作「夫孝，德之本也，教之所繇生也」（《仁治本》，無頁碼；《孔傳》，頁 7）；敦煌本 P.2545、P.3369、P.3372、P.3416、P.3698、S.1386、S.3372、72TAM169：26（a）作「夫孝，德之本，教之所由生」，與宋本古文為近。李德超由敦煌諸本另有指出 22 處無「也」字條，今文相應 22 處均有「也」字。

11、注疏本「故得人之懽心」（《注疏》，頁 2553），宋本古文指解本、大足本同此；日傳古文作「故得人之歡心」（《仁治本》，無頁碼；《孔傳》，頁 7）；敦煌本 P.3382、P.3416、P.3830、P.3274、P.2674＋P.3428、P.2715、S.728、S.3372、P.3369、S.1386、P.3698、P.2545 作「故得人之歡心」，與日傳本為近；吐魯番諸本殘缺，但《經典釋文》云「歡字亦作懽」，[52] 則注疏本似亦有所本者。

由以上敦煌吐魯番諸本與傳世今古文諸本比對，所呈現的狀況是宋代以

---

[52] 同前引，頁 342。

後被認為「今文」字句或「古文」字句，大都混在於敦煌吐魯番諸本之中。總體而言，諸如「天地之性，人為最貴」、「不失於臣妾之心」、「必有先也，言有兄也」、「故明王之以孝治天下如此」、「故自天子以下至於庶人」、「君子所不貴」、「而患不及己者未之有也」、「各以其職來助祭」、「故上下治，能相親」、「父母生之，續莫大焉」、「居家理，治可移於官」、「自東自西」等特徵表述，為敦煌吐魯番諸本共通，大致可以作為某種較為代表版本（亦即《鄭注》）的特徵，這亦可從 Peald7a、Peald7d、Peald7k（2）、Peald7m、Peald7o、Peald7r、Peald11a、Peald11d《孝經》策問卷獲得一些啟發。學者指出前揭 8 號 8 件俱為「考試時學生所答策《孝經》題的問卷」，所祖版本為《鄭注》，則可以明確在唐代西州官學仍是用《鄭注》而不是中土的《御注》，從而可以一定程度了解何以《鄭注》廣為流傳的原因。[53]

而「先王見教之可以化天下」、「導之以禮樂而民和穆」等，還有諸如「治家者不敢失於臣妾」、「而患不及者未之有也」、「則天之明，因地之利，以訓天下」、「是以四海之內，各以其職來祭」、「天地之性人為貴」、「必有先也，言有兄，必有長」、「故上下能相親」等，雖然多見於唐代《御注》等今文，卻是六朝《孝經》明顯有別於唐代以後敦煌吐魯番本的特徵。

而且分別見於宋本今文、古文的字句，往往並存於敦煌吐魯番諸本中，僅取六朝本 72TAM169：26（a）及唐代本 P.3698 為例：72TAM169：26（a）「治家者不敢失於臣妾」、「而患不及者未之有也」、「則天之明，因地之利，以訓天下」、「是以四海之內，各以其職來祭」、「天地之性人為貴」、「必有先也，言有兄，必有長」、「故上下能相親」、「先王見教之可以化天下」諸句，可見於宋本今文注疏本；同時「明王之以孝治天下如

---

[53] 劉波：〈普林斯頓大學東亞圖書館藏吐魯番文書唐寫本經義策殘卷之整理與研究〉，《文獻》2011 年第 3 期，頁 10-28。

此」、「《呂形》云」、「故得人之歡心」、「故自天子以下至於庶人」以及諸如「父母之道，天性，君臣之義」等多無「也」字的特徵，又是宋本古文、日傳古文多見之特徵。

P.3698 首存〈鄭氏序〉可知為《鄭注》，其中「仲尼居，曾子侍」、「復坐，吾語汝」、「子曰：『先王有至德要道，……』」、「子曰：『是何言與，是何言與，……』」、「然後能保其祿位」諸句，可見於宋本今文注疏本；同時「《呂形》云」、「各以其職來助祭」、「明王之以孝治天下如此」、「孰能訓人如此其大者乎」、「自東自西」、「忠心藏之」、「君子所不貴」、以及諸如「父母之道，天性，君臣之義」等多無「也」字的特徵，同樣又是宋本古文、日傳古文多見之特徵。

若以新發現劉炫《孝經述議》為隋唐古文，則《古文孝經》二十二章的存在一定程度可以確定，諸如「臣妾之心」、「各以其職來助祭」、「呂刑」、「自東自西」、「以訓天下」等，並見於敦煌吐魯番本且大都被認為是《鄭注》諸本中，何以出現如此大量的「古文現象」？那麼所謂十八章《鄭注》到底算是今文，還是古文？針對這一似乎無須過問的問題，至此則需要利用上述文本考察結果，結合史書傳記所述，接下來重新作出梳理確認。

四、重新考察《孝經》今古文的含義及版本流傳

宋代黃震對《孝經》今古文流傳過程所作出的體系清晰的記述，亦即今文體系的流傳狀況為：「顏芝之子得《孝經》十八章」、「鄭康成諸儒主今文」、「明皇自註《孝經》，遂用今文十八章者為定本」；古文體系的流傳狀況為：「魯恭王壞孔子屋壁，得《孝經》二十二章」、「孔安國、馬融主古文」、「司馬溫公在秘閣始專主古文《孝經》」，被之後的學者常常引述。《孝經》諸本的流傳，真如此簡明清晰？最為成問題者，所謂「鄭康成

諸儒主今文」的說法，與前面考察敦煌吐魯番本《鄭注》所顯現的「古文特徵」有諸多不合，則所謂「《鄭注》為今文」的說法從何而來，有必要針對史書傳記的記述做一番梳理。

（一）宋代今古文的含義

宋代最早對《孝經》今古文有接觸並關注古文的整理者是司馬光。若考察司馬光對祕閣所藏《孝經》諸本整理之際所持今古文理解，〈古文孝經指解序〉有云：

> 漢興，河間人顏芝之子得《孝經》十八章，儒者相與傳之，是為今文。及魯共王壞孔子宅而古文始出，凡二十二章。當是之時，今文之學已盛，故古文排根，不得列於學官，獨孔安國及後漢馬融為之傳。……唐明皇開元中，詔議孔、鄭二家，劉知幾以為宜行孔廢鄭，於是諸儒爭難蠭起，卒行鄭學。及明皇自注，遂用十八章為定。……今祕閣所藏止有鄭氏、明皇及古文三家而已。其古文有經無傳。案孔安國以古文時無通者，故以隸體寫《尚書》而傳之。然則《論語》、《孝經》不得獨用古文，此蓋後世好事者用孔氏傳本，更以古文寫之，其文則非，其語則是也。[54]

司馬光上述指出祕閣所藏用古文字書寫的「古文經」並非漢代真古文字《孝經》，因為司馬光認為漢代孔安國傳《古文孝經》是用隸書而沒必要用人們不懂的古文。祕閣所藏《古文孝經》原是「好事者」把真正的漢代隸書《古文孝經》改成古文字的。

從司馬光這樣的理解，可以察覺他是以內容而非以文字區別《孝經》今古文的。如此，云「古文始出」連帶標示「凡二十二章」則甚為必要，言

---

[54] 宋・司馬光指解、清・范祖禹說：《古文孝經指解》，《文淵閣四庫全書》第 182 冊，頁 88。

「《孝經》十八章……是為今文」,「今文」連帶提示「十八章」也就必要了,因為兩者都是隸書文體,則以「十八章今文」表述,可以由此清楚地區別於古文。而且司馬光的本意從「孔、鄭二家」、「鄭氏、明皇及古文三家」等表述來看,實際並未以今古文分立為模式。從所云「及明皇自注,遂用十八章為定」的表述,亦能察覺司馬光認為《今文孝經》的認定是自玄宗《御注》十八章開始的。這一點從范祖禹云「《古文孝經》二十二章,與《尚書》、《論語》同出於孔氏壁中,歷世諸儒疑眩莫能明,故不列於學官。今文十八章,自唐明皇為之注,遂行於世。二書雖大同而小異,然得其真者古文也」的表述,[55] 更為明確。由此可知司馬光、范祖禹等提倡古文的學者,為了表明古文優於今文,而把當時非必以「今文」稱呼的隸書(或楷書)《孝經》,因為以隸書(楷書)書寫的《古文孝經》而特別分別附加上「十八章」及「二十二章」的標示。

這樣相對還算準確的表述,在宋代晁公武(1105-1180)撰《郡齋讀書志》:「溫公《古文孝經指解》一卷。右古文二十二章,與《尚書》同出於壁中,蓋孔惠所藏者,與顏芝十八章大較相似,而析出三章,又有〈閨門〉一章,不同者四百餘字。劉向校書,以十八章為定,故世不大傳,獨有孔安國注,今亡。然諸家說不安處,古文字讀皆異。推此言之,未必非真也。皇朝司馬文正公為之指解」,[56] 及宋代陳振孫(1179-1262)《直齋書錄解題》:「《古文孝經指解》一卷司馬光撰。按《唐志》、《孝經》二十七家,今溫公序言秘閣所藏止有鄭氏、明皇及古文三家而已。古文有經無傳,以隸體寫之,而為之指解,仁宗朝表上之」等記述,[57] 還能保持理解上的一貫準確,最主要是並無稱「古文」而非連帶稱「今文」的字樣。

---

55 同前引,頁 89。
56 宋・晁公武撰,孫猛校證:《郡齋讀書志校證》(上海:上海古籍出版社,1990年),頁 128。
57 宋・陳振孫撰,徐小蠻、顧美華點校:《直齋書錄解題》(上海:上海古籍出版社,1987年),頁 70。

然而，至南宋朱熹（1130-1200）宗宋代古文刊誤《孝經》經文，藉以表達其重現孔曾原始「真經」的立場之際，千年傳承的文本演變仿佛消失在朱熹筆下，宋代今古文直接成為朱熹筆下古今一貫的今古文，其於《刊誤》中頻繁提示「今文作六章，古文作七章」、「故今文連下二章為一章。……此語當依古文……」、「古文析不愛其親以下別為一章，而各冠以子曰；今文則合之……當以古文為正，……當以今文為正」，[58] 卻完全不提示此古文為司馬光《指解》本，今文為《注疏》本。如此在宋代文本環境，透過刊誤而直達孔曾真經，則所謂的「古文」或所謂的「今文」，在跨越的時空中就這樣覆蓋至整個《孝經》學史層面。

那麼，作為南宋朱子學主要傳人之一的黃震，在朱熹《刊誤》的基礎上敘述今文體系的流傳為「顏芝之子得《孝經》十八章」、「鄭康成諸儒主今文」、「明皇自註《孝經》，遂用今文十八章者為定本」，古文體系的流傳狀況為「魯恭王壞孔子屋壁，得《孝經》二十二章」、「孔安國、馬融主古文」、「司馬溫公在秘閣始專主古文《孝經》」，亦即有如此相關《孝經》今古文流傳過程「體系清晰」的記述，就順理成章了。所謂「鄭康成諸儒主今文」的說法形成的原委，由此亦大略可知。

當然還有可能出自概念傳承的混淆所致。司馬光在宋代《孝經》的今文、古文俱為隸書乃至楷書書寫的狀況下，附帶「十八章」與「二十二章」的特徵表述自有其必要。然而當「今文十八章」、「古文二十二章」的原本特定宋代文本範疇的表述，在不斷重複、不甚察覺間被以「十八章今文」、「二十二章古文」的泛化表述模糊化，於是「今文」本來限定於《御注》範疇的含義，逐漸因「十八章」特徵而使「今文」的範疇擴展向其他十八章文本，於是產生「十八章則今文」的混淆。前述宋濂「《孝經》……為今文，凡十八章，而鄭玄為之注」、四庫館臣「開元《御注》用今文，遵制者從鄭」等敘述，可見此類混淆理解。

---

[58] 宋・朱熹：《孝經刊誤》，《文淵閣四庫全書》經部第 182 冊，頁 106 上-107 下。

其實《唐會要》還有留存唐玄宗令諸儒質定當時官學《孔傳》和《鄭注》優劣的詔書，其文云「開元七年三月一日敕：《孝經》、《尚書》，有古文本《孔》、《鄭》注。其中旨趣，頗多踳駁；精義妙理，若無所歸；作業用心，復何所適。宜令諸儒並訪後進達解者，質定奏聞。其月六日。詔曰：《孝經》者，德教所先。自頃已來，獨宗鄭氏，孔氏遺旨。今則無聞。……諸家所傳，互有得失，獨據一說，能無短長？其令儒官詳定所長，令明經者習讀，若將理等，亦可並行」。[59] 其中明確表達《孝經》「古文本《孔》、《鄭》注」，這說明在唐代的官方理解中，《孔傳》是古文，《鄭注》也是古文。由此可以豁然明白，何以敦煌吐魯番文本中的《鄭注》經文中參雜著大量的所謂「古文」現象。

那麼還要追問一下，唐代以《鄭注》為古文的理解，是否名符其實呢？

（二）漢唐《孝經》今古文的本義

本書第一章已然澄清《孝經》乃是逃過秦代焚書得以流傳漢代的典籍。以其成書於焚書之前，其原本或為先秦六國古文寫成。漢初獎勵獻書，《孝經》始得以流傳開來，因傳播的途徑不同，或今文或古文，則殊途分歧。所謂「古文」、「今文」在前漢時期的意義，主要是以文字為論，「古文」者，指六國用過的古文字，比如籀文、大篆、小篆之類，《史記》多次提到「《詩》、《書》古文」、「《春秋》古文」、「古文《尚書》」、「孔氏古文」等，都是指用這類的先秦古文字寫成的經書。至漢武帝時期，古文經籍從民間相繼被發現獻上朝廷，但並未設立於學官，而是大部分被收藏在前漢祕府，這是因為武帝朝廷已經設立了儒學的「今文五經」。「今文」是指隸書，是漢代官方所採用的文字，今文五經都是朝廷經學博士用隸書寫定並教授於國學的經籍。《孝經》的隸書本與古文本，實際在前漢朝廷祕府皆有收藏同時，在官方《孝經》與民間《孝經》亦有各種傳播。

---

[59] 宋‧王溥撰：〈貢舉下〉，收入宋‧王溥撰：《唐會要》，卷36，頁1405。

《漢書・藝文志》著錄「《孝經古孔氏》一篇，二十二章」及「《孝經》一篇，十八章。長孫氏、江氏、后氏、翼氏四家」，並記述云：「《孝經》者，孔子為曾子陳孝道也。夫孝，天之經，地之義，民之行也。舉大者言，故曰《孝經》。漢興，長孫氏、博士江翁、少府后倉、諫大夫翼奉、安昌侯張禹傳之，各自名家。經文皆同，唯孔氏壁中古文為異。父母生之，續莫大焉，故親生之膝下，諸家說不安處，古文字讀皆異。」[60] 這是指官方《孝經》的兩種本，一種是十八章本的隸書今文《孝經》，主要被朝廷的經學博士所傳授，另一種是二十二章本的用古文字書寫的《孝經》，出於孔家壁藏。[61] 一旦被孔家後裔獻上朝廷，則亦屬於官方本，其本或以其後出而未講於朝廷，但作為備用國學的官方本意涵與隸書《孝經》是一致的，劉向整理祕府諸本《孝經》，正是代表了這種官方意識。

　　除《漢書・藝文志》所錄官本之外，史書文獻尚有記載多種民間流傳的《孝經》本。第一，孔鮒門人叔孫通等傳承的系列，此一系列正如《古文孝經孔氏傳・序》云「其說移風易俗，莫善於樂，謂為天子用樂，省萬邦之風，以知其盛衰」，似以主張天子禮樂治國作為宗旨。[62] 第二，顏氏父子所獻十八章本，或得於叔孫通等，其祖本在秦火之前，或為古文。文帝時，天下諸子經傳往往頗出，為此，而朝廷一度設立「孝經博士」，所用或為「顏本」，傳入官學，則改為今文隸書。第三，在河間國的流傳之本。漢初的河間國一帶，盛行收集古籍經典，獻王曾研讀的《孝經》，或為古文。[63]

---

[60] 漢・班固撰、唐・顏師古校：《漢書》，頁 1719。

[61] 關於孔壁古文，師古注曰「《家語》云孔騰字子襄，畏秦法峻急，藏《尚書》、《孝經》、《論語》於夫子舊堂壁中，而《漢記・尹敏傳》云孔鮒所藏」。孔壁《古文孝經》之由來，由此略知。前揭引文參見漢・班固撰、唐・顏師古校：《漢書》，頁 1706-1707。

[62] 漢・孔安國傳、日・太宰純音：《古文孝經孔氏傳》，《文淵閣四庫全書》第 182 冊，頁 6。

[63] 《漢書・景十三王傳》云「河間獻王德以孝景前二年立，修學好古，實事求是。從民得善書，必為好寫與之，留其真，加金帛賜以招之。繇是四方道術之人不遠千里，或

武帝以後,傳入學官,為齊、魯、韓諸家官學博士所傳,則改為今文(隸書)。第四,在孔氏家學中的傳授,《古文孝經孔氏傳》記載「魯三老孔子後惠抱詣京師,獻天子。天子使金馬門待詔學士與博士群儒,從隸字寫之」。[64] 由此可知二十二章《古文孝經》於武帝以後由魯國孔惠等人相繼傳開,且有改成今文隸書的版本,則二十二章本亦有古文字本及今文隸書本,如「霍光」所好、「魯吏」所持,都是此本在民間的流傳。由此可以瞭解前漢流傳的《孝經》諸本,實際上源流甚多。

至後漢,史載傳授《孝經》的學者,從經傳的記載中可見桓譚、鄭眾、范升、衛宏、賈逵、許慎、馬融、許沖、鄭玄等人。不過,需要提及一點是,前漢重「師法」,因而綿綿相傳,學統分明,就《孝經》來說,亦見齊、魯、韓、孔氏家學等師承之別。到了後漢,隨著各經學派自成其說,又有各自的章句著述作為一家之學的代表作,所以一般不再考察師承,而是單以「家法」為準。[65] 這是不同於前漢《孝經》學的特色之處。鑒於這樣的授受狀況,後漢學者對《孝經》的著述,亦不限於今文家專主隸書《孝經》,

---

有先祖舊書,多奉以奏獻王者,故得書多,與漢朝等。……獻王所得書皆古文先秦舊書,《周官》、《尚書》、《禮》、《禮記》、《孟子》、《老子》之屬,皆經傳說記,七十子之徒所論。其學舉六藝,立《毛氏詩》、《左氏春秋》博士。修禮樂,被服儒術,造次必於儒者。山東諸儒者多從而遊」。《漢書》記述雖未言及獻王得到《孝經》之事,但《春秋繁露·五行對》可見獻王問《孝經》義的記述,可知其與《孝經》傳授有密切關聯。前揭引文參見漢·班固撰、唐·顏師古校:《漢書》,頁2410。

64 漢·孔安國傳、日·太宰純音:《古文孝經孔氏傳》,《文淵閣四庫全書》第 182 冊,頁 5。

65 如,《後漢書·儒林傳》記載光武帝「立五經博士,各以家法教授」(南朝宋·范曄撰、唐·李賢等注:《後漢書》,北京:中華書局,1965年,頁 2545)。又如,後漢正定五經最大規模的「東觀校書」,《後漢書·宦者傳》也有記載「帝以經傳之文多不正定,乃選通儒謁者劉珍及博士良史詣東觀,各讎校家法」(南朝宋·范曄撰、唐·李賢等注:《後漢書》,頁 2513),即以「家法」作為校定經籍的依據。與前漢的學派授受不同,後漢傳授《孝經》,多以名儒之學為顯。

古文家專主古文《孝經》。

第一，劉向本。據《隋書‧經籍志》記載「劉向典校經籍，以顏本比古文，除其繁惑，以十八章為定。鄭眾、馬融，並為之注。又有鄭氏注，相傳或云鄭玄」。[66] 後漢學官通行的《孝經》仍然是「十八章隸書本」。如，《孝經鉤命決》稱「《孝經》者，篇題就號也，所以表指擴意序中。書名出義，見道曰著，一字苞十八章，為天地喉襟要道德本，故挺以題符篇冠就」。[67] 雖是出自緯書之說，亦體現出後漢今文經學的「孝經觀」。不過，其本已經不是長孫氏等所傳「顏芝十八章本」，而是經過劉向刪繁過的「十八章本」，這是劉向折中前漢《孝經》今古文而成。這與張禹合併齊、魯、韓和古《論語》而成之《張侯論語》通行於後漢的狀況相同，「劉向本」是後漢最有影響的《孝經》定本。後漢官學傳授此本，在民間聚徒講學的古文大家們也取「劉向本」以為注，這就變成今文家取之以為「今」，古文家取之以為「古」的局勢。如《隋書》所說，當時的古文學者鄭眾、馬融、鄭玄等，皆以「劉向本」為底本作過注。從社會整體的學術背景看，後漢今古文經學逐漸形成對立的局勢中，於《孝經》經文的今古問題並未發生過爭執，則側面證明了《孝經》今古文的內容，並無明顯差別。

第二，許慎《古文孝經》。許沖《上說文表》陳其父許慎之言，說「慎又學《孝經孔氏古文說》，《古文孝經》者，孝昭帝時魯國三老所獻，建武時給事中議郎衛宏所校，皆口傳，官無其《說》，僅撰具一篇並上」。[68] 《古文孝經》的傳授經過，大致是許慎曾自撰《古文孝經》一篇，獻上朝廷。其學本之衛宏，而衛宏口傳之本，又本之前漢魯國三老所獻本。因為衛宏校定的《古文孝經》當時不傳學官，且對《古文孝經》的解說也只是口授

---

[66] 唐‧魏徵撰、令狐德棻撰：《隋書》，頁 935。

[67] 日‧安居香山、日‧中村璋八輯：《緯書集成》（石家莊：河北人民出版社，1994 年），頁 1010。

[68] 漢‧許慎撰、清‧段玉裁注：《說文解字注》（上海：上海古籍出版社，1981 年），頁 787。

而已,許慎從衛宏受《古文孝經說》,因而以古文字寫定《古文孝經》一篇獻上朝廷,藏於秘府,可惜亡於漢末的黃巾之亂。

另據郭忠恕《汗簡》據引李士訓《記異》云:「大曆初,予帶經鉏瓜於灞水之上,得石函,中有絹素《古文孝經》一部,二十二章,壹阡捌伯柒拾肆言。初傳與李太白,白授當塗令李陽冰,陽冰盡通其法,上皇太子焉。」[69] 又,韓愈《昌黎先生文集·科斗書後記》記載:「貞元中,愈事董丞相幕府,於汴州識開封令服之。服之者,陽冰子,授予以其家科斗書《孝經》、衛宏《官書》兩部合一卷。愈寶畜之而不暇學。後來京師,為四門博士,識歸公。歸公好古書,能通合之。愈曰:『古書得據依,蓋可講。』因進其所有書屬歸氏。」[70] 聯繫這兩則記述可知,唐代大曆(766)中,李士訓得出土文獻的《古文孝經》一部,二十二章,千八百七十二字,經李白傳給李陽冰。李陽冰是當時精通古文字的學者,其曾獻給皇太子一卷《古文孝經》。另一則記事說,韓愈從李陽冰子服之得其家學所傳「科斗書《孝經》、衛宏《官書》兩部,合一卷」。所以,李陽冰家傳《古文孝經》,是李士訓所得出土古籍,這卷出土古籍內容包括衛宏所校的《古文孝經》和《官書》兩種。推測此所謂《官書》,便是衛宏為《古文孝經》作的《說》,亦即許慎從衛宏所學的《古文孝經說》。《記異》又說《古文孝經》一部,二十二章,千八百七十二字,這與桓譚《新論》所說「古《孝經》一篇,二十章,千八百七十二字」字數相符合。[71] 由此可知許慎寫定的《古文孝經》與桓譚所見《古文孝經》本,皆以魯國三老獻本為源,而所謂「從衛宏受」云云,是指受衛宏口傳的《古文孝經說》。而劉向刪繁博士本,使博士隸書《孝經》的內容,也更為接近魯國三老所獻本。所以說,許慎所校《古文孝經》

---

[69] 宋·郭忠恕、夏竦編,李零、劉新光整理:《汗簡古文四聲韻》(北京:中華書局 1983年),頁43。

[70] 同前引,頁43。

[71] 漢·班固撰、唐·顏師古校:《漢書》,頁1719。

與「劉向本」，實則是字不同而文相近的。此本不絕如縷地得以傳遞，傳承過程雖有幾分離奇，卻也皆有送至朝廷官學得以記錄，或許即是宋代司馬光從祕閣所見「古文」。

第三，鄭眾、馬融諸本。據《後漢書·鄭眾傳》等記載，鄭眾有《孝經注》二卷。鄭眾之學本於其父鄭興，而鄭興從劉歆受《左傳》，鄭眾所著《孝經注》，自然以「劉向本」為底本。又，馬融為古文經學大師，遍注群經，其著《古文孝經說》不傳，從後世託名馬融作《忠經》十八章來看，可知馬融所注《古文孝經說》，應是分成十八章本，所用本為「劉向本」可知。

第四，鄭玄《孝經鄭注》。鄭玄為後漢末融合今古文經學的最有影響的學者，其所注的《孝經鄭注》，見諸於敦煌吐魯番諸本。關於鄭玄注《孝經》，《後漢書·鄭玄傳》有記載：「門人相與撰玄答諸弟子問五經，依《論語》作《鄭志》八篇。凡玄所注……《孝經》……《駁許慎五經異義》、……凡百餘萬言」。[72] 又，鄭玄《六藝論》：「孔子以六藝題目不同，指意殊別，恐道離散，後世莫知根淵，故作《孝經》，以總會之。」[73] 據此，則可知鄭玄注《孝經》是實有其事。學者據敦煌本做出考察，使《鄭注》真偽問題長期以來的懸而不決逐漸獲得澄清。[74] 筆者亦撰文，本書第八章有詳論，澄清該書中所呈現的融合今古文經說的簡約經注形式，並考察出其成書於鄭玄晚年學問成熟的時期，其將《孝經》看作孔子總會六藝「題目、指意」之書，以孔子傳承周德禮樂精神，且在鄭玄經學體系中佔居主要地位。[75] 其注則采今古文說，乃至緯說，所用經文，則是取「劉向本」，所

---

[72] 南朝宋·范曄撰、唐·李賢等注：《後漢書》，頁 1212。

[73] 唐·唐玄宗御注、宋·邢昺疏：《孝經注疏》，頁 2539。

[74] 日·林秀一：〈敦煌遺書孝経鄭注復原に関する研究〉，收入日·林秀一：《孝經學論集》，頁 109-148；陳鐵凡：《孝經鄭注校證》（臺北：國立編譯館，1987 年），頁 1-242。

[75] 莊兵：〈《孝經鄭注》新辯〉，《名古屋大學中國哲學論集》第 3 號（2004 年 3

以，鄭玄仍然是立足於古文學立場為《孝經》作注的，至於內容上，已然是以「劉向本」為基礎更為融合的文本，書體蓋亦用隸書或魏楷寫就的。

六朝時期，伴隨古文學的流行，出現以王肅為代表的古文學者，針對實質上折中今古文的鄭玄學，提出挑戰。在《孝經》部分，伴隨古學的流行而王肅採用當時他所發現的《孔傳》，並以此批判《鄭注》。而其時所謂的《鄭注》為劉向折中隸書今文和古文的作品，雖以十八章為定，文字上可能改為隸書今文，但文字內容實際已經滲透了古文經的字句，可以算做「亦古亦今」，或者「非古非今」的文本。當王肅取《孔傳》批判《鄭注》，也是批評鄭玄吸收緯說偏離孔子學術的意義，非專以《鄭注》為今文。且《鄭注》已經為當時流行的隸書或者魏楷書寫，當時通行的經學整體亦是古文學立場。我們幾乎可以說，六朝基本沒有所謂的「今文」的理解方式，《隋書‧經籍志》除了「《古文孝經》一卷。孔安國傳」之外，並沒有任何與之想對應的「今文」云云。當時所流行的許多文本，從後來的敦煌本 P.3274 被定名為《孝經鄭注疏》中亦可見，「王肅」、「謝萬」、「謝安」、「劉瓛」等眾多六朝學者的疏解《孝經》之文，例如其中針對有「己」字和無「己」字的不同版本各自的疏解，亦非今古文本截然兩分的。因此六朝時期大致以《鄭注》為主，但也有其他版本在民間流傳，包括《孔傳》。亦由於前漢「文字今古」意義上的今古文，至後漢演化成「今古經學」意義，而魏晉六朝通行古文學，於是《鄭注》以古文經學一家的立場持續到唐代，正如唐代的記錄：「開元七年三月一日敕：《孝經》《尚書》，有古文本《孔》《鄭》注⋯⋯亦可並行」[76]《鄭注》、《孔傳》當時基本都是以隸書或者魏楷書寫的，也都是當時流傳的《孝經》諸家注解之一，只是影響比較大。

從本論前面釐清宋代以後作為《孝經》今古文的特徵表述，實際上並存於敦煌吐魯番諸本中亦可印證一點：隋唐科舉興起，官學立場的《孝經》在

月），頁 30-31。
[76] 宋‧王溥撰：《唐會要》卷 36，〈貢舉下〉，頁 1405。

爭置學官過程中，針對古文經的加入，與之對應的另一家官學《鄭注》的不同屬性才漸漸被凸顯出來。而在六朝官學既然是當時通行文字書寫的《鄭注》，其實本無所謂特別強調《鄭注》是今文還是古文的。然而，即便是以隸書或者魏楷書寫的《孔傳》，因其「出自孔家」的含義，則必須明確地說「古文」。

敦煌吐魯番《孝經》諸本多出民間，宋代以後的今古文特征混在於其中，顯現為《鄭注》的各種流衍本，諸如 P.3274 佚名《孝經鄭注疏》、97TSYM1：12p 佚名《孝經義》、S.6177＋P.3378 佚名《孝經注》，P.3382 佚名《孝經注》等，很顯然是以《鄭注》為主的流衍本，甚至未必皆為《鄭注》。另外諸如敦研：0366、97TSYM1：12p、72TAM169：26（a）等北朝諸本，因其為高昌國將軍所持本，一定程度保存了六朝官學《鄭注》更為原始文本的特徵。亦如在前一章所澄清的，從唐代玄宗《御注》中多有接近六朝本經語特徵來看，《御注》的參用本正有此六朝本的淵源。

邢昺《孝經注疏》引王肅、韋昭云：「天子居四海之上，為教訓之主，為教易行，故寄易行者宣之。」[77] 由此，不僅從經文語句上對六朝本的偏重，即便從注解層面如上接受王肅、韋昭的注解《孝經》宗旨，原因在於那些注本都曾居於政治核心且產生過影響，如「天子居四海之上，為教訓之主」表述那樣，其體現出的「君主教孝」的經注性格已非常明顯，唐玄宗《御注孝經》「練康成安國之言，銓王肅韋昭之訓；近賢新注，咸入討論」[78]，以六朝重要經注作為主要參用本的原因，由此可見一斑。

第五，《古文孝經孔氏傳》，是始終帶著「孔子」的名義和「出自孔家」名義的文本，往往在朝廷提倡儒學或官學活躍之際，被提出作為爭立學官的文本。雖然《孔傳》受官學關注的時期並不多，有記載者大致為：一度

---

[77] 唐・唐玄宗御注、宋・邢昺疏：《孝經注疏》，頁 2546。
[78] 唐・唐玄宗御注：《覆卷子本唐開元御注孝經》，收入清・黎庶昌編：《古逸叢書》之五。

經過西晉王肅的提倡,東晉穆帝、孝武時代的荀昶在朝廷集議《孔傳》,還有梁武帝時代置於學官博士,旋即亡於梁亂,隋代復出設置國學的《孔傳》也被懷疑劉炫偽作。[79] 有越來越多的研究指出《孔傳》文本本身的夾雜,甚至後來帶著某種企圖被增補的內容,也一一被指出。[80]

我們發現,《孔傳》往往以出自孔家的名義進入官學,雖然暫時獲得學官地位,卻並未獲得在朝學者的普遍認同和廣泛傳播,往往是伴隨王朝更迭或政局動盪再至亡佚。所以,唐代以前數次出現的《孔傳》又數次亡佚,主要因為其作為《孝經》注釋的一家之言,只是因其「出自孔家」的背景,六朝隋唐在《孝經》學的範疇,《古文孝經孔氏傳》實際上並未能代表「古文經學」,《孔傳》也是諸家林立的古文本一家,因為六朝通行的《鄭注》本就是「古文經學」範疇,那也是官學傳播的《孝經》文本理解。前漢的博士隸書寫本稱作「今文」,是因為相對於先秦古文字本而言;後漢古文字體系的經典,經過王莽、劉歆等人的提倡,加之鄭眾、馬融等大儒在民間的講學與傳播,再有漢朝廷博士所傳隸書經典(今文)走向迷妄破碎,從而後漢時代的古文字體系的經典,形成「古文經學」而抗衡「官學經學(所謂的今文

---

[79] 參見本書第八章「《孝經鄭注》的研究」之「一、圍繞《孝經鄭注》真偽之爭」的相關取證和論述。

[80] 自林秀一指出《孔傳》多有引用《管子》之後,喬秀岩進而考察指出:「從孔傳編排的角度來看,我們特別在意林氏所說的每當引用《管子》之際,多在傳文末尾特意附加長文,而其銜接頗為拙劣,始終不免生硬之感。……稍加思索,即可推想現在的孔傳並非出於一個作者渾然一體的作品。……東晉以來至南朝流傳的孔傳,應該是不包含引用《管子》的文本,它是一種平實簡單的注釋,雖然不如鄭注謹慎,還不失為可以參考的解釋。……至於將《管子》摻入孔傳中,改編成第二代孔傳,究竟出於何時、何人?我們目前無法確定。」這種《孔傳》二次成立說一經提出,獲得劉增光、馬鐵浩,吳天宇等學者支持。例如吳天宇〈再論《古文孝經孔傳》的文本構成與歷史語境〉一文,針對《孔傳》的文本分析,推論隋初重現之《孔傳》中包含三種性質各異的組成部分:一是東晉至蕭梁時期傳行的舊《傳》;二是受六朝講經與義疏學影響而形成的解說;三是援《管子》以釋《孝經》的「新解」。本書第九章《孝經述議》的研究「三、林秀一之後的整理及研究」有較為詳盡的論述,可茲參考。

經學)」,從而今古文經學對立的形勢因而形成。至於《孔傳》被承認為學官地位,要等到梁武帝時代才實現的。

六朝官學大致通行《鄭注》,必然有一個官方權威的文本,從前述考察的數種六朝敦煌吐魯番《孝經》殘本,例如:六朝本 72TAM169:26(a)及唐代本 P.3698,可以發現帶有的「官學特徵」。《隋書‧經籍志》記載:

> 《古文孝經》一卷。孔安國傳。梁末亡逸,今疑非古本。《孝經》一卷。鄭氏注。梁有馬融、鄭眾注《孝經》二卷,亡。《孝經》一卷。王肅解。梁有魏散騎常侍蘇林,吏部尚書何晏,光祿大夫劉邵、孫氏等注《孝經》各一卷,亡。《孝經解讚》一卷。韋昭解。《孝經默注》一卷。徐整注。《集解孝經》一卷。謝萬集。《集議孝經》一卷。晉中書郎荀昶撰,亡。《集議孝經》一卷。晉東陽太守袁敬仲集。梁有《孝經皇義》一卷,宋均撰;又有晉給事中楊泓,處士虞槃佐、孫氏,東陽太守殷仲文,晉陵太守殷叔道,丹陽尹車胤,孔光各注《孝經》一卷;荀昶注《孝經》二卷;宋何承天、費沈,齊光祿大夫王玄載,國子博士明僧紹,梁五經博士嚴植之,尚書功論郎曹思文,羽林監江係之,江遜等注《孝經》各一卷;釋慧始注《孝經》一卷;陶弘景《集注孝經》一卷;諸葛循《孝經序》一卷。[81]

從上述的記錄可以發現,即便歷朝官學通行《鄭注》,如上六朝《孝經》注本林立的態勢,各種注本參酌「鄭氏注」、或參酌其他本、或參酌偶爾出現在朝廷的「孔安國傳」,從而導致如敦煌吐魯番《孝經》那樣文本分化的現象,是完全可以理解的。

唐代《御注》的成立取代原來國子學《孔傳》、《鄭注》,從內容而言又是再一次的折中今古文。從敦煌吐魯番本中多見與《御注》相同的字句而言,實可視《御注》為折中六朝諸種《孝經》本的作品,因此不能單以十八

---

[81] 張涌泉主編,許建平撰:《敦煌經部文獻合集》第 4 冊,頁 1991。

章而定今文。但出於官方隸書書寫的「石臺孝經」,則為官定的「今文」就此正式確立。

從石臺本中保存大量的漢隸古字及六朝俗字可明瞭《御注》的實質,正是六朝諸種《孝經》文本的折中之作。若在字體上進一步比較,〈石臺本〉存隸定古字及六朝俗字有:

「苐(第)」、「朙(明)」、「義(義)」、「避(避)」、
「德(德)」、「道(道)」、「知(知)」、「至(至)」、
「復(復)」、「髟(髮)」、「敢(敢)」、「毀(毀)」、
「㧏(於)」、「顯(顯)」、「念(念)」、「厥(厥)」、
「㤅(愛)」、「惡(惡)」、「不(不)」、「慢(慢)」、
「兆(兆)」、「侯(侯)」、「驕(驕)」、「節(節)」、
「貴(貴)」、「也(也)」、「其(其)」、「係(保)」、
「稷(稷)」、「履(履)」、「冰(冰)」、「灋(法)」、
「擇(擇)」、「矣(矣)」、「夜(夜)」、「又(五)」、
「兼(兼)」、「能(能)」、「失(失)」、「寐(寐)」、
「庶(庶)」、「養(養)」、「才(才)」、「甚(甚)」、
「教(教)」、「嚴(嚴)」、「莫(莫)」、「讓(讓)」、
「導(導)」、「赫(赫)」、「瞻(瞻)」、「昔(昔)」、
「國(國)」、「鰥(鰥)」、「寡(寡)」、「歡(歡)」、
「鬼(鬼)」、「享(享)」、「害(害)」、「作(作)」、
「亂(亂)」、「聖(聖)」、「本(本)」、「厚(厚)」、
「退(退)」、「淑(淑)」、「致(致)」、「喪(喪)」、
「醜(醜)」、「罪(罪)」、「善(善)」、「悅(悅)」、
「能(能)」、「修(修)」、「世(世)」、「食(食)」、
「感(感)」、「槨(槨)」、「送(送)」、「措(措)」、

「踴（踊）」、「俻（備）」。[82]

這樣，透過敦煌吐魯番本《孝經》，對重新認識與界定《孝經》的今古文，提供了新的理解方向，針對六朝隋唐《孝經》今古文歷史形態與後世的理解混淆，由此也作出了一定程度的釐清。

結語

唐代以後《孝經》今古文異同見於傳世諸本，本文以敦煌吐魯番《孝經》諸本與傳世諸本加以逐次比對，發現敦煌吐魯番諸本中，在同一寫卷中字體字讀多有呈現今古文混在的狀況，陳鐵凡先生指摘敦煌本「古文竟無一帙之遺」似未盡然。藉由本文綜合比對結果，結合歷代藝文書誌記述重新加以梳理，發現伴隨唐代《御注孝經》被作為「今文本」確立，導致宋代以後產生一種將「今文《御注孝經》十八章」泛化成「今文《孝經》十八章」的過程，黃震等宋代以後學者據當時所見今古文本而論漢唐《孝經》今古文，於是十八章本的《孝經鄭注》被理解為六朝至隋唐前期與《古文孝經孔氏傳》相並立的「今文本」，由此形成一種「《孝經》十八章則今文，二十二章則古文」的混淆的理解。歷代從官學至民間多元傳承的《孝經》學術源流，遂為宋代以後《孝經》今古文並立說統整簡化。

漢代雖然流傳十八章博士傳隸書（今文）《孝經》與孔壁出古文字（古文）《孝經》，但當時並無後世所見《孝經》今古文分立的局面，反而劉向、鄭玄等漢代大儒對《孝經》諸本的折中做法，使《孝經》內容逐漸趨同。六朝崇尚古文而《孔傳》出現，至梁陳隋唐與《鄭注》爭置學官，亦僅為兩家學官意義的並立，而非今古文含義的對立。即便之後《御注》確立為

---

[82] 本文所列舉「石臺孝經」的隸定古字及俗字，乃係對照中華民國教育部編：《異體字字典》的楷體字形徵引。參見中華民國教育部編：《異體字字典（網絡版）》，參見：http：//dict2.variants.moe.edu.tw/variants/，瀏覽日期：2015 年 1 月 24 日。

「今文」，從石臺碑刻中留存的大量隸定古文字來看，實際上於文本層面，亦非簡單以今文可論定。

　　黃震以《孝經》今古文異少同多而認為「非各為一書」，四庫館臣亦以《孝經》「經世明道」之用而稱《孝經》今古文優劣之爭為「賢者之過」。然而《孝經》今古文之爭由來已久，六朝隋唐有爭置學官的優劣之爭，宋明清有疑經改經的門戶之爭，乃至現今學術界對此爭論依然不斷，其原因雖然不乏陳陳相因所致，甚至意氣之爭，然而混淆學術源流是引發所有爭議的肇端，實為不可不辯，對澄清《孝經》學術源流，亦不無補益。

　　從下一章討論六朝隋唐《孝經》義疏學的問題，可以明確《孝經》文本的多元性格，官方推動與民間展現的生動樣貌，從而讓我們看到《孝經》解釋學在社會各個層面的多元豐富性。

第五章 《孝經》義疏學研究

　　本章將結合敦煌寫卷中所見諸種《孝經》義疏類文獻的考察，並與傳世文獻互證，例如對照劉炫《孝經述議》、邢昺《孝經注疏》及史書傳記中有關《孝經》義理疏證的資料，探究六朝隋唐《孝經》義疏學的流變與多元展開，藉以澄清《孝經》義疏學的經學史意義與價值。尤以編號為：P.3274《孝經鄭注義疏》、P.3382《孝經注》、S.6177+P.3378《孝經注》等寫卷（以上許建平定名）作為研究重點，探尋六朝隋唐《孝經》義疏學蘊含的疏解特色及對經學的批判繼承與創新，確認《孝經》義疏學在經學史上的意義與價值。

一、《孝經》義疏沿革

　　經學史上有所謂「疏不破注，注不駁經」的「漢唐經學」，是以「五經」及《論語》、《孝經》為中心開展出的經典解釋體系的學問，伴隨隋唐科舉制度形成，「疏不破注」的原則更趨明顯。就細部來看，漢學重「經」，章句訓詁為其解經特徵，唐學明「注」，即是以奉行「疏不破注」的「正義」體裁為疏解「經注」的方式。而明「注」的有效方法即是「疏」。「疏」或稱為「義」，或合稱作「義疏」、「講疏」、「義記」、「義贊」、「述義」等，發源於漢魏，通行於南北朝，體例豐富。參照學者的觀點，則「義疏是一種兼釋經注的訓詁形式，從而把它與漢代以來只注經

文的另一種形式『注』區別開來」,[1] 是處於漢唐經學中間環節。

　　概觀此時期《孝經》學術源流,漢魏六朝隋唐各朝皆奉行「以孝治天下」,《孝經》成為各階層提倡孝道的重要經典依據。兩漢時期《孝經》和《論語》以「傳記」形式附於「五經」通行於官學,西漢長孫氏、江翁、后倉、張禹諸家以師法名家,章句訓詁為其特徵。至劉向領校祕府藏書,折中《孝經》今古文重訂新本,後漢鄭眾、馬融、鄭玄等傳承此本,尤以《鄭注》在六朝時期流行最廣。西晉國子學、東晉元帝至齊、梁、陳,北朝北魏至齊、周、隋,官學多置《孝經鄭注》,梁、隋官學亦置《古文孝經孔傳》。亦由於六朝官學「經注」倍受推崇,疏解「經注」的「義疏」之學在官方教育的推動下得以普遍化,甚至出現「寧道孔聖誤,諱言鄭、服非」的風氣。加之玄學和佛學的興盛,佛教聚眾講經作疏的方式,也直接影響了當時儒家「講經」創制「義疏」的風氣。

　　尤其各朝皇家教育多注重《孝經》講經,以致《孝經》「講疏」、「義疏」著述尤多。《隋書‧經籍志》記載:

> 梁有晉穆帝《孝經》一卷,武帝時《宋總明館孝經講》、《議》各一卷,宋大明中《東宮講》,齊永明三年《東宮講孝經》,齊永明中《諸王講》及賀瑒講、議《孝經義疏》各一卷,齊臨沂令李玉之為始興王講《孝經義疏》二卷。[2]

可以看出皇家及官學講經記錄的「講疏」,還有針對講經記錄進一步研討議論以成「義疏」的過程。據舒大剛先生統計,兩晉南北朝皇家講習《孝經》事跡史書傳記可考者不下 40 餘事,一定程度上起到了提倡孝道、研究《孝

---

[1] 徐望駕:《論語集解義疏語言研究》(北京:中國社會科學出版社,2006 年),頁 9。
[2] 唐‧魏徵撰、令狐德棻撰:《隋書》(北京:中華書局,1973 年),卷 32,〈經籍志〉,頁 934。

經》的促進作用,[3] 實為不同於前後各時期,而是此時期僅有的特徵。《孝經注疏・孝經序》邢昺疏總結此時期《孝經》學規模有云:

> 言近且百家,目其多也。案其人,今文則有魏王肅、蘇林、何晏、劉邵,吳韋昭、謝萬、徐整,晉袁宏、虞槃佑,東晉楊泓、殷仲文、車胤、孫氏、庾氏、荀昶、孔光、何承天、釋慧琳、齊王玄載、明僧紹。及漢之長孫氏、江翁、翼奉、后蒼、張禹、鄭眾、鄭玄所說,各擅為一家也。其梁皇侃撰《義疏》三卷,梁武帝作《講疏》,賀瑒、嚴植之、劉貞、簡、明山賓咸有說,隋有鉅鹿魏真克者亦為之訓注。其古文出自孔氏壞壁,本是孔安國作,傳會巫蠱事,其本亡失;至隋王邵所得,以送劉炫;炫敘其得喪,述其義疏議之。劉綽亦作《疏》,與鄭《義》俱行。又馬融亦作《古文孝經傳》,而世不傳。此皆祖述名家者也。[4]

近代學者實際考得《孝經》著述 107 家,[5] 指出此時期實為《孝經》史上著作最多的時期。[6]

《北史・儒林傳》云:「《論語》、《孝經》,諸學徒莫不通講。諸儒如權會、李鉉、刁柔、熊安生、劉軌思、馬敬德之徒,多自出義疏。雖曰專門,亦皆相祖。」所云「專門」,即以一家為主,所謂「亦皆相祖」,即以一家為主,兼採眾家,義在博通。以六朝僅存體系完整的皇侃《論語義疏》為例,如皇疏《自序》有云:「侃今之講,先通何集,若江集中諸人有可採者,亦附而申之,其又別取有通人解釋,於何集無妨者,亦引取為說,以示

---

[3] 舒大剛:《中國孝經學史》(福州:福建人民出版社,2013 年),頁 155。

[4] 唐・李隆基:《孝經注疏》,清・阮元校刻《十三經注疏》(北京:中華書局,1980 年),頁 2504 下。

[5] 蔡汝堃:《孝經通考》(臺北:臺灣商務印書館,1967 年),頁 101-134。

[6] 朱明勛:〈論魏晉六朝時期的《孝經》研究〉,《華中科技大學學報》2002 年 3 月,頁 100。

廣聞也。」皇侃《義疏》以何晏《論語集解》為底本，採集江熙所集的蔡謨、袁弘、孫綽、范寧等 13 家學說，撰成《論語義疏》十卷。學者考證，何晏集解 7 家，江熙所集 13 家，皇侃所集 28 家，若把何晏江熙皇侃也算在內，合計達 52 家。另有「一本云」、「一家云」、「舊說云」、「或云」等，或因為不是名儒名家，甚至釋家，所以才不列氏名。[7] 綜合而言，「兼釋經注」，「以注為重」，「一家為主，兼採眾家」，「注重博通」，或染「玄釋」，成為六朝「義疏」學的主要趣旨。

　　隋統一南北朝，學術亦趨合流。劉炫經學成就獨步南北朝及隋，與鄭玄並稱經學史上兩大高峰，經解特徵不僅具有「兼釋經注」、「以注為重」、「注重博通」，而且批判融通六朝諸家義疏，創製「以一家為主，駁辯眾家」的「述議」，對六朝義疏學做一大變革，影響隋唐經學界甚大。學者已然澄清由孔穎達等編訂的唐代《五經正義》，據劉炫的經學著作尤多，《詩》、《書》、《左傳》三經的《正義》，幾乎皆本於劉炫各經《述議》刪修而成。[8]

　　《孝經》亦有劉炫的《述議》。有關《孝經》的作者，魏晉南北朝義疏多取古文經學立場，認為孔子及孔門弟子是紹述先王之學，亦即「述而不作」，因而孔子僅是傳述古聖孝道，曾子為《孝經》的記錄書寫者。如《古文孝經孔氏傳》云：「夫子每於閒居而歎述古之孝道也」[9]，正以此立場立論孔子於《孝經》僅是傳述古之孝道。《孝經述議》則一反六朝諸家之說，立論孔子是《孝經》的作者。[10] 不僅如此，還主張孔子身體力行《孝經》之

---

[7] 徐望駕：《論語集解義疏語言研究》，頁 7。

[8] 姜廣輝：〈政治的統一與經學的統一〉，《中國經學思想史》2011 年第 2 期，頁 741-742。

[9] 漢‧孔安國傳：《古文孝經孔氏傳》，載於《文淵閣四庫全書》第 182 冊（上海：上海古籍出版社，1987 年），頁 5。

[10] 《孝經述議》：「孔子之作《春秋》，修舊史耳，尚云則筆則削、子夏之徒不得贊一辭。此經文婉辭約，指妙義微，孝道大於策書。參才鈍於子夏，而云曾自撰錄，曾自制名，其不可八也。」這不僅駁斥《孔傳》以《孝經》為曾子所作的說法，甚至將曾

道，從思想與實踐兩個方面將《孝經》之孝作為源流，主張孔子所作《孝經》為本，「六經」所傳為末，從而確立《孝經》為孔子體認孝道與實踐孝行的經典，駁斥六朝義疏之學游離孔子學術宗旨，意在為《孝經》正本清源。如此駁辯百家以成自家之論的義疏學特徵，可謂對六朝至隋唐過渡期的義疏學發展，發揮了重要影響。[11]

唐代前期的國子學，《古文孝經孔傳》、《孝經鄭注》依然並置學官，但卻與六朝學官傳播《孝經》講說孝道的目的已然不盡相同，伴隨隋唐科舉制度的確立，《孔傳》、《鄭注》分立的情形已不適應科舉取士。在經過開元7年（719）唐玄宗詔令儒臣質定《孔傳》與《鄭注》優劣未果之後，開元10年玄宗以十八章本為底本，參酌古文及漢晉舊注，自製《御注孝經》一卷，並命元行沖作《疏》三卷，頒行國子學及天下。相隔22年後的天寶2年（743），玄宗修訂「始注」以成天寶「重注」，亦頒行國子學，同3年詔令天下每戶收藏《孝經》一本。天寶4年（745），玄宗以八分書御書「重注」上石，建碑於長安大學前，即「石臺孝經」的建立。翌年更令補訂元行沖《疏》令集賢院抄寫副本頒行中外。[12] 北宋真宗咸平2年（999），邢昺奉敕命以「重注」為底本，改訂元行沖的《疏》撰《孝經正義》三卷，《元疏》多得留存。如此，伴隨六朝隋唐官學的《鄭注》、《孔傳》至《御注》的文本推移，《孝經》義疏學亦呈現出義疏、述議、注疏等體例的衍進歷程。

《新唐書・藝文志》記載唐代《孝經》類文獻：

> 張士儒《演孝經》十二卷；《應瑞圖》一卷；賈公彥《孝經疏》五

子與《孝經》的關聯性都予以排除。引文參見日・林秀一：《孝經述議の復原に關する研究》（東京：文求堂，1953年），頁77。

[11] 莊兵：〈《孝經述議》藏本文獻整理與思想價值探究〉，《師大學報》67卷第1期（2022年3月），頁95。

[12] 宋・王溥撰：《唐會要》（北京：中華書局，1955年），卷77，〈論經義〉，頁1405-1411；及同書卷36，〈修撰〉，頁658。

卷；魏克己《注孝經》一卷；任希古《越王孝經新義》十卷；玄宗《今上孝經制旨》一卷；元行沖《御注孝經疏》二卷；尹知章《注孝經》一卷；孔穎達《孝經義疏》卷亡；王元感《注孝經》一卷；李嗣真《孝經指要》一卷；平貞昚《孝經義》卷亡；徐浩《廣孝經》十卷。[13]

如上「卷亡」部分不計，單以書名統計，唐官學收錄的新編寫《孝經》相關注、疏、義等有 10 種 43 卷之多。顯現《孝經》於學術核心領域仍是義疏、注疏多元並存的情形。

然而此期古籍大多亡佚，敦煌及吐魯番地區出土的《孝經》寫卷，尤其《孝經》義疏類著述，以 P.3274《孝經鄭注義疏》為代表的數種《孝經》注疏類寫卷，便具有重要的參考價值。加之隋代劉炫《孝經述議》、唐代元行沖《疏》得以留存，[14] 為《孝經》義疏學研究提供了體系性資料。

二、《孝經》義疏的體例衍進

敦煌寫卷及吐魯番文書發現數種的佚名《孝經注》、《孝經義疏》、《孝經疏》，大都前所未見。若以 P.3274 寫卷為例，[15] 新近呂玲娣先生研究認為敦煌本《孝經鄭注義疏》是一部介於訓詁經學與義理經學之間形式的著

---

[13] 宋・歐陽修、宋祁等撰：《新唐書・藝文志》（北京：中華書局，1975 年），卷 57，頁 1443。

[14] 邢昺《孝經注疏》多為元行沖《疏》的沿用。日・林秀一：〈敦煌遺書孝經鄭注義疏の研究〉，收入林秀一：《孝經學論集》（東京：明治書院，1975 年），頁 115。

[15] 有關敦煌寫卷 P.3274《孝經鄭注義疏》已有王重民、林秀一、王利器、陳鐵凡、陳金木、許建平等諸多學者的考察，林秀一指出此卷體例「猶有六朝義疏之舊」，卷中引劉先生、賀步兵、袁司空，林秀一考證為劉瓛、賀瑒、袁昂，疑作者可能是皇侃或其門生。日・林秀一：〈敦煌遺書孝經鄭注義疏の研究〉，收入林秀一：《孝經學論集》，頁 115。

作，它沒有隋唐義疏體常見的《序》言、篇序，只存有主體部分。此卷「成立於皇侃相同或相近之時代」，「或成於與皇侃同受教之賀瑒門下弟子之手」。雖為後人所抄，且只保留了原書的一部分，但較之於今本而言，卻更接近於南北朝儒家經學義疏的最原始面貌。其內容不僅訓釋詞義、串講句義，而且詮釋經文名物制度；不僅守鄭玄一家之言，而且旁徵博引諸家之說。在注釋體例上，敦煌本《孝經鄭注義疏》具有南北朝時期義疏體式的基本特點，即科判章段、揭示章旨、補充疏釋、徵引成說、施加按語、考辨經義等。[16]

實際觀察 P.3274《孝經鄭注義疏》，有關文中尚存以「科判」方式解經。「科判」又稱科文、科章、科節、科段、分科等，是指解釋經文的段落層次、扼要內容及章法結構。其淵源可追溯至漢代章句之學，六朝佛經疏解亦大量利用此方法。由於科判可以發揮提綱引擎、解釋章節結構關聯等功效，多自卷首開始應用。雖此卷首殘缺，僅就既有文字部分，仍可明顯確認其科判特徵。例如〈開宗明義章〉在「身體髮膚受〔之父母〕」經文之後疏云：「體科，復分為三段。從『復坐吾〔語汝〕』……終始，從『夫孝，始於事親』至終『〔於立身〕』……『〔大〕雅云』至章末引詩，結成孝體科。」又在「夫孝，始於事親，中於事君，終〔於立身〕」之後疏云：「……第二段明事人終始，而明修身始終，……始終悉就他上作說」。又在「〔大雅〕云，無念爾祖，聿修厥德」之後疏云「……成孝體科」。[17] 由此大略可以分判首章經文彼此之間的結構關係。

尚有以指示章旨表述結構，例如〈〔諸侯章第三〕〉「在上不驕，高而不危」後疏云：「前明天〔子〕……富不與侈期，而奢侈自來。此解……一

---

[16] 呂玲娣：〈敦煌本《孝經鄭注義疏》體例特點及其文獻學價值〉（《阜陽師範學院學報（社會科學版）》2018年第5期），頁60-65。

[17] 張涌泉主編、許建平撰：《敦煌經部文獻合集》第 4 冊（北京：中華書局，2008年），頁1988。引文中〔〕中的文字為《合集》補訂。

國之上,不驕者」;再如〈三才章〔第七〕〉章題後疏云:「天地謂之二儀,以人參之,謂之三才。此章明孝通天地人。」或有以個別經句提示與其他經文結構關係的表述,例如〈聖治章〉經文「君子則不然,言思可道,行思可樂⋯⋯故能成其德教,而行其政令」,《義疏》在「淑人君子,其儀不忒」下,以此句文義提示與上文結構關聯云:「引《曹風‧鳲鳩》之詩結『君子』之德,『不忒』結『言思』以下事」等等。[18]

類似的科判形式,同樣可見於《孝經述議》與《孝經注疏》,如〈述議序〉:

> 孔氏既爲作傳,故序其作意。此序之文、凡有十段明義:自「孝經者」盡「經常也」,解孝經之名也;自「有天地」盡「斯道減息」,言孝之興替在君之善惡也;(中略)自「昔吾逮從伏生」以下,言俗有謬說,己須改張之意也。[19]

《孝經注疏‧開宗明義章》:

> 「章」者,明也,謂分析科段,使理章明。《說文》曰:「樂歌竟為一章,章字從音,從十。」謂從一至十,十,數之終。諸書言章者,蓋因《風》、《雅》,凡有科段,皆謂之章焉。言天子、庶人雖列貴賤,而立身行道,無限高卑。故次首章先陳天子,等差其貴賤以至庶人,次及《三才》、《孝治》、《聖治》三章,並敘德教之所由生也。(中略)《喪親章》繼於諸章之末,言孝子事親之道紀也。[20]

如上科判方式解經雖然並非均勻遍佈各疏整篇,然以科判解經的風格,正為六朝義疏學的特徵。針對《孝經鄭注義疏》,林秀一指出此疏「繁簡疏密不

---

[18] 同前引,頁 1991。
[19] 日‧林秀一:《孝經述議の復原に關する研究》(東京:文求堂,1953 年),頁 67。
[20] 唐‧李隆基注、宋‧邢昺疏:《孝經注疏》,頁 2545 上。

一，給人一種歸納不佳之感，亦因此可以說此卷保存了作為《孝經》義疏的原始形態。」[21]

再從疏解方式來看，《孝經鄭注義疏》能宗一家為主，又能博采眾家之說，使異說並存，[22]實與南朝梁皇侃的《論語集解義疏》相近，而與《孝經述議》及《孝經注疏》的「一家為主，駁辯眾家」的特徵不同，由此亦可以顯現《孝經鄭注義疏》的六朝義疏的特徵。

例如《論語・陽貨》：「子之武城，聞弦歌之聲。」何晏《集解》：「之，往也。于時子游為武城宰而孔子往焉，既入其邑，聞弦歌之聲也。」對此，皇侃《義疏》但解「聞弦歌之聲」：

> 其則有二：一云孔子入武城堺，聞邑中人家家有弦歌之響，由子游政化和樂故也。繆播曰：子游宰小邑，能令民得其所弦歌以樂也。又一云：謂孔子入武城。聞子游身自弦歌以教民也，故江熙曰：小邑但當令足衣食教敬而已，反教歌詠先王之道也。孔安國曰：子游為武城宰也。[23]

上述何晏《論語集解》所言及的子游為武城宰以弦歌教化民眾，所弦歌者，是子游自身還是邑中人家，成為義疏的關注點，還可見引用繆播、江熙等異說，顯示「能宗一家為主，又能博采眾家之說，使異說並存」的特徵，從而形成「疏不破注，以注為主」的形式。

另外皇侃《孝經義疏》亦可見相類的形式，如下文云：

> 「自然名揚後世，光榮其親」者，皇侃云：「若生能行孝，沒而揚

---

[21] 日・林秀一：〈敦煌遺書孝經鄭注義疏の研究〉，收入林秀一：《孝經學論集》，頁116。

[22] 呂玲娣：〈敦煌本《孝經鄭注義疏》體例特點及其文獻學價值〉，頁63。

[23] 魏・何晏撰、梁・皇侃：《論語集解義疏》，《文淵閣四庫全書》（上海：上海古籍出版社，1987年），第195冊，頁328。

名,則身有德舉,乃能光榮其父母也。」因引《祭義》曰:「孝也者,國人稱願然,曰:幸哉!有子如此。」又引《哀公問》稱孔子對曰:「君子也者,人之成名也。百姓歸之名,謂之君子之子。是使其親為君子也。」此則揚名榮親也。[24]

上述「皇侃云」等文字為邢昺疏解玄宗注而引述皇侃《孝經義疏》的文字,雖然是《孝經注疏》的經注疏結構,亦可以清晰看出皇侃《義疏》解《孝經》「揚名榮親」義之後,更引「《祭義》」、「《哀公問》」,最後以「此則揚名榮親也」做總結,體現出「能宗一家為主,又能博采眾家之說,使異說並存」的特徵,「疏不破注,以注為主」的義疏形式,亦由此顯現無餘。

與此做一結構比較,《孝經鄭注義疏‧士章》:「資于事父以事母而愛同(鄭玄注:資者,人之行也。事父與母,愛同敬不同也)。資于事父以事君而敬同」之後疏云:「解鄭意:人不生則已,既生則以行業為資。劉先生以為資用之資,王肅以為資取之資。夫資取用俱歸其一也。」[25]《義疏》宗鄭注解「資」為「人之行也」,更引「劉先生」作「資用」、「王肅」作「資取」,最後以「資取用俱歸其一」做結,統合於人倫之行為。

又,《孝經鄭注義疏‧庶人章》「故自天子至於庶人,孝無始終」下疏云:

> 然五孝不別為章,而寄庶人章者,欲明貴賤理同,故於庶人而結之。

---

[24] 邢昺《孝經序》疏云「梁皇侃撰《義疏》三卷,梁武帝作《講疏》,賀瑒、嚴植之、劉貞、簡、明山賓咸有說,隋有鉅鹿魏真克者亦為之訓注。」指出皇侃有《孝經義疏》三卷,隋代仍有流傳。唐代玄宗《御注孝經》而六朝疏解不傳,皇侃《孝經義疏》亦亡佚。清代馬國翰《玉函山房輯佚書》從《御注》輯佚皇侃《孝經義疏》十八條。新近陳金木撰《皇侃之經學》,於〈皇侃之孝經學〉更輯得二十四條,增補馬氏未輯三條以及修正馬氏誤輯三條。本文引文參見陳金木:《皇侃之經學》(臺北:國立編譯館,1995年),頁118。

[25] 張涌泉主編、許建平撰:《敦煌經部文獻合集》第4冊,頁1990。

王肅云:「無始終而患不及其身者,未有此也。」謝萬云:「行孝之事無始終,恆患不及,戰戰兢兢,日夜不息解矣,未之有者,嘆少之辭也。」謝安云:「既不全其始,又不能保其終,此無終始。終始,患之所不及。」按三家之說,亦各有道理。劉先生云:「禮不下庶人,今行孝冥極,雖貴為天子,賤為庶人,其奉於父母,恐後不以天子為始,庶人為終。」鄭意云:「上從天子,下至庶人,皆當行孝無終始,能行孝道,故患難不及其身,未之有者」。言各能行孝道,故患難不及其身,此之為善之意,故云未之有也。袁司空問「何不言三卿及事師之孝」者,至於「三公」,論道經邦,燮理陰陽,官不必備,唯其人。其人必賢,故不假戒。又不云「事師」者,孝法出師,師當示以規矩,故不教資事師孝。[26]

為闡述〈庶人章〉經文體現「貴賤理同、孝無始終」的道理,《義疏》以「鄭意云:上從天子,下至庶人,皆當行孝無終始」作為疏解,之前更引王肅、謝萬、謝安、劉先生四家魏晉六朝舊說,稱王肅、謝萬、謝安三家解「孝無始終」之說「各有道理」,引劉先生輔助前說,指出百姓即便不具禮亦可行孝始終。最後引袁司空所問「不言三卿及事師之孝」並為之作答,指出具備三公之賢自然不必勸誡孝道,另外為師即能模範孝道,亦不必特別提示事師之孝。疏語但見以疏解鄭氏一家為主,兼採眾家為輔助,異說並存,整體不見駁辯之論,且此種特徵遍及《孝經鄭注義疏》全篇。

若再將此與《孝經注疏》作一對照,〈庶人章〉相關疏解云:

謝萬以為無終始,恆患不及,未之有者,少賤之辭也。劉瓛云:「禮不下庶人。若言我賤而患行孝不及己者,未之有也。」此但得憂不及之理,而失於歎少賤之義也。鄭曰:「諸家皆以為患及身,今注以為自患不及,將有說乎?」……惟《蒼頡篇》謂患為禍,孔、鄭、韋、

---

[26] 同前引,頁 1991。

王之學引之以釋此經，故皇侃曰：「無始有終，謂改悟之善，惡禍何必及之？」則無始之言，已成空設也。……古今凡庸，詎識孝道？但使能養，安知始終？若今皆及於災，便是比屋可貽禍矣。而當朝通識者以為鄭注非誤，故謝萬云：「言為人無終始者，謂孝行有終始也。患不及者，謂用心憂不足也。能行如此之善，曾子所以稱難，故鄭注云：『善未有也』。」諦詳此義，將謂不然。何者？孔聖垂文，包於上下，盡力隨分，甯限高卑？則因心而行，無不及也。如依謝萬之說，此則常情所昧矣。[27]

概而論之，上述《孝經注疏》基於《御注》解「患」作「憂患」而非「禍患」、以及「始自天子，終於庶人，尊卑雖殊，孝道同致」的見解，展開論辯，引證謝萬、謝安、劉瓛、鄭氏、皇侃以及「孔（安國）、鄭（玄）、韋（昭）、王（肅）」諸家之說。可以發現，《注疏》雖然指出謝萬、劉瓛等「得憂不及之理」，但「失於歎少賤之義」。亦即贊同謝萬、劉瓛解「患」作「憂患」，但是批駁兩家所論「因身份卑賤而不能始終盡孝之善」的觀點。至於解「患」作「禍患」的皇侃及「孔、鄭、韋、王之學」乃至「當朝通識者」，《注疏》批判諸說不能理解「孔聖垂文，包於上下，盡力隨分，甯限高卑」之寬廣義理，而與謝萬之流一樣，皆是昧於常情，亦即以身份高低論盡孝善否。顯現「以《御注》一家為主，駁辯眾家」的特徵，與《義疏》「兼採眾家」特徵有別。

劉炫《孝經述議》亦顯現與《孝經注疏》類似特徵，以《孔傳》一家為主，駁辯六朝諸家為輔。[28] 何有如此不同，本研究以為，劉炫《述議》與元行沖《疏》分別成立於隋唐一統之世，出於統合學術確立科舉經籍的權威等目的，「論破眾家以成一家之言」成為必要，而《孝經義疏》如林秀一指出

---

[27] 唐・李隆基注、宋・邢昺疏：《孝經注疏》，頁2549下。
[28] 莊兵：〈《孝經述議》藏本文獻整理與思想價值探究〉，頁89。

「此疏成於與皇侃同受教之賀瑒門下弟子之手，與皇侃《論語集解義疏》特徵近似，諸說分立正體現圓通百家的六朝義疏特色。」[29]

三、《孝經》義疏學的政教功能

具有代表性例證，關於《孝經》「愛敬」意義的理解，是六朝以來格外關注的議題，因其關涉到如何理解「孝」在家庭社會乃至國家方方面面的實踐意義，史書傳記中多有遺存相關討論。[30] 邢昺《注疏》於〈天子章〉亦見有關「愛敬」的疏解，且多達六百餘字，依「魏注」、「孔傳」、「王肅」、「韋昭」四家立論之後，進而指出：「然愛之與敬，解者眾多」，並依次列舉沈宏、劉炫、皇侃、舊說四家之說，之後更以「舊問」與「梁王」問答，詳細闡釋「愛敬」的現實政治實踐意義，於考辨名物、發明義例、申說禮制、校化字句、補充義理等，無所不包。且在文本層面，可以發現《注疏》於〈天子章〉引皇侃云「愛敬各有心跡，烝烝至惜，是為愛心。溫凊搔摩，是為愛跡。肅肅悚栗，是為敬心。拜伏擎跪，是為敬跡」，[31] 與 P.3274《孝經鄭注義疏·天子章》疏語「孝以愛敬為體，愛者蒸蒸至惜……敬者，肅栗拜服」[32] 云云甚為類似，顯現《義疏》與此的關聯。

首先看《鄭注》對《孝經》愛敬義的理解，〈天子章〉：

---

[29] 日・林秀一：〈敦煌遺書孝經鄭注義疏の研究〉，收入林秀一《孝經學論集》，頁 115。

[30] 相關六朝隋唐「愛敬」義之論證，陳壁生：《孝經學史》（上海：華東師範大學出版社，2015 年），頁 177；郜喆：〈魏晉南北朝《孝經》學中的愛敬之論及其影響——以皇侃、劉炫為中心〉（《人文雜志》2023 年 1 期），頁 77-85；潘忠偉：〈從東晉朝政看《孝經》鄭注地位上升的緣由〉（《重慶理工大學學報》，2015 年第 1 期），頁 104-108；劉增光：〈公天下的隱沒與忠君的凸顯——唐《孝經注疏》的批判性考察〉，（《孔子研究》2023 年第 2 期），頁 96-108 等相關論證，可茲參考。

[31] 唐・唐玄宗御注、宋・邢昺疏：《孝經注疏》，頁 2546。

[32] 張涌泉主編、許建平撰：《敦煌經部文獻合集》第 4 冊，頁 1988。

愛親者，不敢惡於人；敬親者，不敢慢於人。愛敬盡於事親，而德教加于百姓（鄭注：盡愛於母，盡敬于父。敬以直內，義以方外，故德教加于百姓也），形于四海，蓋天子之孝也。[33]

〈士章〉：

資于事父以事母而愛同（鄭注：資者，人之行也。事父與母，愛同敬不同也）。資于事父以事君而敬同（鄭注：事父與君，敬同愛不同）。故母取其愛（鄭玄注：不取其敬），君取其敬（鄭注：不取其愛），兼之者父也（鄭注：兼，並也。愛與母同，敬與君同，並此二者，事父之道也）。故以孝事君則忠，以敬事長則順。[34]

更於〈聖治章〉云：

聖人因嚴以教敬，因親以教愛（鄭玄注：因人尊嚴其父，教之為敬；因親近於母，教之為愛，順人情也）。聖人之教，不肅而成（鄭玄注：聖人因人情而教民，民皆樂之，故不肅而成）。[35]

　　上述《鄭注》指出「愛、敬」含義的同異及適用範疇，以愛敬皆源於親子關係的自然情感，側重有所不同，以愛盡於母，以敬盡於父；若具體落實於孝，則是愛父之情與母同，敬父之情與君同。愛是家庭人倫範疇的情感，敬是從家庭擴展到社會範疇的情感，因此以禮表現。尊嚴其父，親近於母，順此人之常情，涵養成為尊嚴敬愛父親的品質，成為孝悌；進而到朝廷上，對君主就能夠盡忠，對長輩亦能恭順。因此鄭玄指出孔子製作《孝經》的目的，正在於發揮「聖人因人情而教民」的「以孝治天下」價值。又〈廣要道章〉：

---

[33] 同前引，頁 1927。
[34] 同前引，頁 1928。
[35] 同前引，頁 1930。

禮者，敬而已矣（鄭注：敬者，禮之本，有何加焉）。……此之謂要道（鄭注：孝悌以教之，禮樂以化之，則為要道也）。[36]

鄭玄以敬是禮的根本，孝悌又是愛敬之情的倫理體現，那麼聖人以禮樂順人情的方式施行教化，注重情感的優先性，以人之常情的愛敬循禮教形成家庭社會的良善秩序，就是最好的要領。又《孝經鄭注義疏》云：「辯愛、敬同異者，士始升朝，離親辭愛，聖人所難，以義斷恩，物情不易」，這是以闡述士人階層的愛敬孝悌為例解，指出《鄭注》認為在禮教結構中貫徹愛敬孝悌的普遍意義同時，也有愛、敬內涵與表現的區別。

看《孝經鄭注義疏》對愛敬義的進一步疏解，〈天子章〉疏語「孝以愛敬為體，愛者蒸蒸至惜……敬者肅栗拜服」[37]，此為繼承《鄭注》以愛、敬為孝的自然情感理解。進而《義疏》指出把愛敬落實於孝的具體方式，「蒸蒸至惜」形容愛的盛大充沛且惜重至極，「肅栗拜服」形容敬的戰戰兢兢且拜服恭順。

與此做一對照，看皇侃《孝經義疏》所云「愛敬各有心跡，烝烝至惜，是為愛心。溫清搔摩，是為愛迹。肅肅悚栗，是為敬心。拜伏擎跪，是為敬迹」，很明顯皇侃是針對愛敬義的闡釋更為進一步，類似作出一種「心迹」體用論的疏解。《鄭注義疏》的愛敬義定位為愛敬之「心」，屬於內在性心意的表現；皇侃進而為「愛心」的顯在行為表達為「溫清搔摩，是為愛迹」；再有關「敬」，《鄭注義疏》的「肅栗」被皇侃定位為內在「敬心」的表現，將「拜服擎跪」作為敬的外在表現形式。整體而言，《鄭注義疏》的完成度顯然不及皇侃《孝經義疏》。無論是《鄭注義疏》襲用皇侃之言，或是皇侃是在《鄭注義疏》基礎上作出進一步的疏解，皆可以察覺兩疏的關聯。

---

[36] 同前引，頁 1932。
[37] 同前引，頁 1988。

其它還有《注疏》於〈天子章〉引「舊說：天子自稱則言予一人。予，我也。言我雖身處上位，猶是人中之一耳，與人不異，是謙也。若臣人稱之，則惟言一人。言四海之內惟一人，乃為尊稱也」[38]，與《義疏》疏語「〔一〕人之義有二。若天子自稱，即書（中缺）耳。與一不異，是謙也。若臣人稱〔之，則惟言一人〕而已，莫之敵也」[39] 類似；《注疏》於〈諫諍章〉引「或曰：慈者接下之別名，愛者奉上之通稱」[40]，與皇侃《孝經義疏》疏語全同。從而顯現《鄭注義疏》與皇侃《孝經義疏》的關聯，對《孝經注疏》亦產生一定的影響。

我們再從六朝隋唐政教環境中考察《孝經鄭注》的實際影響，尤其在涉及君臣關係的確認上，可以發現對《鄭注》義理的準從如何，很大程度取決於現實狀況的需求，也看到對《孝經》義理疏解的靈活多面。

首先看《晉書·康獻褚皇后傳》的記載：

> 太常殷融議依鄭玄義，衛將軍裒在宮庭則盡臣敬，太后歸寧之日自如家人之禮。太后詔曰：「典禮誠所未詳，如所奏，是情所不能安也，更詳之。」征西將軍翼、南中郎尚議謂「父尊盡于一家，君敬重于天下，鄭玄義合情禮之中」。太后從之。自後朝臣皆敬裒焉。[41]

晉康帝司馬岳皇后褚蒜子，諡號康獻褚皇后，是晉穆帝司馬聃之母，衛將軍褚裒之女。從她做皇后開始，之後做皇太后，一生經歷了六位皇帝，三度臨朝稱制四十年，亦如其所云「苟可安社稷，利天下，亦豈有所執，輒敬從所啟」，[42] 為穩定東晉王朝的政局，有效發揮了協調各方勢力的作用。上面的記載是一則有關朝廷禮儀的議政，太常殷融提議，依照鄭玄釋義，太后

---

[38] 唐·李隆基注、宋·邢昺疏：《孝經注疏》，頁 2546。
[39] 張涌泉主編、許建平撰：《敦煌經部文獻合集》第 4 冊，頁 1989。
[40] 唐·唐玄宗御注、宋·邢昺疏：《孝經注疏》，頁 2558 上。
[41] 唐·房玄齡等撰：《晉書》（北京：中華書局，1974 年），頁 975。
[42] 同前引，頁 977。

父衛將軍褚裒，在宮廷則行臣禮，太后回家時則行家人禮。太后下詔云：「典禮如何規定不詳，如照殷融所奏，在情理上有些不安，要再詳細考究。」征西將軍庾翼、南中郎謝尚附議云：「父在一家最尊，君在天下最重，鄭玄的釋義的確合乎情理」，於是太后聽從了這個意見。從此以後，朝臣都敬重褚裒。

根據潘忠偉先生考察，上述記載中「父尊盡于一家，君敬重於天下」禮儀所依據的鄭玄之說，不見於鄭玄三《禮》注，而是本於《孝經》鄭玄注的「先愛後敬說」，在當時並非是一般的禮儀變革。[43] 史載建元元年（343），征西將軍庾翼醞釀北伐，以中書監庾冰出鎮江州以作後援，於是讓褚太后之父褚裒入朝擔任衛將軍、領中書令。甚至「有司以裒皇太后父，議加不臣之禮」，此種無上的禮遇，也的確讓褚裒自覺不妥，於是提出「不亦以姻戚居之，固讓」。[44] 在外戚干政而敏感的時局中，不失時機地依據《孝經鄭注》提出「先愛後敬」說，以太后（女兒）在家盡孝（父尊）、以褚裒（臣）在朝廷對太后行君臣禮（君敬）的方式，寓情於禮，以孝顯忠，既提升了褚裒在朝廷的威望，亦讓褚太后臨朝稱制有了經典依據，是謂一次成功的政治舉措。并且《孝經鄭注》在褚太后臨朝稱制期間一直為官學重視的經典，尤其晉穆帝（母親褚太后）、晉孝武帝（褚太后為堂兄晉康帝遺孀，稱堂嫂）都親自講解《孝經》。[45]

所謂「先愛後敬說」，見於《孝經注疏》邢昺疏所見六朝舊疏：

> 所以於〈天子章〉明愛敬者，王肅、韋昭云：天子居四海之上，為教訓之主，為教易行，故寄易行者宣之。然愛之與敬，解者眾多。沈宏云：「親至結心為愛，崇恪表迹為敬。」劉炫云：「愛惡俱在於心，

---

[43] 潘忠偉：〈從東晉朝政看《孝經》鄭注地位上升的緣由〉，《重慶理工大學學報》，2015年第1期，頁105。
[44] 唐・房玄齡等撰：《晉書》，頁1932。
[45] 唐・魏徵撰、令狐德棻撰：《隋書》，頁934。

敬慢並見於貌。愛者隱惜而結於內，敬者嚴肅而形於外。」皇侃云：「愛敬各有心迹，烝烝至惜，是為愛心。溫清搔摩，是為愛迹。肅肅悚慄，是為敬心。拜伏擎跪，是為敬迹。」舊說云：「愛生於真，敬起自嚴。孝是真性，故先愛後敬也。」

上述疏文中「沈宏」為「袁宏」之誤，[46] 袁宏曾參與孝武集議《孝經》，[47] 沈宏云：「親至結心為愛，崇恪表迹為敬。」亦可視為繼承《鄭注》以愛、敬為孝的自然情感的理解，為愛敬落實於孝闡述一種「心迹」體用的玄學方式，與皇侃「愛敬各有心迹」的理解不同，顯現為另一種「愛心敬迹」的理解方式，與疏文劉炫主張的「愛心敬貌」類似。不過，袁宏、劉炫、皇侃三家的愛敬說，並為《注疏》「舊說」統合於「愛生於真，敬起自嚴。孝是真性」的「先愛後敬」說，依然在《鄭注》以順應人情自然、注重個體情感的「愛」由於「真」為「孝」的優先性的。前述朝議「父尊盡于一家，君敬重于天下」，是以在家盡愛敬之孝（「真」），則在朝盡敬重之忠（「嚴」）而達成的，《鄭注》的「先愛後敬」說的確為此提供了有效的義理依據。

然而，以「先愛後敬」為說的孝，在君臣關係以確立尊卑秩序為前提的狀況下，另一方面的情感化取向，亦可能帶來理論上的尊卑失序。《南齊書‧文惠太子傳》的記載體現了對此種可能狀況的議論：

永明三年，於崇正殿講孝經，少傅王儉以摘句令太子僕周顒撰為義

---

[46] 〈校勘記〉於「沈宏云」後云：「阮元引嘉善浦鏜云：按陸氏注解傳述人當『袁宏』之誤」。唐‧李隆基注、宋‧邢昺疏：《孝經注疏》，頁2547。

[47] 「晉穆帝永和十一年，及孝武太元元年，再聚群臣，共論經義，有荀昶者，撰集《孝經》諸說，始以鄭氏為宗。」引文參見唐‧李隆基注、宋‧邢昺疏：《孝經注疏》，頁2537。又《晉書‧車胤傳》：「孝武帝嘗講《孝經》，僕射謝安侍坐，尚書陸納侍講，侍中卞眈執讀，黃門侍郎謝石、吏部郎袁宏執經，胤與丹陽尹王混摘句，時論榮之。」唐‧房玄齡等撰：《晉書》（北京：中華書局，1974年），頁2177。

疏。五年冬，太子臨國學，親臨策試諸生，於坐問少傅王儉曰：「曲禮云『無不敬』。尋下之奉上，可以盡禮，上之接下，慈而非敬。今總同敬名，將不為昧？」儉曰：「鄭玄云『禮主於敬』，便當是尊卑所同。」太子曰：「若如來通，則忠惠可以一名，孝慈不須別稱。」儉曰：「尊卑號稱，不可悉同，愛敬之名，有時相次。忠惠之異，誠以聖旨，孝慈互舉，竊有微據。禮云『不勝喪比於不慈不孝』，此則其義。」太子曰：「資敬奉君，資愛事親，兼此二塗，唯在一極。今乃移敬接下，豈復在三之義？」儉曰：「資敬奉君，必同至極，移敬逮下，不慢而已。」[48]

永明三年（486）南齊文惠太子蕭長懋曾講《孝經》並撰製《義疏》，或許是帶著《孝經》義疏的疑問，永明五年（487）冬，太子趁著在國學策試學生之際對少傅王儉詢問說：「《曲禮》上說『無不敬』。但細究起來，下之奉上是應當按禮恭敬的，但上對下應該慈而不是敬。現在對尊對卑都說成是敬，不是太模糊了麼？」王儉於是以鄭玄主張「禮的內涵主要在於敬」作為依據，指出尊卑關係是以禮展現的，因而一樣都要用敬。王儉關注禮的涵蓋性，文惠太子則是關注禮的區別性。按《孝經鄭注‧廣要道章》云「禮者，敬而已矣。（鄭玄注：敬者，禮之本，又何加焉）」[49]，鄭玄本意是以敬父的自然情感加以涵養，就會成為在朝廷禮敬君長之品德，故而認可禮內涵不外乎敬，是在禮樂政教結構中對敬的認可。

太子繼續質問：「若如你那樣（涵蓋性地）說，那麼忠與惠也可以用一個概念，孝和慈也不必分開來說了。」王儉回答：「尊和卑是等級稱謂，不能一樣，愛和敬的名目，有時是並稱的。而忠和惠的區別確如您所說的那樣（指稱要與尊卑相應），至於孝和慈是一種互相關係，我這裏有根據。

---

[48] 南朝梁‧蕭子顯：《南齊書》（北京：中華書局，1972年），頁399。
[49] 張涌泉主編、許建平撰：《敦煌經部文獻合集》第4冊，頁1932。

《禮》云『喪毀過度也會被比做不慈不孝』,慈孝意義可以互通的。」這裏王儉回應「忠惠之異,誠以聖旨」,已經認可「臣對君」與「君對臣」對應著尊卑不可失序的原則。於是太子引用《孝經》再反問道:「本着敬的原則來事奉君王,本着愛的原則來事奉父母。愛、敬是由子對父的情感來定義的,因此愛、敬只能指向子對父、下對上。你現在又說上要用敬來對待下,這不是又生出敬的第三個意義了麼?」王儉於是只好說:「本着敬的原則事奉君主,是要求下級盡心竭力,而上級用敬待下,只是要不輕慢而已。」這樣一來,正如郜喆先生研究指出:「王儉以敬為『尊卑所同』的觀點不攻自破」。[50]

這個案例的有趣之處,文惠太子與少傅王儉各自為了證成自己的觀點都以《孝經》鄭玄注辯護,文惠太子關注如何以敬體現君臣關係的不可失序,關注敬的區別性,仍是以《孝經》五等之孝的尊卑結構為前提來認可愛敬帶給政教秩序的意義的,這仍是本於鄭玄說;王儉則以人人具有敬的情感,順此人情展現於禮教便體現出敬愛、孝慈的普遍價值,是關注敬於禮樂政教的涵蓋意義,這也是取義鄭玄說。只是,從兩者對《孝經》義理的價值取向,是取決於現實狀況需求而各有側重的。

雖然如文惠太子考量在政治倫理上忠君在於強調「敬」與「嚴」,然而魏晉六朝隋唐的王權獲得,大都是巧取豪奪的有違名教的狀況,[51] 為從經典

---

[50] 郜喆:〈魏晉南北朝《孝經》學中的愛敬之論及其影響——以皇侃、劉炫為中心〉,《人文雜志》2023 年 1 期,頁 77-85。

[51] 魯迅在〈魏晉風度及文章與藥及酒之關係〉指出:「魏晉,是以孝治天下的,不孝,故不能不殺。為什麼要以孝治天下呢?因為天位從禪讓,即巧取豪奪而來,若主張以忠治天下,他們的立腳點便不穩,辦事便棘手,立論也難了,所以一定要以孝治天下。」魯迅:〈魏晉風度及文章與藥及酒之關係〉,《魯迅學術論著》(杭州:浙江人民出版社,1998 年),頁 381。魯迅揭露魏晉統治者何以重孝的原因,一方面是政治上的巧取豪奪的醜惡現實原因,帶來人心對忠義的無法信任,於是統治者推崇孝道成為「以孝做忠」的手段,以便維繫即得統治局面。即便之後的六朝隋唐,統治階層利用推行孝道、推廣《孝經》的狀況,也多有類似。

求證王權的合理性，以孝做忠，以愛入孝，先愛後敬的理論便成為統治階層的現實需求。如劉邵《人物志·八觀》指出：「愛生於父子，敬立於君臣。《孝經》以愛為至德，起父子之親，故為至德，以敬為要道，終君臣之義，故為道之要」，敬是實現孝的要領和途徑，愛才是孝的主要內涵。又云「敬之為道也，嚴而相離，其勢難久；愛之為道也，情親意厚，深而感物。」[52] 敬因為「嚴而相離，其勢難久」，故必須借助於禮法維持，因此易流於表面的形式；愛則「情親意厚，深而感物」，本是發自於內心的真摯情感，能自然長久地保持。故敬只有建立在愛的基礎上，才是發自內心之敬，因而愛是敬的基礎。這一主張，使得在社會政治領域以孝德單方面強調敬而忽視愛的《孝經》原本理解，藉由加入愛的優先性，並基於人情自然的普遍性，為立論政治倫理上推行「以孝做忠」賦予了現實可行。在現實社會的極端表現，由於推崇自然真情的孝，符合名教禮儀的孝反受輕視。[53] 唐長孺先生指出：「自晉以後，門閥制度的確立，促使孝道的實踐在社會上具有更大的經濟上與政治上的作用，因此親先於君，孝先於忠的觀念得以形成。同時，現實的政治也加強了，並且發展了這種觀點。」[54]

當愛敬的普遍意義在政治倫理上被認可與被推行之際，履行孝道的義務與責任，實際上並不是君主義務和責任的增加，而是成為在天子以下各階層，尤其對於庶民階層的要求。看下面的例證：

> 舊問曰：「天子以愛、敬為孝，及庶人以躬耕為孝，五者並相通

---

[52] 晉·劉邵撰：《人物志》（上海：上海古籍出版社，1990年），頁25。
[53] 比較典型的例子，如《世說新語》記載：「王戎、和嶠同時遭大喪，俱以孝稱。王雞骨支牀，和哭泣備禮。武帝謂劉仲雄曰：『卿數省王、和不？聞和哀苦過禮，使人憂之。』仲雄曰：『和嶠雖備禮，神氣不損；王戎雖不備禮，而哀毀骨立。臣以和嶠生孝，王戎死孝。陛下不應憂嶠，而應憂戎。』」參見余嘉錫：《世說新語箋疏》（北京：中華書局，1983年），頁16。
[54] 唐長孺：〈魏晉南北朝的君父先後論〉，《魏晉南北朝史論拾遺》（北京：中華書局，1983年），頁238。

否？」梁王答云：「天子既極愛、敬，必須五等行之，然後乃成。庶人雖在躬耕，豈不愛、敬及不驕、不溢已下事邪？以此言之，五等之孝，互相通也。」[55]

上面邢昺《孝經注疏》引用南朝梁武帝與他人的問答中，愛敬的普遍意義被強調貫徹於五等階層，原本庶人「謹身節用，以養父母」的孝道內涵，也被加入諸侯士大夫階層要履行的「不驕、不溢已下事」，表面上五等之孝成為共同遵從的原則，實質上是被統治階層在公領域對孝道——實際就是對「以孝做忠」的履行義務的強化。君主以愛敬身先履行的典範責任反而悄然退隱，代之以替天執法的意義相應而生。看《注疏》進而闡述：

《制旨》言天無立極之統，無以常其明。地無立極之統，無以常其利。人無立身之本，無以常其德。……夫愛始於和，而敬生於順。是以因和以教愛，則易知而有親；因順以教敬，則易從而有功。愛敬之化行，而禮樂之政備矣。聖人則天之明以為經，因地之利以行義。故能不待嚴肅而成可久可大之業焉。[56]

愛始於和，因和以教愛，敬生於順，因順以教敬。愛敬不再源於父母之情，而是被抽象為則天因地的「和順之道」，把源自親子愛敬自然情感泛化，抽離了情感性，凸顯出天道自然性，天子也化身成為聖人，以和順之道教導人民，達到人民易知易行的功效。此種以《易傳》溝通《孝經》的方式，已經蘊含著代天立法的意義。[57] 亦如劉增光先生指出：「作為帝王御制的《孝經注》，以及秉帝王之命撰作的《疏》，二者為一整體，共同構成了

---

[55] 唐·唐玄宗御注、宋·邢昺疏：《孝經注疏》，頁 2546。
[56] 同前引，頁 2550。
[57] 《制旨》暗引《繫辭上》文：「乾知大始，坤作成物。乾以易知，坤以簡能。易則易知，簡則易從。易知則有親，易從則有功。有親則可久，有功則可大」。引文參見魏·王弼、晉·韓康伯注、唐·孔穎達等正義：《周易正義》，清·阮元校刻《十三經注疏》（北京：中華書局，1980 年），頁 76。

一部頒行天下的政治教科書,而此教科書的閱讀者顯然主要是唐玄宗治下的臣民,而非唐玄宗本人。」[58]

以上論述可以讓我們一窺六朝隋唐《孝經》義疏在義理開展的軌跡,及其在現實的政教實踐中的具體展現。對《孝經》義理的準從如何,很大程度取決於現實狀況的需求,也看到《孝經》義理在延展向義疏層面,看似自由多面,實際與現實政治息息相關。

四、《孝經》義疏學的社會多元開展

《孝經》作為推動「以孝治天下」的代表經典,夾帶著自兩漢以降倍受推崇的影響力,以及因應魏晉當時的現實局勢,自然成為魏晉隋唐統治階層格外重視的經典。《晉書・忠義傳》記載:「晉自元康之後,政亂朝昏,禍難薦興,艱虞孔熾,遂使奸凶放命,戎狄交侵,函夏沸騰,蒼生塗炭,干戈日用,戰爭方興。雖背恩忘義之徒不可勝載,而蹈節輕生之士無乏於時。」[59] 又《晉書・孝友傳》記載:「晉氏始自中朝,逮於江左,雖百六之災遄及,而君子之道未消,孝悌名流,猶為繼踵。」[60] 面對黑暗的現實,既得利益的統治階層,為了維護統治安定局面,寄予《孝經》格外的重視是出於政治需要。另一方面,正直之士提倡孝道,社會上孝友、忠信之士更是層出不窮,對樹立以孝悌忠順推動社會教化以及導正風俗,無疑更能發揮正面意義,符合人們的意願。諸如六朝隋唐時期湧現大量的正史記錄以及私人撰著的孝子傳、孝義傳,孝子繪,[61] 以及史書傳記中記錄的大量的孝子記錄,顯

---

[58] 劉增光:〈公天下的隱沒與忠君的凸顯——唐《孝經注疏》的批判性考察〉,頁 96-108。

[59] 唐・房玄齡等撰:《晉書》(北京:中華書局,1974 年),頁 2297。

[60] 同前引,頁 2274。

[61] 參見舒大剛先生的整理:沈約《宋書》、蕭子顯《南齊書》首先創設《孝義傳》,北朝魏收的《魏書》也設有《孝感》、《節義》兩傳。後來唐人補撰南北朝各史,也都

現孝已經提升為國家宣導、乃至要求社會成員普遍遵守的規範，《孝經》成為啓蒙經典、官員的任用聘罷，乃至成為陪葬，治病、退敵的神書功用，體現著《孝經》被重視和推廣的程度。[62]

從《孝經》的社會教化角度，我們從敦煌吐魯番《孝經》義疏類文獻中，還可發現一些特徵。與 P.3274《孝經鄭注義疏》亦有相關性，例如 S.6177+P.3378《孝經注》及 P.3382《孝經注》，前人研究觀點傾向將這些卷子歸為帶有六朝義疏學性格的儒家講經文。如潘重規先生指出：

> 伯三三七八寫本，是一個《孝經注》的殘本，沒有注者的名氏。其書雜引故事，發揮經義，所引的故事，很像小説家言……。考今行《孝經疏》，為宋邢昺增損唐元行沖《疏》所成。宋《崇文總目》云：「初，世傳元行沖《疏》外，餘家尚多，皆猥俗褊陋，不足行遠。咸平中，昺等奉詔，據元氏本而增損焉。」我們看上引伯三三七八敦煌寫本《孝經疏》殘卷，大概就是《崇文總目》所說的元行沖以外的「猥俗褊陋，不足行遠」的《孝經疏》。但是蔓引故事，流於猥俗，顯然是受了唐代佛教徒俗講經文風氣的影響。[63]

又有指出：

繼承這一編撰方法，姚思廉《梁書》及《陳書》設《孝義傳》和《孝行傳》，令狐德棻《周書》亦有《孝義傳》，魏徵等《晉書》有《孝友》、《忠信》兩傳，李延壽《南史》和《北史》也分別設有《孝義》、《孝行》兩類傳記。這雖然是對前代史書傳統的繼承，其實更是南北朝社會存在的客觀需要。舒大剛：《中國孝經學史》（福州：福建人民出版社，2013 年），頁 142。

[62] 例如關開華研究，透過對《晉書》、《宋書》、《南齊書》、《梁書》、《陳書》、《魏書》、《周書》中入傳的孝子進行統計後，得出共計82位入傳者，其中因居喪或對父母的喪葬方面表現突出的孝子占51位。參見關開華：《魏晉南北朝孝文化研究》（濟南：山東師範大學碩士學位論文，2012 年），頁 53-54。

[63] 潘重規：〈簡談幾個敦煌寫本儒家經典〉（《孔孟月刊》第 24 集 12 號，1986 年 8 月），頁 23-24。

第五章　《孝經》義疏學研究　217

> 余讀敦煌伯三三七八、伯三三八二《孝經》殘卷，均晚唐寫本，其書雜引故事，發揮經義，與俗講經文藉故事以宣揚佛理者，其用意正同。此種解經風格，顯然受俗講經文之影響。現節引數事，以資證明⋯⋯。此二卷殘疏，解釋經文「夙夜匪懈，以事一人」，則敷演趙盾故事；解釋「以孝事君則忠」，則牽引申明相楚瑣言；解釋「以孝事君則忠」，則渲染姜嫄棄稷之神話。凡此皆溢出經義，侈陳故事，且文字多用口語，均與變文風格相同，其為受俗講變文之作品甚明。又伯三三二八卷解「天地之性人為貴」，其言有云：「人有五藏，脾腎肝肺膽魂心意各自相持，假合共立此身。」似亦出於薰染佛家思想者之手。是則撰疏者摹仿變文風格自屬可能。[64]

就潘重規立論角度而言，在相關上述敦煌各卷《孝經》注疏的理解評述上，不無立足傳統經學立場而傾向表達對此本的批評意見。就這些新發現的佚名《孝經注》成立的歷史背景而論，其共通特徵仍在於疏解《孝經》的義疏體裁，且「義疏」多以講頌形式傳播，聽講者不僅王公貴戚、官員學士，亦遍及庶民百姓。則如《崇文總目》所謂「猥俗褊陋，不足行遠」云云，比照儒家經學正統立場而立論，亦自有其作為傳達古聖先賢的經學義理意義上的合理性。

若具體觀察 S.6177+P.3378《孝經注》的經注形式，諸如〈開宗明義章第一〉經文「無念爾祖，聿脩厥德」下注云：

> 無，毋；爾，汝；聿，脩；厥，其。每事當念先祖善功德，繼而行之，不可使用不及。言此周公戒成王之詩，引證之，欲使明其孝慎終，未使隕墜先祖之基業。[65]

---

[64] 潘重規：〈敦煌變文與儒生解經〉（《靜宜學報》第 4 期，1981 年 6 月），頁 1-13。
[65] 張涌泉主編、許建平撰：《敦煌經部文獻合集》第 4 冊，頁 1963。

〈卿大夫第四〉經文「非先王之德行不敢行」下注云：

> 行者，六德之行。仁、義、禮、智、忠、信，是為六德。[66]

P.3382《孝經注》於〈孝治章第八〉經文「災害不生，禍亂不作」下注云：

> 若有災害，大反歛曰災，傷暴人物曰害。政敗民逆曰亂，國事喪破曰禍。禍亂無緣得起曰作。[67]

〈聖治章第九〉經文「孝莫大於嚴父」下注云：

> 莫，無；嚴，尊。人修己孝行，唯嚴尊父母是為最大也。[68]

如此不一而足，實際上仍是採取涵蓋全篇的「經注章句」訓注形式，並未全然流於散漫口說。林秀一指出上述兩種寫卷「特別關於禮制解說的部分多達二、三十行，帶有義疏特徵。其中解釋多受到五行思想、讖緯思想的濃厚影響，文中也頗有晦澀難懂的部分，推論是六朝人的注解，應該是無誤的。」[69] 文中還可見發揮經義的類似俗講經文的大幅講說故事文字，則多是附錄在「經注」之後，顯示出此兩種《孝經注》，當有原始經注藍本，如林秀一所推論。面對公眾講說之際，方成雜引故事發揮經義的類似俗講經文。

然而所謂「猥俗褊陋，不足行遠」的理解，多為後來學者所援引，一定程度影響著現今的研究取向。[70] 若非必以此為界定，一方面探究其經注的淵源，另一方面在唐代講孝勸善風氣盛行的狀況中探究其開展的樣貌，則可展現出六朝隋唐《孝經》傳播的多元面向。南北朝之際《孝經》義疏不下數十

---

[66] 同前引，頁 1965。
[67] 同前引，頁 1978。
[68] 同前引，頁 1979。
[69] 林秀一：〈敦煌遺書孝經考〉，《孝經學論集》，頁 36。
[70] 許建平：《敦煌經籍敘錄》（北京：中華書局，2006 年），頁 422-424。

家卻均已散佚，敦煌吐魯番寫卷的出現，為瞭解這類義疏、注疏的特徵，提供了活生生的第一手資料，茲足可寶貴。

如 S.6177+P.3378 佚名《孝經注》，〈卿大夫章〉經文「蓋卿大夫之孝也。詩云：夙夜匪解，以事一人。」之下，見存長達千字的疏解文字，其文云「言大夫夜寐晨興，所以敬事天子之命」之後，以「傳曰」開始，講述晉靈公三次欲殺趙盾、而趙盾三次皆得逃生的故事，作為表達臣子侍奉君主的忠孝之義。[71] 與《史記·晉世家》及《左傳》的記載情節出入甚大，從措辭以及展開形式而言，諸如：「靈公為人好食熊掌，常使厨士煮之，少時不熟，公即嗔怒，以銅杖叩煞之。公自思忖：以食煞人，不彰路，亦不用人諫。於是即使人剔厨士，支解，以畚盛之，以菜覆其上」云云，[72]「蔓引故事，流於猥俗」的評價很是中肯。

但是從思想性的層面觀察，整個故事的展開重點，實際更側重在表達趙盾三次皆得逃生的原因陳述。亦即第一次鉏倪（《左傳》作「鉏麑」，晉國勇士）受命殺趙盾，卻因為看到趙盾與伴在左右兩位妻子三人進餐的簡樸情景而最後決定「自絞，因方便盾還活」；後兩次趙盾得以逃生，是因為「桑下飢人（《左傳》作「靈輒」，晉國勇士）」的報恩。趙盾在旅途遇到「桑下飢人」，於是「傾壺中酪，口含數口與之，飢人便得生」。後來「飢人」得為靈公重臣，在趙盾幾度蒙受生死危機之際，都私下出手援助。等趙盾徹底脫險，最後才告知身份。

如此的疏解，自是游離歷史事實以及經文原本的意義，明顯側重以世俗家庭層面的道德行為，作為評價忠臣良將的指標。並且還帶有佛教「因果」與「報恩」的觀念於其中。行文的渲染方式，亦多以身臨其境的心理描述展開，諸如「鉏倪奉命，更往欲煞趙盾。鉏倪等思付：盾一國忠賢之臣，如何得煞，我等鉏倪只得為趙大夫死。便即叩頭，在槐樹自絞而死，因方便盾還

---

[71] 張涌泉主編、許建平：《敦煌經部文獻合集》第 4 冊，頁 1965-1966。
[72] 同前引，頁 1965。

活」,[73] 顯得感人且生動,貼近世俗。

又 P.3382〈聖治章〉疏解「天地之性人最為貴」一處,總體以陰陽五行天人感應的論調,鋪陳人體各種器官比照日月星辰、山川草木、陰陽寒暑、風霜雨雪而生,人之「仁義禮智信」等五常道德,亦是與天地四方五行五官相對應而生。這樣的鋪陳,顯現出當時一般世俗所理解的知識背景。其中諸如「人有九孔,癃血常流;身如五屏,含垢在中……體有八萬四千蟲,蟲戶別有三千小蟲,蟲有三毒,貪世間財色」[74] 等表述,亦顯現出基於佛教理論的觀身不淨與貪嗔痴三毒的知識背景。

其他還有相關「楚相申明死父事君」[75]、「湯王燒身求雨」[76]、「后稷出生」[77] 等長篇講述文字,內容大都以人物富有獻身性質的行為,藉以渲染孝感天地、孝感神明、因緣果報之類的道理。這樣的富含講經文特徵,其面

---

[73] 同前引,頁 1965。

[74] 同前引,頁 1978。文中表述所依據佛典,可參見《增壹阿含 37.7 經》(《大正藏》第 2 冊,No.125)「九孔之中漏出不淨,」頁 713 上;「一人身中骨有三百六十,毛孔九萬九千,脈有五百,筋有五百,蟲八萬戶。比丘當知:六入之身有如是災變」,頁 714 上。

[75] 同前引,頁 1966。文中故事情節鋪陳,與《說苑・立節》近似。漢・劉向撰、向宗魯校證:《說苑校證》(北京:中華書局,1987 年),頁 83-84。

[76] 同前引,頁 1964。文中故事情節鋪陳,與《昭明文選・思玄賦》李善引古本《淮南子》類似。其文云:「善曰:淮南子曰:湯時大旱七年,卜用人祀天。湯曰:我本卜祭為民,豈乎自當之。乃使人積薪,翦髮及爪,自潔,居柴上,將自焚以祭天。火將燃,即降大雨。」南朝梁・蕭統選、唐・李善注:《昭明文選》(北京:京華出版社,2000 年),頁 665。

[77] 同前引,頁 1979。文中列舉兩種后稷出生傳說,與《史記・周本紀》所記載的出生過程及三度被丟再收養的情節類似,只有關於后稷出生被遺棄的原因,稍有不同。《史記・周本紀》「以為不祥棄之」,不詳遭棄,顯示責任在后稷一方;而本文中一則以「后稷醜陋,姜嫄恥慚,不忍留養」為由,另一則以「為無大智,姜后羞恥不養」為由,一方面以后稷的醜陋、無智為由,另一方增添姜后羞恥的要素,從而遺棄成為雙方責任。文中還出現「貪然」、「有神通」、「林野之難,世修其業」等帶有因果業報思想的佛教用語。

對聽者不在於闡發經學精微義理，而在說孝勸善的目的甚為明顯。少了許多學究氣息，讀來令人感到饒有興味，顯現一種《孝經》注本在民間勸孝活動中被作為說孝勸善教材的有趣案例。

結語

以上敦煌《孝經》義疏類文獻做出考察，一定程度澄清了《孝經》義疏中蘊含的疏解特色。有關敦煌本 P.3274《孝經鄭注義疏》的各種問題考察，已有林秀一、陳鐵凡、許建平、陳鴻森、呂玲娣等學者的研究成果，本研究藉由取證《孝經述議》、《孝經注疏》等作為比對資料，從而澄清 P.3274《孝經鄭注義疏》的疏解方式，實與皇侃《論語義疏》「能宗一家為主，又能博采眾家之說，使異說並存」的特徵相近，展現出諸說分立、圓通百家的六朝義疏特色，與《孝經述議》及《孝經注疏》的「一家為主，駁辯眾家」的特徵有所不同，顯現出《孝經鄭注義疏》與皇侃《孝經義疏》及劉炫《孝經述議》的關聯，對《孝經注疏》亦產生一定的影響。

進而從六朝隋唐政教環境中考察《孝經鄭注》的實際影響，尤其在涉及君臣關係的確認上，我們能夠發現對《鄭注》義理的準從如何，很大程度取決於現實狀況的需求，也看到《孝經》義疏的靈活多面。雖然在政治倫理上忠君在於強調「敬」與「嚴」，然而魏晉六朝隋唐多以巧取豪奪取得政權，為從經典獲得統治的合法依據，以孝做忠，以愛入孝，先愛後敬的理論便成為統治階層的現實需求。當愛敬的普遍意義在政治倫理上被認可與被推行之際，履行孝道的義務與責任，便從原本對天子的要求，轉化成為天子以下各階層，尤其對於庶民階層的要求。君主以愛敬自律、身先履行的典範責任隱退，轉而成為替天執法的存在。六朝隋唐《孝經》義疏在現實的政教實踐中的具體展現，讓我們看到《孝經》義理在延展向義疏層面，看似自由多面，實際與現實政治息息相關的特徵。

敦煌本《孝經》義疏類寫本還包括 S.6177+P.3378《孝經注》，P.3382《孝經注》等，從疏解內文鋪陳經說義理的形式來看，仍不失六朝義疏風格。實際上仍是採取涵蓋全篇的「經注」訓注形式，並未全然流於散漫口說。所見發揮經義的類似俗講經文的大幅講說故事文字，則多是附錄在「經注」之後，以「傳曰」提領文字，顯示出此兩種《孝經注》，當有經注藍本，面對公眾講說之際，方成雜引故事發揮經義的類似俗講經文，從中亦容易察覺講經勸孝的說解色彩。文中蔓引故事，或衍說孝感天地，或夾敘佛教論說，無怪乎受到「猥俗褊陋，不足行遠」、「自不得入傳述古聖先賢訓誡的經學殿堂」等負評。不過本研究從歷史角度加以考察，發現疏解雖然多有遊離經文原意，卻明顯側重以世俗家庭層面的道德行為，作為評價忠臣孝子的指標。並且還帶有佛教「因果」與「報恩」的觀念，行文的渲染方式，亦多以身臨其境的心理描述展開，顯得感人生動，貼近世俗。若不拘泥於權威的官學正統立場，面對這些講經勸孝文以歷史社會學角度加以探究，則可更為真實地開展出這些文本的多元文化價值。

　　如此透過更為廣泛詳細的文獻比對研究，對於六朝隋唐《孝經》各種義疏、述議、注疏之間的學術思想關聯，會有更為深入的認識，為釐清中古《孝經》義疏學衍變過程中，是如何因應時代巨變，展現出對經學的繼承批判與創新，還有《孝經》義疏的學術價值及社會實踐價值，都將提供諸多具有補白意義的課題開展，本章正是對此範疇的一個嘗試。

第二部
域外文獻視野中的《孝經》學課題開展

第六章 日本見存《王羲之草書孝經》的發現

　　新文獻往往引發新課題、新視野，我們的關注點不僅僅在出土文獻，中國歷史上早已失傳而幸得保存於中國之外的域外文獻，亦是提供學術研究不可忽視的史料。本章將要討論的《王羲之草書孝經》，曾作為唐宋皇室或者中日書畫名人的秘藏品代代傳承，流傳過程大多不為世人所知，罕有學界相關的研究，僅見日人朝川鼎《古文孝經私記》及中里介山《大菩薩峠》中有關《王羲之草書孝經》的傳聞性記述。筆者調查發現日本現存《王羲之草書孝經》刻拓本有十九種之多，其初版是由日本刻書家保田黃裳摹刻伊達家所藏本之雙鉤臨摹印本，其他還有依據此本的再複製本。

　　此書的價值不僅為研究王羲之生平書法可以提供重要參證，因為原本存「十九章」經文，分章既不同於今傳「十八章」本的《今文孝經》，亦不同「二十二章」本的《古文孝經》，其中所見「閨門章」，與今傳《古文孝經》「閨門章」的語句有所不同，很可能是失傳已久的《漢書・藝文志》及《隋書・經籍志》中所著錄前漢中期成書的《長孫氏孝經》。因此，對漢晉韓詩學派所傳承的《孝經》的研究，對《古文孝經孔氏傳》的真偽問題澄清，乃至《御注孝經》成書背景等的研究等，都將是重要的文獻參考。本章首先針對《王羲之草書孝經》的歷史流傳做出考察。

一、發現的緣起

　　《王羲之草書孝經》（為筆者暫定書名，其他亦有《王羲之孝經》、《孝經王羲之書》等命名），是指東晉王羲之草書寫就的《孝經》文本，為中國早已失傳而日本僅存之作。關於發現《王羲之草書孝經》的緣起，是 2005 年 10 月筆者任教於日本名古屋椙山女學園大學期間，受校長椙山正弘先生委託對大學圖書館「孝經文庫」所藏《孝經》古本作調查時偶然發現的。當時所見《王羲之草書孝經》拓印本共有四種：

1、《王羲之孝經》，晉‧王羲之書，椙山女學園大，1 冊
2、《孝經王羲之書》，晉‧王羲之書，五好堂小川庄七，椙山女學園大，1 冊
3、《孝經晉王羲之草書》，晉‧王羲之書，井代藏本，椙山女學園大，1 冊
4、《孝經王羲之書》，晉‧王羲之書，日本用成和二年奉勅鈔本景印，椙山女學園大，1 冊

　　如上目錄所列 1～4 種，字體大致相同，很明顯四種本所據祖本是共通的。其中 1～3 種各 1 冊，除有因缺頁等裝訂頁碼有彼此不同外，各本行數各行字數以及形制大致相同。第 4 種較前面三種製作較精，顯然經由不同刻書家摹刻而成。就內容而言，第 1、2、3 本正文是王羲之用草體字書十九章的《孝經》經文刻拓，有「閨門章」（圖 6 左）。第 4 本「閨門章」被刪除，全篇為十八章，並可見 1～3 本所無的印章刻拓十數處。

　　四種本皆有缺葉，不見出版者以及刻印等的相關訊息。經文前後或存或缺，還可見唐代玄宗皇帝李隆基御制「勅序」（因為其文前曰「序」，文後云「勅」，故本稿暫定為此稱）一篇，以及宋代米芾、米友仁父子、元代許衡、趙孟頫、貢師泰、張肅、虞集、倪瓚等中國歷代書法名家的跋文、落

款。

　　2006 年，筆者參與日本全國漢籍名古屋大學部分的調查之際，有機會檢索日本「全國漢籍データベース─・日本所藏中文古籍數據庫」[1]，結果發現以關東及東北地方為主的圖書機構亦有類似的書目，此「數據庫」的書目不斷更新增加中，但椙山女學園大學館藏上述四本仍未著錄。茲將至今所錄目錄，接續椙山圖書館藏目，列舉如下：

5、《古文孝經》一卷，晉・王羲之書，明治十五年仙臺鷹水堂石井熊次郎石印本，宮城縣圖，1 冊

6、《古文孝經》一卷，晉・王羲之書，明治十五年仙臺鷹水堂石井熊次郎石印本，宮城縣圖，1 冊

7、《孝經》一卷，晉・王羲之書，日本陰刻本，宮城縣圖，1 冊

8、《孝經》一卷，晉・王羲之書，日本陰刻本，宮城縣圖，1 冊

9、《王羲之草書孝經》，保田黃裳等摹，明治十五年刊，仙臺石井熊次郎，宮城教育大圖，1 冊

10、《王羲之草書孝經》，晉・王羲之書，日本保田黃裳等摹，明治十五年仙臺石井熊次郎，東北大圖，1 冊

11、《孝經》，晉・王羲之書，貞享二年刊，明治十五年仙臺石井熊次郎印，東京國會圖，1 冊

12、《墨寶》即《草書孝經》，晉・王羲之書，明治十五年刊，公文圖書館，1 冊

13、《王羲之草書孝經》一帖，即《伊達氏珍藏王右軍眞蹟孝經橫卷

---

[1] 日本「全國漢籍データベース─・日本所藏中文古籍數據庫」現為「全國漢籍データベース協議會」所管理，主要收集整理日本各國公立大學以及公共圖書館等所藏「漢籍」的書誌情報，按照「經・史・子・集」的四部分類，目標是網絡日本現存所有的「漢籍」文獻。目前所製作公開的「總合漢籍目錄數據檢索系統」已近八十萬條（至 2010 年 5 月為止）。其正式公開網頁：http：//kanji.zinbun.kyoto-u.ac.jp/kanseki。

鉤摹》，晉・王羲之書，明治十五年摺本，東北大圖，1冊

14、《墨寶》即《草書孝經》，晉・王羲之書，西岡逾明跋，明治十五年刊，酒田市立光丘文庫，1冊

15、《孝經》一帖，晉・王羲之書，日本高橋成允集字，東北大圖，1冊

16、《孝經》一帖，晉・王羲之書，日本高橋成允集字，江戶小川彥九郎等，東北大圖，1冊

17、《孝經》，晉・王羲之書，高橋成允集字，日本刻拓本，東大總圖，1冊

18、《孝經》，晉・王羲之書，日本用咸和二年奉勅鈔本景印，東大總圖，1冊

19、《孝經・坿玄宗皇帝米元章趙孟頫真蹟》，晉・王羲之書，江戶期尚書堂堺屋仁兵衛刻拓本，東大總圖，1冊

這樣，就至今的調查所知，現存日本各地圖資機構計十九種的《王羲之草書孝經》拓本，整體來看，以上十九種本中，大致分為兩個系統。第一系列以東北仙臺地區刊本為最多，製作亦精。上述第 5～14 本以及椙山女大圖書館藏第 4 本同屬這個系統，是以日本刻書家「保田黃裳等摹刻、明治十五年仙臺鷹水堂石井熊次郎石印本」為祖本（詳在後章）。本研究考察所取參照版本即以此系列為主。

另一種可能為江戶漢學家朝川鼎所藏摹本的流衍本（詳在後章）。這個系統的版本的最大特色是保存了「閨門章」，似乎多為江戶期日本各地坊間的翻刻本。大致可見第 15～17 本的「日本高橋成允集字」、「江戶小川彥九郎等」所刻關東地區的版本、以及第 18～19 本的「江戶期尚書堂堺屋仁兵衛刻拓」的關西地區版本，所見椙山女大圖書館藏 1～3 本亦屬此系列。

2008 年 5 月，透過日本友人取得一本「東京國立國會圖書館」藏「明治十五年仙臺石井熊次郎印」《王羲之草書孝經》拓本影印，即本稿上列目第

11。進而發現其中所包含的文獻訊息的豐富程度，遠遠超過筆者之前所見椙山女大圖書館四種本。此本全篇為十八章，經文刪除「閨門章」，卷首卷末除椙山女大所藏第 4 本見「玄宗」至「倪瓚」等中國歷代書家的跋文、落款、鑑藏印章之外，另有日本黃檗宗高僧「即非如一」書題「墨寶」二字、「高泉性潡」撰寫的「跋」四百二十二字以及多達八十餘款鑑藏印的刻拓。從中進而辨別出宋徽宗、明代項元汴的印記數款（參看附圖）。由此明確了椙山女大圖書館所藏此本係屬「明治十五年仙臺石井熊次郎印本」的再次摹刻，筆體、行列字數與「仙臺石井本」相同而略去了「石井本」所見的大部分圖章印記的刻拓。

2010 年 3 月，透過日本友人進而取得日本東北大學圖書館所藏「舊東北帝國大學圖書館」本四種，其中一種「明治十五年仙臺石井熊次郎印」《王羲之草書孝經》拓本影印（即本稿上列目第 10），比 2008 年獲得本進而多出「西岡逾明」及「國分章」兩人撰寫的「跋」（圖 6 右）。在這兩篇「跋」文中，對此本於明治時期的刻拓以及墨本刊印等過程皆有明確記述，就此基本取得了《王羲之草書孝經》的足本。東北大學圖書館所藏其他三種本，其中兩種與椙山第 1～3 本相類，可能為朝川鼎所藏摹本的流衍；其餘一種書題「王羲之書孝經」，經文以楷書體書寫，與王羲之墨跡相去甚遠，可能非以摹刻筆跡為目的，而是按照王羲之書《孝經》自行撰寫刊行之作，目前僅見此本。

以下三節，分別針對《王羲之草書孝經》中所見十六位中日書法家對此本的鑑藏評述，具體考察《王羲之草書孝經》的流傳過程及其所具有的文獻價值。

二、在中國歷代的流傳

《王羲之草書孝經》不見於中國的文獻書誌記載，就日本的傳世文獻所

記以及《王羲之草書孝經》所見中日歷代書家的跋文、落款、印鑑等對此本的品評鑑定，大致能夠考察出此本的傳承脈絡。筆者於 2007 年作〈御注孝經玄宗序の謎〉一文，曾對其真實性作過初步的考證，[2] 以下，筆者結合後續的研究，將所澄清的內容備述如下：

（一）經文卷末見「咸和二年春正月奉勅寫十本 臣王羲之」[3] 的字樣（圖 5 右）

此句為《王羲之草書孝經》卷尾王羲之的書記與落款，大意是說東晉成帝咸和二年（327）春正月，王羲之奉皇帝勅命，撰寫《孝經》十本進呈。

文中落款「臣王羲之」，當指其出任「秘書郎」之職。按《晉書·王羲之傳》記載，王羲之，字逸少，瑯邪臨沂人（今屬山東省），生平歷任秘書郎、寧遠將軍、江州刺史、右軍將軍、會稽內史等職。[4] 出任「秘書郎」一職是叔父王彬、義父郗鑒的推薦，亦即專責晉皇室的圖書管理，為其步入仕途的開始。由於歷來對王羲之生卒年的爭議，其何時出任「秘書郎」一職，因不見文獻的直接證據而於年表多有出入。此次發現的《王羲之草書孝經》無疑成為王羲之生平此項的直接證據，若以郭廉夫著《王羲之評傳》所取王羲之生卒年為 303～361 年的說法，[5] 咸和二年正值王羲之二十五歲。

在當時，晉代統治階層大力提倡「以孝治天下」，皇室成員對《孝經》學習和講習非常重視。皇帝親自為《孝經》作注，可見晉元帝撰《孝經傳》一卷、晉穆帝撰《晉孝經》一卷、晉孝武帝撰《孝經講、義》各一卷。[6] 皇帝親自講習《孝經》者，有晉穆帝十四歲永和十二年（356）、十五歲昇平

---

[2] 文見《名古屋大學中國哲學論集》（2007 年 3 月）第六號，頁 149-187。此為筆者 2005 年根據名古屋山女學園大學所藏《王羲之草書孝經》所作研究。

[3] 晉·王羲之書、日·保田黃裳等摹：《王羲之草書孝經》（日本東北大學圖書館藏明治十五年仙臺石井熊次郎石印本，1882 年），頁 58。

[4] 唐·房玄齡等撰：《晉書·王羲之傳》（北京：中華書局，1974），頁 2093。

[5] 郭廉夫：《王羲之評傳》（南京：南京大學出版社，1996），頁 11。

[6] 唐·魏徵撰、令狐德棻撰：《隋書·經籍志》（北京：中華書局，1973 年），頁 934。

元年（357）、晉孝武帝十三歲寧康三年（357）等記錄。[7]

因此來看，《孝經》講習，乃是晉王室的少年皇帝的日常功課。咸和二年晉成帝七歲，朝廷政治由王導（王羲之伯父）等重臣代行，對年幼的成帝的教育，《孝經》學習無疑成為其必修的功課。如《晉書》列傳第四十記載「（成）帝時年八歲，雖幽厄之中，超猶啓授《孝經》、《論語》」。[8] 這是指咸和年間，晉成帝隨右衛將軍劉超在獄中仍研習《孝經》、《論語》。當時，由任職秘書郎的書法名人王羲之來奉勅命書寫《孝經》是職責所在。由此可以明確，王羲之書寫《孝經》十本，乃是作為晉皇室御用讀本，正月進呈，或兼有「春節恭賀」的含義。

（二）卷首存唐代玄宗自撰「序」文一篇，並見「花萼相輝御璽」、「開元」等收藏印刻拓（圖 2、圖 3 中右）

《王羲之草書孝經》卷首所存玄宗皇帝自撰「序」全文如下：

> 登花萼相輝樓，見王羲之草本孝經，為援筆制序。朕聞上古，其風樸畧，雖因心之孝已萌，而資敬之禮猶簡。及乎仁義既有，親譽益著。聖人知孝之可以教人也，故因嚴以教敬，因親以教愛。於是以順移忠之道昭矣，立身揚名之義彰矣。子曰：吾志在春秋，行在孝經，是知孝者德之本歟。經曰：昔者明王之以孝治天下也，不敢遺小國之臣，而況於公、侯、伯、子、男乎。朕嘗三複斯言，景行先哲。雖無德教加于百姓，庶幾廣愛刑於四海。嗟乎，夫子沒而微言絕，異端起而大義乖。況泯絕於秦，得之者皆煨燼之末。濫觴於漢，傳之者皆糟粕之餘。故魯史春秋，學開五傳。國風、雅、頌，分為四詩，去聖逾遠，源流益別。近觀孝經舊注，踳駮尤甚。至於跡相祖述，殆且百家。業擅專門，猶將十室。希升堂者，必自開戶牖。攀逸駕者，必騁殊軌

---

[7] 唐・房玄齡等撰：《晉書・穆帝紀》，頁 201-202。
[8] 唐・房玄齡等撰：《晉書・劉超傳》，頁 1875。

轍。是以道隱小成，言隱浮僞。且傳以通經爲義，義以必當爲主。至當歸一，精義無二。安得不剪其繁蕪，而撮其樞要也。韋昭、王肅，先儒之領袖。虞翻、劉邵，抑又次焉。劉炫明安國之本，陸澄譏康成之注。在理或當，何必求人。今故特舉六家之異同，會五經之旨趣。約文敷暢，義則昭然。分注錯經，理亦條貫。寫之琬琰，庶有補於將來。且夫子談經，志取垂訓。雖五孝之用則別，而百行之源不殊。是以一章之中，凡有數句。一句之內，意有兼明。具載則文繁，略之又義闕。今存於疏，用廣發揮。開元二年三月書賜薛王業　勅[9]

上「序」與今日所見《孝經正義》本《御注孝經》卷首「玄宗序」比較，除首尾多出的三十一字（文中著重號的語句，為「玄宗序」所不見的文字）之外，「勅序」與天寶重注「玄宗序」對照，玄宗序的「理」在此本為「治」，不避唐高宗李治之諱。兩篇文字的明顯不同僅如此。

唐玄宗李隆基（685-762）為唐朝第七代皇帝，在其治下唐朝進入了開元（713-741）至天寶（742-755）長達四十餘年政局相對穩定的鼎盛階段。其人多才多藝，善騎射、通音律、曆象之學，尤其嗜好書法且擅長八分書。如上「勅序」，章首「登花萼相輝樓、見王羲之草本孝經、為援筆制序」以及章末「開元二年三月書、賜薛王業」、「勅」等語句，是天寶重注「玄宗序」所不見的文字。但恰恰是這些文字，幾乎是一目瞭然地指示出此篇「勅序」的撰寫者、寫作時期以及撰寫目的。

「花萼相輝樓」是玄宗的起居寢宮，也經常作爲舉辦國宴的場所。本來是特意為他的兄弟們蓋的，因而命名「花萼相輝」，取自《詩經・小雅棠棣》中「常棣之華、鄂不韡韡。凡今之人、莫如兄弟」。[10] 意即花朵與花萼

---

[9] 晉・王羲之書、日・保田黃裳等摹：《王羲之草書孝經》，頁 3-17。此處的「勅」字，比序文用字大數倍。參見文後附圖 3 中。《正韻》云：「天子製書曰勅」，又通作「敕」。

[10] 漢・毛亨傳、漢・鄭玄箋、唐・孔穎達疏：《毛詩正義》，清・阮元校刻《十三經注

相互輝映，比喻兄弟友愛，手足情深。

「開元二年三月書、賜薛王業 勅」，「薛王業」是玄宗的弟弟李隆業。唐隆元年（710）六月被進封為薛王。「勅」就是皇帝行文給臣僚的文書。「賜薛王業 勅」就是勅書給弟弟李隆業。由此大致可以澄清，開元二年（714）三月中，玄宗在花萼相輝樓與諸王兄弟研讀《王羲之草書孝經》，書法名手的玄宗提筆草書作序，並將此「勅序」與《王羲之草書孝經》賜給弟弟隆業，以敦促他研讀《孝經》，躬行忠孝之道。而天寶二年（743）重修開元「始注」之際置於卷首的「玄宗序」，明顯是脫胎於開元二年三月的這篇「勅序」，亦即玄宗重修「始注」廢「元行沖序」取此以為新序，僅僅刪去「勅序」原文的上述首尾文字以成天寶「重注」乃至「石臺孝經」的序文。因此，此序的發現，對進一步澄清玄宗如此作為的目的動機乃至《御注孝經》成書等問題，都將提供重要的文獻支持。

另外，「花萼相輝御璽」、「開元」二印見於卷首，與經文「開宗明義章」等文字重疊。「花萼相輝御璽」蓋指玄宗在花萼相輝樓閱覽書籍之際所用之御璽，但筆者遍查法帖碑帖，此處為目前僅見。有關刻為「開元」的藏書印，據《唐會要》卷三十五〈書法〉載：

> 開元五年，勅陸元悌、魏哲、劉懷信等，檢校見換，標為兩卷。總八十卷，餘並墜失。元悌又奏云：前代名賢押署之跡，唯以己之名氏代焉。上自書開元二字為印，以印記之。王右軍凡一百三十卷、小王二十卷、張芝張昶書各一卷。右軍真行書，唯有黃庭、告誓等四卷存焉。[11]

開元五年（717），陸元悌等奉玄宗勅命，整理王羲之等人的書法真蹟之際，陸元悌建議玄宗自書「開元」二字為印、以印記之。由此可以確定在

疏》（北京：中華書局，1980年），頁408。
[11] 宋·王溥撰：《唐會要》（北京：中華書局，1955年），頁648。

開元五年玄宗收集的王羲之真蹟中有《王羲之草書孝經》。

（三）米芾、米友仁父子的「跋文」，並見「米芾」、「楚國米芾」、「米元章印」、「寶晉書印」以及宋代內府官印「淳化閣寶」、「御府圖書」、「天章閣寶」、「御書」等印章刻拓（圖 3、圖 4）

米芾（1051-1107）字元章，時人號襄陽漫士、海嶽外史，自號鹿門居士。是北宋著名書法家、鑑定家、收藏家。因其崇尚王羲之等晉人書法而專門建立藏書齋並自題名云「寶晉齋」。《王羲之草書孝經》卷中所蓋「米芾」、「楚國米芾」、「米元章印」、「寶晉書印」等，皆為其收藏上品佳作時所蓋印記。[12] 根據其跋文所云：

> 右軍為書學之祖，其手蹟傳世，一字一行俱可寶秘，況此燦然滿幅而又奉勅恭書者乎，用垂什襲子孫世諸。元祐二年六月寶晉齋重裝記。芾[13]

可以看出其對此本的看重程度，稱「寶秘」、「垂什襲子孫世」，是把此貼當作傳家寶來看的，似乎是作為元祐二年（1087）六月其子米友仁的一周歲紀念而於寶晉齋重新修繕此本而記。經過米芾重新裝裱之後，應該是從卷本被改為摺本。至今所見刻本中，還被刻書家忠實地再現出蓋有「米芾」的騎縫印刻拓（如圖 2：左、中、右）。一般騎縫印多用在長卷書法中前後作品銜接處，具有美化、憑信作用。多為長方小印，鈐在接縫中間偏上或偏下位置。[14]

---

[12] 此據張應文說。其著《清秘藏》卷下〈敘書畫印藏〉云：「米芾於最上品書畫，用姓名字印、審定真蹟字印、神品字印、平生真賞印、米芾秘篋印、寶晉書印、米姓翰墨印、鑒定法書之印、米姓秘玩之印。玉印六枚，其文曰：辛卯米芾、米芾之印、米芾氏印、米芾印、米芾元章印、米芾氏，已上六枚白字。有此印者皆絕品，玉印唯著於書帖」。引文見明・張應文：《清秘藏》，（上海：古籍出版社，1987 年景印《文淵閣四庫全書》子部・雜家類），第 872 冊，頁 20-21。

[13] 晉・王羲之書、日・保田黃裳等摹：《王羲之草書孝經》，頁 19-20。

[14] 所謂「騎縫印」，《漢語大詞典》（漢語大詞典出版社，1993 年）云：「加蓋在騎縫

米友仁（1086-1165）為米芾長子，字元暉，是南宋著名的書畫家。工書善畫，承其父法，世稱「小米」。徽宗宣和四年（1122），應選入掌書學，南渡後官兵部侍郎、敷文閣直學士，高宗曾命其鑑定書法。對《王羲之草書孝經》的鑑定，根據米友仁的跋文云：

> 此王逸少奉勅書孝經章句也，筆勢雍和，神采煥發。其敘年咸和，為晉成帝紀歲也。正逸少壯年之筆，故其體遒勁而多姿，反覆尋繹有若籠泰山雲，飲峨嵋雪，清曠而神怡者。昔唐文皇嘗聚逸少生平書，觀文謂少不如壯，壯不如老，老故多勁而丰采精神應遜少壯時也。吾皇宋初收貯內庫為有淳化閣寶，不知何時出人間為曾侍御所寶，侍御與先君有平生之契，又先君於書癖有輕性命而忘富貴者，乃從而購得之，為寶晉齋上供。友仁得奉為終身之佩無怠矣。紹興辛未記。[15]

此序寫於高宗紹興二十一年（1151），在上文中，米友仁除了肯定此本為王羲之少壯之年書法作品並給予高度評價之外，還敘述了此本自唐代以後的流傳經過，先是宋初藏皇家內庫的「淳化閣」，後自內府流出為曾侍御所得，進而被其父米芾購得藏入「寶晉齋」。卷中見「淳化閣寶」、「御府圖書」、「天章閣寶」、「御書」等印章刻拓皆為宋代內府官印，可以旁證其說。

「淳化閣寶」印很可能是此本收入「淳化閣」之際所蓋鑑藏印。「淳化閣」為北宋淳化三年（992）太宗趙光義（939-997）專門為製《淳化閣帖》所設。《淳化閣帖》是趙光義命翰林侍書王著將皇室內府所藏歷代書法墨蹟編次摹刻於棗木板而製成的一套法帖。共有十卷，收錄了中國先秦至隋唐一千多年的書法墨蹟，包括帝王、臣子和著名書法家等一百餘人的作品（存目

處的印。胡祖德《滬諺外編‧俚語考》云重要文件字據，須分執或存根者，多於分裂處用印，謂之騎縫印。」12冊，頁855。
[15] 晉‧王羲之書、日‧保田黃裳等摹：《王羲之草書孝經》，頁21-22。

420 篇）。初版的棗木原版焚毀早佚，摹刻、翻刻甚多，唯宋代文獻記錄的用「澄心堂紙」、「李廷珪墨」的初拓本不見傳世。後世有數種摸刻，其中並不見《王羲之草書孝經》，而此本中所見「淳化閣寶」的印章形制不見今傳《淳化閣帖》的任何版本而為此本初見，是為祖本所獨有印記的可能性極大。

另外的「天章閣寶」印記，未見於今傳書畫文獻，可能即「天章閣」藏本的印記。「天章閣」為北宋真宗趙恆（968-1022）營建，用以收藏真宗的御書以及所藏品，[16]南宋再次於臨安府建立，用作藏圖籍、符瑞、寶玩之物及宗室名籍。[17]另外，「御書」印形狀葫蘆，是北宋書畫名手的徽宗趙佶（1082-1135）的收藏印。

（四）元代許衡的跋文，並見「許衡之印」刻拓多款（圖 4 右）

許衡（1209-1282），字仲平、號魯齋，祖籍河內（今河南沁陽）人。是元代著名的政治家、理學家，也是著名的書法家、書畫鑑賞家。[18]其於《王羲之草書孝經》所書跋文云：

> 古來聖經，歷代帝王所寶。嘗聞蔡中郎奉勅書孝經若干卷垂世，余及一卷，並石經中書者，餘未聞焉。此王右軍奉成帝旨所書，凡十卷，此其一焉。曾入唐內藏，明皇手製御序冠諸篇首，以賜薛王，其敦重孝友可知。又經吾太宗御覽後，出為米氏家珍。物之攸傳次第，若有

---

[16] 《續資治通鑑長編》卷 96：「天禧四年十一月戊午，上御龍圖閣，召近臣觀聖制文論、歌詩。上曰：『朕聽覽之暇，以翰墨自娛，雖不足垂范，亦平生游心於此。』丁謂等言：『聖制廣大，宜有宣佈。請鏤板以傳不朽。』許之。遂宴于資政殿。庚申，內出聖制七百二十卷示輔臣。壬戌，宰相等言：『聖制已約分部秩，望令雕板摹印，頒賜館閣及道釋經藏、名山勝境。乃命內臣規度禁中嚴淨之所，別創殿閣緘藏。』詔可。尋于龍圖閣後修築，命入內都知張景宗、副使都知鄧守恩管勾，是為天章閣。」宋・李燾撰：《續資治通鑑長編》（北京：中華書局，2004 年），頁 2221-2222。

[17] 方建新、王晴：〈宋代宮廷藏書續考——專藏皇帝著作的殿閣〉，《浙江大學學報（人文社會科學版）》第 38 卷第 3 期（2008 年 5 月），頁 114。

[18] 明・宋濂等撰：《元史・許衡傳》（北京：中華書局，1978），頁 3716。

第六章　日本見存《王羲之草書孝經》的發現　237

神助，千載之下，一以聖經之不可褻，一以名筆之不易得，均可重可寶也。後學許衡謹跋。[19]

跋文中敘述王羲之書寫此帖至米芾父子的流傳經過，云「經吾太宗御覽」，旁證太宗趙光義親見過尚未被米芾重新裝裱成摺本的卷本。云「出為米氏家珍」，可能其本當然仍屬米氏家傳。許衡是留書其中的第一位鑑賞者而非傳承者。

（五）元代趙孟頫跋文，並見「趙」、「子昂」、「趙孟頫印」、「松雪齋圖書印」等印。另有「宣城貢師泰觀」、「大德十年春三月十日觀燕山張肅」、「蜀山虞集」、「清秘閣主人懶瓚謹觀」等落款，並見「貢師泰印」、「虞集」、「伯生」、「清秘閣珍玩」、「倪元鎮氏」、「荊蠻民」等鑑藏印刻拓多款（圖4左中）

趙孟頫（1254-1322），字子昂，號松雪，別號鷗波、水精宮道人等。吳興（今浙江湖州）人，宋朝宗室，太祖子秦王趙德芳的後裔。元代為官，著名書畫家。其書跋文云：

至元廿又六年，從京師歸，於濟州閘口，遇周于民得獲觀斯冊，展之竟日不覺神游于山陰之堂，為之景仰，濡筆漫記。子昂。[20]

趙孟頫於上文中稱其看到《王羲之草書孝經》是至元二十六年（1289）在途經濟州（今山東省濟寧市）運河的南待閘口從周于民那裏看到此本，並聲稱「展之竟日不覺神游于山陰之堂，為之景仰」，足可見趙孟頫當日看到此本時溢於言表的激動。云「冊」，亦旁證了米芾將卷本重裝成摺本的事實。當時《王羲之草書孝經》的收藏者的「周于民」其人不詳，是否與趙孟頫《蘭亭十三跋》中提到的「周景遠」是同一人有待進一步考察。周景遠官

---

[19] 晉・王羲之書、日・保田黃裳等摹：《王羲之草書孝經》，頁23-24。
[20] 同前引，頁25。

居南京監察御史,與趙孟頫交往甚密,亦是當時的書法名人。[21]

另外,上述落款中可見「宣城貢師泰觀」、「懶瓚謹觀」、「三月十日觀」等字樣,可知貢師泰(1298-1362)、張肅(未詳)、虞集(1271-1348)、倪瓚(1301-1374)等人鑑賞過《王羲之草書孝經》。四人均為元代書畫名家,卷中見「貢師泰印」、「虞集」等名章之外,「伯生」亦為虞集印,其餘「清秘閣珍玩」、「倪元鎮氏」、「荊蠻民」俱為倪瓚的鑑藏印。

（六）明代項元汴之「天籟閣」、「項墨林」、「子京之印」、「墨林山人」、「天水郡圖書印」等印刻拓多款（圖5右）

項元汴（1524-1590）,字子京,號墨林,更有退密庵主人、香嚴居士、惠泉山樵、墨林嫩叟、鴛鴦湖長、漆園傲吏等別號,浙江嘉興人。為明代著名鑑藏家。家貲富饒,所藏書法、名畫以及鼎彝玉石,儲藏之豐,甲於海內,極一時之盛。項元汴曾獲一古琴,上刻「天籟」兩字,故將其儲藏之所取名「天籟閣」、並鐫有「天籟閣」、「項墨林」等印,經其所藏歷代書畫珍品,多以「天籟閣」等諸印記識之,往往滿紙滿幅。《王羲之草書孝經》所見印記之多正如此,元代周于民所藏此本,明代蓋為項元汴一度所藏。

清順治二年（1645）閏六月,清兵攻破嘉興府城,項元汴所藏品被千夫長汪六水所劫掠,散失殆盡。後有些藏品歸於皇宮,藏於北京故宮博物院和其他博物館。不過,就接下來的考察來看,《王羲之草書孝經》流出世間似乎並不是因汪六水所劫,而是在那之先。項元汴之後,此本傳承在中國中

---

[21] 趙孟頫至元二十六年（1289）從大都（今北京）返鄉回吳興（今浙江湖州）的南行途中經過濟州遇到周于民之事不見其他文獻記載,但從回程來看,至大三年（1310年）趙孟頫由故鄉返回大都北行途中曾再次經過濟州的記述,《蘭亭序十三跋·題跋八》云:「廿九日,至濟州遇周景遠新除行監察御史,自都下來酌酒於驛亭,人以紙素求書于景遠者甚眾。」其中有「遇周景遠」的字樣,不知是否就是《王羲之草書孝經》跋文所稱「周于民」。《蘭亭序十三跋》是趙孟頫至大三年奉詔自吳興返回大都途中,得見友人《蘭亭序》所記十三跋,後世或稱為《蘭亭帖十三跋》,其殘本現存日本東京國立博物館（高島菊次郎氏寄贈）。

斷,而代之以日本書家的跋文、題記現於《王羲之草書孝經》。

三、在日本的流傳

（七）卷首見「墨寶 雪峰即非書」的題記,並見「即非道人」、「如一之印」、「弌球堂」等印記刻拓（圖1左）

即非如一（1616-1671）是日本黃檗宗高僧。俗姓林,福州福清縣人,出家受具足戒後,在福清黃檗寺從隱元受菩薩戒,後從隱元嗣法,曾住持福州雪峰寺,自號「雪峰」。清順治十四年（日本明曆三年,1657）應隱元隆琦招請東渡,先住持長崎崇福寺。寬文三年（1663）到宇治黃檗寺探望隱元,隱元請其住持竹林精舍,不久與木庵性韜同時受命分任東西兩堂首座,輔佐傳法。翌年秋,如一辭行,打算回歸福州雪峰寺。途經九州豐前時,開善寺長老和法云明洞奉小倉領主之命加以挽留,為其建立福聚禪寺出任開山住持。如一在此寺傳法四年,慕名投到門下受法者很多,寬文八年（1668）請法云明洞繼任住持,自己退隱長崎崇福寺。寬文十一年（1671）逝世,年五十六歲。有《傳法語錄》二十五卷傳世,嗣法弟子有柏岩道節、千呆道安等五人,被奉為尾張東輪寺、伊豫轆轤寺、攝津雪峰寺的開山祖師。其書畫造詣高深,與隱元、木庵並稱「黃檗三筆」。[22]

《王羲之草書孝經》卷首題字「墨寶 雪峰即非書」以及「即非道人」、「如一之印」、「弌球堂」等印即為其署。

（八）卷末見高泉性潡跋文,並見「臨濟正宗」、「性潡之印」、「佛國方丈」、「一字高泉」等印（圖5左中）

高泉性潡（1633-1695）是日本黃檗宗第五代住持。俗姓林,字高泉,

---

[22] 參見道契著《續日本高僧傳》卷5,〈木庵性韜傳〉。本論有關即非如一的傳記,參見了楊曾文〈隱元東渡和日本黃檗宗〉（《中國佛學院學報》第26期,2008年12月,頁14-33）一文中的相關論述。

號曡華道人,福州府人。十三歲師事慧門如沛,嗣其法。當隱元七十壽時,福州黃檗山主持慧門遣其渡日致賀,高泉留日不歸,後為黃檗宗第五世。得靈元上皇皈依,屢在宮中說法。居宇治,開佛國寺,獲賜勒額。又至江戶,受將軍家綱之優遇,稱為中興黃檗之名僧。六十三歲示寂。勒大圓廣慧國師號,更加諡佛智常照國師。著有《扶桑禪林寶傳》十卷,《佛國高泉禪師語錄》八卷,《翰墨錄》二卷,《釋門孝傳》一卷等著述豐富,兼善詩文書畫。[23]

其於《王羲之草書孝經》的卷末,書長達四百二十二字的題為《跋王羲之草書孝經》的長文,全文如下:

> 跋王羲之草書孝經晉右將軍王逸少,司徒導從子,以骨鯁稱,善書為古今之冠,以其筆勢飄若微雲,矯若驚龍,使人目之欣然忘寢食也。然古今所傳,率皆石刻,如遺教經,黃庭經,蘭亭記等,而群賢習之。至磨穿鐵硯,少不能及其少分,況真蹟耶。貞享二年四月,中大夫羽林次將奧州大藩主綱村公不遠千里,遣使持所藏王右軍奉敕所書孝經一卷徵予跋,予細觀之,覺筆力遒勁,神采煥發,如遊於會稽之間,而喜洋洋,竟不知有人間世也。且有唐玄宗所製御序,有大師題其首,又有米元章父子及許衡,趙子昂,貢師泰,張肅,懶瓚,虞集諸賢題識左方,真敵國寶哉。唐太宗嘗附耳詔宗曰,吾千秋萬歲後,與吾蘭亭序,以玉匣貯藏昭陵。故蘭亭真蹟無目之者。其為帝王所寶秘如此云。大藩主寶秘之而稱為至寶,詎意今日復觀之,可謂厚幸耳。緬惟于古帝王莫不以孝經治國,故孝風行而國人順,今情端不異于唐帝也。予數年前在黃檗時得獲觀斯冊,喜出望外,矧我紫雲木老甚及諸禪師皆所鑒賞大藩主蓄此孝經。孰特以孝經治國,兼能導之以

---

[23] 本論有關高泉性澂的傳記,參考了釋東初著《中日佛教交通史》(臺北:東初出版社,1985年)一文中的相關論述,頁638。

佛法其使人民咸樂於覺皇無為之化，豈不補哉。時貞享二年乙丑四月上澣穀旦。支那國傳臨濟正宗高泉性激老人，敬題於天王山佛國方丈。[24]

這篇跋文中，高泉性激稱其所見本為「真蹟」、「（匹）敵國寶」，敘述其撰寫此篇《跋》的緣起稱貞享二年（1685）四月，奧州藩主伊達綱村不遠千里派遣使者持所藏「王右軍奉敕所書孝經一卷」徵求性激鑑定作此《跋》。文中不僅對中國歷代各書家的記錄做了較為詳盡的記述，對其後在日本流傳的狀況也作了具體詳盡的記述。其記述「大藩主寶秘之而稱為至寶」，指出《王羲之草書孝經》的當時收藏者是仙臺藩藩主伊達綱村。[25]

（九）卷末見「西岡逾明」及「仙臺國分章」各寫的跋文，並見「宜軒主人逾明」、「石井勝光」、「國分章印」等印（圖6右）

西岡逾明（1837-1917），字子學，號宜軒，佐賀人，明治初期的漢學者、書畫家。德川幕府末期作為勤王志士，維新成功後，於新政府歷任函館控訴院長、大審院判事等。其在跋文云：

> 王右軍真蹟孝經卷係伊達氏珍藏，蓋文祿征韓之役其祖黃門公所獲云。石井勝光，尚古人也。觀而賞之，以謂前賢模範，可以公於世。乃鈎摹梗梓。余嘉其益後學，書數語於卷末。明治壬午夏六月　西岡逾明[26]

國分章為何者尚不明，蓋與西岡逾明同時期的仙臺地方書畫名人。所撰寫的跋文云：

---

[24] 晉·王羲之書、日·保田黃裳等摹：《王羲之草書孝經》，頁59-70。
[25] 仙臺藩為日本戰國至江戶時期以仙臺城為中心的東北地方（舊稱陸奧國）最大的藩國。第一代藩主伊達正宗（1600-1636），為《王羲之草書孝經》於日本的第一位擁有者，伊達綱村（1685-1660）為第四代藩主，為《王羲之草書孝經》在日本的傳承者之一。
[26] 晉·王羲之書、日·保田黃裳等摹：《王羲之草書孝經》，頁71-72。

右王右軍孝經真蹟一本，諸名家題跋印記備焉。文祿征韓之役係伊達黃門公所獲，其來由歷歷有徵不容疑。天保中，保田黃裳請之秘府摹寫極力三年始成。門人石井駿河父子續成之。今為墨本公諸世。其如稀世神品，則觀者知之不敢贅。明治十五年六月 仙臺國分章識時七十又九[27]

兩篇跋文同為明治十五年（1843）六月寫成，其中的敘述內容大致相同，這兩段文字簡略，卻記述了《王羲之草書孝經》傳入日本的經緯以及收藏者的重要訊息。跋文皆有「文祿征韓之役伊達黃門公所獲」的記述，這是指《王羲之草書孝經》為豐臣秀吉出兵朝鮮發動文祿（1592-1595）征韓之役期間，「伊達黃門公」（即伊達政宗）得之於朝鮮。「國分章跋」更為具體地敘述了天保中（1830-1843）刻書家「保田黃裳」請之秘府摹寫極力三年始成，並且由門人「石井駿河父子」繼續這項工作，終於將其完成公諸於世。所云「石井駿河父子」，蓋指石井勝光（父）與石井熊次郎（子）。卷底見：

明治十五年六月廿八日出版御屆 同年同月刻成
宮城縣仙臺定禪寺通橫町七番地 宮城縣士族
出版人 石井熊次郎 號鷹水堂（圖6中）[28]

等字樣，亦明確指示了此書的出版訊息。

以上是《王羲之草書孝經》中所見中日歷代書家對此本的品評鑑定。另外，日本的傳世文獻所記，另有查閱到兩項有關於此本的記載。

（十）朝川鼎《古文孝經私記》及中里介山《大菩薩峠》中有關《王羲之草書孝經》的記述

朝川鼎（1781-1849），字善庵，是日本江戶末期的漢學家、書畫家。

---

[27] 同前引，頁 73-74。
[28] 同前引，頁底。

在其撰《古文孝經私記》一文中記載：

> 後觀晉《王羲之草書孝經》，〔羲之《孝經》，今藏在仙臺侯文庫。云是慶長之役，得之朝鮮者，余藏其模本。〕其經從今文，而別有〈閨門〉一章，合為十九章。羲之所傳，果是長孫氏本。則自是一今文，亦可証《隋志》矣。[29]

這段文字記述朝川鼎見過真蹟，還從仙臺侯文庫藏《王羲之草書孝經》摹寫過一本，據其所述云「慶長之役，得之朝鮮者」，指出此本是豐臣秀吉出兵朝鮮發動慶長（1596-1598）之役期間，自朝鮮獲得的事實。文祿慶長（1592-1598）之役，《明史》記述為「萬曆朝鮮戰爭」，朝鮮記述為「壬辰倭亂」，屬於豐臣秀吉發動的侵略戰爭。[30] 以上各說所言「文祿」、「慶長」，為記憶上的各自理解的問題，實際該是指一件事。

「今藏仙臺侯文庫」是指江戶時代日本東北地方仙臺藩主伊達家所收藏之意。「仙臺侯文庫」是伊達氏為其家傳藩政資料、書籍古籍、家族年譜等建立的書庫，昭和二十四年（1949）更名「伊達文庫」，收入近三万冊和漢書籍，還藏有《尉繚子直解》、《音點春秋左傳詳節句解》等朝鮮古刊本。[31]《王羲之草書孝經》原本真蹟是否在其中至今尚未可知。

中里介山《大菩薩峠》中亦有類似的記述，是透過世居仙臺的「高橋玉蕉女史」講述，內容大致為室町時代末期，豐臣秀吉出兵朝鮮發動文祿之役，其間作為後備隊的伊達政宗親自在朝鮮得到此帖《王羲之草書孝經》，

---

[29] 日・朝川鼎：《古文孝經私記》，收入《日本儒林叢書》（東京：鳳出版株式會社，1978年），頁34。

[30] 日・中野等：《戰爭の日本史16 文祿・慶長の役》（吉川弘文館，2008年），頁284-289。

[31]「伊達文庫」現隸屬於是日本宮城縣圖書館下轄，相關資料參考《宮城縣圖書館だより「ことばのうみ」》（2007年12月）第26号「特集・宮城圖書館のルーツを訪ねて・その 3～仙臺藩叡智の礎「伊達文庫」～」，http：//www.library.pref.miyagi.jp/kotobanoumi/26.html（2010年4月21日）。

與上述記述大致相似。中里介山（1885-1944）是明治時期的作家，《大菩薩峠》作為其代表作，是一部超長卷的歷史民俗小說。[32] 其中講述伊達政宗得到《王羲之草書孝經》的時間與朝川鼎所記有所不同，但同樣稱其於文祿慶長之役得之朝鮮者，則極有可能是事實。但至今尚未有機會對朝鮮傳播的文獻記錄進行調查。

結語

以上是歷代中日書家學者有關《王羲之草書孝經》的鑑定以及文獻記載，綜合起來大致可見其傳播過程：《王羲之草書孝經》是王羲之為年少的晉成帝作為學習《孝經》而寫的教材，後成為唐玄宗的收藏，並為此作序、以賜其弟李隆業。曾保存唐宋兩代的皇家圖書館，後流出民間，先後為北宋米芾父子及明代項元汴等書法收藏家收藏。其間，元代的許衡、趙孟頫、貢師泰、張肅、倪瓚、虞集等書畫名家也鑑賞過此本。以後在中國銷聲匿跡，大致是明代前期，其本傳入朝鮮，元祿慶長年間，豐臣秀吉出兵朝鮮時又被伊達政宗掠至日本，成為陸奧國仙臺歷代藩主的秘藏之寶。其間，第四代藩主的伊達綱村，曾兩度請日本黃檗宗即非如一、高泉性潡等書畫名僧鑑賞品評並為之題字作跋。

真蹟是否現今仍存伊達家尚不可查，今日所見日本各地圖書機關收藏的刻拓本，一個系統為江戶漢學家朝川鼎摹本及其流衍本，另一系統為保田黃裳於天保年間花費三年時間所摹刻，由其弟子石井勝光及其子石井熊次郎出版，最為善本，其祖本乃是出自伊達家。

由此看來，歷史上《王羲之草書孝經》，比起當初寫成時作為皇帝子弟

---

[32] 文中有關《王羲之草書孝經》的記述在《大菩薩峠 34・白雲の卷》（筑摩書房，1994年12月）。另外，「青空文庫」有網絡公開的全文版便於參閱，http：//www.aozora.gr.jp（2010年4月10日）。

的教化學習之書，莫若說是作為書法秘貼流傳的。流傳過程大多不為世人所知，其書則成為唐宋皇室或者中日書畫名人的秘藏品代代傳承。現存的十九種《王羲之草書孝經》的刻拓本，是由日本的刻書家保田黃裳摹刻伊達家所藏本複製而流佈世間的。

近代以來以敦煌遺書的發現規模最大，不斷有中國大陸失傳的軼本在世界各地出現。以《孝經》而言，中國早亡的《古文孝經孔氏傳》及《孝經鄭注》，都是發現自域外。此次發現的《王羲之草書孝經》，不同於一般的學術思想著作，而是作為書法作品流傳下來的《孝經》本，較為完整地保存了漢晉原本的風貌，因此具有學術兼書法藝術的多重價值。

具體而言，《王羲之草書孝經》顯現的特點之一是，原本存「十九章」經文，分章既不同於今傳「十八章」本的《今文孝經》，亦不同「二十二章」本的《古文孝經》，其中所見「閨門章」，與今傳《古文孝經》「閨門章」的語句有所不同，很可能是失傳已久的《漢書·藝文志》及《隋書·經籍志》中所著錄前漢中期成書的《長孫氏孝經》。因此，對漢晉韓詩學派所傳承的《孝經》的研究，對《古文孝經孔氏傳》的真偽問題澄清，乃至《御注孝經》成書背景等的研究等，都將是重要的參證文獻。

特點之二是，此本是王羲之二十五歲前後的書法作品，極為罕見。王羲之書法師承衛夫人、鍾繇，變當時流行的章草、八分書為今草、行書、楷書，是引領書體轉換過程中最富影響的人物。此本用行草書寫的《孝經》，是王羲之青年時期書法作品，自唐玄宗以下歷代書法名家對此點多有鑑定品評。史載唐太宗時期，王羲之的書法有三千多卷，到宋太宗時只有一百六十餘件，今天全世界存世的王羲之摹本僅有二十件。此本《王羲之草書孝經》，目前所見為摹刻本，其真蹟尚存的可能極大。此本的發現，不僅對《孝經》研究本身，對王羲之思想研究、生平研究、書法研究，都將具有參考價值。

特點之三是，王羲之所書《孝經》經文的前後，可見唐代玄宗皇帝李隆

基御制「勅序」一篇以及宋代徽宗、米芾、米友仁父子、元代許衡、趙孟頫、貢師泰、張肅、虞集、倪瓚、明代項元汴、日本黃檗宗高僧即非如一、高泉性潡以及西岡逾明、國分章、石井勝光等十六位歷代中日書法名家的跋文、落款及八十餘款鑑藏印的刻拓，因此不僅對《孝經》研究具有意義，對中日書法史、東亞文化交流史等多方面課題研究都會有參考價值，更有待今後進一步的研究。

第六章 日本見存《王義之草書孝經》的發現 247

附圖：《王義之草書孝經》局部（參閱依照從右向左順序）

圖1：（左、中）即非如一「墨寶 雪峰即非書」的題記，並見「即非道人」、「如一之印」、「弋球堂」等印記刻拓。（右）東京國會圖書館藏《王義之草書孝經》封面。

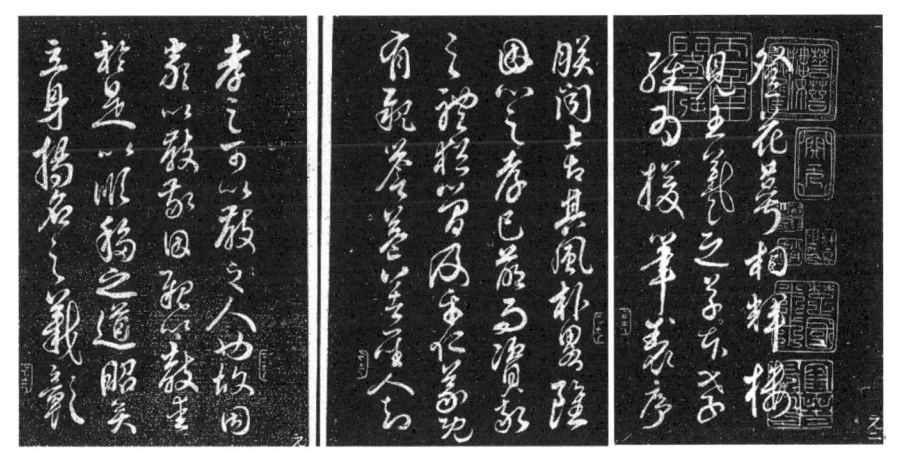

圖2：（左、中、右）《王義之草書孝經》卷首「玄宗序」局部。並見「花萼相輝御璽」、「開元」、「楚國米芾」、「天章閣寶」等鑑藏印刻拓多款。

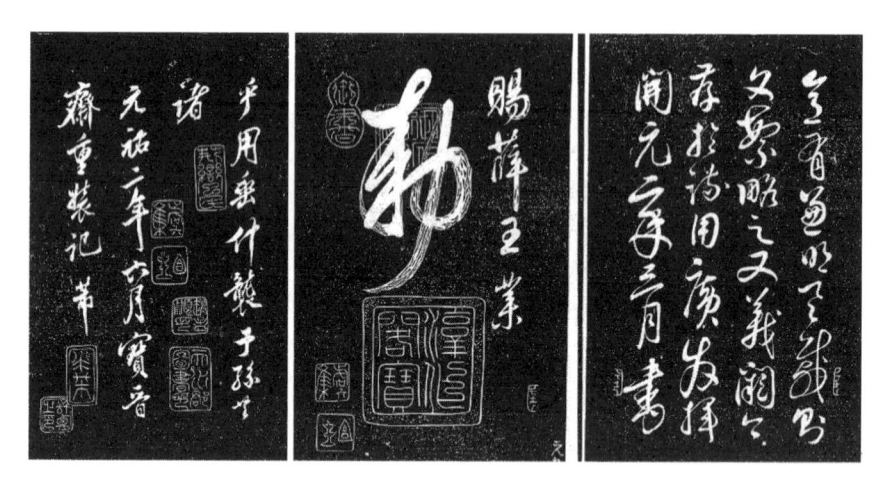

248　出土文獻與域外文獻視野中的孝經學史新證

圖 3：（左）米芾跋文局部，並見「米芾」、「虞集」、「伯生」、「荊蠻民」、「許衡之印」、「天水郡圖書印」等鑑藏印刻拓多款。（中、右）《王羲之草書孝經》卷首「玄宗序」篇末局部，並見「淳化閣寶」、「御府圖書」、「虞集」、「伯生」、「御書」等鑑藏印刻拓多款。

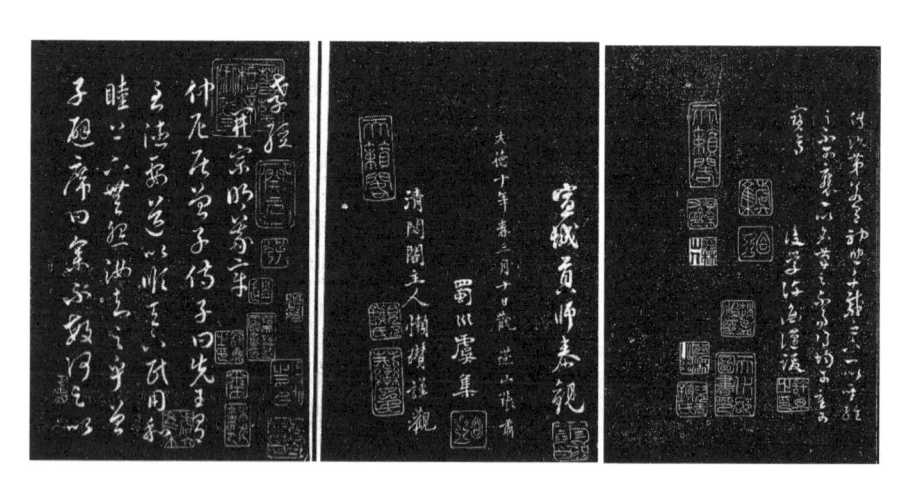

圖 4：（左）卷首「開宗明義章」局部，並見花「萼相輝御璽」、「開元」、「米芾」、「米元章印」、「淳化閣寶」、「虞集」、「趙」、「子昂」、「趙孟頫印」、「松雪齋圖書印」等鑑藏印刻拓多款。（中）貢師泰、張肅、虞集、倪瓚等落款，並見「貢師泰印」、「虞集」、「伯生」、「清秘閣珍玩」、「倪元鎮氏」、「荊蠻民」、「天籟閣」、「許衡之印」等鑑藏印刻拓多款。（右）許衡的跋文篇末局部，並見「虞集」、「伯生」、「許衡之印」刻拓多款。

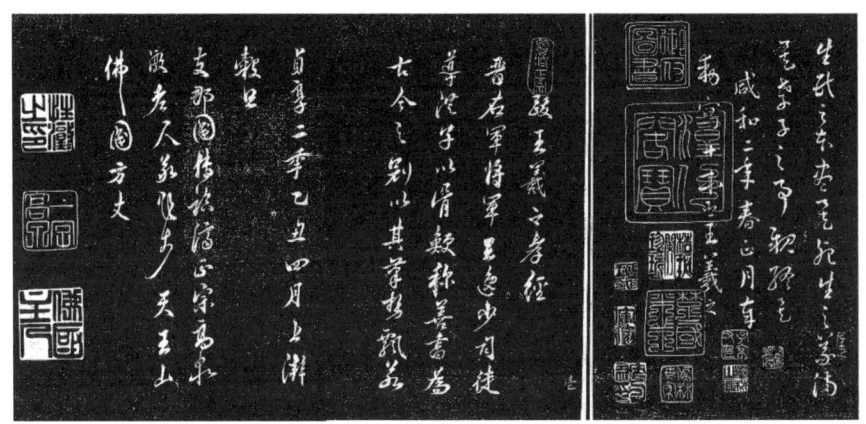

第六章　日本見存《王羲之草書孝經》的發現　249

圖 5：（左、中）高泉性激跋文局部，並見「臨濟正宗」、「性激之印」、「佛國方丈」、「一字高泉」鑑藏印刻拓。（右）《王羲之草書孝經》卷末經文局部，「咸和二年春正月奉勅寫十本　臣王羲之」為王羲之的落款，並見「淳化閣寶」、「御府圖書」、「清秘閣珍玩」、「御書」、「楚國米芾」、「淳化閣寶」、「子京之印」、「墨林山人」、「項墨林」等鑑藏印刻拓多款。

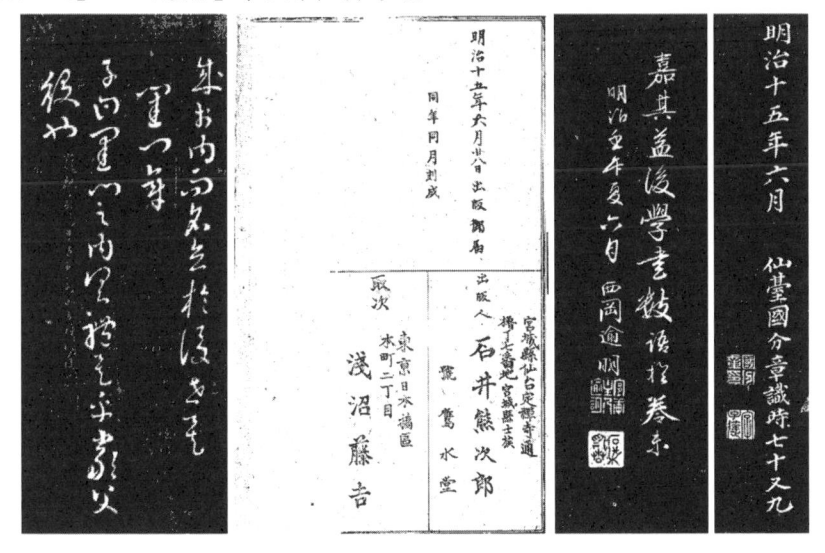

圖 6：（左）名古屋椙山女學園大學圖書館藏《王羲之孝經》見存「閨門章」經文。（中）東京國會圖書館藏《王羲之草書孝經》封底出版說明。（右）西岡逾明及國分章各寫的跋文局部，並見「宜軒主人逾明」、「石井勝光」、「國分章印」等印刻拓。此處依據東北大學圖書館藏本。

第七章 圍繞《王羲之草書孝經》引發的新課題

　　日本見存《王羲之草書孝經》原本存「十九章」經文，分章既不同於今傳「十八章」本的《今文孝經》，亦不同「二十二章」本的《古文孝經》，其中所見「閨門章」，與今傳《古文孝經》「閨門章」的語句有所不同，似乎沒有司馬貞所批判的「文句凡鄙」的狀況，日人朝川鼎以爲或爲前漢流傳的《長孫氏孝經》。《隋書·經籍志》但錄其事，不錄其書，蓋隋唐時在中土已經失傳。由於資料不足徵，對《長孫氏說》及〈閨門章〉的問題，前賢探討未有深入。筆者曾撰文〈〈閨門章〉考—兼論前漢中後期《孝經》解釋學的思想傾向—〉（《中國儒學》第5輯，2010年3月），陳鴻森先生針對此論有專文〈漢長孫氏《孝經》有〈閨門〉章說辨惑〉（《復旦學報》2014年第4期）評論。陳論以《隋書·經籍志》「長孫有閨門一章」一句，「孫」爲衍字並予以刪除，從而認定〈閨門章〉爲《古文孝經》獨有。如此刪改史書文字以成自論，雖息事寧人，亦可能因噎廢食。新文獻引發的新見解，日人朝川鼎已有先見，本研究以爲針對有關問題的爭鳴，已然顯示這項新議題研究的必要性。本章嘗試以《王羲之草書孝經》提供的線索作爲切入點，針對《孔傳》及《長孫氏孝經》中〈閨門章〉之由來及思想性做出考察，藉以爲漢魏六朝《孝經》傳承的文本脈絡及思想意義延伸視角。

一、問題的提起

《孝經》今古文本的最大區別，是有無〈閨門章〉。今日所見《孝經》的各種本中，《孝經鄭注》無〈閨門章〉，《御注孝經》也不見〈閨門章〉，而《古文孝經孔氏傳》中有〈閨門章〉。另一本前漢流傳的《長孫氏孝經》中，相傳也「有閨門一章」（《隋書·經籍志》）。但是，《隋書·經籍志》不錄其書，蓋隋唐時已經失傳。又，《孔傳》在梁代一度設立學官，轉而亡於梁亂。隋唐學者多懷疑隋代復出的《孔傳》系屬偽作，唐代以後直至清末，《孔傳》亡失不傳，現今所見《孔傳》，是清末自日本返傳之本。而《孔傳》的〈閨門章〉，自司馬貞稱之「文句凡鄙，不合經典」（《唐會要》卷七七），後世學者對這段文字便完全失去了關心。但是，閒置並不等於解決，〈閨門章〉既然如此思想「異端」，如何存於《孔傳》和《古文孝經》中的呢？《長孫氏孝經》的〈閨門章〉又如何解釋呢？對這些疑問，筆者認為有必要鑽鑽「牛角尖」。

以下，通過分別考察《孔傳》及《長孫氏孝經》中〈閨門章〉的由來，準備為認識〈閨門章〉問題，提出一點新見解。並以之作為切入點，對前漢中後期《孝經》解釋學的思想傾向，作一次探討。

二、《孔傳》所見〈閨門章〉

《唐會要》卷七七記載司馬貞批駁《孔傳》的奏疏如下：

> 《古文》二十二章，元出孔壁。先是安國作傳，緣遭巫蠱，世未之行。荀昶《集注》之時，尚有《孔傳》，中朝遂亡其本。近儒欲崇古學，妄作此傳，假稱孔氏，輒穿鑿改更。又偽作閨門一章，劉炫詭隨，妄稱其善。且閨門之義，近俗之語，非宣尼之正說。案其文云，閨門之內，具禮矣乎。嚴兄妻子臣，繇百姓徒役也。是比妻子於徒

役,文句凡鄙,不合經典。又分庶人章,從故自天子以下,別為一章,仍加子曰二字。然故者連上之辭,既是章首,不合言故。古文既亡,後人妄開此等數章,以應二十二章之數。[1]

司馬貞認為,二十二章《古文孝經》原有孔安國作的「傳」,荀昶所處的東晉尚有《孔傳》,經過梁亂亡失,復出的《孔傳》是近儒的偽作,由劉炫鼓吹傳開,而〈閨門章〉也是偽作《孔傳》時的增衍,並非古文原有。

但是後來的研究證明,孔安國作「孔傳」的說法,亦屬後起。漢代書錄只有「古孔氏孝經」,並無孔安國作「傳」的記錄。《漢書・藝文志》著錄「孝經古孔氏一篇,二十二章」。又云:

> 武帝末,魯共王壞孔子宅,欲以廣其宮,而得《古文尚書》及《禮記》、《論語》、《孝經》凡數十篇,皆古字也。共王往入其宅,聞鼓琴瑟鍾磬之音,於是懼,乃止不壞。孔安國者,孔子後也,悉得其書。以考二十九篇,得多十六篇。安國獻之,遭巫蠱事,未列於學官。[2]

據此說,孔安國得孔壁的諸種古文經典中有《古文孝經》,而孔安國只以今文寫《古文尚書》獻上朝廷,而並未獻《古文孝經》和作《孔傳》。又,許沖《上說文表》云:

> 慎又學《孝經孔氏古文說》。《古文孝經》者,孝昭帝時魯國三老所獻。建武時,給事中議郎衛宏所校,皆口傳,官無其說,謹撰具一篇並上。[3]

---

[1] 宋・王溥撰:《唐會要》(北京:中華書局,1955年),頁1405。
[2] 漢・班固撰、唐・顏師古校:《漢書》,頁1719。
[3] 漢・許慎撰、清・段玉裁注:《說文解字注》(上海:上海古籍出版社,1981年),頁787。

對此，段玉裁在《說文解字注》中指出：

> 〈志〉於《禮》、《論語》、《孝經》下皆不言安國獻壁中書，然則安國所得雖多，而所獻者獨《尚書》一種而已。淹中所出之《禮古經》，魯國三老之《古文孝經》，皆即共王壁中所得安國未獻者也。《孝經》至昭帝時魯國三老乃獻之。[4]

這樣看來，漢代秘府收藏《古文孝經》是始於昭帝時期，其書為孔惠所獻「孔氏壁中古文」，並不見後來所謂的《孔傳》。《孔傳》序文中有「今中秘書皆以魯國三老所獻古文為正」云云之辭，王鳴盛《尚書後案・序》：「安國之年，只可以四十為斷。……其生當在景帝中年，其卒當在元鼎元封之間，此為定論」。[5] 因此，孔安國卒於武帝之世，不可能得知昭帝時魯國三老獻書的事，序文屬於後世偽作自明。

至於《孔傳》之說從何而來，清代學者雷學淇《撰介庵說》中有一段明瞭的概述：

> 蓋孔氏止傳經文，並無傳說，故許沖《上說文解表》云，《古文孝經》者，孝昭帝時魯國三老所獻。建武時，給事中議郎衛宏所校，皆口傳，官無其說。是兩漢秘閣所藏，止有《古文孝經》二十二章，無所謂《孔氏傳》，明矣。謂孔氏有《孝經傳》三篇者，自王肅《家語・後序》始。[6] 宋荀昶作《集注》，始稱引之。而劉之《七略》、阮之《七錄》、皆弗之載。《隋志》乃又云《孔氏傳》一卷，然則古

---

[4] 同前引，頁787。

[5] 清・王鳴盛撰：《尚書後案》，《皇清經解》卷434上（上海：上海書店，1988年），頁218上。

[6] 《孔子家語》後序云：孔安國乃考論古今文字，撰眾師之義，為《古文論語訓》二十一篇，《孝經傳》三篇，《尚書傳》五十八篇，皆所得壁中科斗本也。

文二十二章無可疑,可疑者孔氏之傳耳。[7]

認為漢代無《孔傳》之說大致如上。關於《孔傳》偽於何世何人,古來紛說不一,大致是以劉炫偽作說及對劉炫偽作說的批判而展開的。

劉炫偽作說首見於《隋書·經籍志》的記載:

> 安國之本,亡於梁亂。陳及周、齊、唯傳《鄭氏》。至隋,秘書監王劭於京師訪得《孔傳》,送至河間劉炫。炫因序其得喪,述其議疏,講於人間,漸聞朝廷,後遂著令,與《鄭氏》並立。儒者喧喧,皆云炫自作之,非孔舊本,而秘府又先無其書。[8]

在當時,朝廷獎勵獻書,而粗雜偽作亦並出。王劭能從兩顆白石頭上看出「詩二百八十篇奏之」,皇帝竟然以為真,賜帛千匹。[9]而劉炫因擅作《連山易》、《魯史記》等偽書遭除名,[10]更是作偽書出了名的。《隋書》記錄了當時人們的共同想法,認為《孔傳》是劉炫偽造的。

隋世以後,《孔傳》復亡於五代。宋代司馬光由秘閣發現一本《古文孝經》,並為之作《古文孝經指解》,中國本土流傳下來的《古文孝經》,唯此一本。清代別有太宰春臺考校日本古傳的多種傳本出版《古文孝經孔氏傳》,此本再度傳入中國本土,才使《孔傳》及《古文孝經》研究再開新面。[11]

日本武內義雄氏根據中國本土早亡而日本國見在的劉炫《孝經述議》的內容,與所存《古文孝經》諸種古寫本對照,發現《孝經述議》逐句詳細解

---

[7] 《畿輔叢書》初編經類所收。
[8] 唐·魏徵撰、令狐德棻撰:《隋書》(北京:中華書局,1973年),頁935。
[9] 見〈王劭傳〉記載。參見唐·李延壽撰:《北史》(北京:中華書局,1974年),頁1299。
[10] 見〈儒林傳〉記載。同前引,頁2764。
[11] 有關太宰春臺考校出版《古文孝經孔氏傳》的經緯,日·林秀一著〈孝経孔伝の成立に就いて〉(收入《孝經學論考》,明治書院,昭和51年)有詳細記述,可資參考。

釋《孔傳》經句，從而證明日本《古文孝經》傳本是劉炫所得古文的忠實寫本。[12]

胡平生先生進而根據武內等日本學者的研究總結說：

1、日本古抄本系統《古文孝經》系隋唐時自中國傳去，即劉炫本，文字較《古文孝經指解》可靠。清人，近人指為近世日人偽造，是完全錯誤的。
2、與北京圖書館所藏麴氏高昌和平二年《孝經》殘卷對比，可證劉炫本經文並非偽撰。
3、通過日本發現的劉炫《孝經述議》的研究，可知劉炫不是《古文孝經孔傳》的偽造者。[13]

關於《孔傳》的流傳，劉炫《孝經述議》記載：

> 江左晉穆帝永〔和〕十一年及孝武泰元元年再聚朝臣講《孝經》之義。有荀茂祖者，撰集其說，載安國（序）於其篇首，篇內引《孔傳》凡五十餘處，悉與今傳符同。是荀昶得《孔傳》矣。[14]

司馬貞亦有言「荀昶《集注》之時，尚有《孔傳》」，而《隋書·經籍志》著錄「《集議孝經》一卷，晉中書郎荀昶撰」。由此可知，東晉已經有《孔傳》流行。到了梁武帝時代，《孔傳》終於與《鄭注》並立於國學。經過梁亂，至隋代《孔傳》失而復得，但因為傳講其書的王劭、劉炫兩人有善

---

[12] 日·武內義雄著《武內義雄全集》（東京：川角書店，昭和52年），第3卷·儒教篇二所收〈孝经の研究〉，頁118。另外，本稿所據《孝經述議》為林秀一著《孝經學論考》所收影印版本。
[13] 胡平生：〈《日本古文學孝經孔傳的真偽問題》──經學史上一件積案的清理〉，《文史》第二三輯，1984年。
[14] 引文參見日·林秀一：《孝經述議復原に關する研究》（東京：文求堂，1953年），頁97。

作偽書的污名，復出的《孔傳》因而大受懷疑。通過上述武內等學者的研究表明，劉炫未嘗偽作《孔傳》。

這樣，在《孔子家語・後敘》中始言孔安國為「《古文孝經傳》三篇」的王肅，成為第二個懷疑對象。丁晏《孝經徵文》以邢昺疏《孝經正義》中所引王肅《孝經解》各條與《孔傳》相對照，指出：

> 安國作《傳》，漢人不言，獨《家語》言之。《家語》為王肅偽撰，而安國之注《孝經》，有與《家語》暗合者。且《隋志》所載王肅《孝經解》久佚不傳，今略見於邢昺疏中，而邢疏所引之王肅注多與《孔傳》相同，是必王肅妄作。[15]

丁晏以邢昺疏中引王肅注與《孔傳》暗合而懷疑《孔傳》是偽於王肅。林秀一氏據丁晏所言，重新考察邢昺《孝經注疏》，結果是邢疏引用王肅《孝經解》十三條中，只有四條與《孔傳》一致，認為丁晏主張的王肅偽作說未必成立。林氏還發現，《孔傳》中本來作為解說經文的「傳文」之中，進而有對「傳文」本身作解釋的語句。由此，林氏認為《孔傳》具有六朝期間流行的「義疏學的性格」，從而推論《孔傳》是六朝人受王肅學說的影響，假託孔安國之名而作。[16]

2016 年由喬秀岩、葉純芳、顧遷編譯的中文本《孝經述議復原研究》（武漢：崇文書局）出版，喬秀岩先生延伸林秀一的觀點，關注《孔傳》中大量摻入《管子》，提出一種《孔傳》二次成立說：

> 我們推測，東晉以來至南朝流傳的孔傳，應該是不包含引用《管子》的文本，它是一種平實簡單的注釋，雖然不如鄭注謹慎，還不失為可

---

[15] 見〈孝經徵文序〉。清・丁晏撰：《孝經徵文》，收入《皇清經解續編》卷 847（上海：上海書店，1988 年），頁 11。

[16] 見〈孝経孔伝の成立に就いて〉。日・林秀一著《孝經學論集》（東京：明治書院，昭和 51 年），頁 241 及頁 247。

以參考的解釋。……至於將《管子》摻入孔傳中，改編成第二代孔傳，究竟出於何時、何人？我們目前無法確定。但是，由何人提出、何時流傳，卻是非常地清楚──由王劭提出，隋文帝時期被一部分社會所接受、流行。[17]

此論甚見新意，帶來一波推動的熱潮。新近吳天宇研究甚至具體指出隋初重現的《孔傳》中包含著三個時期成立的三種部分：一是東晉至蕭梁時期傳行的舊《傳》；二是受六朝講經與義疏學影響而形成的解說；三是援《管子》以釋《孝經》的「新解」。[18]

關於〈閨門章〉的由來，《漢書‧藝文志》著錄「孝經古孔氏一篇。二十二章」之後顏師古注云：

> 師古曰，劉向云，古文字也。庶人章分為二，曾子敢問章為三，又多一章，凡二十二章。[19]

對顏師古引劉向《別錄》之語的解讀，向來有歧義。其一為：

> 師古曰，劉向云，「古文字也。庶人章分為二，曾子敢問章為三，又多一章，凡二十二章」。

此說認為劉向稱二十二章《古文孝經》中的「又多一章」，當是指〈閨門章〉，依照此說，古文原來就有〈閨門章〉。近儒蔣伯潛、張舜徽主此說。[20] 其二為：

---

[17] 喬秀岩、葉純芳、顧遷編譯：《孝經述議復原研究》（武漢：崇文書局，2016 年），頁 519。

[18] 吳天宇：〈再論《古文孝經孔傳》的文本構成與歷史語境〉，（《文史》2021 年第 4 輯，總第 137 輯），頁 25-44。

[19] 漢‧班固撰、唐‧顏師古校：《漢書》第十，頁 1719。

[20] 見蔣伯潛：《十三經概論》（上海：上海古籍出版社，1983 年）頁 349；張舜徽：《漢書藝文志通釋‧六藝略》（武漢：湖北教育出版社，1990 年）頁 81。

師古曰,劉向云,「古文字也」。庶人章分為二,曾子敢問章為三,又多一章,凡二十二章。

此說認為只有「古文字也」四字是援引劉向之言。如此,則「庶人章分為二」云云為師古之言,從而不能確定劉向時有師古所言之分章。

那麼,兩說究竟哪一個為是,則要從《孝經》章名的由來細考一番。根據本書於第四章第三節之「(一)從章名顯現的特徵」的相關考察,可以明瞭梁武帝時代,《孔傳》與《鄭注》並立國學,對《孝經》來說,是前所未有的大事,標明《孝經》的全體章名始於其時,而最終改定於唐代的《御注孝經》。[21]

由此可知,前漢劉向校《孝經》今古文兩本時是沒有章名的。隋唐之際的今古文都已經有了章名,因此,顏師古依據其時所見《孝經》今古文的異同注解《漢書·藝文志》「《孝經古孔氏》一篇,二十二章」而稱「庶人章分為二也」云云。所以,顏師古的注語應讀成:

師古曰,劉向云,「古文字也」。〈庶人章〉分為二也,〈曾子敢問章〉為三,又多一章,凡二十二章。

即「古文字也」四字才是援引劉向之言。班固所見《別錄》無「庶人章分為二」云云之語,劉向亦未曾說過「庶人章分為二」云云的話。如果漢代的《古文孝經》中有〈閨門章〉,那麼今古文差別之大莫過於此,《漢書·藝文志》能記述「父母生之,續莫大焉」、「故親生之膝下」等字讀的不同,若《別錄》有言,班固何以竟不錄。這說明班固所見到的《別錄》之言

---

21 如敦煌本《孝經》各卷,大致成書于唐至五代,而其中十之八九是《孝經鄭注》。章名中,如多將〈士章〉作〈士人章〉或〈士仁章〉,這些都是在《御注孝經》統一章名之前,被用過的章名。陳鐵凡氏收集國內及流失海外的敦煌孝經本三十卷,影印出版了《敦煌本孝經類纂》(臺北:燕京文化事業股份有限公司,1977年)一書,其中多見〈士人章〉,可資參考。

止於《漢書·藝文志》,《別錄》未曾提到古文多〈閨門章〉。「〈庶人章〉分為二」以下,是顏師古的話,但是,正如司馬貞指摘的那樣,隋世後出的「古文」已經不是漢代原來的「古文」。這樣,沒有證據證明劉向時的《古文孝經》中有〈閨門章〉。

那麼,劉向所見二十二章《古文孝經》的分章如何呢。現存四川大足縣石刻范祖禹本《古文孝經》(以下簡稱〈范本〉)的分章形式,可以為此提出一些啟示。在〈范本〉中,《古文孝經》〈三才章〉是一分為三。即,「曾子曰,甚哉,孝之大也」入前一章,「子曰,夫孝,天之經也,……其政不嚴而治」為一章,「子曰,先王見教之可以化民也,……詩云,赫赫師尹,民具爾瞻」又為一章。〈范本〉古文雖出於後世,其二十二章的分法,則看上去更合理。如果參照〈范本〉此處的分章,設想一下劉向時的《古文孝經》,則可能分成這樣:

〈庶人章〉「子曰,用天之道,分地之利,謹身節用,以養父母,此庶人之孝也。」

〈孝平章〉「子曰,故自天子至於庶人,孝無終始,而患不及者,未之有也。曾子曰,甚哉,孝之大也。」

〈三才章〉「子曰,夫孝,天之經也,地之義也,民之行也。天地之經,而民是則之,則天之明,因地之利,以順天下。是以其教不肅而成,其政不嚴而治。」

〈又一章〉「子曰,先王見教之可以化民也,是故先之以博愛,而民莫遺其親,陳之於德義,而民興行。先之以敬讓,而民不爭。導之以禮樂,而民和睦。示之以好惡,而民知禁。詩云,赫赫師尹,民具爾瞻。」

劉向時的《孝經》是沒有章名的,以上所標是為了便於記述。那麼,加上前後各章(不列入〈閨門章〉),則正成二十二章,且讀起來更覺自然。

第七章　圍繞《王羲之草書孝經》引發的新課題　261

至於各章前的「子曰」,加之則分段,去之則並段,多為後人隨機添削之語,如朱熹所指摘的,非是本有。[22]

這當然是一種推論,要之,即使排除〈閨門章〉,《古文孝經》同樣有分出二十二章的可能。而且,《古文孝經》章數的多少及分合,在漢代本是互不相同。〈藝文志〉所錄《古文孝經》為二十二章,而桓譚所見《古文孝經》為二十章,劉向刪繁今文從古文又定成十八章本。依照《今文孝經》十八章而定章數,是為了繼承博士學官傳統。終兩漢,官學《今文孝經》的章數一直未變,而《古文孝經》不立學官,其章數的分合,則沒有定本。不過,諸古文本雖然章數不同,字數則出入不多。桓譚說《古文孝經》有「千八百七十二字」,劉向所刪本存於《鄭注》,其字數大致也如此。[23] 所以,〈藝文志〉著錄的《古文孝經》二十二章中,莫若說沒有〈閨門章〉更自然。通過接下來的考察,可進一步確證這個推論的合理性。

參照胡平生氏所稱「和平二年孝經」本,[24] 對照一下《孔傳》依託的古文經。關於「和平二年孝經」,北京圖書館登錄卡片標明「和平二年」為公元四六一年,「和平」為北魏文成帝拓跋濬年號。所見為殘卷,通篇為楷書寫成,其中可見北朝至隋唐時期的俗字有,(脩)修、(羙)美、(敺)匡、(惡)惡、(祀)禮、(諴)戚、(言)旨、(聖)聖、(毀)毀、(㐮)喪、(椁)槨、(俻)備等等,屬於《鄭注》本體系,存相當於今見《今文孝經》的〈感應章〉後半部,及〈事君〉、〈喪親〉兩章的經文,不

---

[22] 朱熹針對《孝經》「仲尼閒居,曾子侍坐……孝無終始,而患不及者,未之有也」的部分,指出「其首尾相應,次第相承,文勢連屬,脈絡通貫,同是一時之言,無可疑者。而後人妄分以為六七章,又增子曰及引詩書之文以雜乎其間,使其文意分斷間隔,而讀者不復得見聖言全體大義,為害不細。故今定此六七章者合為一章,而刪去子曰者二,引《書》者一,引《詩》者四,凡六十一字,以復經文之舊。」引文參見宋・朱熹:《孝經刊誤》,頁 106 上。

[23] 筆者據陳鐵凡輯敦煌本《孝經鄭注》,實際數了一次,結果是共計千八百五十二字。

[24] 陳鐵凡:《敦煌本孝經類纂》,亦收入本卷,本稿據此。

列章名，卷末題記云「和平二年十一月六日唐豐國寫此字」（以下略稱〈唐豐國本〉）的字樣。現就可讀之處，列之如下，「□」為缺或不可讀字，並以〈御注本〉[25]、〈指解本〉[26]、〈太宰本〉[27]、〈仁治本〉[28] 對校於擴號中。

> （以上缺）兄，必有長（①御注本、指解本作「必有先也、言有兄也」。太宰本、仁治本作「言有兄也、必有長也」）。宗廟致敬，不忘親（御注本、指解本、太宰本、仁治本多「也」）。脩身慎行、恐辱先（御注本、指解本、太宰本、仁治本多「也」）。宗廟致敬，鬼神著矣。孝弟之至，通於神明，云（御注本、指解本、太宰本、仁治本皆無「云」字）光乎（御注本、指解本作「於」，太宰本、仁治本作「于」）四海，無所不通。詩云，自東自西（②御注本、指解本作「自西自東」），自南自北、無思不服。
>
> 子曰：君子之事上（御注本、太宰本、仁治本多「也」），進思盡忠，退思補過。將順其美，匡救其惡，故上下能相親（御注本、太宰本、仁治本多「也」）。詩云、心乎愛矣，遐不謂矣，忠（③御注本、指解本作「中」）心藏之，何日忘之。
>
> 子曰：孝子□□□，□不哀（御注本、指解本作「偯」。太宰本、仁治本作「依」），礼無（太宰本、仁治本作「亡」）容，□□□，服美不安，□樂不樂，食旨不甘，此□（疑作「事」。御注本、指解本、太宰本、仁治本皆無此字）哀戚之情。三日而食，教民無以死傷生，毀不滅性。此聖人之政。喪不過三年，示民有終。為之官椁（御注本作「棺槨」、指解本、太宰本、仁治本作「棺椁」）衣衾而舉

---

[25] 取《十三經注疏》收錄本。
[26] 取《文淵閣四庫全書》收錄本。
[27] 取《知不足齋叢書》收錄本。
[28] 取京都便利堂 1939 年影印本。

第七章　圍繞《王羲之草書孝經》引發的新課題　263

之，陳其簠簋而哀戚之，擗踴（御注本、指解本、太宰本、仁治本作「擗踴」）哭泣，哀以送之。卜其宅兆，而安錯之。為之宗廟，以鬼享之。春秋祭祀，以時思之。生事愛敬，死事哀戚。生民之本盡矣，死生之義俗（御注本、指解本作「死生之義備矣」、太宰本、仁治本作「死生之誼備矣」）、孝子之事（④御注本、指解本多「親」）眾（御注本、指解本、太宰本、仁治本皆作「終」，別字）矣。

和平二年十一月六日 唐豐國寫此字

　　通過以上的對照表明，第一，〈唐豐國本〉與〈御注本〉章次相當，屬十八章本。第二，〈唐豐國本〉的字讀與前列四種本皆有相異，就句末助字的「也」字為省掉最多，符合北朝時期的書風。[29] 第三，除俗字別字以外，實質性的異文可見①②③④處，即〈唐豐國本〉的這四處字讀與〈御注本〉、〈指解本〉等中國傳本相異，而與〈太宰本〉、〈仁治本〉等日本二十二章古文諸本相同。武內等學者已經證明日本傳古文本即是劉炫本，由此可以看出，南北朝至隋唐的十八章《鄭注》本（唐豐國本）二十二章本（日本傳本），比唐代以後的十八章今文（御注本）二十二章古文（指解本）差異要更少。南北朝時期的《孝經》諸本經文基本一致，其源自漢末「十八章《鄭注》本」，亦是出自〈劉向本〉，而依託的《孔傳》的經文，基本與此相同。

　　據朝川鼎撰《古文孝經私記》：「後觀晉《王羲之草書孝經》。（朝川注：羲之《孝經》，今藏在仙臺侯文庫。云是慶長（1596）之役，得之朝鮮者，余藏其模本。）其經從今文，而別有〈閨門〉一章，合為十九章」。[30]

---

[29] 據《顏氏家訓》書證篇云，「也是語已及助句之辭，文籍備有之矣，河北經傳，悉略此字」。可知北朝人抄書有省略「也」字的習慣。參見北齊・顏之推著，王利器集解：《顏氏家訓集解》（上海：上海古籍出版社，1980年），頁398。

[30] 江戶・朝川鼎：《古文孝經私記》，收入《日本儒林叢書》（東京：鳳出版株式會社，1978年），頁34。

可知室町時代末期，曾經有一卷經由朝鮮輾轉傳入日本的「十九章《今文孝經》」，有〈閨門章〉，合為十九章，是東晉王羲之的草書摹本。符合這樣的形制者，只有《隋書‧經籍志》所載《長孫氏孝經》。荀昶與王羲之同是東晉時人，則偽《孔傳》所添〈閨門章〉有此由緒可察。

三、《長孫氏孝經》所見〈閨門章〉

漢代無《孔傳》，隋世出現的《孔傳》有〈閨門〉一章，是魏晉之間抄自《長孫氏孝經》之文。但是，還有一個問題，《漢書‧藝文志》中明文《今文孝經》為「長孫氏，博士江翁，少府后倉，諫大夫翼奉，安昌侯張禹傳之，各自名家，經文皆同」。可到了《隋書‧經籍志》中卻成了「長孫氏，博士江翁，少府後蒼，諫議大夫翼奉，安昌侯張禹，皆名其學。而長孫有〈閨門〉一章，其餘經文，大較相似」。對照兩說，《隋書‧經籍志》稱「長孫有〈閨門〉一章，其餘經文，大較相似。」和《漢書‧藝文志》「各自名家，經文皆同」顯然是矛盾。對此如何理解呢？

《隋書‧經籍志》據不同而記之，應該有它的根據。就收錄書志的宗旨和來源而言，《漢書‧藝文志》著錄的目的在「刪去浮冗，取其指要」，[31] 求的是文約而精，所錄的是兩漢秘府官書。而《隋書‧經籍志》則云：

> 舊錄所遺，辭義可采，有所弘益者，咸附入之。遠覽馬《史》，班《書》，近觀王、阮《志》、《錄》，挹其風流體制，削其浮雜鄙俚，離其疏遠，合其近密，約文緒義，凡五十五篇，各列本條之下，以備〈經籍志〉。雖未能研幾探賾，窮極幽隱，庶乎弘道設教，可以無遺闕焉。[32]

---

31 漢‧班固撰、唐‧顏師古校：《漢書》，頁 1702。
32 唐‧魏徵撰、令狐德棻撰：《隋書》，頁 908。

這樣看來，《隋書・經籍志》不單是廣收《史記》、《漢書》、《七志》、《七錄》等官方的專門書錄，而且書錄所遺漏的，也據其時所見的「舊錄」，「咸附入之」，求「可以無遺闕焉」。如，顏芝藏《孝經》之事應該是《漢書・藝文志》不錄而《隋書・經籍志》據「舊錄」所補，因為《隋書・經籍志》沒有任何必要捏造此說。錄《長孫氏孝經》之有〈閨門〉一章，亦可從朝川鼎所提及的朝鮮傳入日本的《王羲之草書孝經》可證。

那麼，《漢書・藝文志》、《隋書・經籍志》各據見聞著錄有了分歧，只能說《長孫氏孝經》到魏晉時代多出的〈閨門章〉是篡入經文的語句。這很有可能是《長孫氏孝經》中解釋經文的《說》的內容，篡入了經文。對此，以下提及兩點說明。

第一，後漢的注經體裁發生的重大變化，即經傳合併造成了《長孫氏說》的內容篡入了《長孫氏孝經》經文而成為〈閨門章〉。據說，合併經傳始於後漢的馬融。賈公彥〈序周禮廢興〉云：「先漢經自為經，傳自為傳，自馬融注《周禮》，省學士之兩讀，以傳連經」。[33] 所謂「以傳連經」，即就經作注，經注同書。大體上，前漢以前通行的寫經方式是經傳各自成卷，如《墨經》中有「經上下」和與之別行的「經說上下」，即是一例。到了後漢馬融的時代，為了節省經注對照的麻煩，開始直接在經文下寫入注解。自然，為了明確哪是經哪是注，於是採用字分大小，或分兩色的方法。「經文用大字，注文用小字」成為後來的通行方式，而以字色區分的例子也可見。如《孔傳》序文中有「朱以發經，墨以起傳」的說法，這可以理解為《孔傳》的經文用朱色寫，傳文用墨色寫。然而採用這樣朱墨兩色書寫的前提是在經文下寫傳注，以前漢孔安國的名義寫的《古文孝經序》屬於偽作，由此也可一證。又《經典釋文・序錄》言「以墨書經本，朱字辯注，用相分別，使較然可求」，朱墨兩用的目的，顯然是區分經注，防止彼此混同。

---

33 漢・鄭玄注、唐・賈公彥疏：《周禮注疏》，清・阮元校刻《十三經注疏》（北京：中華書局，1980年），頁635。

關於經傳合併的背景，與後漢中期的「東觀校書」，以及同時期紙張的流行大有關聯。後漢安帝永初四年（110），在皇帝親自主持下開始大規模整理校正經史傳記，即史稱之「東觀校書」。「東觀」指皇室圖書館，此次參加校書的人員前後達五十餘人，許慎、馬融、盧植，皆是其中的成員。關於東觀校書，《後漢書》有如下幾則記載：

> 詔謁者劉珍及五經博士，校定東觀五經，諸子，傳記，百家藝術，整齊脫誤，是正文字。（〈安帝紀〉）
>
> 永初四年，帝以經傳之文多不正定，乃選通儒謁者劉珍及博士良史詣東觀，各讎校（漢）家法，令倫監典其事。（〈宦者傳〉）
>
> 乃博選諸儒劉珍等及博士，議郎，四府掾史五十餘人，詣東觀讎校傳記。（〈鄧后紀〉）
>
> 永初中，……鄧太后詔使與校書。劉騊駼，馬融及五經博士，校定東觀五經，諸子傳記，百家藝術，整齊脫誤，是正文字。（〈劉珍傳〉）
>
> 永初四年，拜為校書郎中，詣東觀，典校秘書。（〈馬融傳〉）

這次校書的主要目的是「整齊脫誤，是正文字」，即，一是對注經體裁的統一，一是今文經的古文字轉寫。[34] 無疑，紙張的流行，對這樣大規模的經典轉寫，提供了絕好的方便。

據《後漢書・蔡倫傳》記載：

> 自古書契多編以竹簡，其用縑帛者謂之為紙。縑貴而簡重，並不便於人。倫乃造意，用樹膚、麻頭及敝布、魚網以為紙。元興元年奏上

---

[34] 此據金德建說。詳見金德建：《經今古文字考》（濟南：齊魯書社，1986年），頁260。

之，帝善其能，自是莫不從用焉，故天下咸稱蔡侯紙。[35]

一般認爲蔡倫發明了紙張，不過從以上記載看，是他通過改善工藝改用低廉的「樹膚、麻頭及敝布、魚網」等原材料，大大降低了紙張的造價，從而促成了紙張的大量生產及普遍使用。蔡倫於文化史上的貢獻是無疑是值得高度評價的。那麼，蔡倫奏上紙張是在元興元年（105），五年之後開始了「東觀校書」。如，前面例子〈宦者傳〉中所記「帝……令倫監典其事」云云，亦可知在「東觀校書」中，蔡倫充任了總管與監察的職務。

後漢以後通行「經下寫注」的經注形式，正是如此大規模轉寫及整齊經書脫誤的產物。作為前漢的「經傳別行」轉變為後漢的「經注同本」的好例，比較一下《漢書‧藝文志》與《隋書‧經籍志》的書錄體裁可一目瞭然。以《詩》部分的書目為例，先看《漢書‧藝文志》如下：

《詩經》二十八卷，魯、齊、韓三家。
《魯故》二十五卷。《魯說》二十八卷。
《齊後氏故》二十卷。
《齊孫氏故》二十七卷。《齊後氏傳》三十九卷。
《齊孫氏傳》二十八卷。
《齊雜記》十八卷。
《韓故》三十六卷。
《韓內傳》四卷。《韓外傳》六卷。
《韓說》四十一卷。
《毛詩》二十九卷。
《毛詩故訓傳》三十卷。[36]

---

[35] 南朝宋‧范曄撰、唐‧李賢等注：《後漢書》，頁2513。
[36] 漢‧班固撰、唐‧顏師古校：《漢書》，頁1707。

《漢書·藝文志》書錄中，如「《詩經》二十八卷。魯，齊，韓三家」之後有「《魯說》二十八卷」、「《齊後氏傳》三十九卷」、「《韓說》四十一卷」等書目可見。又「《毛詩》二十九卷」之後有「《毛詩故訓傳》三十卷」等等。這些以「傳」、「說」、「記」、「故」、「訓」等表記的書目，是指與「經」別行的注釋書。再看《隋書·經籍志》：

《韓詩》二十二卷，漢常山太傅韓嬰，薛氏章句。
《韓詩翼要》十卷，漢侯苞傳。
《韓詩外傳》十卷，梁有《韓詩譜》二卷，《詩神泉》一卷，漢有道征士趙曄撰，亡。
《毛詩》二十卷，漢河間太傅毛萇傳，鄭氏箋。梁有《毛詩》十卷，馬融注，亡。
《毛詩》二十卷，王肅注。梁有《毛詩》二十卷，鄭玄，王肅合注；《毛詩》二十卷，謝沈注；《毛詩》二十卷，晉兗州別駕江熙注。亡。
《集注毛詩》二十四卷，梁桂州刺史崔靈恩注。梁有《毛詩序》一卷，梁隱居先生陶弘景注，亡。[37]

《隋書·經籍志》中再不見獨立的《經》，而是「經」與「注」入同一個目錄，即成為了一書。其中，漢代流傳下來的古書依然有保存注釋書別行的體例，如「《韓詩翼要》十卷，漢侯苞傳」，即是獨立的「注」。而「《毛詩》二十卷，漢河間太傅毛萇傳，鄭氏箋。梁有《毛詩》十卷，馬融注」云云，便顯然是經和注在同一本書中了。還應注意一點是，《漢書·藝文志》不見一個有「注」字的書目，而到了《隋書·經籍志》中幾乎言「經」便稱某某「注」了。

---

[37] 唐·魏徵撰、令狐德棻撰：《隋書》，頁916。

《說文解字‧十一篇上》云：「注，灌也。」[38]《儀禮‧鄭氏注》賈疏云：「言注者，注義於經下，若水之注物」，[39]《禮記‧曲禮》孔疏云：「注者，即解書之名，不敢傳授，直注己義而已」。[40] 從解經的功用和形式上看，「注」原本屬個人私記，於經句之間插入解釋鋪陳之語而稱「注」；而「傳」、「說」等是講說經文的記錄。因此「注」與「傳」、「說」的不同是，「注」原本非用於傳授的。「傳」、「說」等反應前漢「經傳別行」的注經體裁，而「注」反應的是後漢以後「經下寫注」的注經形式。至於改「注」字為「註」字，乃是起於明代。[41]

但是，這種合併經傳的作業，雖然採用或字分大小，或分朱墨等方法區別經注，在輾轉傳抄中，仍不可避免造成注文篡入經文。如《毛詩》經文有「〈關雎〉五章，章四句」之類的字樣，《儀禮》經文有「《記》，云云」等等，即是例證。又如，《呂氏春秋‧察微》中引《孝經》之語，向來被作為證明《孝經》作於先秦的證據，但是，此處乃是高誘「注文」的篡入已為證實。[42]

這種「注」篡入「經」的現象，在《長孫氏孝經》同樣可能發生。推測前漢「經」、「說」別行的《長孫氏孝經》，經過後漢的合併經傳，原本作為「說」的〈閨門章〉的文字篡入經文。

---

[38] 漢‧許慎撰、清‧段玉裁注：《說文解字注》（上海：上海古籍出版社，1981 年），頁 555。

[39] 漢‧鄭玄注、唐‧賈公彥疏：《儀禮注疏》，清‧阮元校刻《十三經注疏》（北京：中華書局，1980 年），頁 945。

[40] 漢‧鄭玄注、唐‧孔穎達疏：《禮記正義》，頁 1229。

[41] 據清‧段玉裁《說文解字注》卷 651 中云：「按漢唐宋人經注之字無有作註者，明人始改注為註，大非古義也。」引文參見漢‧許慎撰、清‧段玉裁注：《說文解字注》（上海：上海古籍出版社，1981 年），頁 555。

[42] 陳奇猷：《呂氏春秋校釋》（學林出版社，1984 年）云：陳昌齊曰，呂氏時《孝經》未出，無從所引。「孝經曰」四十六字當是注語。陳說是，本書別無引《孝經》者，惟高誘多引《孝經》為注。

第二，具體考察「閨門」一詞，則廣泛見於先秦漢魏的諸子經傳。試舉例如下：

行之於親近而疏遠悅，修之於閨門之內而名譽馳於外。（《新語·道基》）

在閨門之內，父子兄弟同聽之，則莫不和親。（《荀子·樂論》，《史記·樂書》亦引此句）

閨門之內盡孝焉，閨門之外盡悌焉，朋友之道盡信焉，三者，孝之至也。居家理者，非謂積財也，事親孝者，非謂鮮肴也，亦和顏色，承意盡禮義而已矣。（《鹽鐵論·孝養》）

王太后明察此意，不可不詳。閨門之內，母子之間，同氣異息，骨肉之恩，豈可忽哉。（《漢書·馮奉世傳》）

閨門內亂，父子相訐，而欲使之宣明聖化，調和海內，豈不謬哉！（《漢書·王商史丹傳喜傳》）

竊見安漢公自初束修，……惡衣惡食，陋車駑馬，妃匹無二，閨門之內，孝友之德，眾莫不聞。（《漢書·王莽傳》）

訓字平叔，禹第六子也。少有大志，……雖寬中容眾，而於閨門甚嚴，兄弟莫不敬憚，諸子進見，未嘗賜席接以溫色。（《後漢書·鄧禹傳》）

湛字子孝，右扶風平陵人。舉動必以禮，雖幽室閒處，不易其度，閨門之內，若嚴君焉。三輔歸之，以為儀錶。……重居家有法，子孫進見如吏。其治家，僮僕無遊手。（《後漢書·光武皇帝紀》）

登曰：「夫閨門雍穆，有德有行，吾敬陳元方兄弟；淵清玉絜，有禮有法，吾敬華子魚；……餘子瑣瑣，亦焉足錄哉。（《三國志·魏書·桓二陳徐衛盧傳》）

庾亮字元規，明穆皇后之兄也。父琛，在外戚傳。亮美姿容，善談論，性好莊老，風格峻整，動由禮節，閨門之內不肅而成。」（《晉

書・庾亮傳》）

式為國士，閨門之內犯禮違義，開闢未有。（《晉書・卞壺從父兄敦列傳》）

分遣使者巡行郡國，孤老久疾不能自存者，振穀帛有差，孝悌力田閨門和順者，皆褒顯之。（《晉書・載記》）

　　以上僅僅是選擇一些代表性的例句，而實際後漢魏晉史書中出現的關於「閨門」的例句，遠遠超過先秦至前漢經籍中所見。從以上這些例子中可以看出一個現象：大致前漢史書的例句是闡釋「閨門」的義理，而後漢魏晉的史書所見「閨門」云云，則大量出現在人物傳記中。「閨門」之禮，作為強調儒家孝道觀的重要的道德實踐，在兩漢魏晉倍受重視。尤其後漢乃至六朝時代，流行一種「品評人物」的社會風尚。《後漢書》、《三國志》中常說某人「善人倫」，人倫即是品評人物的高下，分出等級倫類。當時沒有報紙，這種品評就是當時的輿論。[43] 有趣的是，「閨門」的言行成為人物評價的一項必要指標。前例《漢書・王莽傳》中便已經出現了。上述例子多處與〈閨門章〉語句近似且文義相同，如「閨門甚嚴」（〈鄧禹傳〉）、「閨門之內，若嚴君焉」、「居家有法，子孫進見如吏」（〈光武皇帝紀〉）、「閨門之內，不肅而成」（〈庾亮傳〉）等等，甚至與《王羲之草書孝經》所見〈閨門章〉「閨門之內具禮矣乎，嚴父，役也」如出一轍，這說明漢魏時代完全有〈閨門章〉內容流傳的現實環境，〈閨門章〉纂入《長孫氏孝經》經文，進而成為偽作《孔傳》的資料，並非偶然。

　　參照《孔傳》，依然可見昔日〈閨門章〉與前章的關聯。《孔傳》中，〈閨門章〉在〈廣揚名章〉之後，兩章的內容是：

〈廣揚名章〉：子曰，君子之事親孝，故忠可移於君。事兄悌，故順可

---

43 此據胡适說。參見胡适：《中國哲學史》，收入姜義華編：《胡適學術文集》（北京：中華書局，1991年），頁448。

移於長。居家理,故治可移於官。是以行成於內,而名立於後世矣。

〈閨門章〉:子曰,閨門之內,具禮矣乎。嚴親嚴兄,妻子臣妾,繇百姓徒役也。[44]

朱子對這兩章內容的關聯性早有注意,他在《孝經刊誤》〈閨門章〉之後注云:「此一節因上章三可移而言。嚴父,孝也。嚴兄,弟也。妻子臣妾,官也。」如果通過以上的分析再看〈閨門章〉的文字,將其作為解說〈廣揚名章〉的注文,是完全說得通的。

由此,很可能的狀況如以下這樣,蓋〈閨門章〉的文字是《長孫氏說》中的文字可能性極大。

一種狀況是:原初的形態「閨門之內具禮矣乎,嚴父,役也」,意在強調家族之內嚴守禮法、子孫尊嚴父親如在官服役,對應解說「居家理,故治可移於官」;而「閨門之內,具禮矣乎。嚴親嚴兄,妻子臣妾,繇百姓徒役也」是對前者的擴充,如朱熹所云,是對應〈廣揚名章〉而成的文字。

另一種狀況是相反,《王羲之草書孝經》〈閨門章〉的文字是對「閨門之內,具禮矣乎。嚴親嚴兄,妻子臣妾,繇百姓徒役也」的節略。無論是擴充,或是節略,兩者意義相類,與「閨門之內,若嚴君焉」、「居家有法,子孫進見如吏」是一樣的。

至後漢,順應合併經傳的時勢而並《說》入《經》,結果長期輾轉傳抄中將〈閨門章〉的內容纂入經文。自然,《古孔氏孝經》二十二章中,桓譚見《古孝經》二十章中,及劉向刪過的十八章《孝經》文中,哪種經文原本皆沒有〈閨門章〉的文字。原本作為《長孫氏說》的文字,受後漢「經說合併」的寫經形式的影響,輾轉傳抄中,被混入了本文。魏晉時人參照十八章

---

[44] 漢·孔安國傳,日·太宰純音:《古文孝經孔氏傳》,《文淵閣四庫全書》經部第 182 冊,頁 15-16。

《孝經》整理古文偽作《孔傳》，相當於後來〈閨門章〉的文字遂正式變成古文經文。梁亂之後，《長孫氏孝經》及《孝經》注本多亡，《孔傳》微傳於民間以至隋世復現。《隋書》記錄「舊聞」仍然稱「長孫有閨門一章」，並懷疑劉炫鼓吹的《孔傳》，顏師古則以隋世所見《孔傳》注《漢書·藝文志》而稱「〈庶人章〉分為二也，〈曾子敢問章〉為三，又多一章，凡二十二章」云云。〈閨門章〉很可能是這樣成為《長孫氏孝經》及《古文孝經孔氏傳》的經文的。

那麼，〈閨門章〉的內容是何時成立的呢，通過下章考證《長孫氏說》的成書，會進一步明確。

四、《長孫氏說》的成書背景和思想性

長孫氏是何人，《漢書·藝文志》未著其名。據後儒考證，馬國翰云：「長孫氏，名字爵裏，史無考。漢興傳《孝經》，《漢書·藝文志》長孫氏說二篇，《隋》《唐志》不著錄已久。《隋書·經籍志》謂長孫有閨門一章。據孔安國古文傳本錄出，表漢初大師之首功，惜其說不可的而覩矣。」[45] 姚震宗云：「按，長孫氏始末未詳。〈儒林傳〉韓詩家有淄川長孫順為博士，宣元時人，為韓太傅四傳弟子，或其後歟。陳直云，按漢《孟璇碑》云，通《韓詩》，兼《孝經》二卷。當即長孫氏說。」[46]

姚氏所云《漢書·儒林傳》記載如下：

> 韓嬰，燕人也。孝文時為博士，景帝時至常山太傅。嬰推詩人之意，而作《內外傳》數萬言，其語頗與齊，魯間殊，然歸一也。淮南賁生受之。燕趙間言《詩》者由韓生。

---

[45] 清·馬國翰撰：《玉函山房輯佚書》卷40（光緒九年癸未長沙嬛嬛館補校刊本）。
[46] 《七略別錄佚文》〈敘新編·七略別錄〉第三，清·姚震宗撰：《七略別錄佚文》，《續修四庫全書》916冊史部·目錄類（上海：上海古籍出版社，2002年），頁558。

趙子，河內人也。事燕韓生，授同郡蔡誼。誼至丞相，自有傳。誼授同郡食子公與王吉。吉為昌邑中尉，自有傳。食生為博士，授泰山栗豐。吉授淄川長孫順。順為博士，豐部刺史。由是韓詩有王，食，長孫之學。豐授山陽張就，順授東海發福，皆至大官，徒眾尤盛。[47]

這兩段話記述的是韓詩學派的傳承系譜，《漢書》記述長孫順僅得這一處。不過從這段簡短的記錄中，仍然可以大致知道其人其學。作成圖示如下：

韓生（嬰）→趙子→蔡誼→食子公→栗豐→張就

└→王吉→長孫順→發福

韓嬰為韓詩學之宗，文帝時仕博士，景帝時官至常山太傅。蔡誼師從韓嬰，傳授《詩》給昭帝，官至丞相，封侯（《漢書·蔡誼傳》）。王吉師從蔡誼，昭帝時為昌邑中尉，宣帝時為諫大夫，卒於元帝期（《漢書·王吉傳》）。《漢書·藝文志》言「《論語》，漢興，有齊，魯之說。傳《齊論》者，昌邑中尉王吉，少府宋畸……唯王陽名家。」師古注云：「王吉字子陽，故謂之王陽。」又，書錄中有「魯王駿《說》二十篇。」師古注云：「王吉子。」由此可知，王吉是傳《韓詩》及《齊論語》的代表者。〈儒林傳〉稱王吉「學通五經」，知其人是當時的有影響的大儒。王吉出身琅邪皋虞（今山東省即墨市東北），昭帝時，仕官昌邑王中尉。長孫順出身淄川（今山東省淄博市西南），與琅邪、昌邑（今山東省）同在齊魯地方。古人三十而為師，所以，長孫順師從王吉當在王吉中年仕官昌邑之時。若以十年學成推算，其人仕官博士、刺史，當在昭帝以後的宣帝朝廷。長孫順授東海發富，東海（今山東省蒼山縣南）也屬齊地。史稱「《韓詩》有王、食、長孫之學」，可知長孫順是宣帝時期齊魯地方韓詩學的代表者之一，其傳授

---

[47] 漢·班固撰、唐·顏師古校：《漢書》，頁 3613-3614。

《孝經》亦自有其淵源可循。

　　蓋前漢的《詩》《書》博士與傳授《孝經》有密切關係，朱子甚至懷疑《孝經》的引《詩》、《書》之語是漢初博士的作為（《孝經刊誤》）。《漢書・藝文志》中記述《今文孝經》著述者，與「長孫氏」並列有「江翁」、「後蒼」、「翼奉」、「張禹」。江公，宣帝時為博士，世稱為《魯詩》之宗，著《孝經說》。後蒼，通《詩》《禮》，為宣帝博士，至少府，授翼奉。翼奉為元帝諫大夫，二人同是齊詩學派的代表。張禹曾從王吉學《論語》，合併古文、齊、魯三種《論語》而自成家。宣帝時為博士，成帝時封安昌侯。[48] 這樣，《孝經》有齊、魯學派傳本，加上孔氏家傳古文，則長孫氏《孝經》，當屬韓詩學派無疑。〈藝文志〉著錄「《長孫氏說》二卷」，陳直說：「按，漢《孟璿碑》云，通《韓詩》，兼《孝經》二卷。當即《長孫氏說》。」[49] 前漢傳授《孝經》諸家，唯長孫氏是二卷本，陳氏考證至確。由此可知，五家《今文孝經》著者活躍年代大致相同，以宣帝時期為主。《漢書・藝文志》稱「長孫氏」者，當即指《漢書・儒林傳》所記述的「長孫順」。

　　眾所周知，《漢書・藝文志》本是班固取劉歆《七略》之辭，而《七略》又是約省劉向《別錄》而來，《七略》、《別錄》亡佚不傳，《漢書・藝文志》存其大貌。看〈藝文志〉的體裁，有〈六藝〉、〈諸子〉、〈詩賦〉、〈兵書〉、〈數術〉、〈方技〉六種，只少〈輯略〉。據姚振宗氏考察，「《別錄》中〈輯略〉之文，……班氏取以為〈儒林傳〉」，[50] 此說被學者廣泛認同。就是說，〈儒林傳〉本來是《七略》中〈輯略〉的內容，〈藝文志〉本來是《七略》中其它〈六略〉的內容，兩者在《七略》（或《別錄》）中，分別相當於「目錄」和「解說」。〈藝文志〉各書的目錄所

---

48 以上諸家傳記，俱見《漢書・儒林傳》。
49 《七略別錄佚文》〈敘新編・七略別錄〉第三，頁 558。
50 同前引，頁 556。

稱「某某氏」者，實際在〈儒林傳〉有解說，是為班固所拆分。

劉向生於昭帝元鳳四年（前七七），卒於哀帝建平元年（前六）。二十歲時晉升為諫大夫。受宣帝的喜愛，曾受命學《穀梁春秋》，講五經異同於石渠閣。成帝時，又奉命領校中秘書。所以，劉向始終身居前漢學術的中心，其生年較長孫順、江翁、後蒼、翼奉、張禹等人稍晚，同在宣元帝朝廷仕官，自然親見過這些人及其著作。載入《別錄》的《今文孝經》著說，皆為博士之作，《長孫氏孝經》及《說》，亦當是長孫順仕官博士的宣帝時期所作。如果不排除〈閨門章〉的內容或為其後學所增益的可能性，成帝時期劉向校中秘書時已經見到秘府所藏《長孫氏說》，所以〈閨門章〉內容的成立，不會遲於劉向校書的成帝之時。

《長孫氏說》不傳，要瞭解其思想大貌，只有從考察〈閨門章〉內容的思想性入手。其文云：

　　子曰，閨門之內，具禮矣乎，嚴父，役也。

　　子曰，閨門之內，具禮矣乎。嚴親嚴兄，妻子臣妾，繇百姓徒役也。

無論是後者對前者的擴充，或是前者對後者的節略，意義相同，只是後者措辭較前者更顯嚴整。大意是「在家族之內凡事要嚴守禮法、子孫尊嚴父親如在官服役」。或者「在家族之內凡事要嚴守禮法，如妻子臣妾應該嚴格遵奉父親長兄，如同為君主充當百姓徒役一樣」。

初讀此文，感到措辭峻刻，言近法家。講嚴父如君，是將「忠道」返諸家族之內，強調一種宗法禮治的思想。《孝經》說「嚴父配天」（〈聖治章〉）、「祭則致其嚴」（〈紀孝行章〉），都是表現在宗教祭祀意義上的「嚴父」，因而所嚴之父實是指「祖先」。在實際政治方面，《孝經》則主張「因嚴以教敬，因親以教愛」（〈聖治章〉）的兩方面，這是說，君主施政並非純以用「嚴」，而且要有「親」。而《孝經》反覆申說的是「先之以博愛……德義……敬讓」、「得萬國之歡心」、「不敢侮於鰥寡」、「不敢

失於臣妾」（〈聖治章〉），這些都是在講政治上「不嚴而治」（〈三才章〉）。在處理家庭關係上，《孝經》說「資於事父以事母而愛同」（〈士章〉）、「因親以教愛」，即使天子之孝，也講「愛親」、「敬親」，這些都是強調「親子之愛」，與〈閨門章〉主張的「親子之嚴」明顯不同。簡而言之，《孝經》並不排除政治上的「嚴」，但是仍以施行「仁政」、推廣「愛敬」為主。在家庭中，則主張以「愛」為主的父慈子孝，完全不主張「嚴親」如「徒役」。

〈廣揚名章〉說「君子之事親孝，故忠可移於君。事兄悌，故順可移於長。居家理，故治可移於官。是以行成於內，而名立於後世矣。」這是主張家族倫理亦適用於政治，個人的道德修養亦具有社會的價值，是典型的儒家德治主義思想，體現出《孝經》「孝治」的主題。但是，〈閨門章〉專注於「居家理」與「治」一點之上，為家族本有的「孝道」約束之上，再加上一層「忠道」的約束，從而將家族固有的人倫感情關係，拘束於政治禮法之下。司馬貞指摘其文「非宣尼之正說」（《漢官儀》卷七七）、朱熹指摘其「不切要」（《朱子語類》卷八二），實則都是批判這種嚴化孝道的思想傾向。

原本，將家庭付諸法治，是法家的作為。馮友蘭先生從社會階級變化的角度，解說法家思想的興起：

> 秦朝的統一是以新興地主階級為基礎的，是新興地主階級戰勝奴隸主貴族的成果。在這個基礎上，法家思想自然成為這個新王朝的占統治地位的思想。[51]

由此可知，秦漢統一帝國的誕生，社會階級組成發生了根本的變化。舊式貴族對奴隸的佔有關係，被新興官僚地主收取農民租稅的形式所取代。

---

[51] 參見馮友蘭：〈秦至漢初的哲學、政治、社會思想〉《中國哲學史新編》第二冊，北京：北京人民出版社，1962年。

「天子為大宗」、「君臣即父子」的宗法連帶關係日漸弱化，承擔納稅、兵役等各種義務的個體家族，經過層層官僚直接統轄於帝國君主之下，而家族成為帝國政治的末端組織。法家的興起，一方面是日趨複雜的社會行政的需要，另一方面，法家思想本身作為一種統治思想，其目的在於為這樣的新的社會統屬關係，確立有效的統治工具。

相比之下，儒家產生於舊式貴族士大夫階層，因而傳統儒家的政治思想中，始終存在一種維護貴族宗法的「家天下」理念，在這種理念支配下，重視政治的倫理性、宣揚德治思想，便成為儒家的一種「天職」。在法家思想大肆風行的秦帝國，儒家的德治主張，並未受到統治者的重視。這與秦帝國的尚法傳統有關，與儒家尚未完成自身的思想立場轉換也有關係。漢帝國成立以後，統治階層認識到依靠法家嚴刑峻法的統治，只能日趨激化社會階級矛盾。於是，以董仲舒為代表的漢代新儒家，積極吸取法家的集權和法理學精華，主張「德主刑輔」，[52] 對傳統宗法進行符合君主專制制度的理論再編成。「三綱」原理的提出，正是董仲舒基於新興地主階級立場，對舊式的宗法體系在新的社會統屬關係中的理論重建。從傳統儒家的立場來看，董仲舒的「三綱」倫理是「法治化」了的，但是正是經過這樣的改造，才達到乃至超過了法治的效應，從而成為代表漢代統治意識的指導原理。而董仲舒將理論的根本依據，由法家的「皇帝」，換成儒家的「上帝」，主張「人本於天」、「君為民之父母」（《春秋繁露・為人者天》）等思想，仍然是立足於儒家的德治主義立場之上的。[53] 可以這樣認為，漢代儒學的官學化過程，同時也是漢代統治思想的「德治化」過程。其結果是，儒家的政治影響力日趨增強，以至宣元以後完全取代法家，而儒學本身也因之失去了發展的獨立

---

[52]《春秋繁露・天辨在人》云：「刑者德之輔，陰者陽之助也。」引文據《四部叢刊》本，冊二（臺北：臺灣商務印書館），頁 29 下。

[53] 相關論證，參見莊兵：〈董仲舒「孝經義」考辨〉，《中央大學人文學報》第 42 期（2010 年 4 月），頁 1-43。

性，淪為御用哲學。

經過漢代儒家的這樣發揮，家與國的法治關係，被從新裝載到道德的軌道上，家族作為帝國政治的組成部分同時，帝國統治者也承擔起了教民化民的道德義務。〈閨門章〉體現出的宗法禮治思想，正是受董仲舒發揮的宗法孝道和「三綱」思想的影響而產生的，其思想的積極意義在於以禮治取代法治之處，其消極意義則在於將孝道教條化了。

以下，比較與《長孫氏說》同在宣帝時期成立的《鹽鐵論》和《大戴禮記》中關於「閨門」一詞的論說，並結合宣帝時期的統治意識形態，看儒家思想的教條化過程。

《鹽鐵論·孝養》中可見一則與〈閨門章〉及〈廣揚名章〉酷似的文章：

> 文學曰，「善養者不必芻豢也，善供服者不必錦繡也。……故富貴而無禮，不如貧賤之孝悌。閨門之內盡孝焉，閨門之外盡悌焉，朋友之道盡信焉；三者，孝之至也。居家理者，非謂積財也，事親孝者，非謂鮮肴也，亦和顏色，承意盡禮義而已矣。」……丞相史曰：「上孝養色，其次安親，其次全身。往者，陳餘背漢，斬于泜水；五被邪逆，而夷三族。近世，主父偃行不軌而誅滅，呂步舒弄口而見戮，行身不謹，誅及無罪之親。」[54]

《大戴禮記·本命》中，可見一則含有《孝經》〈士章〉及〈喪親章〉的內容：

> 門內之治恩掩義，門外之治義斷恩，資於事父以事君而敬同，貴貴尊尊，義之大者也，故為君亦服斬衰三年，以義制者也。三日而食，三月而沐，期而練，毀不滅性，不以死傷生，喪不過三年，苴衰不補，

---

[54] 漢·桓寬撰，王利器校注：《鹽鐵論校注》（北京：中華書局，1992年），頁308。

墳墓不坯，同於丘陵，除之日，鼓素琴，示民有終也，以節制者也。資於事父以事母而愛同，天無二日，國無二君，家無二尊，以治之也。父在為母齊衰期，見無二尊也。……教令不出閨門，事在饋食之閒而正矣。是故女及日乎閨門之內，不百里而奔喪。事無獨為，行無獨成之道。[55]

可以看出，宣帝期成立的以上這些書中，存在著共同關心的問題，即強調「閨門禮治」於政治的重要性。

《鹽鐵論》是桓寬根據昭帝始元六年（前 81）召開的「鹽鐵會議」的會議記錄加工整理而成。全書採用對話體形式，共六十篇。第一篇至第四十一篇記述鹽鐵會議上的代表儒家的「賢良文學」與代表法家的「大夫、丞相史」的辯論，一定程度反應了昭帝時期的社會政治形勢。上文中，「文學」主張閨門之禮不在美味鮮肴的物質奉養，而在「和顏悅色、承意盡禮」，是提倡孔子的「敬養」思想。而「丞相史」舉出「陳餘、五被、主父偃、呂步舒」等人因長於言辭、搬弄是非，而遭殺身之禍，殃及其親，以之反駁「文學」形式主義的「虛禮之孝」。[56] 雙方對孝義的意見分歧，表現在「精神之敬」和「物質之養」上的不同，這裏「丞相史」所言因個人的過錯而罪及「三族」及「無罪之親」，則明顯地體現出法治滲入家族的社會背景。而「文學」所重視的，仍然是家族孝道的親子之情。

再看《大戴禮記‧本命》篇，其主張第一，為君服斬衰三年之喪，第二，父在為母服齊衰期，第三，身在夫家，不擅自百里奔喪。「斬衰」以三年為期，是專為喪親而設，是最重最長的孝子之禮，〈本命〉主張為君服斬衰，則是強調「事君如父」。「齊衰」為期一年，較「斬衰」程度輕得多，

---

[55] 清‧王聘珍撰，王文錦點校：《大戴禮記解詁》（北京：中華書局，1983 年），頁 353-354。

[56] 有關各史實的具體記述，參見漢‧桓寬撰，王利器校注：《鹽鐵論校注》（北京：中華書局，1992 年），〈孝養〉注 35 至注 37。

父在期間為母親服齊衰，是強調「父重於母」。又，身在夫家，不擅自百里奔喪，是強調「夫重於妻」。這些觀念，完全是基於君權、父權、夫權優先的「三綱」原則而立說的。特別第一點的「為君亦服斬衰三年」的觀念，正體現出儒家宗法思想於政治上的實際應用。這與《鹽鐵論》中「丞相史」主張的「法及三族」同樣，面對的同是一個如何使家族統轄於帝國政治的課題。不同於法家以單方犧牲家族利益為代價，儒家承認家族的政治義務同時，也為國與家之間，添上了濃厚的宗法人倫色彩。《長孫氏說》〈閨門章〉所主張的「嚴親如君」的觀念，正反映出儒家的這種以宗法兼顧家與國的德治思想。

自武帝時代儒學成為官學，以董仲舒為代表的《公羊春秋》學適應武帝時期社會政治形勢的需要，成為反應統治意識、解決社會課題的代表思想。公羊學強調「大一統」，主張「陽德陰刑」，[57] 宣揚「君親無將、將而誅焉」，[58] 這些理論中，都貫穿著「武治」及「嚴法」精神。武帝利用這些理論，打擊同姓諸王侯，以武力打擊匈奴，解決高祖以來的諸王侯與中央政權的對抗及匈奴的危害等問題。但是，以公羊學為主體的專制嚴打思想，固然維護鞏固了中央的專制政權和大一統，也產生了許多問題和弊害，如長期的戰亂造成社會動盪及國家經濟疲憊。且銷弱宗法情誼，以至不僅「呂步舒持斧鉞治淮南獄」（《漢書‧五行志》）時大事株連，而且出現武帝父子兵戎相見的慘劇。

針對獨尊公羊思想帶來的弊病，昭宣帝時代轉為加強內治及經濟建設。維護社會安定、整頓人倫綱紀、施行庶民教化等，成為政治統治的主要內容。儒家學派中，重視宗法禮治的《穀梁春秋》學，於是應運而興。比較

---

[57] 《春秋繁露‧王道通》云：「陽，天之德也；陰，天之刑也」。
[58] 語出《公羊傳‧莊公三十二年》，意思是，臣子對君父不能有忤逆的念頭、如果有這種念頭、就可以把他殺死，即對亂臣賊子要毫不留情地進行鎮壓。引文參見漢‧何休注，徐彥疏：《春秋公羊傳注疏》，清‧阮元校刻《十三經注疏》（北京：中華書局，1980 年），頁 2242 下。

《公羊傳》主張「陽德陰刑」、「君親無將、將而誅焉」,《穀梁春秋》重禮儀教化,重宗法情誼,適合宣帝時期的統治需要。宣帝時在統治意識上明顯不同於武帝時代的,便是以「宗法禮治」取代了武帝時的「嚴法武治」。武帝選擇獨尊儒學,使儒家在學術和意識形態領域的地位大有提高,但是在實際政治方面,仍是以公羊學為法家張目。經過昭帝時代的儒法相持,到宣帝時代,儒家的「宗法禮治」主張,在統治思想和實際政治中逐漸佔據主導,從而使儒學本身成為真正意義的獨尊。特別是「石渠閣會議」的召開,正是標誌了這樣的統治思想主導權的交替過程。

《漢書・儒林傳》記載,甘露三年(前 51),宣帝「詔諸儒講五經同異」於石渠閣,「太子太傅蕭望之等平奏其議,上親稱制臨決焉。乃立梁丘《易》、大小夏侯《尚書》、《穀梁春秋》博士。」[59] 會議取得的最大成果是,確立了以《穀梁春秋》學為主體的「禮治」作為帝國統治思想,這是完成了對武帝時代的「嚴法武治」思想的轉換,其結果是擴大和加強了儒家「宗法禮治」思想對實際政治的控制力量。[60] 但是,當儒家取代法家,一旦搖身變為統治者的代言人之時,儒家思想中的人倫情感被淡化,轉而以嚴峻

---

[59] 漢・班固撰、唐・顏師古校:《漢書》,頁 272。

[60] 關於漢宣帝注重《穀梁春秋》的深層目的,吳智雄研究指出:「武帝曾孫、衛太子劉詢於昭崩後繼位為宣帝。但權力基礎的不足與宗法正當性薄弱,卻讓這位剛登大寶帝王,時刻處於不安的狀態,此不安狀態幾乎從頭至尾貫穿宣帝在位的期間。除了遠從昭帝即位伊始,來自武帝四子劉胥持續不斷的質疑與挑戰外,廢君昌邑王賀仍存世所產生威脅與疑慮、輔政權臣大司馬將軍霍光掌權的不安,宣帝因祖父衛太子巫蠱事件而流落民間的身世問題,都嚴重影響到宣帝政權正當性基礎。因此如何消除質疑,克服挑戰,提升自我力量,以鞏固權位基礎,應是宣帝立《穀梁》博士的最深層因素。……『《春秋》之義,諸侯與正而不與賢也』(〈隱公四年〉)的主張是穀梁能提供的經義依據。此主張強調嗣君嫡系血統身份,而這正是宣帝所具備也需要被肯定之處。只要穀梁學者通過博士官的身份發揮此大義,則任何關於宣帝政權正當性的質疑或挑戰,自有堅強不敗的後盾力量來支撐。因此宣帝展開了策立《穀梁》博士的計畫與行動。」參見吳智雄:〈政權、學官、經義的交結—論漢宣帝與穀梁學〉,《成大中文學報》第 37 期(2012 年 6 月),頁 32-33。

統治所需要的「宗法禮治」為其本務了。

石渠閣會議的議奏為數不少,據《漢書・藝文志》著錄,《石渠議奏》共一六五篇。其中,《書》類議奏四十二篇、《禮》類三十八篇、《春秋》類三十九篇、《論語》類十八篇,《五經雜議》十八篇。這些文件已經散失,從殘留在《通典》中的內容來看,討論議題主要是圍繞「宗法禮治」的實際問題。而議論的結果,則是由宣帝裁決後,並在全國實際地推行。具體看兩個例子:

> 問:父卒母嫁,為之何服?⋯⋯宣帝詔曰:婦人不養舅姑,不奉祭禮,下不慈子,是自絕也,故聖人不為制服,明子無出母之義。玄成議是也。(《通典》卷八九引)
>
> 或問蕭太傅:久而不葬,唯主喪者不除。今則或十年不葬,主喪者除否?答云:所謂主喪者,獨謂子耳。雖過期不葬,子義不可以除。(同前書)[61]

上述前一例,是主張婦女改嫁為不德,應該是夫死也不另嫁,表現了嚴格尊夫的立場。後一例是主張子要終身守父之喪,體現出嚴格尊父的立場。從這些議奏中處理宗法問題的方式來看,皆有峻嚴家法宗法的傾向。與《長孫氏說》〈閨門章〉及《大戴禮記・本命》等反映出的思想立場是相同的。

與此相對照,再看一下董仲舒對同類案件的處理態度。《太平御覽》卷640引董仲舒《決獄》記載:

> 甲父乙與丙爭言相鬭,丙以佩刀刺乙,甲即以杖擊丙,誤傷乙,甲當何論?或曰:毆父也,當梟首。論曰:臣愚以父子至親也,聞其鬭,莫不有怵惕之心。挾杖而就之,非所以欲毆父也。《春秋》之義,許

---

[61] 唐・杜佑撰,王文錦、王永興、劉俊文、徐庭雲、謝方點校:《通典》(北京:中華書局,1982年)。

止父病，進藥於其父而卒。君子原心，赦而不誅。甲非律所謂毆父，不當坐。又曰：甲夫乙，將船。會海風盛，船沒溺，流死。亡不得葬。四月，甲母丙即嫁甲。欲節何論？或曰：甲夫死未葬，法無許嫁，以私為人妻，當棄市。議曰：臣愚以為《春秋》之義，言夫人歸於齊。言夫死無男，有更嫁之道也。婦人無專制擅恣之行，聽從為順，嫁之者歸也。甲又尊者所嫁，無淫衍之心，非私為人妻也。明於決事，皆無罪名，不當坐。[62]

上述案例是說，子誤傷自己的父親，按當時的刑律當砍頭，而董仲舒則依據《春秋》所載相似案例，指出子誤傷父，與不孝之罪不同，應判無罪。又，寡婦私自改嫁，按當時的刑律當處死棄市，董仲舒則引《公羊傳》經義，以「夫死無男，有更嫁之道」為理由而判無罪。可以十分清楚地看出，董仲舒的判例，要比宣帝時期儒家主張的「嚴父如徒役」、「死守婦道」的峻嚴的宗法思想，要人道得多，亦盡情合理得多。這與《孝經》原有的家族觀以及《鹽鐵論》中「文學」主張的「親子之愛」等，仍然保留著儒家的傳統人倫思想。董仲舒發揮《春秋》經義目的在於強化大一統的君主專制，對社會的普通世人生活，仍然抱以同情理解，主張人道天性並反對嚴法無情的。但是，隨著儒學與政治統治的日趨結合及其在社會各階層的逐漸滲透，儒學本身亦一味強化倫理的政治約束性而日趨教條，從而脫落了儒家傳統的人道主義和人文精神。

《長孫氏說》就是在這樣「宗法禮治」思想高揚的時代背景之中產生的，「閨門章」中體現出的家庭內嚴守禮法的法家式言語表現，正是宣帝時期代言統治意識的儒家思想體現。並且《長孫氏說》全篇的思想傾向，也必定是全面貫徹「宗法禮治」的產物。

---

62 宋・李昉等編纂：《太平御覽》，《四部叢刊初編》（上海：上海商務印書館，1922年），頁 2868。

參加石渠閣會議的人員很廣，可知姓名者，從《漢書》可見二十三人。如，《詩》學者的韋玄成和蕭望之，《書》學者的歐陽地餘，《禮》學者的戴聖，《公羊春秋》學者的嚴彭祖，《穀梁春秋》學者的尹更始、劉向等等。而與會者卻不見一個屬韓詩學派人員的姓名。但是，這並不意味韓詩學派的學者沒有參加，史籍記載會有疏漏，既然「講五經異同」，各派學者應該都派學者參加，韓詩學者或許充當「奉使」、「監議」（《漢書‧宣帝紀》），直接發言的機會不多。而長孫順亦有可能是參與「石渠閣會議」的一員。

長孫順師事王吉，其學本自王吉。而王吉便是熱心禮治教化、自覺維護宗法的人物。如，《漢書‧王吉傳》記載：

> 宣帝頗修武帝故事，宮室車服盛於昭帝。時外戚許、史、王氏貴寵，而上躬親政事，任用能吏。吉上疏言得失，曰：「……其務在於期會薄書，斷獄聽訟，此非太平之基也。……《春秋》所以大一統者，六合同風，九州共貫也。今俗吏所以牧民者，非有禮義科指可世世通行者也，獨設刑法以守之。其欲治者，不知所緣，以意穿鑿，各取一切，權譎自在，故一變之後不可復修也。是以百里不同風，千里不同俗，戶異政，人殊服，詐偽萌生，刑罰亡極，質樸日銷，恩愛寖薄。孔子曰『安上治民，莫善於禮』，非空言也。王者未制禮之時，引先王禮宜於今者而用之。臣願陛下承天心，發大業，與公卿大臣延及儒生，述舊禮，明王制，驅一世之民濟之仁壽之域，則俗何以不若成康，壽何以不若高宗？竊見當世趨務不合於道者，謹條奏，唯陛下財擇焉。」

> 吉意以為「夫婦，人倫大綱，夭壽之萌也。世俗嫁娶太早，未知為人父母之道而有子，是以教化不明而民多夭。聘妻送女亡節，則貧人不及，故不舉子。又漢家列侯尚公主，諸侯則國人承翁主，使男事女，夫詘於婦，逆陰陽之位，故多女亂。……」又言「舜、湯不用三公九

卿之世而舉皋陶、伊尹，不仁者遠。今使俗吏得任子弟，率多驕驁，不通古今，至於積功治人，亡益於民，此伐檀所為作也。宜明選求賢，除任子之令。外家及故人可厚以財，不宜居位。去角抵，減樂府，省尚方，明視天下以儉。古者工不造雕琢，商不通侈靡，非工商之獨賢，政教使之然也。民見儉則歸本，本立而末成。」其指如此，上以其言迂闊，不甚寵異也。吉遂謝病歸琅邪。[63]

這麼長長的兩大段話，實際都是《漢志》引用王吉的上奏文書，其中的建議包括，不專任刑吏，不專寵外戚，取消官僚世襲，宜選任賢人，嚴明禮制，減省侈靡，推行德教等主張。王吉是當時很有影響的學者，他的上疏，無疑反應了當時儒生和官僚大臣共通的思想意識。其稱引《孝經》「安上治民，莫善於禮」，正體現出對《孝經》所作出的禮治思想的發揮。又說：「漢家列侯尚公主，諸侯則國人承翁主，使男事女，夫詘於婦，逆陰陽之位，故多女亂。」這是針貶後宮女人掌權而使外戚入主朝政的時弊。為整肅皇家閨門，王吉直言「外家及故人可厚以財，不宜居位」。宣帝的自家事，被這樣指指點點，當然不高興。結果王吉只能辭官回家。

而王吉本身及其子孫，亦是以治家嚴格，嚴守禮法，聞名於世。《漢書・王吉傳》記載：

> 始吉少時學問，居長安。東家有大棗樹垂吉庭中，吉婦取棗以啖吉。吉後知之，乃去婦。東家聞而欲伐其樹，鄰里共止之，因固請吉令還婦。里中為之語曰：「東家有樹，王陽婦去；東家棗完，去婦復還。」其屬志如此。
>
> 駿為少府時，妻死，因不復娶，或問之，駿曰：「德非曾參，子非

---

[63] 漢・班固撰、唐・顏師古校：《漢書》，頁 3062-3065。

華、元,亦何敢娶?」[64]

王吉因妻子摘了鄰居棗樹的果實,便把妻子休回娘家。鄰居終究不忍心,寧可砍掉棗樹,也要王吉招回妻子。通過這個事例,足可看出王吉嚴守閨門之禮幾乎到了不盡人情的地步。其子駿也承襲了父親的峻嚴家風,以德不及曾參父子而「妻死,因不復娶」。這不是把〈閨門章〉內容,給活脫脫地再現了!有王吉這樣的師學思想,加之前漢嚴守「師法」的學風,《長孫氏說》主張峻嚴宗法禮治的思想中旨,則明確無疑。

結 語

《孝經》今古文本的最大區別是有無〈閨門章〉。今日所見《孝經》的各種本中,《孝經鄭注》十八章無〈閨門章〉,《御注孝經》十八章也不見〈閨門章〉;《古文孝經孔氏傳》二十二章中有〈閨門章〉,另一本新近發現的日本古傳十九章的《王羲之草書孝經》中也「有閨門一章」,日人朝川鼎發現此本與《隋書‧經籍志》記載的情形相符,或為前漢流傳的《長孫氏孝經》。其中所見〈閨門章〉經文為「閨門之內具禮矣乎,嚴父,役也」,[65]這與傳世的《古文孝經》的〈閨門章〉經文「閨門之內具禮矣乎,嚴親嚴兄,妻子臣妾,繇百姓徒役也」文字不盡相同。[66] 與此相關例證,另有陸績亦自《孝經》徵引「閨門之內具禮矣乎」的記載。[67] 可見魏晉時期與提倡「閨門」禮治的社會風氣相應和,確有向《孝經》尋求閨門孝治的思維傾

---

[64] 同前引,頁 3066。
[65] 王羲之書:《孝經》(名古屋椙山女學園大學圖書館藏「孝經文庫」藏井代藏本)。
[66] 孔安國撰:《古文孝經孔氏傳》(東京國立國會圖書館藏日本慶長己亥(1599)刊本)。
[67] 劉炫《孝經述義》注「孔安國」下云:「吳鬱林太守陸績作《周易述》引《孝經》曰,閨門之內具禮矣乎」。參見林秀一:《孝經述議復原に関する研究》(東京:文求堂,1953),〈第一部‧解說〉,頁 98。

向,[68]這與隋唐以後此章經文多受批判的情況有所不同。但是,《隋書·經籍志》但錄其事,不錄其書,蓋隋唐時在中土已經失傳。由於資料不足徵,對《長孫氏說》及〈閨門章〉的問題,至今無人作過深入的探討。本章透過以上三節分別針對《孔傳》及《長孫氏孝經》中〈閨門章〉之由來及思想性等的考察,主要澄清以下幾點:

其一、〈閨門章〉非前漢今古文《孝經》經文所原有,乃是前漢《長孫氏孝經》的傳文,亦即原屬於《長孫氏說》的內容。其二、〈閨門章〉之所以見於六朝《王羲之草書孝經》及《孔傳》之經文,乃是漢末以降經傳合併所至,非如司馬貞所云始偽於《孔傳》。其三、《長孫氏說》蓋為韓詩學派長孫順所作《孝經》注釋,其中旨體現出峻嚴宗法禮治的思想傾向,乃是前漢中後期帝國主導思想由武帝時代的法治思想向儒教禮治思想轉換過程中的產物。

---

[68] 朱明勛:〈論魏晉六朝時期的《孝經》研究〉,《華中科技大學學報》3 期(武漢:2002 年),頁 97-101。

第八章 《孝經鄭注》的研究

　　伴隨 20 世紀以來敦煌文獻及吐魯番文書的陸續發現及研究的深入，有關《孝經》的諸種古本陸續被整理出來。尤其關於《孝經鄭注》的文本整理獲得了前所未有的進展，林秀一、陳鐵凡、許建平等前賢對《孝經鄭注》的輯佚復原居功甚偉。[1] 向來有關《鄭注》作者以及真偽問題是經學史上懸而未決的公案，以至於在義理分析乃至思想考察上，至有學者嘆息《鄭注》思想探究方面的難以開展。[2] 本章將參酌前賢成果，採文獻史與經學史相結合的考察方式，從已往針對《孝經鄭注》的文獻辯偽入手，釐清《孝經鄭注》作者以及真偽等問題，進而深入考察《鄭注》的經解特徵及孝道觀，對其思想價值試作評述，期冀填補在此課題上的研究不足。

---

[1] 參見本書第二章之四之「（四）《孝經鄭注》」的論述。另外，有關林秀一、陳鐵凡等學者的研究成果，參見顧永新：〈孝經鄭注回傳中國考〉，《文獻季刊》2004 年第 3 期，頁 217-228；舒大剛：〈孝經鄭注真偽諸說平議〉，頁 85-115。

[2] 舒大剛《中國孝經學史》為新近針對《孝經》學史做出最為體系龐大的研究整理，然而在針對古今圍繞《鄭注》真偽辯論作出全面梳理之後，仍然不無遺憾地指出：「現在關於《孝經鄭注》校好的輯本，一是嚴可均輯本、……四是陳鐵凡輯本，此四本的主要用功之處仍在於恢復和論證《鄭注》的真實性，當然對恢復《鄭注》原貌其功勞也不小；至於抉發《鄭注》之思想，以為《孝經》閱讀研究之助，則有待於來學矣！」表達出舒氏指出《鄭注》思想探究方面的展開不足。參見舒大剛：《中國孝經學史》（福州：福建人民出版社，2013 年），頁 126。

一、圍繞《孝經鄭注》真偽之爭

關於鄭玄注《孝經》,《後漢書·鄭玄傳》記載:

> 門人相與撰玄答諸弟子問五經,依《論語》作《鄭志》八篇。凡玄所注《周易》、《尚書》、《毛詩》、《儀禮》、《禮記》、《論語》、《孝經》、《尚書大傳》、《中候》、《乾象歷》,又著《天文七政論》、《魯禮禘祫義》、《六藝論》、《毛詩譜》、《駁許慎五經異義》、《答臨孝存周禮難》,凡百餘萬言。[3]

又,鄭玄《六藝論》云:

> 孔子以六藝題目不同,指意殊別,恐道離散,後世莫知根淵,故作《孝經》,以總會之。[4]

據此,則可知鄭玄注《孝經》是實有其事,問題在後世流傳的《孝經鄭注》,是否為鄭玄本人所作。並且,關於《鄭注》真偽之爭,又往往與爭論《孔傳》的真偽並行。[5]

---

[3] 宋·范曄撰、唐·李賢等注:《後漢書》(北京:中華書局,1973年),頁1212。

[4] 《六藝論》原本不存,此文據邢昺疏:《孝經注疏·序》(阮元校刻《十三經注疏》,北京:中華書局,1980年,頁2539上)引。案鄭玄著《六藝論》首見於《後漢書·鄭玄傳》(參見本文引文),《隋書·經籍志》、兩《唐志》尚載此書,宋代《崇文總目》以及《郡齋讀書志》、《直齋書錄解題》等書,均已不見此著。元代監修的《宋史·藝文志》中,亦無《六藝論》。故可推測此論之散佚當在唐、宋之間。宋代諸書所引,如《太平御覽》、《困學紀聞》所見引文,恐皆非採自原本,而是轉引自他書。元代以後諸著,則鮮有援引《六藝論》之文者,清代諸家輯文,亦多據唐代修定之群經正義及各種類書,推定此論之散亡當在北宋以前。皮錫瑞輯《六藝論疏證》,較為詳備;另外,曾聖益:〈鄭玄《六藝論》十種輯斠〉(《國立中央圖書館臺灣分館館刊》第4卷第1期,頁70-93)一文,論考頗詳,可資參照。

[5] 有關《鄭注》、《孔傳》的重要爭議,計有四次:第一次,晉穆帝永和十一(355)年;第二次,晉孝武帝太元元(376)年;第三次,唐玄宗開元元年(719);第四

史書記載，魏晉時期《鄭注》與《孔傳》已經通行學官，劉炫《孝經述義》注「孔氏傳」一條下云：

> 吳鬱林太守陸績作《周易述》引《孝經》曰，閨門之內具禮矣乎。則陸績作《周易述》嘗見之矣。江左晉穆帝永和十一年及孝武泰元元年再聚朝臣講《孝經》之義。有荀茂祖者，撰集其說，載安國序於其篇首，篇內引《孔傳》者凡五十餘處，悉與今傳相符同。是荀昶得孔本矣。[6]

《唐會要・論經籍》記載：

> 晉穆帝永和十一年（355）及孝武太元元年（376），再聚群儒，共議經義。有荀昶者，始以鄭氏為宗。……司馬貞議曰……《孝經》古文，孔安國作傳，……昶集注之時，有見《孔傳》，中朝遂亡其本。[7]

由這兩則記錄來看，稱「共議經義」，似乎針對《鄭注》和《孔傳》的

次，清乾隆、嘉慶間，以至現代。陳鐵凡就此歸納：「上述四次爭論，第一次、第二次記錄欠詳，爭論範圍較小。第三次爭議最烈，所論孔、鄭二家之優劣至詳。五代以後至清初，學者之言二書，多不出其巢臼。第四次所論主題與第三次同，而爭論之層面遠及域外（日本），時間延續二百年。又，前三次皆朝廷主持，帝王「稱制臨決」，第四次則為士林自發，與官方無關。」陳鐵凡：《孝經學源流考》（臺北：台灣國立編譯館，1986年），頁128。

[6] 引文參見日・林秀一：《孝經述議復原に關する研究》（東京：文求堂，1953年），頁97。按劉炫《孝經述議》5卷，《隋志》以及兩《唐志》皆有收載。其後中土久佚，日本有傳本。1942年日本學者武內義雄博士任國寶調查委員，訪得舟橋清賢家所藏《述議》古寫本卷1、4兩卷。林秀一更據日本所存舊籍遺錄補足《述議》其餘三卷，撰《孝經述議復原に關する研究》一書，於1953年東京文求堂出版。由此：《述議》舊貌大體可見。胡平生：〈日本古文孝經孔傳的真偽問題—經學史上一件積案的清理〉（《文史》第二三輯，1984年）頁294，亦有相關論考，可資取證。

[7] 宋・王溥：《唐會要》（北京：中華書局，1955年），頁1406。

得失問題，在晉代已經開始進行探討，只是史闕其詳，具體內容已不可得知。

晉元帝朝《鄭注》始置博士，《晉書‧荀崧傳》記載：

> 元帝踐祚，……大興（318-321）初，方修學校，簡省博士，置《周易》王氏，《尚書》鄭氏，《古文尚書》孔氏，《毛詩》鄭氏，《周官》《禮記》鄭氏，《春秋左傳》杜氏服氏，《論語》《孝經》鄭氏，博士各一人，凡九人。[8]

南齊國學，《孝經》博士承襲晉元帝朝舊制，仍置《鄭注》。《南齊書‧陸澄傳》記載：

> 永明元年（483），澄領國子博士。時國學置《孝經鄭注》。[9]

梁代國學，《孔傳》亦置博士，於是《鄭注》、《孔傳》兩書並行於學官。《隋書‧經籍志》記載：

> 《孝經》……梁代安國及鄭氏二家並立國學，而安國之本亡於梁亂。[10]

又，《北史‧儒林傳》記載：

> 漢世，鄭玄並為眾經注解，……玄《易》，《書》，《詩》，《論語》，《孝經》……大行於河北。

又云：

> 其河外儒生……《公羊》《穀梁》二傳，儒者多不屑懷。《論語》、

---

[8] 唐‧房玄齡等撰：《晉書》（北京：中華書局，1974 年），頁 1976。
[9] 梁‧蕭子顯：《南齊書》（北京：中華書局，1972 年），頁 683。
[10] 唐‧魏徵撰、令狐德棻撰：《隋書》（北京：中華書局，1973 年），頁 935。

《孝經》，諸學徒莫不通講。[11]

這樣看來，南北朝時期，《鄭注》、《孔傳》的知名度趨於逐漸提高，《鄭注》主要通行在北朝，而南朝則《鄭注》、《孔傳》並行。

而疑偽之說，先是陸澄懷疑《鄭注》是偽書，進而《孔傳》被隋人疑是劉炫偽作。沿及唐代，《孔傳》、《鄭注》之爭達到高峰，以至不得不讓皇帝出面干預。開元十年（719）唐玄宗自撰《御注孝經》頒行天下，之後天寶二年（743）再度修訂《御注》亦頒行天下，《孔傳》、《鄭注》之爭才暫告平息。之後《鄭注》、《孔傳》並亡於五代。北宋太宗時，日本僧奝然來朝獻書中有《孝經鄭注》，[12] 但此本再度亡佚於靖康的戰亂。因此中土長時期不見《鄭注》。清代，伴隨旨在復興漢學的考證學的興盛，《鄭注》的輯佚書被相繼出版。與其同時，日本尾張儒者岡田宜生（挺之）輯大部分保存在《群書治要》中的《鄭氏注》，於寬政六年（1794）出版了《孝經鄭注》一書。此書傳回清國，被鮑廷博收入《知不足齋叢書》第二十一集。進而，嚴可均、皮錫瑞參照日中兩方的輯本再現了大部分。[13]

民國初，《孝經鄭注》重現敦煌遺書中，近人據以校正，《鄭注》問題長期以來的懸而不決，遂逐漸得以澄清。林秀一據敦煌本《鄭注》著《敦煌遺書孝經鄭注復原に関する研究》，[14] 陳鐵凡亦據敦煌出土本，著《孝經鄭注校證》一書，新輯千餘字以補〈嚴本〉的不足，成為現今所見輯本中的最完善者，本稿所據為陳氏此本。[15] 另有許建平據敦煌諸本輯《孝經》經注疏

---

[11] 唐・李延壽：《北史》（北京：中華書局，1974 年），頁 2708。
[12] 元・脫脫等撰：《宋史》卷 491，〈日本傳〉（北京：中華書局，1977 年），頁 14135。
[13] 清・嚴可均：《孝經鄭注》（收入姚覲元輯《咫進齋叢書》，民國 57 年景光緒 9 年歸安姚氏刊本），清・皮錫瑞撰：《孝經鄭注疏》（《師伏堂叢書》，光緒乙未師伏堂刊本）。
[14] 收入日・林秀一：《孝經學論集》（東京：明治書院，昭和五十一年），頁 65-108。
[15] 陳鐵凡，《孝經鄭注校證》（臺北：國立編譯館，1987 年）。

多種本,《鄭注》亦在其中,為呈現敦煌本原始樣貌,錄文全依敦煌諸本,保持殘泐缺字。[16] 以下分列對《鄭注》作者的質疑以及清儒以來對此的駁辯,據以考察《鄭注》真偽問題。

(一)對《鄭注》作者的質疑

首疑《鄭注》的是南齊的陸澄。《南齊書‧陸澄傳》記載:

> 永明元年(483),澄領國子博士。時國學置鄭玄《孝經》,澄謂尚書令王儉曰:「《孝經》,小學之類,不宜列在帝典。」乃與儉書論之曰:「世有一《孝經》,題為鄭玄注。觀其用辭,不與注書相類。案玄自序所注眾書,亦無《孝經》。」儉答曰:「雅論以《孝經》非鄭注,僕以此書明百行之首,實人倫之所先。《七略》,《藝文》並陳之六藝,不與《蒼頡》,《凡將》之流也。《鄭注》虛實,前代不嫌,意謂可安,仍舊置立。」[17]

其後的史傳,頗承襲此說,如《隋書‧經籍志》云「又有《鄭氏注》,相傳或云鄭玄,其立義與玄所注餘書不同,故疑之」,[18] 唐初陸德明《經典釋文》云「世所行《鄭注》,相承以為鄭玄。案《鄭志》及中經簿無,唯中朝穆帝《集講孝經》云以鄭玄為主。檢《孝經注》與康成注五經不同,未詳是非。」[19] 只是語氣不如陸澄那麼肯定。

陸澄的懷疑,經過《隋書》、《經典釋文》等的繼承,唐代對《孝經鄭注》的批判愈加峻烈,有劉知幾作「十二驗」駁《鄭注》之偽。[20] 此說影響

---

[16] 張涌泉主編,許建平撰:《敦煌經部文獻合集》第 4 冊,頁 1924-1935。

[17] 梁‧蕭子顯撰:《南齊書》,頁 682。

[18] 唐‧魏徵撰、令狐德棻撰:《隋書》,頁 935。

[19] 唐‧陸德明撰:《經典釋文》,(上海:上海古籍出版社,1985 年),頁 58。

[20] 相關劉知幾「十二驗」原文徵引,參看宋‧王溥:《唐會要》,頁 1406。在此可與本文第(二)清代學者針對「十二驗」的分項駁辯一并參看。

甚大，後有《大唐新語》沿著陸德明、劉知幾的說法，更提出《孝經鄭注》的新作者「康成胤孫（鄭小同）」，[21] 自此，《孝經鄭注》的作者出現「鄭玄」和「鄭小同」兩說。後世疑「鄭氏」非鄭玄，多取《十道志》所載此言以為證。如，王應麟、[22] 陳鱣等。[23]

以上持懷疑論諸儒，總體來看，不出劉知幾的「十二驗」。這幾點反證很是有辨駁力，以至王儉、司馬貞等肯定論者找不出更有力的駁論，而只能說「鄭注虛實，前代不嫌」、「是先達博選，以此注為優」之類含糊招架而已。五代以後，《孝經鄭注》失傳，直至清代考據之學興盛，進而《孝經鄭注》復出土於敦煌遺書，對《孝經鄭注》的研究遂日趨客觀。

（二）對質疑論的駁辯

清代先有朱彝尊、余蕭客等所輯《鄭注》，但是，都零碎而不可見大貌。嘉慶間，日本岡田挺之輯《孝經鄭注》本傳入中國本土，洪頤煊、錢

---

21 《大唐新語》云：「梁載言《十道志》解『南城山』，引《後漢書》云：『鄭玄遭黃巾之難，客於徐州。今者有〈孝經序〉，相承云鄭氏所作。其〈序〉曰：『僕避難於南城山，棲遲岩石之下，念昔先人，餘暇述夫子之志而注《孝經》。』蓋康成胤孫所作也。陸德明亦云：『案鄭志及《晉中經簿》並無，唯晉穆帝集講《孝經》，云以鄭注為主。』今驗《孝經注》，與康成所注五經體並不同。則劉子玄所論，信有徵矣。」引用文參見唐・劉肅：《大唐新語》（北京：中華書局，1984年），頁135。
22 《困學紀聞》：「《鄭氏注》今十八章，相承言康成作。《鄭志》目錄不載，通儒皆驗其非。開元中，孝明纂諸說自注，以奪二家。然尚不知鄭氏之為小同。」宋・王應麟撰、欒保羣等校點：《困學紀聞》（上海：上海古籍出版社，2008年），頁978。
23 〈集孝經鄭注序〉：「鄭康成注《孝經》，見於范書〈本傳〉，《鄭志》目錄無之。中經簿但稱『鄭氏解』，而不書其名，或曰是其孫小同所作。謹按鄭《六藝論》序《孝經》云：『元又為之注』，序《春秋》亦云：『元又為之注。』蓋鄭注《春秋》未成，後盡與服子慎，遂為《服氏注》，詳見《世說新語》，乃從來列鄭注更無及《春秋》者。竊以其注《孝經》，亦未寫定，而其孫小同追錄成之。據《隋書》稱《鄭志》亦小同所撰，此或以先人未竟之書，故不敢載入目錄。」清・陳鱣：《孝經鄭注》，收入《叢書集成新編》（臺北：新文豐出版公司，1985年）第二十五冊，頁410。

侗、嚴可均、黃奭、皮錫瑞、孫季咸等據岡田本相繼出版了《孝經鄭注》，當時以嚴可均輯本為最善。皮錫瑞撰《孝經鄭注疏》發揚其義，潘任撰《孝經鄭注考證》得十五證以明鄭氏。陳鐵凡據敦煌《孝經》諸本，輯《孝經鄭注校證》一卷，補嚴本而得大觀。針對劉知幾的懷疑說，茲將肯定論者提出的駁論，歸納如下。

針對「第一驗」：劉之幾以為「鄭玄自序未言《孝經》」。嚴可均指出：

> 鄭自序今無全篇，《孝經正義》引其所注書僅古文《尚書》、《毛詩》、《論語》。《唐會要》、《文苑英華》引增「注禮」二字……鄭氏注書三十餘年，此外尚有《箴膏肓》、《發墨守》、《起廢疾》、《魯禮禘祫義》、《注尚書大傳》、《駁五經異義》、《論天文七政》、《注緯候》、《乾象曆》。……又注《左氏》未成。……若然，自序無者多矣，何止《孝經》。（〈後敘〉）[24]

皮錫瑞指出：

> 序云「元城注《易》」，乃是在臨歿之年，故舉晚年所注之書獨詳。序云「逃難注《禮》」，在禁錮時。「避難南城山，注《孝經》。」亦即其時，皆早年作。故自序云「注《禮》，」不云「注《孝經》」，蓋略言之。（〈序〉）[25]

潘任指出：

> 鄭自序云，「餘暇述夫子之志，而注《孝經》。」不然，則「餘暇」二字為贅辭矣。故注「郊祀后稷」與《祭法》注合，注「朝聘」之文

---

[24] 清·嚴可均：《孝經鄭注》（收入姚覲元輯《咫進齋叢書》，民國 57 年景光緒 9 年歸安姚氏刊本）。

[25] 清·皮錫瑞：《孝經鄭注疏》（《師伏堂叢書》，光緒乙未師伏堂刊本）。

與《王制》注合，⋯⋯則其為注《禮》之暇明甚。[26]

針對劉之幾「第二驗」至「第五驗」：鄭氏弟子「鄭氏注、鄭志目錄、鄭記」，趙商所撰《鄭先生碑銘》，都不言注《孝經》。晉中經簿於《周易》⋯⋯九書皆云「鄭氏注，名玄。至於《孝經》，則稱鄭氏解，無名玄二字。」錢侗指出：

> 《鄭志》書多為後人羼雜⋯⋯所記庸有遺漏。趙商撰《鄭碑》載注不言注《孝經》者，亦猶《後漢書》本傳敘《周易》、⋯⋯《論語》、《孝經》，而《史承節碑》乃多《周官》而無《論語》。俱載筆者偶然之失，豈得據墓碑、史傳並謂鄭氏所注《孝經》，范書有《孝經》，無《周官》、《論語》乎。[27]

嚴可均指出：

> 《鄭志》⋯⋯載鄭氏所注無《孝經》、范書有《孝經》、無《周禮》，皆是遺漏。（嚴氏前書）

皮錫瑞指出：

> 漢立博士，不及《孝經》。〈藝文志〉列小學前。熹平刻石有《論語》、無《孝經》。當時，視《孝經》不如五經、《論語》之重。故鄭君雖有注，其弟子或未得見，或置不引。致惑之故，皆由於此。《鄭志》、《鄭記》、趙商《碑銘》皆不及注《孝經》，亦以不在五經，故偶遺漏。晉中經簿⋯⋯或沿《漢志》，列之小學，故標題與九書同。或因宋均之語有疑，故題鄭氏而不名也。（皮氏前書）

---

26 清‧潘任：《孝經鄭注考證》，（《虞山潘氏叢書》，中央研究院傅斯年圖書館藏本）。

27 清‧錢侗：《重刊孝經鄭注序》，《知不足齋叢書》第21本。

潘任指出：

> 《鄭志》……無《孝經》，乃是遺漏。……中經簿但稱鄭氏不云名玄。考釋文於《毛詩》、《三禮》皆稱鄭氏，賈公彥《周禮》《儀禮》疏，孔穎達《禮記正義》、《毛詩正義》，皆稱鄭氏，不名玄。可知諸經中專稱鄭氏者甚多，亦不足致疑。（潘氏前書）

針對劉之幾「第六驗」至「第八驗」：鄭氏弟子宋均謂其師「《春秋》、《孝經》則有評論」，「鄭敘《孝經》玄又為之注……而均無聞」，「為《春秋》《孝經》略說。」錢侗指出：

> 宋均《孝經緯》注引鄭《六藝論》序孝經云，玄又為之注。又均《春秋緯》注云，為《春秋》、《孝經》略說，皆當日作注之證。……鄭注《春秋》未成，遇服虔盡以所注與之，《世說新語》實載其事。（錢氏前書）

皮錫瑞指出：

> 宋均引鄭《六藝論》敘《孝經》云：玄又為之注。鄭君大賢，必不妄言。自云為注，塙乎可信。古無刻本，鈔錄甚艱，鄭君著書百餘萬言，弟子未必盡見。宋不見《孝經》注，固非異事。乃因不見，遂並師言不信……呂步舒不知其師書，以為大愚；宋之昏惑，殆亦類是。鄭敘《春秋》亦云，玄又為之注。《春秋》、《孝經》相表裡，故鄭皆為之注。據其自序，文義正同。《世說新語》云：鄭玄《春秋》尚未成，遇服子慎，盡以所注與之，是鄭實注《春秋》，則實注《孝經》。（皮氏前書）

潘任指出：

> 宋均引……鄭玄《孝經》，玄又為之注。又云，為《春秋》、《孝

經》略說。又云,《春秋》、《孝經》則有評論。味均之言,有先後之異。其云評論、略說,當疑鄭君未注《孝經》之言。玄又為之注一語,乃注成後之言。……弟子於師,不必悉見師著。……鄭君所著之書,當時不傳佈,均容或有不見者,安得因不見其書,遂謂鄭無《孝經》乎。宋均云,為《春秋》、《孝經》略說,劉子玄因之謂,寧可復責以實注《春秋》乎。然《春秋》鄭實注之……《世說新語》實志其事。（潘氏前書）

針對劉之幾「第九驗」：後漢史書謝承、薛瑩為鄭玄傳者,載其所注,皆無《孝經》。皮錫瑞云：

謝承諸書失載,猶鄭志目錄失載耳。范書載《孝經》,遺《周禮》,豈得謂《周禮》非鄭注哉。（皮氏前書）

潘任指出：

（范）蔚宗作正史,當據其實。且司馬貞議曰,唯荀昶、范蔚宗以為鄭注,故荀昶集解《孝經》,具載此注為優,是蔚宗必搞見其實。（潘氏前書）

針對劉之幾「第十驗」至「第十一驗」：王肅《孝經傳》首有司馬宣王奉詔,令諸儒注述《孝經》,以肅說為長,而不言鄭。又王肅好發鄭短,凡有小失,皆在聖證,若《孝經》注出鄭氏,被肅攻擊,最應煩多,而肅無言。阮元指出：

《禮記‧郊特牲》正義引王肅難鄭云：「月令命民社,鄭注云,社,后土也。《孝經》注云,社,后土也。句龍為后土。鄭既云,社,后

土,則句龍也。是鄭自相違反。」……然則王肅未嘗無言也。[28]

皮錫瑞指出:

> 司馬氏與王肅有連,左袒王肅。先有鄭注,何必言及。王肅《聖證》駁鄭《孝經》注,「社,后土」明見〈郊特牲〉疏,近儒已多辨之。考之邢疏亦有一證。〈聖治章〉疏曰,「鄭玄以〈祭法〉有周人禘嚳之文,遂變郊為祀感生之帝,謂東方青帝靈威仰。周為木德,威仰木帝。以駁之曰,按《爾雅》曰,祭天曰燔柴,祭地曰瘞薶。又曰,禘,大祭也。謂五年一大祭之名。又〈祭法〉,祖有功,宗有德,皆在宗廟,本非郊配。若依鄭說,以帝嚳配祭圜丘,是天之最尊也。周之尊帝嚳,不若后稷。今配青帝,乃非最尊,實乖嚴父之義也。且遍窺經籍,並無以帝嚳配天之文。若帝嚳配天,則經應云,禘嚳於圜丘以配天,不應云郊祀后稷也。」案「以駁之曰」以下,是王肅駁鄭之語。肅引經駁鄭,塙是駁《孝經》注。邢疏於下文,亦謂是《聖證論》。……子玄生於唐時,《聖證論》尚在,乃漫不一考。(皮氏前書)

針對劉之幾「第十二驗」:魏晉朝賢,未有一言鄭氏《孝經》注者。皮錫瑞指出:

> 王肅豈非魏晉人乎。(皮氏前書)

比勘上述圍繞「十二驗」的正反兩家的論辨,可以看出劉知幾所列反證純為辯論所為,多是偏頗之辭。如,《六藝論》引鄭敘《孝經》明言「玄又為之注」,而劉知幾卻對其棄而不論,轉而取宋均「無聞」、「昏惑」之

---

[28] 見〈孝經注疏校勘記序〉「而肅無言」後校勘記。參見唐・唐玄宗御注、宋・邢昺疏:《孝經注疏》,頁2543。

語。王肅《聖證論》中明有駁辭鄭玄注《孝經》自相矛盾的論證，而劉竟謂「肅無言」。范曄《後漢書》著錄鄭氏《孝經注》，而劉知幾偏採謝、薛，以抹殺正面佐證。

到此，《鄭注》之偽作說，似乎可得以澄清。然而，懷疑者仍然大有人在。追其根源，劉知幾之說也不過屬於輔翼強說之類，真正懷疑《鄭注》的理由，還是在陸澄所說的「觀其用辭，不與（鄭玄）注書相類」。後世的所有反論者，也都是以陸澄的這句話作為理由的。

清代學者勤耕細作，如上述諸家持肯定論者，對《鄭注》與鄭玄諸注的相合之處，多有勘驗。陳鐵凡廣集清代皮、潘、嚴氏等先說，并據其新輯敦煌本《鄭注》與鄭玄諸注逐句勘驗詳證，得《鄭注》與玄諸注相合之處共計五十六條，為全面確證《鄭注》非偽，作出了最有實證性的驗證。姑據陳鐵凡《孝經鄭注校證》卷首〈弁言〉，掇舉《鄭注》與鄭注各書相同者一、二例，列之如下：

（1）《周易注》二則
〈孝治章〉鄭注「□□（林校：「者」字上補「百里」二字。）者法雷也。雷震百里所潤同」。《易》〈震象〉鄭注：「雷發聲聞於百里，古者諸侯之象⋯⋯」

〈五刑章〉鄭注「□□（林校：疑為「三千」。）之罪，莫大於不孝聖人所以惡之，故不書在三千之條中」。《易》鄭注：「不孝之罪，五刑莫大焉。焚如，殺其親之罪；死如，殺人之罪。」

（2）《尚書注》一則
〈庶人章〉鄭注「庶，眾也」。《書》〈皋陶謨〉、〈洪範〉鄭注：「庶，眾也。」

（3）《毛詩傳箋》十一則
〈開宗明義章〉鄭注「祖，先祖」。《詩》〈斯干〉箋曰：「祖，先

祖」。

〈聖治章〉鄭注「三諫不從,待放而去。」《詩》〈羔裘序〉箋曰:「以道去其君者,三諫不從,待放於郊,得玦乃去。」

(4)《周禮》注十二則

〈士章〉鄭注「居官曰位」。《周禮》〈太宰〉鄭注:「位,爵次也。」疏曰:「位爵次也者,言朝位者皆依爵位之尊卑而為次。」

〈庶人章〉鄭注「庶人至賤」。《周禮》〈冢宰〉注:「自太宰至旅下士轉相幅貳,皆王臣也。王之卿六命……士以三命……」疏曰:「自士以上得王簡策命之,則為王臣也。對下經府史胥徒,不得王命,官長自辟者,非王臣也。」庶人又在胥徒之下,故鄭曰「至賤。」

(5)《儀禮注》五則

〈士章〉鄭注「上謂天子,君中最尊者也」。《儀禮》〈喪服禮〉「天子,至尊也。」鄭注:「天子至大夫皆可稱君,至尊之君,則惟天子一人。」

(6)《禮記注》二十則

〈孝治章〉鄭注「公侯伯子男五等諸侯之尊爵也」。《禮記》〈王制〉鄭注:「爵,秩次也。」疏曰:「公侯……並南面之君凡五等……北面之臣,有上大夫……凡五等。」前五等為尊。又「伯七十里男各五十里。」王制注:「此地殷所因夏爵三等之制。……殷爵三……公侯伯也。……周……更立五等,增子男,而猶因殷之地。」

(7)《論語注》二則

〈紀孝行章〉鄭注「富貴不以其道,得之是以取亡」。卜天壽抄《論語》〈里仁〉鄭注:「得富貴者當以仁,不以仁得之,仁者不居。」

〈諫諍章〉鄭注「若父有不義，子當諫之。」卜天壽抄《論語》〈里仁〉鄭注：「譏（幾）劓切。諫父母者劓切之……磨厲自下劘上，謂之劓切。」[29]

陳氏旁徵博引，可以說為《鄭注》的千載懸案作出了定論。通過以上各家肯定論者的詳證，已經足以推倒二陸、劉知幾等懷疑論者的所謂「不與（鄭玄）注書相類」。在此作為旁證，提及一條《隋書‧經籍志》疑惑的「鄭氏注」。徐彥《公羊傳疏》「昭公十五年：大夫聞君之喪，攝主而往」下，何注云：

主謂已主祭者臣聞君之喪，義不可以不即行，故使兄弟或宗人攝行主事而往。不廢祭者，大禮也。……《孝經》曰：資於事父以事君而敬同。

疏云：

何氏之意，以資為取。言取事父之道以事君，所以得然者，而敬同故也。以此言之，則何氏解《孝經》與鄭俌同，與康成異矣。[30]

據日本學者重澤俊郎考證，徐彥是北朝人。[31] 上述徐彥疏中稱何休取《孝經》「鄭俌」之義而與「康成」不同，則他當時看到過「鄭俌」與「康成」的「孝經鄭氏注」兩種，既然稱「以資為取」云云是鄭俌注而非是鄭玄注，那麼鄭玄注便與此不同。據陳氏輯《孝經鄭注校證》「資於事父以事君

---

[29] 陳鐵凡：《孝經鄭注校證》（臺北：國立編譯館，1987年），頁 4-5。
[30] 漢‧何休注，徐彥疏：《春秋公羊傳注疏》，清‧阮元校刻《十三經注疏》（北京：中華書局，1980年），頁 2323。
[31] 參見重澤俊郎：〈公羊傳疏作者時代考〉，原刊《支那學》第 6 卷 4 號，1932 年 12 月。另有孫彬中譯文，刊臺灣中央研究院中國文哲研究所《中國文哲研究通訊》第 12 卷第 2 期（2002 年 6 月），亦資參考。史應勇：〈傳世《孝經》鄭注的再考察〉（《唐都學刊》第 22 卷 3 期，2006 年 5 月）支持重澤說。

而敬同」條下鄭注云：

> 資者，人之行也。事父與母愛同敬不同。

與徐彥所云亦合。《隋書・經籍志》對「鄭氏注」有所疑惑，也許是以「鄭傋注」誤認了「鄭玄注」。

其實，自隋唐學者們的大肆批駁渲染，陸澄懷疑《鄭注》的真正理由已經被人忽視了。他說：「《孝經》，小學之類，不宜列在帝典。」陸澄的真實目的在取消《孝經》的學官地位，所立既然是《鄭注》，因而找出《鄭注》非鄭玄注來作理由。此正所謂欲加之罪，何患無辭，即便不是《鄭注》，也同樣會遭到批判，這從唐代對《孔傳》、《鄭注》的激烈爭論中，也可以明瞭地看出「官學」的政治利益本質。以官宦之爭、國體之便導致古籍興廢的例子，何只一時一世、《鄭注》《孔傳》而已！

以下，結合鄭玄的治學經歷，進而對《鄭注》的成立時期及其思想性，作深入考察。

二、《孝經鄭注》的成書時期

鄭玄，字康成，北海高密（今山東省高密縣一帶）人。生於後漢順帝永建二年（127），卒於建安五年（200）。鄭玄出身於士家豪族。八世祖鄭崇於哀帝時任尚書僕射，始受哀帝重用，後因勸諫哀帝不要過度寵信宦官董賢而獲罪，被誣陷死於獄中。鄭玄時，鄭氏家道衰落，生活並不富有。

鄭玄自幼天資聰慧，勤奮好學，十六歲即熟讀《詩》、《書》、《易》、《禮》、《春秋》等經典，十八歲時因家貧而出仕，曾充任地方鄉里的嗇夫、鄉佐等。鄭玄對此并不熱心，《後漢書・鄭玄傳》記載他「不樂為吏」，仍志於學，「得休歸，常詣學官」、「父怒之，不能禁」。[32] 二十

---

[32] 南朝宋・范曄撰、唐・李賢等注：《後漢書》，頁 1212。另，本項相關《後漢書・鄭

一歲時鄭玄便「博極群書，精曆數圖緯之言，兼精算術」（同前書），成為青年學者。北海太守杜密巡視高密時，見鄭玄，奇其才，「召署郡職，遂遣就學」（《後漢書‧杜密傳》）。鄭玄因而得師事經學博士，專治學問。在京兆太學，先從第五元先學習《京氏易》、《公羊春秋》、《三統曆》、《九章算數》等。

《京氏易》由前漢京房創制，與《公羊春秋》同為今文經典，傳授於學官。可以明瞭鄭玄此時期主要是對今文經典進行學習。又《三統曆》、《九章算數》屬於天文術數的學問，是知鄭玄在太學期間，不是只學今文，而是有雜學百家的傾向。

離開太學後，繼而師從東郡（今山東省西都）張恭祖受《周官》、《禮》、《記》、《左氏春秋》、《韓詩》、《古文尚書》等。《周禮》、《左傳》、《古文尚書》都是古文經典。《韓詩》是前漢韓嬰開創的韓詩學派的代表經典，與齊魯兩派所傳的《齊詩》、《魯詩》以及古文本的《毛詩》，皆有所不同。張恭祖是古文學者，但並不排斥兼習今文。鄭玄的《三禮》之學，主要在此期間學習的。在師事張恭祖其間，鄭玄還遍訪山東、河南、河北等地的著名儒者，向他們學習，在今古文經學兩方面得到深造，為其後來以《三禮》遍注群經，成為精通今古文經學大家，奠定了基礎。

而後「以山東無足問者，乃西入關（函谷關），因涿郡盧植，事扶風馬融」（《後漢書‧鄭玄傳》，頁 1207）。馬融素驕貴，「門徒四百餘人，昇堂進者五十餘生」（同前書）。鄭玄投到馬融門下以後，馬融只是使高足弟子給鄭玄講授。鄭玄三年雖然未能見到馬融，但是仍然「日夜尋誦，未嘗怠倦」（同前書）。馬融與高足弟子「考論圖緯，聞玄善算，乃召見樓上」（同前書），鄭玄才得親見馬融。馬融等提出七個問題，鄭玄當場解答五題，盧植解答二題，使馬融驚服。於是，鄭玄得以向馬融「質諸疑義」（同前書）。問題既得解答，鄭玄遂學成東歸，馬融對門人曾感慨云：「鄭生今

玄傳》徵引俱於本文標識。

去，吾道東矣」（同前書）。

鄭玄離開馬融回到山東後，一面「客耕東萊」（同前書），一面致力於講學。靈帝建寧二年（169）的第二次「黨錮之禍」中，因鄭玄曾受杜密的資助，亦被列入「黨人」，遂於建寧三年（170）與同郡孫嵩等四十餘人遭禁錮。時值鄭玄四十二歲。

鄭玄被禁錮以後，「隱修經業，杜門不出」（同前書），集中精力注經撰文。其間最大的成果，便是代表鄭學的《三禮》注釋的完成。後漢注《禮》之名家，注《禮記》的有盧植，注《儀禮》有馬融，注《周禮》有杜林、鄭眾、馬融諸人，至於熔鑄諸說通注《三禮》者，唯有鄭玄可舉。當時今文經學家何休著《公羊墨守》、《左氏膏肓》、《穀梁廢疾》。鄭玄乃針鋒相對，撰《發墨守》、《針鍼膏肓》、《起廢疾》。何休見後嘆云：「康成入吾室，操吾戈，以伐我乎！」（同前書）鄭玄兼通今古文經學，對何休的批駁有力，切中要害，故經生儒者為之驚服，京師的人們甚至稱之為「經神」。學者不遠千里投奔鄭玄門下，向他請教，於是「鄭君徒黨遍天下」[33]。

禁錮長達十四年之久，禁錮期間，同門師事馬融的盧植官居尚書，曾上奏請求赦免鄭玄，並未奏效。至中平元年（184）張角黃巾變起而黨錮解禁，鄭玄才被赦免。時鄭玄已經五十八歲。外戚大將軍何進相辟請，鄭玄不得已而進見，一宿便逃去。靈帝中平四年（187），三司府先後兩次征辟，中平五年（188）又欲聘為博士，獻帝初即位時，公卿舉薦鄭玄為趙王之相，袁紹舉為茂才并表請獻帝以玄為左中郎將，皆未就任。建安三年（198）獻帝征為大司農，在家拜受，乘車至許昌，旋即以病辭歸。臨終，遺令薄葬，而自郡守以下受業弟子千餘人服喪送葬。初葬劇東（今山東省益都境內），後歸葬高密。

鄭玄畢生精力從事經學研究，其撰述注釋成果之多，可謂空前。《後漢

---

[33] 清‧皮錫瑞撰、周予同注釋：《經學歷史》（北京：中華書局，1955年），頁151。

書‧鄭玄傳》云：「凡玄所註《周易》、《尚書》、《毛詩》、《儀禮》、《禮記》、《論語》、《孝經》、《尚書大傳》、《中候》、《乾象歷》、又著《天文七政論》、《魯禮禘祫義》、《六藝論》、《毛詩譜》、《駁許慎五經異義》、《答臨孝存周禮難》、凡百萬餘言」（頁 1212）。《隋書‧經籍志》還著錄其《周官禮》十二卷，《喪服經傳》、《喪服譜》及《緯書》類注釋。上述史籍僅列舉了其主要成果，有許多成果還未提及。據清代學者鄭珍統計，鄭玄注、著成果達六十種之多。[34] 今人王利器統計，鄭玄著作約八十種。[35]

關於鄭玄何時注《孝經》，前人意見兩分。第一種說法以鄭玄避黃巾之亂時所作。梁載言《十道志》解「南城山」云：

> 《後漢書》曰，鄭玄漢末遭黃巾之亂，客於徐州。今者有《孝經注》，相承云鄭氏所作。

又，《孝經序》云：

> 僕避居於南城山，棲遲岩壁之下，念先人餘暇，述夫子之志，而注《孝經》。（劉肅《大唐新語》引）

關於「南成山」，據鄭珍《鄭學錄》考證：

> 南城在徐州，考康城客徐州，在（獻帝）初平三年（193），時已六十六歲。後四年（獻帝）建安元年（196），自徐州歸，歸後四年即卒。

如果《鄭學錄》所繫年不誤，則《孝經鄭注》當為鄭玄晚年所作，已在

---

34 參見鄭珍：《鄭學錄》，清同治四年刊本。
35 參見王利器：《鄭康成年譜‧著述》（濟南：齊魯書社，1983 年）。另，本節相關鄭玄記事，主要參見《後漢書‧鄭玄傳》，頁 1207-1210。

鄭氏注《禮》、箋《詩》之後。

第二種說法以鄭玄避黨錮之禁時所作。如，皮錫瑞《孝經鄭注疏》云：

> 錫瑞案，鄭君先治今文，後治古文。《大唐新語》、《太平御覽》引鄭君《孝經序》云，「避難於南城山」，嚴鐵橋（即，嚴可均）以為避黨錮之難，是鄭君注《孝經》最早，其解社稷明堂大典禮，皆引《孝經援神契》、《鈎命決》文。鄭所據《孝經》本今文，其注一用今文家說。後注《禮》、箋《詩》，參用古文。

又云：

> 《孝經鄭注》全用今文，當在注《緯》注《禮》之時，與晚年用古文不合。序云，避難南城是避黨錮之難，非避黃巾之難。

以皮氏的說法，鄭玄注《孝經》又在黨錮初期的四十二歲稍後的事，即，為鄭玄中年之作。

以上兩種說法，各有史實可據，但都不明晰。而皮氏將《鄭注》與鄭玄其他著書作內容比較，則不失為澄清《鄭注》成書時期的一個有效方法。但是應該注意到，皮氏為清末今文學派之重鎮，本其承認今文、懷疑古文的今文經學家的立場，其認為《鄭注》為鄭玄本人所作同時，亦自然將《鄭注》歸為今文。然而，《鄭注》中大量徵引《毛詩》、《周禮》等古文經說的事實，已為陳鐵凡等人所澄清。所以，皮氏強調《鄭注》「全用今文」的說法，顯然是不對的。

結合鄭玄的治學經歷來看，皮氏稱「鄭君先治今文，後治古文」的說法確是不錯的。鄭玄二十一歲時，在太學師從第五元先學習的《京氏易》、《公羊春秋》、《三統曆》、《九章算數》等，都是今文經典和天文術數之書。《後漢書》本傳稱鄭玄此時「博極群書，精曆數圖緯之言，兼精算術」。鄭玄本人也追述：「吾家舊貧，〔不〕為父母群弟所容，去廝役之

吏，游學周、秦之都，往來幽、并、兗、豫之域，獲覲乎在位通人，處逸大儒，得意者咸從捧手，有所受焉。遂博稽六藝，粗覽傳記，時睹祕書緯術之奧。」（《後漢書・鄭玄傳》）鄭玄師學張恭祖學習《三禮》時開始接觸古文經典，進而從師馬融，亦主要是學習古文經典。

鄭玄主要著述的過程，根據「鄭君自序云，遭黨禁之事，逃難注《禮》」（《文苑英華》卷七六六、《唐會要》卷七七引），知道鄭玄注《禮》在遭黨錮受禁期間。又據「鄭君自序云，黨錮事解，注《古文尚書》、《毛詩》、《論語》」（《文苑英華》卷七六六、《唐會要》卷七七皆有此引），知道鄭玄箋《詩》在黨錮被解之後。所以，後學多指摘鄭玄注《儀禮》、《禮記》言及《詩經》處，有與《毛詩序》不符的地方，正因為鄭玄注《禮》在先，其時未見《毛詩》的原因。[36] 而注《孝經》，遍徵今、古、緯說，將之折衷融和於一爐，則在箋《毛詩》以後更為合理。詳考見後文。

鄭珍《鄭學錄》考證鄭玄生平的著述，皆有標出年紀：

> 靈帝熹平三年（174），四十八歲。已前注《尚書中候》及《易》、《書》、《詩》、《禮》四經之緯。
>
> 熹平四年（175），四十九歲。自後在禁錮中，注《周官》、《儀禮》、《禮記》。
>
> 光和五年（182），五十六歲。何休自廢錮後著書，申公羊學。公乃發《公羊墨守》、《鍼左氏膏肓》、《起穀梁廢疾》。休見而歎曰，康成入吾室，操吾戈，以伐我乎。又駁《春秋漢議》，又答休書，並義據通深，古學由是遂明。

---

[36] 本處參見清・沈可培撰：《鄭康成年譜》，道光二十四年吳江沈氏世楷堂刊《昭代叢書》本、清・丁晏撰：《鄭大司農年譜》，道光同治開山陽丁氏六藝堂刊同治元年匯印《頤志齋叢書》本。收入《北京圖書館藏珍本年譜叢刊》第 6 冊，（北京：北京圖書館出版社，1999 年），頁 555、691。

中平元年（184），五十八歲。已後注《古文尚書》、《毛詩》、《論語》，又撰《毛詩譜》、《論語釋義》、《仲尼弟子目》。

獻帝初平二（191）年，六十五歲。初至徐州，居南成山，注《孝經》。

建安五年（200），七十四歲。至元城，注《周易》畢，知病不起，作自序。[37]

其明確標明注《孝經》是在注《三禮》及《毛詩》之後，以陳鐵凡輯《孝經鄭注》中所見同於《三禮》及《毛詩》之注，則可證《孝經鄭注》是如鄭珍所錄為實。關於鄭珍所云「獻帝初平二年，六十五歲。初至徐州，居南成山，注《孝經》」，案《後漢書·鄭玄傳》記載：

初平二年辛未……會黃巾寇青部，乃避地徐州。

《三國志·崔炎傳》記載：

（炎）年二十九，乃結公孫方等就鄭玄受學未期。徐州黃巾賊破北海，玄與門人到不其山避難時，穀糴縣乏，玄罷謝諸生。[38]

《三齊記》記載：

鄭司農常居不其城南山中教授。黃巾亂乃避遣生徒。崔炎、王經諸賢於此揮涕而散。所居山下，草如薤葉，長尺餘，監韌異常，時人名作康成書帶。（引自《太平寰宇記》）[39]

伏琛《齊記》記載：

---

[37] 清·鄭珍撰：《鄭學錄》（北京大學圖書館藏清同治四年刊本）。
[38] 清·沈可培撰：《鄭康成年譜》，收入《北京圖書館藏珍本年譜叢刊》第 6 冊，頁 582。
[39] 同前引，頁 584。

第八章　《孝經鄭注》的研究　311

不其城南二十里有大勞山、小勞山、在海側。昔鄭康成領徒於此。（引自《太平寰宇記》）[40]

《太平御覽》記載：

鄭玄漢末遭黃巾之亂，客於徐州。今《孝經》序鄭氏所作，其序云，僕避難於南城之山，棲遲巖石之下，念昔先人餘暇，述夫子之志，而注《孝經》。……今西上可二里許，有石室焉。周回五丈，俗云鄭康成注《孝經》於此。[41]

根據以上的這些記述，可以知道鄭玄注《孝經》的前後大致經過。即，後漢獻帝初平二年（191），進犯徐州的黃巾軍，攻破鄭玄所居的北海縣，於是鄭玄偕同門徒躲避到徐州不其城南的山（今山東省即墨市西南）中，繼續著書講學。其間，相繼完成了《毛詩》、《古文尚書》、《論語》、《孝經》等注。前文有「黨錮解禁（時鄭玄五十八歲）以後注《毛詩》和《古文尚書》」的記述，費時數年注此兩書，到避居徐州不其城南山時完成兩書，是於前記完全吻合。而《論語》、《孝經》則於避居其間所作，所以，《孝經鄭注》的成書時期，大致在鄭玄晚年的六十五歲稍後的時期。當時，因為糧食不足，故鄭玄遣散了門人弟子，所以，注《孝經》之事，不為門弟子所知，因而不被趙商等弟子所收錄。不過，看《太平御覽》等的記述，可以知道當時在民間廣泛流傳著鄭玄注《孝經》的傳說逸事，或許所因鄭玄以《孝經》施教於當時當地之人，而流傳了這些傳說逸事，也未可知。

關於梁載言、王應麟、陳鱣等附會為鄭小同所注，皮氏已於《孝經鄭注疏》考證詳備，茲錄其說於下：

鄭小同注《孝經》，古無其說。自梁載言以為胤孫所作，王應麟遂傳

---

40 同前引，頁 583。
41 同前引，頁 585。

會以為小同。梁蓋以《孝經》鄭氏解世多疑非康成，故調停其說，以為康成之孫所作。又以序「有念昔先人」之語，於小同為合，遂刱此論。案鄭君八世祖崇為漢名臣，祖沖亦名經學。《周禮》疏曰，玄鄭沖之孫。《禮·檀弓》疏皇氏引鄭說稱鄭沖云小記云「諸侯弔，必皮弁，錫衰則此弁絰之，衰亦是弔服也」。皇引是鄭志之文，蓋鄭君稱其祖說以答問。然則鄭君之祖，必有著述。序云「念昔先人」，安見非鄭君自念其祖而必為小同念其祖乎。[42]

鄭玄之於注《春秋》、《孝經》明言「玄又為之注」，劉知幾以鄭玄將所注未完的《左傳》書稿全部贈予服虔，推測鄭玄注《孝經》亦不成。這既已是風馬牛不相及，而陳鱣繼續敷衍劉說：「竊以其注《孝經》，亦未寫定，而其孫小同追錄成之」（《孝經鄭氏注·自序》），則又是亡羊之論。按鄭玄見服虔所注《左傳》與其義相同而將自注贈送服虔，即便如《世說新語》所說的，有「鄭玄注《春秋》尚未成」之事，《春秋》篇長，有費時而未成的可能，但是，《孝經》經字不過二千，並且注《論語》也在避難之時，注較長篇的《論語》成而注更短的《孝經》卻不成，於理不通。鄭玄既以《孝經》為孔子總會六藝「題目」、「指意」之書，又說「僕避居於南城山，棲遲岩壁之下，念先人餘暇，述夫子之志，而注《孝經》」，則《鄭注》為鄭玄本人所注，並且於鄭學的重要位置，無須懷疑。

三、《孝經鄭注》的思想特色

鄭玄注經的宗旨，即如他所自述的，「但思先聖之原意，思整百家之不齊」。（《後漢書·鄭玄傳》）鄭玄治學之意，為的是追尋先哲聖賢寄託於經典中的道德理想和學問道義，因此他決意拆除今古經學的藩籬、突破「師

---

[42] 清·皮錫瑞撰：《孝經鄭注疏》，《師伏堂叢書》，光緒乙未師伏堂刊本。

法」、「家法」的限制，以《禮》說遍注經文，會通眾學之精、百家之長，為日漸衰退的兩漢經學，再添生機。鄭玄面對的是經歷了兩漢近四百年之久的「分經傳授」、「各守一家」之說的學派林立的學術局面，亦如范曄在《後漢書・鄭玄傳》中總結的那樣：

> 自秦焚六經，聖文埃滅。漢興，諸儒頗修藝文；及東京，學者亦各名家。而守文之徒，滯固所稟，異端紛紜，互相詭激，遂令經有數家，家有數說，章句多者或乃百餘萬言，學徒勞而少功，後生疑而莫正。（頁1212）

而鄭玄能「括囊大典，網羅眾家，刪裁繁誣，刊改漏失，自是學者略知所歸」，被時人盛譽為「名冠華夏，世為儒宗」，[43] 則正是鄭玄治學理想的實現。

由本章以下考察亦可明顯發現，鄭玄對《孝經》經義所作出的各種注解、詮釋，亦同樣是圍繞著鄭玄的這一治學宗旨而展開的。接下來藉由深入考察《孝經鄭注》的經解特色及孝道觀，具體明確鄭玄對《孝經》所寄予的學問理想和政治抱負。

（一）《孝經鄭注》的經解特色

《孝經鄭注》作為鄭玄晚年之作，其於經注體現出的訓詁義理相結合、今古文經說兼顧、以及以《禮》說遍注經文等方法，都不失為鄭玄注經的最典型特色。尤其經注的簡約與圓熟之處，則如實地體現出鄭玄晚年的經學特徵。本研究以涉及古代名物禮制的「社稷」和「周公郊祀后稷以配天」兩條為例，具體探討《孝經鄭注》中鄭學思惟的這一成熟過程。

對「社稷」一詞的解釋，先看《白虎通・社稷》的說法：

---

43 《魏書・三少帝紀》引華歆語。晉・陳壽撰、南朝宋・裴松之注：《三國志》（北京：中華書局，1997年），頁142。

> 王者所以有社稷何？為天下求福報功。人非土不立，非穀不食。土地廣博，不可敬也。五穀眾多，不可一一而祭也。故封土立社，示有土也。稷，五穀之長，故立稷而祭之也。稷者，得陰陽中和之氣。而用猶多，故為長也。……不謂之土何？封土為社，故變名謂之社，別於眾土也。為社立祀，始謂之稷，語不自變有內外。或曰，社稷不以為稷社，故不變其名，事自可知也。不正月祭稷何？禮不常存，養人為用，故立其神。……王者親自祭社稷何？社者，土地之神也。土生萬物，天下之所主也。尊重之，故自祭之。[44]

《白虎通》的記述多從今文經說，不過，也有引《周官》等古文經典的說法，所以，可以認為這裡對「社稷」的解釋是當時的通說。《白虎通》認為，「社」是代表所有土地的「土地神」，「稷」是代表所有穀物糧食的「穀神」。「社稷」的建造方法是，積土建壇而立為「社」，上不建房屋，只在周圍種樹用以識別。「社稷」亦可稱「社」，但不可以反過來稱「稷社」，因為立「社」才能祭祀「稷」。從天子到庶民都有各自的「社」。而立「社稷」的目的是為了「求福報功」，春種和秋收之際，兩次到「社稷壇」上祭祀，以祈求和感謝五穀豐收。由此來看，在「社」舉行祭祀，其祭祀的對象是「社」和「稷」本身，即祭祀「土地神」和「穀神」。

與此相比較，許慎在《五經異議》中，提出另一種說法：

> 《異議》今《孝經》說曰：社者，土地之主。土地廣博，不可徧敬。封五土以為社。古《左氏》說：共公為后土，后土為社。謹按：《春秋》稱公社，今人謂社神為社公，故知社是上公，非地祇。
>
> 《異議》今《孝經》說：稷者，五穀之長，穀眾多，不可徧敬，故立稷而祭之。古《左氏》說：列山氏之子曰柱，死後祀以為稷，稷是田正。周棄亦為稷，自商以來祀之。謹按：禮緣生及死，故社稷，人祀

---

[44] 清・陳立撰、吳則虞點校：《白虎通疏證》（北京：中華書局，1994年），頁83。

之，既祭稷穀不得，但以稷米祭稷，反自食。同左氏義。[45]

許慎從「古《左氏》」的說法，認為「社」是「后土神」，「稷」是「柱、棄」。后土即堯舜時代管理大地水土的共公，死後稱之為后土，祀之以為「社」。柱和棄是堯舜時代管理農業之官，死後祀之以為「稷」。許慎認為，尊五穀為神反而自食五穀，不和祭祀之禮。應該以「稷」為管理五穀的「柱、棄」，不應該以五穀本身為神。即，許慎主張「社稷」是「人鬼之神」。

針對《白虎通》和許慎《五經異議》的兩種說法，鄭玄在《駁五經異議》中，以《白虎通》之說為主駁許慎，他指出：

《駁》云：社祭土而主陰氣。又云：社者，神地之道，謂社神。但言上公，失之矣。今人亦謂雷曰雷公，天曰天公，豈上公也。

鄭《駁》之云：宗伯以血祭祭社稷五祀五獄。社稷之神，若是句龍、柱、棄，不得先五獄而食，又司徒，五土名。《詩‧信南山》云「畇畇原隰」。又云「黍稷彧彧」。原隰生百穀，稷為之長，然則稷者原隰之神。若達此義，不得以稷米祭稷為難。……五變而致土祇，祇

---

[45] 清‧皮錫瑞：《駁五經異議疏證》（《續四庫全書》（上海：古籍出版社，2002 年）第 171 冊，頁 182。許慎《五經異議》原本已佚，據《四庫全書總目‧駁五經異議提要》云：「《隋書‧經藉志》載《五經異議》十卷，許慎撰。《舊唐書‧藝文志》，《五經異議》十卷，許慎撰，鄭玄駁。《新唐書‧藝文志》並同。蓋鄭氏所駁之文，即復見於許氏原本之內，非別為一書，故史志所載互有詳略。至《宋史‧藝文志》，遂無此書之名，則自唐以來失傳久矣。」《五經異議》亡於宋代，清人多有輯佚，以陳壽祺輯《五經異議疏證》，皮錫瑞輯《駁五經異議疏證》為最詳。據陳壽祺《五經異議疏證》所輯，共存佚文一〇九條，所引皆為討論禮制的「今古文說」。《五經異議》中，許慎多主張《左氏春秋》「古文說」，與《白虎通》說多成反證，且不見一處有依據「緯說」的地方。而鄭玄所駁則多與《白虎通》說同，且據「緯說」之處也不少。

者,五土之總神,謂社。是以變原隰言土祇。[46]

鄭玄認為,立「社」是「神地之道」,即祭祀土地的標志。又云:「原隰生百穀,稷為之長,然則稷者,原隰之神」,將「稷」說成「原隰之神」,「原隰」意為「濕潤的土地」。由此,鄭玄對《白虎通》的說法又有所發展,將「社稷」統合起來,稱之為生養五穀之土地神。鄭玄又引《周禮‧春官宗伯》語反駁許慎,認為大地為首,五獄(中原的五座名山)為次。[47] 如果以「社稷」為「句龍、柱、棄」等人神,不應該在五獄之前。因為堯舜時代,掌管五獄的「四岳」的官位是高於掌管水土和農業的「句龍、柱、棄」。在此,鄭玄明確主張「社稷」是「自然之神」。

但是,到了《孝經鄭注》中,對「社稷」的注釋,則較《駁五經異議》又有所發展,其注為:

社謂后土也,句龍為后土。……功於人,故祭之。[48]

此據陳鐵凡輯敦煌本《孝經鄭注》,但仍然不全。看第一句,則完全與許慎的說法相同。所以,三國時期的王肅以此說批判鄭玄自相矛盾(見下引「王肅難鄭云」之後各句)。但是,後來學者認為,並不是鄭玄自說互相矛盾。如,皮錫瑞為此辯駁云:

疏曰,……云「社為后土也,句龍為后土」者,侯康曰,《周禮‧封人》疏引鄭《孝經注》云社謂后土而申其義曰,「舉配食者而言,蓋鄭君意以社為五土總神,稷為原隰之神。句龍以其有平水土之功,配

---

[46] 同前引,頁 183。
[47] 大宗伯之職,掌建邦之天神人鬼地祇之禮,以佐王建保邦國。以吉禮事邦國之鬼神示,以禋祀祀昊天上帝,以實柴祀日月星辰,以槱燎祀司中司命飌師雨師,以血祭祭社稷五祀五嶽。漢‧鄭玄注、唐‧賈公彥疏:《周禮注疏》,清‧阮元校刻《十三經注疏》(北京:中華書局,1980 年),頁 757。
[48] 清‧皮錫瑞:《駁五經異議疏證》,頁 30。

社而祀之。稷有播種之功，配稷祀之用。」……錫瑞案，侯說是也。《小雅》疏引《鄭志》鄭答田瓊曰，「后土，土官之名也。死以為社，而祭之，故曰后土社。句龍為后土，後轉為社，故世人謂社為后土。無可怪也。」據此則鄭意以社為后土、句龍亦為后土。王肅難鄭云，「〈月令〉，命民社。鄭注云，社后土也。《孝經》注云，社后土也，句龍為后土。《鄭記》云，社后土，則句龍是也。是鄭自相違反。」不知鄭義並非違反，王肅所疑者，鄭答田瓊已自釋之。[49]

按照皮氏的解釋，「社」為土地之總神，因為句龍治理水土有功，所以「配社」而祀之，「后土」是他的官名。「稷」為生養百穀的隰地之神，因為稷（指周之先祖）有播種之功，所以也「配稷」而祀之。這樣，鄭玄通過導入「配食而祀之」的說法，實則是將今古文說對「社稷」的不同解釋融和於一體了。

鄭玄注釋《孝經》的方式與《駁五經異議》最顯著的不同是，其在《駁》中細推來龍去脈、精審博辯，而在《孝經》中但以簡約的文辭，將最終結論寫在注釋中。這既不失其訓詁和義理相結合的注經原則，而且也顧及了初學者的學問水準。訓詁是指解釋字詞的本義，這是學習和研究經籍的基本功；義理是指經籍包含的意義和道理，這是學習和研究經籍的目的所在。《孝經鄭注》對「社稷」的注釋中，「社謂后土也，句龍為后土」即為訓詁，「功於人，故祭之」乃是為此所作出的義理說明。而這樣簡捷明快的表意，其啟示學人於禮學教化之功，則一目瞭然。

再看《孝經鄭注》中對「昔者周公郊祀后稷以配天」一句的注釋：

> 郊者，祭天之名。在國之南郊，故謂之郊。后稷者，是堯臣，周公之始祖。東方青帝靈威仰，周為木德，威仰木帝，以后稷配蒼龍精。自

---

[49] 清·皮錫瑞撰：《孝經鄭注疏》，《師伏堂叢書》，光緒乙未師伏堂刊本。

外至者，無主不止，故推始祖配天而食之。（頁125）

又，對「宗祀文王於明堂以配上帝」一句注為：

文王，周公之父。……上帝者，天之別名。神無二主，故異其處，避后稷也。……（頁129）

這裡寫的也都相當於結論之語，以此則可以明白周公為什麼要將「郊祀后稷」與「宗祀文王」分開祭祀的意思了。知道這種程度，則完全可以指導國家祭祀的具體施行，禮學的實踐教化意義同樣被凸顯出來。

值得關注的是，這裡面實際上還蘊含著體現鄭玄經學主體思想之一的「六天說」問題。其內容復雜，在這裡只能概觀其大貌，並需要參照鄭玄的其它注說：

《禮記・月令》「令民無不咸出其力以共皇天上帝」，鄭玄注：「皇天，北辰耀魄寶，冬至所以祭於圜丘也。上帝，太微五帝。」[50]

〈月令〉「天子乃以元日祈穀於上帝」，鄭玄注：「上帝，太微之帝也」。[51]

〈名堂位〉「魯君孟春……祀帝於郊」，鄭玄注：「帝，謂蒼帝靈威仰也。昊天上帝，魯不祭。」[52]

〈禮器〉「魯人將有事於上帝」，鄭玄注：「上帝，周所郊祀之帝，謂蒼帝靈威仰也。魯以周公之故得郊祀上帝，與周同。」[53]

〈大傳〉「禮，不王不禘。王者禘其祖之所自出，以其祖配之」，鄭玄注：「凡大祭曰禘。自，由也。大祭其先祖所由生，謂郊祀天也。

---

[50] 漢・鄭玄注、唐・孔穎達疏：《禮記正義》，清・阮元校刻《十三經注疏》（北京：中華書局，1980年），頁1371上。
[51] 同前引，頁1356中。
[52] 同前引，頁1488下。
[53] 同前引，頁1439中。

王者之祖皆感太微五帝之精以生，蒼則靈威仰，赤則赤熛怒，黃則含樞紐，白則白招拒，黑則汁光紀，皆用正歲之正月郊祭之，蓋特尊焉。《孝經》曰，郊祀后稷以配天，配靈威仰也，宗祀文王於明堂以配上帝，汎配五帝也。」[54]

《周官・小宗伯》「兆五帝於四郊」鄭玄注：「兆，為壇之營域。五帝，蒼曰靈威仰，太昊食焉；赤曰赤熛怒，炎帝食焉；黃曰含樞紐，黃帝食焉；白曰白招拒，少昊食焉；黑曰汁光紀，顓頊食焉。」[55]

《易緯通卦驗》「孔子曰，太皇之先，與耀合元，精五帝期，以序七神」，鄭玄注：「耀者，耀魄寶，北辰帝名也。此言太微之帝本與北辰之帝同元。元，天之始也。其精有五，謂蒼帝靈威仰之屬也。」[56]

通過以上這些鄭玄對「六天」的注釋，將其歸納起來，作成圖式如下：

天帝：皇天上帝，昊天上帝，北辰之帝，耀魄寶
　　　↓
感生帝（五天帝）：（木）蒼帝靈威仰，（火）赤帝赤熛怒，
　（土）黃帝含樞紐，（金）白帝白招拒，（水）黑帝汁光紀
　　　↓
人間五帝德（五精之帝）之五德終始表：[57]
　（木）1.太皞伏羲氏 ——— 6.帝嚳高辛氏 ——— 11.周
　（火）2.炎帝神農氏 ——— 7.帝堯陶唐氏 ——— 12.漢
　（土）3.黃帝軒轅氏 ——— 8.帝舜有虞氏 ——— 13.新

---

[54] 同前引，頁 1506 上。

[55] 漢・鄭玄注、唐・賈公彥疏：《周禮注疏》，清・阮元校刻《十三經注疏》（北京：中華書局，1980 年），頁 766 上。

[56] 安居香山，中村璋八輯：《緯書集成》（石家莊：河北人民出版社，1994 年），頁 189。

[57] 有關五帝德的五德終始表根據顧頡剛說。參見顧頡剛：〈五德終始說下的政治和歷史〉，《古史辨》第五冊下編（海口：海南出版社，2005 年），頁 338。

（金）4.少皞金天氏 ——— 9.伯禹夏后氏
（水）5.顓頊高陽氏 ——— 10.商

參看上表所示鄭玄主張的「六天說」，即「六天」由「皇天上帝」加上「五天帝（詳目見上圖）」所構成。不過，「六天」的地位並不是平等的。鄭玄把「皇天上帝」安排到統轄「五天帝」的最高神地位，然後，把人間的三皇五帝說成是「感太微五帝之精而生」，配食於「五天感生帝」，這些都是鄭玄的新創造。本來，〈月令〉只說祭「皇天上帝」；《周官》也只說祭「五帝」，並沒說「五帝」之上更有「五天帝」；緯書雖然為「五天帝」各立怪異的新名字，但也沒有說人間帝王「五帝」是配食於他們的。鄭玄既想保存〈月令〉的「皇天上帝說」和《周官》的「五帝說」，又不願拋棄緯書的「感生帝說」，於是便把〈月令〉的「一天說」和《周官》的「五天說」揉和在一起，變成了一個上下相承的「六天」系統，再吸收緯書的「感生帝說」，使人間五德之帝配食天界的「感生五帝」，進而統轄於「皇天上帝耀魄寶」，這樣，鄭玄的「六天說」便創制出來了。

〈月令〉的「一天說」出自今文經學的主張，而《周官》的「五天說」出自古文經學的主張，而「感生帝說」是出自緯書，鄭玄正是融和了這樣的今古文經說及緯說，創造性地提出了「六天說」。對鄭玄的「六天說」，後儒多有批判，如王肅亦主張「六天說」，但責難鄭玄用讖緯之「感生帝說」，主張「郊祭」之禮應以秉承「五行之德」的人間帝王直接配祭天界「五德帝」。[58] 然而，鄭玄主張「六天說」，恰恰符合了漢帝國的正統宗教

---

58 王肅的反駁，見《孝經正義》「注後稷至配之」條的邢疏：「鄭玄以《祭法》有周人禘嚳之文，遂變郊為祀感生之帝，謂東方青帝靈威仰，周為木德。威仰木帝，以駁之曰：『案《爾雅》曰：「祭天曰燔柴，祭地曰瘞。」又曰：「禘，大祭也。」謂五年一大祭之名。又《祭法》祖有功，宗有德，皆在宗廟，本非郊配。』若依鄭說，以帝嚳配祭圓丘，是天之最尊也。周之尊帝嚳，不若後稷。今配青帝，乃非最尊，實乖嚴父之義也。且遍窺經籍，幷無以帝嚳配天之文。若帝嚳配天，則經應云禘嚳於圓丘以配天，不應云郊祀後稷也。天一而已，故以所在祭在郊，則謂為圓丘，言於郊為壇，

觀。

　　概觀漢代宗教形成的背景，由於漢帝國是由平民所建立的政權，政權來源的合法性問題一直困擾著漢帝國的最高統治者，雖然劉邦曾以「五德終始說」的觀點來為自己的合法性作證，但總是不太能服人之心。畢竟，「五德終始說」雖然是用「青、白、赤、黃、黑」的「五德帝」在天界的輪替觀念來說明人世朝代興替的必然取向，但是這種觀點一定程度適合於「革前朝之命」的新王朝興起之際的狀況，伴隨漢帝國一統天下日久，這種本質上主張「天命流轉」學說對於既已統一王朝反而變得不適合，於是，漢武帝便在「五帝」之上加上一個「太一」之神，以之主宰天界，而「五帝」則降格成為天帝「太一」的佐臣。[59] 這不但建立了一個與人世漢帝國相對應的天界「太一」帝系，更將潛在於「五德終始說」背後的「天命流轉」觀點予以抹滅，成就出千秋萬代唯劉氏稱帝的「君權神授」觀。

　　但是，「太一」是道家之神，並非合於儒家的禮制。鄭玄則是沿著這個方向，將「昊天上帝」、「天皇大帝耀魄寶」、「昊天上帝」、「北辰之帝」等經典中的各種主神以其龐大的禮學體系統一於一體，使其具有了超越「氏族」與「歷史」的最高宇宙神的性格，[60] 而這實際就是前漢時的「太

　　以象圓天。圓丘即郊也，郊即圓丘也。其時中郎馬昭抗章，固執當時，敕博士張融質之。融稱漢世英儒自董仲舒、劉向、馬融之倫，皆斥周人之祀昊天於郊，以後稷配，無如玄說配蒼帝也。然則《周禮》圓丘，則《孝經》之郊。聖人因尊事天，因卑事地，安能複得祀帝譽於圓丘，配後稷於蒼帝之禮乎？且在《周頌》「思文後稷，克配彼天」，又《昊天有成命》郊祀天地也。則郊非蒼帝，通儒同辭，肅說為長。」唐・唐玄宗御注、宋・邢昺疏：《孝經注疏》，頁 2553 中。

59 參見《史記・封禪書》所記載關於「太一」立祠的始末。簡單來說，原本漢帝國拜的「上帝」是五德終始說中的「黑帝」，但是漢武帝卻採用了方士的建議，改以「太一」作為國家祭典所拜的上帝。參見漢・司馬遷撰、唐・張守節正義：《史記》（北京：中華書局，1963 年），卷 28，〈封禪書〉第六，頁 1384-1404。

60 參見日・間嶋潤一：〈鄭玄の祭天思想について—周禮國家における圜丘祭天と郊天〉（《中國文化研究與教育：漢文學會會報》第四十五號，1987 年），頁 27。

一」帝的變相。[61] 鄭玄以星象化了的「感生五帝說」取代論證王朝更迭的「五德終始說」，並將「感生五帝」進而統轄於「昊天上帝」之下，從而為人間帝王明確地找到了依天而生的終極依據，為取消「天命流轉」的觀點，提供了嚴密的理論闡述。

通過以上兩例的考察，可以充分明確《孝經鄭注》體現出的訓詁義理相結合、融和今古文經說及緯說、以《禮》遍注經文等鄭學的主要特色。就其中對名物制度等的詮釋來看，有對其自身前說的修正，也有對其前說的繼承，而整體則是在網羅、在完善、在融和、正是鄭玄經學進入成熟時期的具體體現。其意義不僅在保存和豐富了古代的名物典制，更重要的是為原本艱澀、教條的典章解釋，付與了簡單易行的實踐意義。真正達到了他自己理想的「但思先聖之原意，思整百家之不齊」的治學宗旨。並且，這種為《孝經》作歷史性的驗證，亦是對《孝經》的學問價值，給以再確認。

（二）《孝經鄭注》的孝道觀

經學作為「通經致用」之學，其付與經學者的職責不僅是訓詁文字、疏解章句的單純學問研究，而且要通過對經文義理的闡釋發揮，發掘經典中蘊含的歷史文化以及聖人的理想，並達到指導於現實的目的。因而，傳授和學習經典，同時需要授受者本身抱有以德修身、以學教人的精神。即治經不僅為豐富知識和掌握從政本領，更重要的是培養學人的道德學養以及經世濟用的使命感。而鄭玄作為名副其實的碩學大儒，不僅矢志經學而取得重大成就，而且展現出不求聞達、憂國憂民的精神品格。通過以下考察《鄭注》中，鄭玄對《孝經》中孝道等各種經義的闡釋、以及由之表現出的他對待君

---

61 《易緯乾鑿度》曰：「太一取其數以行九宮。」鄭玄注云：「太一者，北辰之神名也。下行八卦之宮，每四乃還於中央。中央者，北神〔北辰〕之所居，故因之九宮。」日・安居香山、中村璋八輯：《緯書集成》（石家莊：河北人民出版社，1994年），頁32。

民父子關係的不同態度，便會更為具體的明確上述所說的。

1、體現人倫日用的「孝」

那麼，首先看《孝經鄭注》中對「孝」義的解釋。〈開宗明義章〉「子曰，先王有至德要道，以順天下。民用和睦，上下無怨。」《鄭注》云：「至德，孝悌也。要道，禮樂也。睦，親也。至德以教之，要道以化之，是以民用和睦，上下無怨也。」[62] 值得注意的是，這裡，鄭玄將《孝經》原本釋孝為「至德要道」之義，分別由「孝悌、禮樂」來分擔，而使「孝」只占其一。對這樣縮小孝義的解釋傾向，應該如何理解呢？

參看《御注孝經》相應之處的注釋：「孝者，德之至、道之要也。言先代聖德之主，能順天下人心，行此至要之化，則上下臣人，和睦無怨。」[63]《御注》將孝解釋為「德之至、道之要也」，顯然把握注了《孝經》所強調的孝的本義。《孝經》的核心所在便是「王者以孝治天下」的孝治主題，一言以蔽之，《孝經》就是宣說王者教導萬民如何孝君忠君的書。所以，《孝經》中處處是以統治者的口吻進行說教，而說教的內容則無外乎兩個：一個是講聖人、明王、天子、君父如何「以孝治下」，一個是講臣下、庶民百姓、兒子如何「以孝事上」。對《孝經》這樣的解釋孝義，朱子曾批判指出：

> 問：《孝經》一書，文字不多，先生何故不為理會過？曰：此亦難說。……如天地之性人為貴之，行莫大於孝，恐非聖人不能言此。……下面說孝莫大於嚴父，嚴父莫大於配天，則豈不害理。儻如此則須是如武王周公方能盡孝道，尋常人都無分盡孝道也。豈不啟人

---

[62] 陳鐵凡：《孝經鄭注校證》，頁 3-4。本項相關《孝經鄭注》徵引俱於本文標識。

[63] 唐·唐玄宗御注、宋·邢昺疏：《孝經注疏》，頁 2545 中。本項相關《孝經注疏》徵引俱於本文標識。

僭亂之心。[64]

又云：

> 《孝經》疑非聖人之言，且如先王有至德要道，此是說得好處，然下面都不曾說得切要處著，但說得孝之效如此。如《論語》中說孝皆親切有味，都不如此。士、庶人章說得更好，只是下面都不親切。（同前書）

朱子指摘的兩點是，《孝經》論孝，一方面是遠離世人，而專講天子治政之孝；另一方面是只追求「孝治」的功效，與《論語》中體現人倫之情、親子之愛的孝道不同，所以朱子稱《孝經》論孝「不親切」、「尋常人無分」。

但是，就與《孝經》本義的契合程度而言，則是無出《御注孝經》之右的。這也是《御注》出而《鄭注》、《孔傳》並微的主要原因。《御注》為唐玄宗所制，《御注》的制成，正為平息隋唐至開元年間官學《鄭注》、《孔傳》以誰為先的論爭。玄宗在他的〈自序〉中表明：

> 朕聞上古其風朴略，雖因心之孝已萌，而資敬之禮猶簡。及乎仁義既有，親譽益著。聖人知孝之可以教人也，故因嚴以教敬，因親以教愛。於是以順移忠之道昭矣，立身揚名之義彰矣。子曰，吾志在春秋，行在孝經，是知孝者，德之本歟。經曰，昔者明王之以孝理天下也，不敢遺小國之臣而況於公侯伯子男乎。朕嘗三復斯言，景行先哲，雖無德教加於百姓，庶幾廣愛刑于四海。……韋昭、王肅，先儒之領袖。虞翻、劉邵，抑又次焉。劉炫明安國之本，陸澄譏康成之注。在理或當，何必求人。今故特舉六家之異同，會五經之旨趣。約

---

[64] 宋・黎靖德編：《朱子語類》卷82，〈孝經〉（北京：中華書局，1986年），頁2141。

文敷暢，義則昭然。分註錯經，理亦條貫。（頁 2540 上）

這段話已經充分表明了玄宗自身注《孝經》的思想宗旨即在「以孝治天下」。因此與《孝經》原本的思想宗旨，是完全一致的。玄宗說「劉炫明安國之本，陸澄譏康成之注。在理或當，何必求人。」則一方面表明了他自注《孝經》的背景原因，另一方面，亦同意陸澄對《鄭注》的批判。

反觀鄭玄的《孝經》觀，其云：「孔子以六藝題目不同，指意殊別，恐道離散，後世莫知根淵，故作《孝經》，以總會之」，由此可知，鄭玄的闡揚宗旨則在於回歸儒家孔子之學。因而，《御注》的側重點在強調孝的約束性和《孝經》的政治經典性，這與《孝經》本義相契合；而《鄭注》則主張孔子儒家論孝的倫理意義和《孝經》的道德教化功能。一如於本書第五章已論及，《鄭注》對《孝經》愛敬義的理解，是源於親子關係的自然情感，雖側重有所不同，以愛盡於母，以敬盡於父，把愛置於家庭人倫範疇的情感，把敬置於家庭範疇與社會範疇連接起來的情感，仍然以「尊嚴其父」、「親近於母」的順應人之常情，涵養出尊嚴敬愛的品質。如此，則在朝廷盡忠於君主，在社會恭順於長輩，因此鄭玄以孔子作《孝經》的目的正在於發揮「聖人因人情而教民」的「以孝治天下」價值。

并且鄭玄以敬是禮的根本，孝悌又是愛敬之情的倫理體現，那麼聖人以禮樂順人情的方式施行教化，注重情感的優先性，人情中的愛敬形成家庭社會的良善秩序，如此在禮樂政教結構中闡釋孝悌愛敬。明白了這個基本立場，則《鄭注》將「至德要道」解釋為「孝悌禮樂」的意圖，便自然明瞭。鄭玄正是將《孝經》中「無所不能」的孝，還原回體現禮樂教化、人倫之情作為目的的。

與此相類似的解說，再看〈三才章〉「子曰，夫孝，天之經也，地之義也，民之行也」一條。《鄭注》云：「春夏秋冬，物有死生，天之經也。山川高下，水泉流通，地之義也。孝悌恭敬，民之行也。」（頁 79-81）這裡，鄭玄將「天之經，地之義，民之行」各自分開，而專以「民之行」為

「孝悌恭敬」之義。這樣,「天經地義」則變成不包含孝。鄭玄乃是明顯離開《孝經》經文的原義作解釋而非為迎合經義。說「春夏秋冬,物有死生」,自然屬於「天之經」;「山川高下,水泉流通」,自然屬於「地之義」;而說「孝悌恭敬」,也自然是「民之行」。這與前一例同樣,是將《孝經》中「無所不包」的孝,還原為人間倫常。與此相比,《御注》云:「經,常也。利物為義。孝為百行之首,人之恒德。若三辰運天而有常,五土分地而為義也」（頁 2549 下）。《御注》仍然沿著《孝經》的思想方向,極力抬高孝義,強調孝的天道性,不可違背性。

再看〈喪親章〉「三日而食,教民無以死傷生。」《鄭注》:「三日不食,恐傷及生人,故孝子不為也」（頁 227）。《孔傳》:「禮,親終哭踊無數,水漿不入口,毀灶不舉火。既斂之後,鄰里為之饘粥以飲食之。三日以終者,聖人立制足文理,不以死傷生也。」[65]《孝經》所說的「三日而食」,實際就是「三日不食」,認為這樣做是哀悼喪親的最低要求。《孔傳》具體詳細地闡釋「三日不食」的意義及方法。但是,《鄭注》則明確批判「三日不食」是損傷身體,因而「孝子不為」,反對追求形式僵化的孝道。

又,〈喪親章〉「毀不滅性,此聖人之政也。」《孔傳》:「孝子在喪,可以毀瘠。杖而後起,而不可滅性。滅性謂不勝喪而死,不勝喪,則此比於不孝。此聖人之正制也」（頁 18）。《鄭注》:「毀瘠羸瘦,孝子有之。」（頁 228）《鄭注》的說法,莫不如說是在為孝子的「不能守禮」而辯護。親有薄厚,情有深淺,對愛親至深而至毀瘠羸瘦的行為,鄭玄則予以同情,並替這樣的出於自然天性的感情行為說話,而不儼然高呼「聖人之正制也」云云。比較起來,《孔傳》說教味道濃而缺少理解同情,《鄭注》則

---

[65] 漢・孔安國傳、日・太宰純音:《古文孝經孔氏傳》,《文淵閣四庫全書》經部第 182 冊（上海:上海古籍出版社,1987 年）,頁 18。本項相關《古文孝經孔氏傳》徵引俱於本文標識。

主張順人性人情，更有親切感和感化力。正是這樣，鄭玄在《孝經鄭注》中以實踐道德的孝道觀，改換了《孝經》特為主張的「政治孝道觀」。

其它，諸如「禮樂」、「法服」、「法言」等《孝經》用來約束人的詞語，在《鄭注》中皆表現出清晰的道德意趣。

2、成為道德教化的「孝」

看對「禮」的解釋，〈廣要道章〉「安上治民，莫善於禮」。《鄭注》：「上好禮則民易使也」（頁175）。《御注》：「禮，所以正君臣父子之別，明男女長幼之序，故可以安上化下也」(頁2556中)。《御注》的闡述，可謂道出了禮的政治倫理意義。而《鄭注》主張「上好禮」，這樣的「禮」，則成為一種美德。

看對「樂」的解釋，〈廣要道章〉「移風易俗，莫善於樂」。《御注》：「風俗移易，先入樂聲。變隨人心，正由君德。正之與變，因樂而彰。故曰，莫善於樂」（頁2556中）。《鄭注》：「夫樂者，感人情者也。樂正則心正，樂淫則心淫。孔子曰，惡鄭聲之亂雅樂也」（頁173-174）。鄭玄認為，樂可正人，也可亂人，承認樂具有自然感染力、有不能人為控制的特性；所以感嘆孔子也只能「惡鄭聲」。這同樣體現了鄭玄實事求實的治學思想，他承認「樂」的自然性質，主張順理以開導其「正」，接受聖人啟發。與此相比，《御注》則強調君主正樂，使君主成為感化風俗的主體，亦即誇示君主個人的力量。

再看對「法服」的解釋，〈卿大夫章〉「非先王之法服不敢服」。《御注》：「服者，身之表也。先王制五服各有等差，言卿大夫遵守禮法，不敢僭上偪下」（頁2547下）。《鄭注》：「先王制五服，天子服日月星辰，諸侯服山龍華蟲，卿大夫服藻火，士服粉米，皆謂文繡也。田獵戰伐採藥卜筮，冠皮弁，衣素積。百里同之，不改易也。庶人雖富不服」（頁35-40）。對照兩者的不同，《御注》只注重「法服」的法治功用；《鄭注》則注重「法服」典禮的疏解，表達五服的禮儀象徵內涵及道德教化意義。《御

注》重在規定,將法服作為禮法的象徵;而《鄭注》重在表彰禮儀制度,使人們了解「服先王之法服」的道德意義,達到教化的目的。

對「法言」的解釋,〈卿大夫章〉:「非先王之法言不敢道,非先王之德行不敢行。」《御注》:「法言,謂禮法之言。德行,謂道德之行。若言非法,行非德,則虧孝道,故不敢也」(頁 2547 下)。《鄭注》:「口言詩書,非先王之法言,不合詩書,則不敢道也」(頁 42)。這裡,鄭玄將「法言」解釋為《詩》、《書》,顯然在主張孔子之學。與《御注》釋為「禮法之言」的空泛意義,截然不同。而〈卿大夫章〉以下的解說,亦都是沿著這樣的意義而展開的。

如,「是故非法不言非道不行」《御注》:「言必守法,行必遵道」(頁 2547 下),《鄭注》:「非詩書則不言,非禮樂則不行」(頁 45)。「口無擇言身無擇行」,《御注》:「言行皆遵法道,所以無可擇也」(頁 2547 下)。《鄭注》:「口言詩書,有何可擇」(頁 45)。「言滿天下無口過,行滿天下無怨惡。」《御注》:「禮法之言,焉有口過,道德之行,自無怨惡」(頁 2547 下)。《鄭注》:「言詩書,滿天下,有何口過?行禮樂,滿天下,有可怨惡?」(頁 46-47)

由此可知,鄭玄的真正目的,是將《孝經》中被提昇擴張的孝道意義,從新還原為倫常德目,使之回歸孔子主張的禮樂仁愛的《詩》、《書》之教,[66]恢復其指導於生活實踐的道德本義。正因為抱有這樣的思想主張,鄭玄在實際對待君、臣、民的思想態度上,亦一抑一揚,經緯分明。

3、「約君伸民」的孝治觀

先看其對「君主」所持態度,〈天子章〉「愛敬盡於事親,而德教加於百姓,刑於四海」,《鄭注》云:「盡愛於母,盡敬於父。敬以直內,義以

---

[66] 《禮記・經解》:「孔子曰:入其國,其教可知也。其為人也:溫柔敦厚:《詩》教也;疏通知遠:《書》教也」。引文參見漢・鄭玄注、唐・孔穎達疏:《禮記正義》,清・阮元校刻《十三經注疏》(北京:中華書局,1980 年),頁 1609。

方外。是以德教流行，加於百姓。形，見也。德教流行，見於四海，無所不通」（頁 16-19）。《御注》云：「刑，法也。君行博愛廣敬之道，使人皆不慢惡其親，則德教加被天下，當為四夷之所法則也」（頁 2545 下）。《御注》將「刑」解釋為「法」，是對君主政治權威形象的主張，而《鄭注》將「刑」解釋為「見」，則是欲突出天子的道德形象而不是政治威嚴。這亦是對君主本身履行道德義務的一種要求。在《鄭注》中，明顯體現出鄭玄抱有的一種「約君」的思想傾向。

〈三才章〉「是故先之以博愛而民莫遺其親」。《鄭注》：「先修人事，流化於民」（頁 86）。《御注》：「君愛其親，則人化之，無有遺其親者」（2550 上）。這是鄭玄講求君主修身在先，而能教民化民。而《御注》則以君主愛己之親便可以化民教民，表現出君主教孝的口吻。

又，〈廣至德章〉「教以孝，所以敬天下之為人父者也。教以悌，所以敬天下之為人兄者也。」《御注》：「舉孝悌以為教，則天下之為人子弟者，無不敬其父兄也」（頁 2557 下）。《鄭注》：「天子無父，事三老，所以教天下也。天子無兄，事五更，所以教天下悌也」（頁 180-182）。《鄭注》具體論述天子行孝的方式，「事三老五更」本來是漢代君主為之標榜「以孝事天下」而承擔的一項禮制，也是社會義務。《白虎通・鄉射》云：「王者父事三老，兄事五更者何？欲陳孝弟之德以示天下也。」[67] 現實中，漢代的君主也是按照這樣做的。[68] 鄭玄就實際而論理，「約君」於社會道德之中，而《御注》則是泛論敷衍經文。與此意義相同，〈應感章〉「故雖天子，必有尊也。言有父也，必有先也，言有兄也。」《御注》：「父謂諸父，兄謂諸兄。皆祖考之胤也。禮君讓族人，與父兄齒也」（頁 2559

---

[67] 清・陳立撰、吳則虞點校：《白虎通疏證》（北京：中華書局，1994年），頁 248。
[68] 如：《後漢書・顯宗孝明帝紀》記載：「詔曰，光武皇帝建三朝之禮，而未及臨饗。眇眇小子，屬當聖業。閒暮春吉辰，初行大射；令月元日，復踐辟雍。尊事三老，兄事五更，安車蒲輪，供綏執授。」，南朝宋・范曄撰、唐・李賢等注：《後漢書》（北京：中華書局，1965年），頁 102。

中)。《鄭注》:「雖貴為天子,必有所尊,事之若父,三老是也。必有所先,事之若兄,五更是也」(頁 203-204)。《鄭注》主張「事三老五更」之禮,《御注》則主張尊奉祖考。《鄭注》離開尊奉祖考的經文原義,同樣有使王者順禮從制的思想傾向。

而對無德的君主,《鄭注》中,甚至還可以看到警告和威脅的意向。看以下三處注釋:

〈聖治章〉「父子之道,天性也,君臣之義也。」《鄭注》:「父子相生,天之常道。君臣非有骨肉之親,但義合耳。三諫不從,待放而去」(頁 138-139)。《御注》:「父子之道,天性之常。加以尊嚴,又有君臣之義」(頁 2554 上)。《御注》認為父子君臣統一於孝,《鄭注》則主張父子合之以天性,而君臣唯以道義相合。三諫君主之過,如果君主仍然不予重視的話,臣子則「待放而去」,即等待君主的放逐令而離去。這是吸收《孟子》的思想,強烈主張臣下的氣節和道義。[69] 而鄭玄本身,屢爽君命而不仕,則在此注中,正具現了鄭玄的「為臣道不屈節」的主張。

〈聖治章〉「故能成其德教而行其政令。」《鄭注》:「上不教而罰,謂之虐。不教而殺,謂之暴。是以德成而教尊也。節用而愛人,使人以時,是以政令而行也」(頁 149)。這裡鄭玄直言斥責君主不施行教化而專任刑罰是昏君的暴虐行為;並且強調君主施行政令的先決條件是「德成教尊」、是「節用愛人」,即講求作修身施德的道德君主,而不是作專任刑罰的昏君。

〈三才章〉「詩云:赫赫師尹,民具爾瞻。」《御注》:「尹氏為太師,周之三公也。義取大臣助君行化,人皆瞻之也」(頁 2550 中)。《鄭注》:「詩者,直謂詩也。云,言也。赫赫,明威貌。師尹,大臣,若冢宰之屬。民已具矣,汝當視民,民亦視汝,汝善而民善矣。下之化上,猶風之

---

[69] 《孟子·萬章下》曰:「君有過則諫,反覆之而不聽,則去。」宋·朱熹撰:《四書章句集注》,《新編諸子集成》第 1 輯,頁 324。

靡草」（頁 89-91）。在此鄭玄認為，民之從善還是從惡，是決定於治民者的善惡而定的。這種直言以告，較上一條更為措詞激烈，使治民者強烈地感到一種責任感、或壓力。

另一方面，鄭玄對民眾則表現出同情的一面。〈諸侯章〉「富貴不離其身然後能保其社稷而和其民人」。《鄭注》云：「富能不奢，貴能不驕，故言不離其身也。上能長守富貴，然後乃能安其社稷。……薄賦斂省徭役，是以人民和也」（頁 29-31）。這樣注釋，莫不如說是站在民眾的一邊，對統治提出要求。「薄賦斂省徭役」是關係到民生最為切實、最為實際的要求。再如，他在〈庶人章〉對「謹身節用以養父母」的注釋中云：「行不為非為謹身，富不奢泰為節用。度財為費，什一而租，雖遭凶年，父母不乏」（頁 68）。《漢書・食貨志》記載：「或耕豪民之田，見稅什五，……漢興循而未改。」漢代的租稅制度通常為「什五而稅」，[70] 鄭玄提出「什一而租」，自然是不現實的理想，而這同樣體現出他對庶民生活的關注。以此對照，《御注》則是注成：「身恭謹，則遠恥辱。用節省，則免飢寒。公賦既足，則私養不闕」（頁 2549 中）。節省為的是足「公賦」，這根本不是在為民眾著想。其它，如對〈三才章〉「是以其教不肅而成其政不嚴而治」的注釋，《鄭注》：「用天時，順地利，則天下民皆樂之。是以其教不肅而成。政不煩苛，故不嚴而治」（頁 83-84）。鄭玄說「政不煩苛」，也是在為民著想。《御注》：「法天明以為常，因地利以行，義順此以施政教，則不待嚴肅，而成理也」（頁 2549 下）。這仍然是泛論說理之辭。

如此，鄭玄對《孝經》所作出的各種「約君」、「伸民」的經義解說，皆在為削弱《孝經》的政治性格，凸現《孝經》作為孔子禮樂善俗、人倫教化之書的形象。

---

[70] 參見侯外盧：《中國思想通史》（北京：人民出版社，1980 年），頁 12。

結 語

　　通過以上考察《孝經鄭注》的經注方式及其體現出的孝道觀，充分明確了鄭玄注解的思想傾向在於削弱《孝經》的政治學本旨，為《孝經》提供典章文物的依據以及提倡道德實踐價值的懇切用心。這是針對兩漢官學對《孝經》政治性的過度放大所作出的救正，是對《孝經》體現孔子禮樂教化意義及學問思想價值作出的弘揚。同時也體現出鄭玄為破碎迷妄的五經、「六藝」尋找歷史根據，恢復儒學的學術道德價值而作出的努力。

　　因而，《孝經》至鄭玄而評價最優，後世對《孝經》的重視日重，但對《孝經》學問價值的重視，便無過鄭玄者。作為鄭玄學術的晚年定論，其於《六藝論》中，已經作出了最為中肯的概括：「孔子以六藝題目不同，指意殊別，恐道離散，後世莫知其根源，故作《孝經》，以總會之。」這是鄭玄對「孔子行在《孝經》」的景仰，也是鄭玄自身政治志向、人生原則以及對理解經學的思想境界的具體寫照，說《鄭注》為鄭玄的晚年定論，則一點也不為過。

　　對於鄭玄的經學成就，顧炎武曾詩贊說：「大哉鄭康成，探賾靡不舉。六藝即該通，百家亦兼取。至今三禮存，其學非小補。」[71] 鄭玄作為兩漢末最有影響的經學大師，融和今古文經學，從而完成了對整個漢代經學的統一。自鄭學流行後，兩漢時期今古文經學之爭的局面被鄭學所取代，經學出現了一個短暫的統一時期。在魏晉南北朝時代，鄭玄所注的《周易》、《尚書》、《毛詩》、《周禮》、《論語》、《孝經》等皆先後被立為學官，學術界在這個時期所爭執的主要是鄭玄和王肅之學，而不再局限於漢代的今古文家法。既於對《孝經》今古文之爭，也是以《孝經鄭注》的出現為開端的。

---

[71] 清・顧炎武撰：《顧亭林詩文集・亭林詩集・述古》，（北京：中華書局，1959年），頁384。

第九章 《孝經述議》的研究

　　《孝經述議》是劉炫為《古文孝經孔氏傳》撰寫的經解著作，20世紀50年代被發現，在那之前一直埋沒於日本民間，已經保存500年之久。作為僅存的隋代經學著作，內容多有涉及魏晉南北朝經學的關鍵議題，具有寶貴的史料價值。本章於劉炫《孝經述議》所要呈顯的議題主要包括：一、《孝經述議》的發現及林秀一對此做出文本復原的過程；二、林秀一之後學者對《孝經述議》的文本整理與研究成果；三、考察《孝經述議》的思想宗旨和經解特徵。概而言之，《孝經述議》在日本被發現實屬偶然，對此本的復原整理過程亦曲折漫長。即便林秀一博士憑藉一己之力做出復原，由於此一課題的冷僻，以及復原本的不便利用等因素，長期未能得到重視。2003年北京大學啟動「儒藏」編輯工程成立「北京大學儒藏編纂與研究中心」，《孝經述議》亦被納入「日本部」出版之列，正在進行對此本的精確整理。喬秀岩等學者編輯整理的版本已經問世，仍存在有待改進之處。

一、引言

　　研究古代典籍，在20世紀之前，主要的方法是通過傳世文獻互證，直到甲骨文、敦煌遺書、西北漢簡在20世紀初相繼被發現和認識，這種局面才逐漸改觀。一方面，新材料的發現為研究提供了新的條件，另一方面，學者也更加重視用出土材料考證傳世文獻。王國維於1925年在他的講義《古史新證‧總論》中正式提出了「二重證據法」，即以地下之新材料，據以補

正紙上之材料，對歷史開展出更詳盡客觀的考察。[1]「古史辨派」代表學者顧頡剛、「新證派」代表學者于省吾，都受此影響甚大，乃至今日，研究古代史、古文獻的課題，都非常重視出土材料的運用。[2] 而域外埋沒文獻，或稱「埋藏文獻」，主要是指中國地區之外收藏在民間或在某些機構的古籍文獻，幾乎不為世人所知。一旦被重新發現，其所具有的資料價值，甚至不亞於出土文獻。

本研究要探究的《孝經述議》，即是 20 世紀 50 年代被發現的此類埋沒文獻，是劉炫為《古文孝經孔氏傳》撰寫的經解著作，內容多有涉及魏晉南北朝經學的關鍵議題，在中國早已亡佚，即便在日本亦很長時期埋沒於民間，被發現之前已在日本輾轉保存了 500 年之久。《孝經述議》作為僅存的隋代經學著作，不僅是六朝隋唐經學研究的重要資料，其有待發掘的課題以及其中蘊藏的思想價值，是值得深入探究的。伴隨探究的深入，亦可期待勢必在諸多學術領域提供新視野。

在此，我們首先簡要回溯一下《孝經》版本源流。《孝經》歷經秦代焚書及秦末漢初的戰亂，在前漢文帝時既已先於五經，一度置「孝經博士」於學官。當時主要通行十八章和二十二章的二種本，十八章本為朝廷博士官用隸書所寫稱作今文《孝經》，二十二章本出自孔壁，原為古文字本，稱作《古文孝經》，除了章數相異以及〈閨門章〉的有無之外，內容上並無重大差異。《孝經》最古的注釋本，有後漢鄭玄的十八章注本，另有六朝隋唐時期一度流傳的孔安國傳古文本。另有唐代玄宗皇帝參酌孔安國、鄭玄、韋昭、王肅諸注以十八章本為主撰制的《御注孝經》。以上三種為現存《孝經》諸注中代表的三大注釋本。

然而《鄭注》究竟是否為鄭玄撰著，《孔傳》是否為孔安國的原本，是

---

[1] 王國維：《古史新證》（北京：清華大學出版社，1994 年），頁 2-3。
[2] 王志勇：〈以出土文獻為基礎的《史記》研究綜述〉，《渭南師範學院學報》2017 年第 1 期（總 32 期）頁 55-58。

自古以來學者爭論的問題所在。由於隋唐間《孔傳》、《鄭注》爭置學官，《孔傳》被時人懷疑劉炫偽造，《鄭注》亦被懷疑非鄭玄作。為平息論爭，開元年間玄宗自傳《御注孝經》，《孔傳》、《鄭注》學官地位遂被取代。五代後兩書及《孝經述議》亡於中土，直至清代太宰純校定日本古傳《孔傳》回傳清國，才使《孔傳》再次進入國人的視野，而《孝經述議》僅有清代馬國翰自邢昺《孝經正義》輯錄十八條，難見全貌。

直至 20 世紀 50 年代，日本林秀一博士從東北大學武內義雄教授獲得東京舟橋清賢家藏劉炫《孝經述議》（以下略為「清賢藏本」）第一、四卷的古鈔本影印，進而從日本各地蒐集十五種《孔傳》相關刻本、鈔本，輯佚近八百條殘存的第二、三、五卷內容，復原出各卷大部分的內容。昭和二十四年（1949）六月，林秀一以此作為學位申請論文提交東京大學文學部教授會獲準取得博士學位，之後補訂增益成《孝經述議の復原に關する研究》一書，於昭和二十八年（1953）七月由東京文求堂出版刊行。林秀一為復原此書前後費時十六年時間（昭和十年至昭和二十五年），蒐集之盡與校勘之精可謂無以復加，所復原本足以反映劉炫《孝經述議》的整體思想。

二、林秀一對《孝經述議》的文本復原及研究

林秀一與《孝經》的因緣，根據林氏自述，是其大正十三年（1924）在東京帝國大學服部宇之吉‧狩野直喜主持編纂「十三經注疏索引」之際，他擔任編纂委員協助編纂《孝經》部分的索引開始的，研讀《孝經注疏》成為他後年專注於《孝經》研究的發端。

昭和四年（1930）在任教於岡山第六高等學校期間，他著手進行《孝經》研究資料的蒐集，並以訪得的《孝經》收藏家杉浦之助與一柳知成兩氏的蒐集目錄，進而參照日本國內各地圖書館目錄，著成〈日本孝經刊行目錄〉及〈日本孝經未刊本目錄〉兩文，以之判明日本《孝經》流傳的概要。

昭和七年（1933）林氏出差中國收集《孝經》諸本，並以題為「孝經傳來與其影響」獲得日本文部省研究經費補助。利用這個機會遍訪東京、名古屋、京都、大阪等各地圖書館及文庫，致力於新資料的發現。其間，得以借閱石濱純太郎（1888－1968，日本西夏學家、西域古文書研究，一般認為「敦煌學」一詞就是由他 1925 年創立。）在歐洲巡遊之際所發現巴黎國民圖書館所藏伯希和收購《敦煌石室遺書孝經鄭注》唐鈔殘闕本筆錄，以此作為主要依據資料成功復原出《鄭注孝經》。復原《鄭注》的經驗，對其次復原《孝經述議》無疑發揮了巨大作用。

（一）林秀一復原《孝經述議》的過程

昭和十年（1936）三月開始，林氏在大阪府立圖書館調查內藤湖南（1866-1934，本名虎次郎，字炳卿，號湖南。日本近代中國學的重要學者，中國學京都學派創始人之一。）生前收集善本的工作中，得以借閱內藤氏所藏日本最古的仁治本《孝經孔傳》。根據林氏自述：

> 當時，先時到場的石濱氏認出筆者（林氏自稱），指示仁治本所引用的《述議》對筆者說：「林君，若把這本收集出來就很有趣了呀。」從石濱氏無意間說出的這句話獲得啟發，使筆者決計完成隋代劉炫《孝經述議》五卷的輯佚。[3]

由此，開啟了林秀一復原《孝經述議》輾轉而漫長的過程。以下依據林氏所記，列舉其尋訪復原《孝經述議》的各種文獻：

1、清原宣賢《古文孝經私抄》

昭和十年（1936）三月二十七日造訪名古屋一柳知成氏，獲得復原《述議》的第一種依據資料：清原宣賢講義的《古文孝經私抄》一卷。此本為宣

---

[3] 日・林秀一：《孝經述議の復原に關する研究》（東京都：文求堂，1953 年），頁 332。本文後出此書的引用文，俱於引用文之後添附頁碼。

賢以《述議》作爲典據所製成《孝經孔傳》講義的定本，包含稱作「述云」之從《述議》原本的引用、未稱「述云」但從他書所徵引可以確定爲《述議》的原文、以及其他可以判定出自《述議》的漢文訓讀引用文。

2、清原宣賢《孝經祕抄》及《孝經抄》、《孝經直解》、《孝經孔傳》舊鈔本

同年七月二十五日訪問京都的鹿鈴三七氏，獲得閱讀寄贈於京都大學的古梓堂文庫（最初稱「久原文庫」）清原宣賢講義的《孝經祕抄》。同時還發現了《孝經抄》及《孝經直解》兩種。《孝經祕抄》是日本室町時代明經道博士清原宣賢（1475-1550）抄本，相當於一柳本《孝經私抄》的底本，此本正是復原《孝經述議》的珍貴資料。而《孝經抄》亦是宣賢親筆抄本，全文以漢文訓讀文体抄錄，並且抄錄完全依從《述議》原文，從而明確此本亦爲復原《述議》的珍貴資料。新發現《孝經直解》忠實地保存了足利本《孝經直解》的原本形態，依照此本體例，《直解》爲卷一、《正義》爲卷二、《經》《傳》爲卷三，全書共三卷。而且瞭解除卷一《直解》之外，卷二的《正義》亦包含若干可以作爲復原《述議》的資料。由於復原《述議》的上述三本的出現，使原本復原的確實性大爲增加。以《私抄》及《直解》所引用《述議》作爲主要依據資料，並補充以《孝經正義》及仁治本、建治本、弘安本等《孝經孔傳》舊鈔本所引用《述議》，完成了復原《述議》的初稿。

3、靜嘉堂文庫《孝經孔傳》舊鈔本

同年十月二十七日造訪東京靜嘉堂文庫調查《孝經》相關資料之際，發現一本仔細抄寫著劉炫《述議》的《孝經孔傳》舊鈔本，並且發現靜嘉堂本所引用《述議》是與清原家諸本所引用《述議》所依據資料來源不同，且引用語句較《孝經抄》及《孝經祕抄》更爲忠實原文，不僅彌補了前述三本的不完備，而且同樣成爲復原《述議》的主要依據資料。此靜嘉堂本的發現，使林氏復原《述議》愈發有進展，昭和十二年六月一日完成了復原《述議》

的第二稿本。

4、數種《孝經孔傳》舊鈔本、清原枝賢《孝經抄》

昭和十六年（1941）四月，林氏獲得再入東京大學進修半年的機會，利用這次的機會，他連日遍訪東大圖書館、圖書寮、東洋文庫、靜嘉堂文庫、尊經閣文庫、帝國圖書館、足利學校遺蹟圖書館等，致力於《孝經》關聯資料的蒐集。特別在圖書寮調查獲得永仁本、元亨本、元德本、永享本等多種《孝經孔傳》舊鈔本，關於復原《述議》亦有了一些新資料的發現。另外，在東洋文庫發現屬於清原枝賢講義本系統的文祿二年《孝經抄》，然而其本引用範圍不出古梓堂《孝經抄》，從而讓林氏感到輯佚《述議》既已達到資料的極限。

5、《孝經述議》原本殘卷的發現

昭和十六年（1941）七月林氏拜訪東北大學執教的武內義雄氏，並將復原《述議》稿本請教於武內氏。因為這樣的因緣，翌年三月得到時任國寶調查委員武內義雄書函，內容是武內氏調查舟橋清賢家藏本之際發現《述議》原本殘卷的報告。其中一節云：

> 鄙生最近獲知舟橋子爵家有「仁治本」之轉寫本一卷，從寶左盦本新見此首尾俱完、令人歡欣之本。並獲知同家有《孝經述議》第一及第四之零本殘闕之餘，得以目睹其原形並愉快指定其為國寶，此為本邦僅存之殘本，足可誇示於彼土矣。（頁336）

進而昭和十九年（1944）一月三十一日，從武內氏獲得《述議》原本的照片版一百二十四葉。林氏記述當時獲得資料當下的心情云：

> 當幾度魂牽夢縈的《述議》原本照片版擺在眼前的時候，不禁涕淚滂沱，對氏寄予筆者的無限慈愛，只有默默合掌感激。這樣，伴隨期待已久的《述議》原本的出現，使筆者的《述議》復原亦需要重新檢討。（頁336）

林秀一氏先將新發現的《述議》原本卷一（〈孔序〉的《述議》）及卷四（〈聖治章〉至〈廣至德章〉共七章的《述議》）內容，與既已完成的復原第二稿本加以比較，藉以確定輯佚文字的真實性。結果發現，先前作為《述議》內容所採集的文字，盡皆包含於卷一、卷四原本內容中，並且明確林氏復原的分量大致各卷達到原本的三分之二程度。並重新整理《述議》原本缺佚的卷二、卷三、卷五的疏解形式而製成第三稿本，完成日在戰爭既已接近終結的昭和二十年（1946）五月一日。至第五次校訂完成，已經是昭和二十三年（1949）九月二十一日的事。

　　6、《劉炫孝經述議復原之研究》的出版

　　後林氏轉入岡山大學執教，以主論文《劉炫孝經述議復原之研究》（日文原題：《孝經述議復原に關する研究》）及副論文《補訂敦煌出土孝經鄭注》、《敦煌出土孝經鄭注義疏之研究》、《孝經學論考》三篇，昭和二十四年（1950）六月十四日向東京大學文學部教授會提出學位申請。之後補訂增益成《劉炫孝經述議復原之研究》一書，於昭和二十八年（1953）七月由東京文求堂出版刊行。

　　整個輯佚復原的過程，從昭和十年到二十八年，前後十九年之久已然不易，遍及日本各地輾轉尋訪資料，尋訪相遇之人亦多，其致謝感言云：

> 每完成一項研究，每出版一部論文，都是蒙受了許多人的恩惠，簡直多得無法計量。特別筆者長期孤居偏僻之地，即便是在《孝經》的文獻學研究領域取得了些微成績，說這些應該全部歸功於上述諸位師長、學長、同學以及眾多賞識提拔筆者的賢士，蒙他們的指導與鼓勵所賜亦不為過。還有各地的圖書館、文庫以及諸多藏書家，允許筆者針對所藏珍貴文獻進行調查研究，對各位的深厚情誼亦由衷致謝。（頁329）

　　林秀一博士輯佚復原《孝經述議》的過程，亦正值第二次世界大戰期

間，特別是戰爭越接近尾聲越是日本面臨戰敗的艱困局勢，尤其是1945年6月29日，岡山市遭到美軍大規模空襲，造成超過1700人遇難，市中心近70%地區被燒毀，岡山城等歷史古蹟也在空襲中被毀。林氏自述他「執教20年的岡山第六高等學校在空襲中一夜化做焦土，母親不敵戰火亦於7月9日病逝。」[4] 輯佚復原《孝經述議》的過程，亦是他身心煎熬的堅持學術研究的過程，由之可以瞭解林秀一從矢志輯佚至集結出版，還有如此罕為人知的艱辛歷程。

（二）林秀一復原《孝經述議》之內容與研究

就林秀一《劉炫孝經述議復原之研究》內容來看，主要由「解說」、「對《孝經述議》第一、四卷原本的再現」及「對《孝經述議》第二、三、五卷的復原」三個部分構成，之後附有〈後記〉及〈論文目錄與研究略歷〉。

具體來看，在〈第一部 解說〉中，包括針對《孝經述議》在中日歷史上的傳承考察，對所發現第一、四卷原鈔本的解說，對第二、三、五卷復原方法的說明以及評述《孝經述議》的復原在學術上的影響等。《孔傳》與《孝經述議》最晚在8世紀的唐代中葉即已傳入日本，文武天皇大寶二年（702）制定《大寶律令》中規定國學兼習《孝經》、《論語》，而《孝經》用《孔傳》、《鄭注》兩種。但從清和天皇貞觀二年（860）《詔勅》記述「厥其學徒相沿，盛行於世者，安國之注、劉炫之義也」的狀況來看，《鄭注》不受時人關注，獨有《孔傳》及《孝經述議》盛行。林秀一指出，由於《孔傳》內容多有融合日本國民精神之處，即便爾後朝廷講習改用《御注》，從朝廷官員至民間對《孔傳》仍有廣泛的傳播。[5]

---

[4] 日・林秀一：《孝經學論集》（東京：明治書院，1976年），頁455。

[5] 林秀一先生指出，時人可以隨口誦出經文至〈孔序〉以及《孔傳》的格言佳句，明確其書對當時國民生活產生過如何種深刻的浸潤，並例舉一條天皇寬弘四年（1007），

關於武內氏所獲「清賢藏本」，林秀一將此本與《正義》引用《孝經述議》文字加以比較之後，確認為劉炫《孝經述議》無誤，並從卷中落款題簽等明確此本係屬明經道博士清原宣賢（1475-1550）經由業賢、枝賢傳給國賢之本，直至三十九代嫡傳子孫的舟橋清賢，為實清原家祕傳近五百年的珍本。進而從其在日本各地收集的《孔傳》舊鈔本中，確認清原宣賢親筆的《孝經抄》及《孝經祕抄》、枝賢親筆的《孝經抄》是專門依據《孝經述議》疏解《孔傳》的講義本，連同靜嘉堂文庫《孔傳》本所引《孝經述議》作為主要依據資料，就此指出復原《孝經述議》第二、三、五卷的可行。

針對《孝經述議》復原在學術上影響，林秀一指出作為六朝人的思想所產的義疏幾乎泯滅殆盡的狀態下，此書的發現與復原對研究六朝義疏學，以及對唐代孔穎達等編纂「五經正義」乃至對後世「十三經注疏」的影響等，提供了最為珍貴的資料。《孝經述議》五卷的復原，使向來學界認定的劉炫偽作《孔傳》的積年成說得以消解，亦由此明確《正義》所見《孝經述議》引文對原著的大幅刪改以及太宰本的挍勘失誤等。[6]

〈第二部 孝經疏議原本〉是對「清賢藏本」第一、四卷原鈔本的影印與校勘。這部分內容以鈔本原本姿態再現出室町時代由明經道博士清原宣賢

源為憲為藤原道長的長子賴通撰寫《世俗諺文》三卷，編纂目的是為了讓人了解書中流行於當時的諺語出典及原意。卷中、下的兩卷已失，唯卷上今存。其中，關於《孝經》的內容，可見諸如「有諍臣」（〈諫爭章〉）、「身體髮膚稟於父母」（〈開宗明義章〉）、「父子之道天性也」（〈父母生績章〉）、「父雖不父，子不可以不子」（〈孔安國古文孝經序〉）、「大取則大得福」（〈開宗明義章孔安國傳〉）、「在上不驕」（〈諸侯章〉）等。日・林秀一：《孝經述議の復原に關する研究》（東京：文求堂，1953），頁3、頁53。

[6] 特別值得一提的是，《孝經述議》對釐清《孝經直解》著者的澄清。《直解》最早版本收藏於日本栃木縣足利學校遺跡圖書館，且標有「直解者魏劉炫為之也」。自發現以後為日本學者認同，以至太宰純校刻《孔傳》即以此作為底本，足見其影響之大。然而，林秀一以所發現《孝經述議》校對此本，發現《直解》語句全部抄錄自《孝經述議》且作出自行割裂剪裁。林秀一以文中出現「女房」、「狂言」等日文俗語推定《孝經直解》為鎌倉至室町時代的日人所抄寫，從而澄清了有關此本長期的疑問。

傳承的抄寫手跡，原文中可見大量的六朝時期俗字，呈現出唐代以前舊笈的面影。林秀一參核十一種日本古傳《孔傳》舊抄本，於卷尾所著錄〈挍勘記〉勘正脫訛俗字乃至和訓古文達一百六十三條。

〈第三部 孝經述議復原〉是針對缺失的第二、三、五卷的復原。林秀一以日本見存最古的京都內藤乾吉所藏仁治二年（1241）清原教隆挍點本《孔傳》作為經傳底本，以京都古梓堂文庫所藏清原宣賢《孝經抄》及《孝經祕抄》作為主要資料，共輯佚三卷內容達七百六十三條，加上靜嘉堂文庫所藏《孔傳》舊鈔本輯錄八十五條，參用「清賢藏本」卷四體裁復原出第二、三、五卷的大部分內容，並於卷後附錄復原三卷的〈挍勘記〉二百二十五條。後又據東京上野國立博物館藏大永八年（1499）清原業賢《孝經抄》補入〈補遺〉二十九條。以上輯錄所用各種鈔本分散在日本全國各地的公家圖書機構以及私人藏品中，其蒐集之全面、輯佚之艱辛、過程之漫長，著者在自述〈後記〉中有詳細記錄。

另外特別提及兩點。其一，在「第一部解說」第五項中，林秀一列出「在義疏學上劉炫及其所著《孝經述議》的學術地位」一項專門論述，指出《孝經》義疏學研究相關文獻以及開展的前景，其文云：

> 諸如保存了六朝義疏原始形態的奈良興福寺所藏《講周易疏論家義記》殘卷，早稻田大學圖書館所藏陳代鄭灼撰《禮記子本疏義》殘一卷，巴黎國民圖書館所藏的敦煌《孝經鄭注疏》殘一卷，以及被認為與後世義疏學發展關係重大的梁代皇侃撰《論語義疏》十卷等，藉由《孝經述議》與這些古籍的比較研究，不僅可以澄清此書與六朝義疏的思想關係，對唐代孔穎達等編纂「五經正義」，乃至對後世「十三經注疏」的影響狀況，皆可由此而得以澄清。
>
> 透過《孔傳》加上《孝經述議》，可以進而與最近自敦煌發現的《鄭注》及撰者不詳的同《疏》做比較，還可以與唐代玄宗的《御注》及宋代邢昺挍定同《正義》（邢昺《正義》本於唐代元行沖的《疏》）

作比較。如此，按照這樣的年代順序比較研究，則以《孝經》為中心考察六朝至隋唐義疏學的發展過程所需要的資料，可謂由此而具備。[7]

林秀一上世紀 50 年代所提示的各種研究資料，如今皆成為學界關注的重要資料。其二，林秀一在〈孝經孔傳の成立に就いて〉一文，林秀一指出《孔傳》與《管子》的關聯值得留意：

> 此等經典之引用形式，則絕少引用整段原文，大體上不過摘出一兩句，插入傳文中而已。且其插入，多屬勉強，以致上下論旨不統一。尤其引用《管子》之際，多在傳文末尾特意附加長文，而其銜接頗為拙劣，始終不免生硬之感。出現此等冷峻的解釋，恐亦需考慮其背後之魏晉以來混亂時代思潮之影響，始得理解。即魏晉以來戰亂頻仍、外夷入侵、權臣跋扈、官紀紊亂等政治、社會混亂，致使人心產生顯著之個人主義、自由主義、虛無主義、享樂主義傾向；以孝弟禮樂為中心之儒家道德思想，已不足以維繫人心，不得不確立以國家、人君為中心強有力的權威。[8]

這些分析，對學界後續的研究啟發甚多，喬秀岩、劉增光等相關研究中，可以見到在此啟發下的延伸成果。

透過以上概要介紹，已然大略呈現出林秀一此書的成果斐然。此書的價值首要在於對《孝經述議》幾近完本的復原，從而全面展現出《孝經述議》彌足珍貴的史料價值。還有，對學界認定《孔傳》為劉炫偽作的積年成說的糾正、對《孝經直解》作者的澄清、對太宰本校勘失誤的明確，以及指出將《正義》引文作為唯一資料來源的馬國翰《玉函山房輯佚書》的輯佚失真問

---

[7] 日・林秀一：《孝經述議の復原に關する研究》，頁 40。
[8] 日・林秀一：《孝經學論集》（東京：明治書院，1976 年），頁 239。

題、《孝經述議》對考察義疏學的發展及影響的文獻價值等，不僅解決了關於《孔傳》解釋上的許多疑義，而且對劉炫與《孝經述議》在學術史上的貢獻作出中肯評價，堪為《孝經》學術史研究的里程碑。

三、林秀一之後的整理及研究

自 20 世紀 50 年代林秀一相繼發表刊行一系列研究論文及專著之後，相關之研究在相當一段時期歸於沉寂，唯見陳鴻森、陳金木之研究論介。

按《續修四庫全書總目提要》有倫明為馬國輯「〈古文孝經述議〉一卷」所作提要，陳鴻森撰文〈《續修四庫全書總目提要・孝經類》辨證〉，據《孝經正義》補馬國翰輯本之遺二處，並指出倫氏之誤有二：其一，倫氏延續隋唐志舊說而以《孝經孔傳》為劉炫所偽，對此，陳氏介紹林秀一從發現至整理日本古傳《孝經述議》的過程，肯定林秀一復原本「十得七、八矣」，並據林秀一考證劉炫駁斥《孔傳》「非經旨」二十餘見，認同林秀一推論《孔傳》為劉炫偽作說的不能成立。其二，利用林秀一復原本的成果，指出劉炫駁議孔安國《序》之語，并非馬、倫二氏所認為的劉炫《稽疑》之文。[9]

陳金木《劉焯、劉炫之經學》專設〈劉炫之孝經學〉一章，針對林秀一復原本的研究，主要展現以下諸項成果：其一，就《孝經述議》在中國及日本之流傳情形、《孝經述議》亡佚後，清儒與日本學者之輯佚成果、《孝經述議》之補輯工作等三方面，以探討劉炫《孝經述議》輯佚的問題，計自《孝經正義》中補輯佚文十四條。其二，重探《古文孝經孔傳》作者問題，考證《古文孝經孔傳》在中國與日本之流傳，並分就劉炫自述獲得《古文孝經孔傳》之經過、《孝經述議》中頻見對《孔傳》經文的駁證，以證《古文

---

[9] 陳鴻森：〈《續修四庫全書總目提要・孝經類》辨證〉（《中央研究院歷史語言研究所集刊》，第 69 本，（1988 年），頁 314-316。

孝經孔傳》非劉炫偽作。並針對《孔傳》用典有不明出處者，再據北魏唐豐國寫本《孝經殘葉》與足利本、指解本相校勘等諸方面，肯定林秀一氏之推論：《古文孝經孔傳》或為魏晉以後至六朝人假託孔安國之名而作。其三，就劉炫對《孝經》諸外圍問題：論《古文孝經》及《孔傳序》之結構、對《古文孝經》經義之主要見解、對《孔傳》之駁正等問題進行深入討論，並指出《孝經述議》體裁之疏解方式、可校勘《古文孝經孔傳》之文字、存六朝經學家之舊說等諸項價值。[10]

2009 年東京大學橋本秀美博士在北京大學《儒藏》編纂中心接受訪談曾對林秀一復原《孝經述議》評述云：「這（《孝經述議》）是現存唯一的隋代經學著作，在經學史上具有極其重要的意義，而在 1953 年出版之後，中國學界對此書幾乎無所瞭解，故特編入《儒藏》『日本之部』。對孝經學史的填補，乃至經學研究史都有重大意義」。[11]

目前，舟橋清賢家藏《孝經述議》殘存的第一、四卷彩色照片版，已經由日本京都大學附屬圖書館所藏以「重要文化財〔孝經述議〕所藏卷 1、卷 4、解說」公開，[12]「解說」則對所藏本的規格、形制、來源等做出簡明的說明，比較林秀一復原本的黑白影印，可以更為清晰地區分墨書原文以及朱筆訓讀的字跡。

利用上述研究成果，日本學者石丸羽菜針對《孝經述議》復原本進行勘核的 3 篇既刊論文，〈『孝経秘抄』からみた清原家の『孝経』學〉[13]、

---

[10] 陳金木：《劉焯、劉炫之經學》，（博士論文，國立政治大學中國文學研究所，1989年），頁 11239-11499。

[11] 橋本秀美：〈《儒藏》「日本之部」的獨特價值〉，《光明日報》，2009 年 9 月 21 日。

[12] 隋・劉炫：《孝經述議 存卷 1、4》，《京都大学貴重資料デジタルアーカイブ》，https：//rmda.kulib.kyoto-u.ac.jp/item/rb00007930#?c=0&m=0&s=0&cv=0&r=0&xywh=-2130%2C-114%2C7331%2C2275。2019 年 1 月 9 日瀏覽。

[13] 日・石丸羽菜：〈『孝経秘抄』からみた清原家の『孝経』學〉，《新しい漢字漢文教育》第 61 集，（2015 年 11 月），頁 28-35。

〈『孝經述議』復原の三資料からみる中世日本『孝經』解釋の樣相〉[14]、〈天理大學附屬天理図書館所藏『孝經抄』について：その他の清原家『孝經』抄物との比較から〉[15]，作者藉由重新尋訪調查林秀一復原《孝經述議》所用諸種底本，對日本中世《孝經》的教學與傳承作出探究，主要從文獻校勘層面，再行證實了林秀一復原本的確切性。

程蘇東〈京都大學所藏《孝經述議》殘卷考論〉一文，是在京大圖書館所藏《孝經述議》殘卷網路公開之後，最初對此做出全面探究的成果。[16] 論文指出劉炫自創「述議」解經體，還有對劉炫創立「述議」體的原因、解經特點、解經風尚、《孝經述議》在中土的亡佚及其在日本的流傳等問題進行了全面的探討，並對《孝經述議》殘卷中大量引文的輯佚、校勘價值進行了初步的列舉。文中指出，劉炫雖篤信《孔傳》非偽，但並不完全接受《孔傳》的觀點，認為《孔傳》亦有「非經旨」之處，而對於流傳既久的《鄭注》，亦從未完全否定。劉炫所以傾力注《孔傳》，並非不信《鄭注》，乃是為了興滅繼絕。因此，劉炫的經注既要本於《孔傳》、疏通《孔傳》，同時又要對《孔傳》中他認為存在訛謬之處進行駁難，並兼采其他各家，「述議」的特點就是主述一家而不必專守此說、以通經、訓注為主而兼有駁議、問難、異同評。文中指出《孝經述議》「作為一種新的解經體裁，『述議』極好地適應了劉炫宗一家而兼采眾長的經學立場，並且本於經傳，注重訓詁，亦滿足他教學傳授的實際需要」，「是南北朝以來義疏學走向通達、求

---

[14] 日‧石丸羽菜：〈『孝經述議』復原の三資料からみる中世日本『孝經』解釋の樣相〉，《名古屋大學大學院文學研究科教育研究推進室年報》第 9 期（2015 年 2 月），頁 51-55。

[15] 日‧石丸羽菜：〈天理大學附屬天理図書館所藏『孝經抄』について：その他の清原家『孝經』抄物との比較から〉，《名古屋大學中國哲學論集》第 15 集，（2016 年 3 月），頁 27-44。

[16] 程蘇東：〈京都大學所藏《孝經述議》殘卷考論〉，《中華文史論叢》2013 年 1 期，頁 67-204、395-396。

真、融合的體現。」對焦桂美以劉炫解經風格「釋義簡約」[17]的推論亦提出駁論。惟文中針對《孝經述議》的思想宗旨少有深入探究，是爲可惜。

劉增光的研究成果，展現在針對《孔傳》中所含《管子》語句的全面調查，其利用京大圖書館所藏《孝經述議》殘卷網路公開資料，先後發表2篇論文，在〈《古文孝經孔傳》爲僞新證——以《孔傳》與《管子》關係之揭示爲基礎〉一文，指出《孔傳》有多達43處的內容引用了《管子》之文，引用次數高達80次，涉及到《管子》19篇的內容，《孔傳》陰襲《管子》解《孝經》，推論《孔傳》是魏晉時人僞作。[18] 在〈劉炫《孝經述議》與魏晉南北朝《孝經》學——兼論《古文孝經孔傳》的成書時間〉一文，重申前論觀點，推論《孔傳》成書當在曹魏時期。認爲劉炫《孝經述議》注解和發明《孔傳》，力排眾家，不主鄭氏，尤其對當時流行的東晉南朝人之注解做了回應。由此評價《孝經述議》在《孝經》學史上綜合了南北思想，成爲走向唐代經學統一時代的先導，是《孝經》學發展的一大轉捩點。文中還指出《孝經述議》對頗富法家意味的《孔傳》不但未予以批評，反而能予以高度認同，是因爲兩者均成書於從分裂走向統一、需要強調法治以整合社會的歷史時代；由於《孝經》本身論述忠孝關係，且有專門關涉律法的《五刑章》，故成爲當時士人關注的重要典籍；劉炫對這三大主題都做了回應，他主張忠先於孝、仁大於孝，此正與其主張不孝之罪在三千刑律之內的立場一致。而劉炫的解釋也凸顯出歷史上對《孝經》的解釋呈現出禮儀化和刑法化兩種不同的趨向。[19]

以上兩論，尤其後一篇論文探究的議題更爲深入，嘗試從歷史觀念流變中，把握《孝經》、《孔傳》、《孝經述議》三者的思想關聯。然而所論

---

[17] 焦桂美：《南北朝經學史》（上海：上海古籍出版社，2009年），頁484。
[18] 劉增光：〈《古文孝經孔傳》爲僞新證—以《孔傳》與《管子》關係之揭示爲基礎〉，《雲南大學學報（社會科學版）》2014年1期，頁34-44。
[19] 劉增光：〈劉炫《孝經述議》與魏晉南北朝《孝經》學——兼論《古文孝經孔傳》的成書時間〉，《復旦學報（社會科學版）》2015年3期，頁90-98。

《孝經述議》主張「忠先於孝、仁大於孝」的觀點，是以《孔傳》與《孝經述議》成書背景類似，帶有刑名法術的時代背景影響，唯以推演而成。以本研究初步的觀察，《孝經述議》展現一種「孝忠相即」的思維方式，非單純的先後問題（後述）。且《孝經述議》文中，論述「仁」的地方並不多，蓋可見5條：「曷嘗非慈仁之教，孝弟之風哉」[20]、「非孝是不恥不仁（頁161）」、「一種謂之爲道，言萬行皆是道也。別而名之，則謂之孝弟仁義禮忠信也（頁 110）」、「孝弟仁義忠信，謂人之善行（頁 240）」、「仁義以治之，義利以安之（頁 268）」，由此顯現在體現孝道的實踐意義上，「孝弟仁義禮忠信」是同列價值的德目，並不見劉增光論文所指出的「忠先於孝、仁大於孝」的觀點。

2016 年由喬秀岩、葉純芳、顧遷編譯的中文本《孝經述議復原研究》出版，並附《古文孔傳述議讀本》（武漢：崇文書局）出版，成為相關成果的新指標。本書的特點可以歸納一下幾點：

1、將林秀一原書第一部日文「解說」，翻譯成中文。

2、對林秀一原書內容的保存。《孝經述議》卷一、卷四殘本，林秀一原書圖像品質較差，文字多不易辨識，喬秀岩等編譯的中文本（略稱爲〈中文編譯本〉），以京都大學圖書藏的全彩版代替之，圖像更爲清晰。

3、對林秀一原書做出調整。林秀一原書分為：一解說，二影印，三輯佚。「影印」部分，除有殘本卷一、四的影印，之後還附林秀一卷一、卷四的校勘記；「輯佚」部分，是林秀一對卷二、三、五的輯佚，後附三卷的校勘記，並附此三卷輯佚的補遺。這種編排方式，對閱讀、研究《孝經述議》不太方便，〈中文編譯本〉則不分影印、輯佚，將各卷依次排列，附上該卷的〈校記〉，最後附上三卷

---

[20] 日・林秀一：《孝經述議の復原に關する研究》，頁 63。以下凡出《孝經述議》引用文皆出於本書，頁碼標於引用文後。

的〈補遺〉。如此，除了補遺之外，可以按《孝經述議》的順序閱覽。

4、對林秀一原書做出補充。仿越刊八行本注疏，先錄一章《孔傳》經傳，其下錄《孝經述議》，並加上標點。

5、書後附〈編後記〉。分項說明林秀一復原《孝經述議》的過程與成就，〈編譯本〉出版的緣起、出版過程、編排方式。還用許多篇幅，討論有關《孝經述議》的一些基本問題，以一種近乎假說的筆調，以其獨特的角度，把《孝經》與隋文帝、唐明皇聯繫起來，解釋《孝經》學演變的內在動因。

其關於《孔傳》作者的問題云：

> 從孔傳編排的角度來看，我們特別在意林先生所說的每當引用《管子》之際，「多在傳文末尾特意附加長文，而其銜接頗為拙劣，始終不免生硬之感」。……稍加思索，即可推想現在的孔傳並非出於一個作者渾然一體的作品。孔傳中，凡是有不同於常見儒家思想的內容，無一例外都是引用《管子》，沒有引用其他資料。《述議序》說有引用《呂氏春秋》、《韓非子》的地方，其實都是《管子》，這是劉炫的障眼法。所以，應該有某個人，手裡拿著一部《管子》，對之前很普通的孔傳進行改造，往孔傳中摻進《管子》的內容。
>
> 我們推測，東晉以來至南朝流傳的孔傳，應該是不包含引用《管子》的文本，它是一種平實簡單的注釋，雖然不如鄭注謹慎，還不失為可以參考的解釋。……至於將《管子》摻入孔傳中，改編成第二代孔傳，究竟出於何時、何人？我們目前無法確定。但是，由何人提出、何時流傳，卻是非常地清楚──由王劭提出，隋文帝時期被一部分社會所接受、流行。

這是延伸林秀一的觀點，提出一種《孔傳》二次成立說，甚見新意，唯

推測諸多不顯於外的理由，有理無據，推論亦為假想階段。喬秀岩等〈中文編譯本〉出版，無疑使研究者利用起來大為便利，對《孝經述議》及劉炫經學的推動，帶來一波推動的熱潮。

針對劉炫經學的考察，可見王燕君，〈從復原本《孝經述議》管窺劉炫學術特色〉一文。論文積極利用上述〈中文編譯本〉對劉炫經學乃至與劉焯並稱的「二劉」經學影響及其價值作出積極評價，論文指出「二劉」為南北朝至隋時重要的經學家，雖著述宏贍，但所作幾乎全部亡佚，唯劉炫《孝經述議》於日本發現殘卷，經日本人林秀一復原輯佚後，原書面貌得以恢復十之七八。以復原本《孝經述議》為研究物件，從中窺探劉炫的學術特色，可以評價為：但論事實，不為附會，體現出劉炫為北學「敦實謹篤」的學風；駁詰反復，言辭犀利，體現出劉炫「躁競」的個性在其犀利的文風；博采文獻，羅列精審，體現出劉炫背後深厚的北學傳統和其個人淵綜的學識，在闡釋文本時自然流露。由此評價對「二劉」研究以及中古經學史的探討都大有裨益。劉炫的學術特色根植於南北朝經學發展的大背景，同時滲透著其獨特的個性氣質，在轉益多師的學術歷練下，他最終形成了敦實謹篤、條達融通的學術風格。[21]

在推動針對《古文孝經孔傳》的研究，喬秀岩、葉純芳研究關注《孔傳》中大量摻入《管子》，從而提出的《孔傳》「二次改造說」產生了後續波紋，以下列舉兩個研究案例。

馬鐵浩，〈《古文孝經孔傳》在隋代出現的歷史契機——以劉炫《孝經述議》為中心〉一文即引述喬、葉上述說法，推測《孔傳》有兩代，第一代是東晉南朝流傳的《孔傳》，其中未引用《管子》，此本亡於梁亂，今已不可考詳；第二代是摻入《管子》的《孔傳》，開皇十四年自王孝逸經由王劭送給劉炫者即此，後來自日本回傳中國的《孔傳》與劉炫所見者亦無大別，

---

[21] 王燕君：〈從復原本《孝經述議》管窺劉炫學術特色〉（《天中學刊》第 26 卷第 6 期，2021 年 12 月），頁 125-131。

今傳《古文孝經孔傳》出現於隋文帝開皇十四年。並進一步研究指出：南北一統使《孝經》學打破了南北學和今古文的界限，走向折衷化；《孔傳》對《管子》的徵引，與隋文帝以《孝經》治天下的政治手段暗合，體現出《孝經》學的法家化；《孔傳》將經文之「毀傷」特指為「刑傷」，則契合了隋代以佛教立國的社會思潮，有宗教化的意味。《孔傳》之真偽及成書年代雖仍不能確定，但通過劉炫疏解此傳的《孝經述議》，可以探索《孔傳》與隋代政治及學術文化的關係。[22]

吳天宇，〈再論《古文孝經孔傳》的文本構成與歷史語境〉一文，通過針對《孔傳》文本的深入分析，指出隋初重現之《孔傳》中包含三種性質各異的組成部分：一是東晉至蕭梁時期傳行的舊《傳》；二是受六朝講經與義疏學影響而形成的解說；三是援《管子》以釋《孝經》的「新解」。並指出隋初重現《孔傳》的文本構成，有助於研究更為清晰地理解其文本性質與製作意圖，即《孔傳》製作者吸收、整合不同性質的文本，其目的不只是解經，更是試圖借「孔傳」之名，以介入東晉南朝以來一直持續的經學與政治思想論辯。《孔傳》作為經注雖不甚成功，但其作為思想史文本，卻為探究東晉南朝之《孝經》學與政治思想提供了一個極佳的視角。[23]

然而，從喬秀岩等〈中文編譯本〉出版自述中，能看出有其倉促之處，內容上仍有美中不足者。如最為基礎且最為重要的文字校勘與句讀，仍有不少錯誤。僅就本研究到目前為止檢閱所見文字及句讀錯誤，列舉如下：

1、徒以太史、馬頰，俱泛（當作「派（支流）」）積石之流。

2、皇道帝化（當作「德」）。

3、詁（當作「誥」）其字而大義自通。

---

[22] 馬鐵浩：〈《古文孝經孔傳》在隋代出現的歷史契機——以劉炫《孝經述議》為中心〉（《殷都學刊》2019年第1期），頁76-81。

[23] 吳天宇：〈再論《古文孝經孔傳》的文本構成與歷史語境〉，（《文史》2021年第4輯，總第137輯），頁25-44。

4、辭則閫閾易路（當作「躋」），而閨閤尤深。

5、割折毫氂（當作「氂」）。

6、窮道化（當作「德」）之玄宗。

7、釋詁（當作「訓」）云：善父母為孝。

8、爾雅釋畜（脫「云」字）馬、牛、羊。

9、參直養（脫「者」字）也。

10、愛好父母，知（當作「如」）所悅好者也。

11、何晏曰（當作「云」）孝，順也。

12、先王之庶（當作「塵」）迹。

13、是六藝皆以道可當（作「常」）行。

14、雖（脫「異」字）文，實是經。

15、人秉（當作「稟」）陰陽之氣。

16、天（當作「大」）樸未折。

17、人心有異於昔焉（當作「爲」），孝不逮於古。句讀作：「人心有異於昔，爲孝不逮於古。」

18、風春雨硜（當作「磑」）。

19、愛其偶而狎（當作「押（陪伴）」）其群。

20、多煞（當作「弒」）君弒（當作「弒」）父之事。

21、性（脫「也」字）至孝之自然，皆不待喻而寤者也。句讀作：「性至孝之，自然皆不待喻而寤者也」。

22、而獨推曾子（原抄本無「子」字）。

23、至於第十五章始云「此（脫「之」字）謂要道。

24、若（脫「其」字）主爲曾說。

25、（脫「若」字）答須待問。

26、更說大孝之旨（當作「方」）。

27、曾子所記，蓋關（當作「聞」）孔子然後成之。

28、何假闚（當作「闖」）孔而成。

29、所以先儒注解，多所未作值（《正義》邢疏引《孝經述議》至此云「先儒注解、多所未行」）。

30、孝己伯奇之孝（脫「名」）著。

31、藜羔（當作「蒸」）不熟而出其妻。

32、孔不已（當作「亡」）。

33、漢世（當作「氏」）受命。

34、魯三老孔子惠抱詣京師獻之天子（衍「天子」二字），天子使金馬門待詔學士。

35、謚爲（當作「謚曰」）恭。

36、疾其道狹而文繁（當作「煩」）也。

37、至臨淮太守蚤（當作「免」）卒。

38、傳云（當作「曰」）：高而不危，所以長守貴也。

39、秉（當作「稟」）承有據也。

40、民識實（當作「寡」），不可以樂移易。其意言天子。句讀作：「民識寡，不可以樂移易其意。言天子……」。

41、故王者皆（「故」後衍「王者皆」三字，可從旁注刪除）以盛易衰。

42、其言既結，不復得（當作「得復」）起。

43、十九章乃說閨門之內得有理治之法也（當作「色」）。養之事於此已畢。句讀作：「十九章乃說閨門之內得有理治之法，色養之事，於此已畢」。

43、防叔避華氏之禍（當作「逼」）而奔魯。

44、孝經傳本爲二卷，不知誰並（當作「并」）之也。

45、吳鬱林太守陸績作周易述，引孝經曰「閨門之內具禮矣乎」，嘗見之矣（「嘗見之矣」前缺「則陸績作周易述」7字）。

46、后稷，帝嚳之曹（當作「胄」）。

47、孔傳云：遂以攝（當作「備」）告天帝。

48、自非殷辛之類（當作「頖」），葛伯之倫。

49、孝心末（當作「未」）盡，安得專舉立廟豐祀以解明王孝乎。

喬秀岩另有著述《義疏學衰亡史論》一書，已有學者察覺其所謂「義疏學衰亡史」，實際是指義疏學作為學術方法的衰亡，而非義疏作品的消失。[24] 在書前三章中，喬先生針對皇侃《論語義疏》的學術特點加以概括，通過對孔穎達《正義》進行文本分析，確定其中出自二劉（即劉炫、劉焯）的部分，闡釋二劉的學術風貌。同時又與皇侃《論語義疏》、賈公彥《周禮》、《儀禮》二疏進行比較，將二劉學術特點概括為「現實、合理、文獻主義」，指出與皇侃所代表的南朝學風，以及賈公彥所代表的北朝學風，有明顯不同，並說明二劉對於孔穎達以降的影響，強調義疏學的衰亡始於二劉。正因為二劉打破了南北朝義疏學的既有傳統，使得「義疏學已不得更為義理、義例之思考探討，此所以義疏學之不得不衰亡」[25]，還在後記中將此評述為「隋代的學術革命」[26]。該書第四章是佚書驗證，即喬先生利用日藏皇侃《禮記子本疏義》與劉炫《孝經述議》兩種佚存資料，對前三章的結論進行驗證。該書最具價值之處，可能不在如書名的結論，而是在於研究角度的獨特與啟發意義。喬論能夠突破傳統學說史的知識敘述框架，直接回到具體的經學文獻中探索的義疏家的意趣，面對《五經正義》等經書注疏，與古人對話，從而取得的義疏學研究成果，也是可觀的。

利用林秀一復原本的文獻學考察，有石立善利用京大全彩版《孝經述

---

[24] 華喆：〈讀喬秀岩《義疏學衰亡史論》〉，《哲學門》2015 年 2 期，頁 321-329。

[25] 喬秀岩：《義疏學衰亡史論》（臺北：萬卷樓出版公司，2013 年），頁 99。喬秀岩於〈中文編譯本〉「編後記」針對《孝經述議》與劉炫的學術特色有作出簡要說明，其觀點本於此書。

[26] 同前書，頁 265。

議》的研究論文 2 篇,〈隋劉炫《孝經述議》引書考〉,[27] 及〈日本古鈔本隋劉炫《孝經述議》引書續考〉。[28] 主要考察《孝經述議》殘卷及佚文所引古書如《周易》、《尚書》、《毛詩》、《儀禮》、《周禮》、《禮記》、《鄭注》、《左傳》、《論語》、《白虎通》、《漢書》、《孔子家語》、《釋名》、《老子》等異文,列舉《孝經述議》引書之異文 40 條,取諸書之歷代刻本及西域寫本、日本古鈔本等校讀比勘,藉以探研文本異同。另有童嶺《六朝隋唐漢籍舊鈔本研究》一書,是域外日本漢學的最新研究成果,其中有關《弘決外典鈔》引《孝經述議》六則語句的比對考察中,亦可見利用林秀一復原本的研究成果。[29]

　　陳壁生《孝經學史》凡八章,論述先秦至晚清《孝經》學的發展歷程,尤其從《孝經》運用於政治的禮典損益的研究史以及《孝經》經世致用史角度展開,對《孝經》今古文文本之流變以及《孝經》學史中的關鍵問題作出探究。利用林秀一復原本《孝經述議》的研究,主要見於考察六朝隋唐《古文孝經孔傳》與《孝經鄭注》之流傳所進行的文獻史梳理。尤其針對《御注孝經》刊落典禮的經義考察,即以《孝經鄭注》和《古文孝經孔傳》作為對照,指出《御注孝經》是將孔子教孝的典憲政治書,轉化為時王教孝的倫理書,帶來《孝經》學轉變並長久影響了後世,則是利用林秀一復原本《孝經述議》所取得的深入研究成果。[30]

　　焦桂美《南北朝經學史》一書中,專章對劉炫經學作出考察與評述,但很遺憾對林秀一整理的《孝經述議》未能利用。或許由於利用資料多出自

---

[27] 石立善:〈隋劉炫《孝經述議》引書考〉,《中國經學》第 19 期(2016 年 10 月),頁 229-233。
[28] 石立善:〈日本古鈔本隋劉炫《孝經述議》引書續考〉,《歷史文獻研究》2018 年 1 期,頁 94-101。
[29] 童嶺:《六朝隋唐漢籍舊鈔本研究》(北京:中華書局,2017 年),頁 358-363。
[30] 陳壁生:《孝經學史》(上海:華東師範大學出版社,2015 年),頁 204-245。

《五經正義》，體系未備，從而得出劉炫解經風格「釋義簡約」的論斷，[31] 受到劉增光等學者的指正。然而本書的價值更在對南北朝經學史全面的整理。學界較少涉及專門以南北朝經學史為研究對象，本書在宏觀考察與個案研究相結合的基礎上，舉凡南北朝經學的傳承機制，地域性特點，經學家遷徙及其意義，經學與玄學、佛教、文學、文論、史學之關係，諸經傳播的不平衡現象及其原因，南北朝經學之異同，南北朝及隋代重要經學家的學術傾向、治經特點、經學貢獻等問題，皆作出了比較全面的清理與比較信實的描述。不僅使南北朝及隋代經學的學術特點與發展脈絡獲得清晰的呈現，而且其對唐代經學的影響及在漢唐經學之間的地位與作用，亦得到較為客觀而深刻的揭示，因而出版以來備受好評。

整體而言，由於林秀一復原整理的《孝經述議》流傳不廣，閱讀不易，相關研究的空白狀態直至近年。喬秀岩等出版〈中文編譯本〉在閱讀利用上已經便利許多。另有程蘇東、劉增光、吳天宇等數例研究論文刊行，針對《孝經述議》與《孔傳》的思想關聯以及疏解體式等探討，亦較有學術分量與深度。陳壁生等利用《孝經述議》研究，亦有經學義理及經學史的可觀成果之展現。總體來說，相關研究在短時期能夠陸續產出這樣的成果，研究態勢足以令人歡心，相關研究的諸多學術視野，亦日趨明朗起來。以下著重針對前賢少有探究的《孝經述議》的思想宗旨試作考察。

四、《孝經述議》的思想宗旨

有關《孝經述議》研究，林秀一於文本輯佚復原方面已經打下堅實的基礎，相關《孝經述議》的學術特徵亦有一定的闡釋，如指出《孝經述議》所具有的「義疏學性格」、對《孔傳》著者的澄清以及得失評述等，修正了許多清代學者的錯誤論斷，但整體而言仍是偏重基礎的文獻整理介紹，思想史

---

[31] 焦桂美：《南北朝經學史》，頁 324。

層面的議題基本局限於對《孔傳》的相關考察之內。實際檢閱《孝經述議》本文，可發現此書乃是極具特色思想的著述，首先看《孝經述議》對《孝經》作者的理解，《孔傳》云：

> 夫子每於間居而歎述古之孝道也。……唯曾參躬行匹夫之孝，而未達天子諸侯以下揚名顯親之事，因侍坐而諮問焉。故夫子告其誼，於是曾子喟然知孝之為大也，遂集而錄之，名曰《孝經》。[32]

《孔傳》認為《孝經》的產生是以曾子問孝為契機，是曾子將孔子所告其誼集錄整理而成《孝經》的，這是以曾子為《孝經》的實際整理者及著述者。針對《孔傳》的如此理解，《孝經述議》提出「十不可」的長文予以駁斥，其中一則云：

> 孔子之作《春秋》，修舊史耳，尚云則筆則削、子夏之徒不得贊一辭。此經文婉辭約，指妙義微，孝道大於策書。參才鈍於子夏，而云曾自撰錄，曾自制名，其不可八也。[33]

這不僅駁斥《孔傳》以《孝經》為曾子所作的說法，甚至將曾子與《孝經》的關聯性都予以排除。《孝經》經文本是以孔曾問答的方式展開，《孝經述議》則不厭其煩地反覆提醒：「夫子呼而告之，非曾子請也」（頁78）、「故假曾子之問以為對揚，非曾子實有問也」（頁78）、「夫子無所措辭，故假言曾伺，為之論道」（頁79），指出孔子作《孝經》只是假稱有曾子問孝，從而力主《孝經》為孔子自主之作，從根本上否定了《孔傳》的主張。

兩漢官學今文經學立場，是以孔子寓「微言大義」於「五經」，緯書以

---

[32] 漢‧孔安國傳：《古文孝經孔氏傳》，載於《文淵閣四庫全書》第182冊（上海：上海古籍出版社，1987年），頁5。
[33] 日‧林秀一：《孝經述議の復原に關する研究》，頁77。

「五經」乃「為漢製法」的法典，[34] 古文經學立場則取《論語》「述而不作，信而好古」說法，以「五經」為孔子傳承先王之學。魏晉南北朝義疏學多延古文經學立場，以孔子乃至孔門弟子紹述先王之學為立場，在《孝經》作者的理解上，以曾子為《孝經》的書寫者，孔子亦僅是傳述古聖孝道的立場。《孔傳》云：「夫子每於閒居而歎述古之孝道也」[35]，正以此立場立論孔子於《孝經》僅是傳述古之孝道。《孝經述議》亦有指出：「而前世學者，皆以《孝經》為他人所錄」（頁 212），可瞭解六朝諸儒的《孝經》觀多同於《孔傳》，而《孝經述議》斷然主張孔子自作的理由，自有其批判的背景存在。

然而《孝經述議》竭力主張《孝經》為孔子自作，更為主要的目的，恐還在於對《孝經》宗旨的確立。《述議序》開篇云：

> 蓋玄黃肇判，人物伊始，父子之道既形，慈愛之情自篤。雖立德揚名不逮中葉，而生愛死感己萌前古。……百行孝為本也，孝跡弗彰；六經孝之流也，孝理更翳。……周道既衰，彝倫攸斁……夫子乃假稱教授，制作《孝經》，論治世之大方，述先王之要訓。其意蓋將匡頹運而追逸軌也，抑亦所以佇興王而示高跡也。」（頁 63）

大意是說，孝道本於天然的父子慈愛之情，一切行為皆是以孝為本，可是若強調枝末的行為，反而使得本源之孝道無法彰顯；「六經」也只是宣說孝道的支流，只注重「六經」反而使得孝理更為隱沒。當周道衰落，孔子為使治世大方、先王要訓的孝道得以流傳，於是製作《孝經》，目的就是為了匡救將要頹廢失傳的孝理，並以親身的實踐展現君子崇高之孝行。又云：

---

[34]《孝經援神契》，載於日·安居香山、中村璋八輯《緯書集成》（石家莊：河北人民出版社，1994 年），頁 992。

[35] 漢·孔安國傳：《古文孝經孔氏傳》，載於《文淵閣四庫全書》第 182 冊（上海：上海古籍出版社，1987 年），頁 5。

「《春秋緯》稱孔子曰：吾志在《春秋》，行在《孝經》，已之志行所在，無容他人代作」（頁78）即是說明孔子不僅是《孝經》的作者，也是《孝經》之道的實踐者，這實際從思想與實踐兩個方面，將《孝經》之孝作為源流，主張孔子所作《孝經》為本，「六經」所傳為末，從而確立《孝經》為孔子體認孝道與實踐孝行的經典。這也是對六朝義疏之學泛濫、游離孔子學術宗旨的駁斥，意在為《孝經》正本清源，實有弱化「傳注」而強化「經義」的意圖。

又《述議序》云：「《孝經》，言高趣遠，文麗旨深；舉治亂之大綱，辨天人之弘致。……其所施者，牢籠宇宙之器也；其所述者，闡揚性命之談也。」（頁66）這是將《孝經》當作治亂興亡的經世之書來看，亦是獨樹一幟的見解。即於所論孝云：「牢籠宇宙之器」、「闡揚性命之談」，旨在闡述孝的功用涵蓋宇宙，宇宙萬物都是孝的顯現，孝的內涵既闡揚性命，又貫通天人。《孝經述議》還頻見：

> 孝者為德之至，則遠無加焉；在道之要，則少不減焉……窮理之極為至，以一管眾為要。（頁216）
> 別而名之，則謂之孝弟仁義禮忠信也。此等皆同源異流，而枝流別名耳。今捨其枝流，就源而說，故言要道以訓天下，其實正謂以孝道訓天下也。（頁217）
> 天子至於庶人，尊卑不同，施為各異。上文述其生事……此說死事幷為一者，子之於親，貴賤一也。（頁292）
> 善有萬塗，孝為其本。故知立身，立身於孝也；行道者，還是行孝道耳。（頁221）
> 孝之為道，義兼萬行。（頁272）

在這裡可以發現《孝經述議》對「孝道」、「孝行」的獨特理解，以「孝道」而言，謂為「德之至」，為「要道」；以「孝行」而言，謂為「孝

弟仁義禮忠信」;「孝道」為「一」為「源」,「孝行」為「眾」為「枝流」;孝道孝行,既是萬善萬行之本源,也是現實社會道德實踐的表徵,行之者貴賤如一。《孝經述議》一方面從廣大的宇宙時空泛化孝道,將「孝」本體化、天道化,將「孝道」作為體現天地人倫一切現象同時,另一方面又以「孝行」統括一切行為,將「孝」作為統括一切的政治人倫行為之本,孝道孝行,體用相即,無所不包,所有人都能體認孝道,所有人都能實踐孝行。

這樣的闡釋,在家庭層面體現在《孝經述議》主張「孝」出於自然性情。如「《經》云生育,猶《詩》『載生載育』之類,《傳》云『生於育之恩』,猶《管子》『讓生於有餘,爭生於不足』之類,《傳》所言『生』非《經》之『生』也」(頁 123),這是劉炫批駁《孔傳》以「生於育」解經文「親生育之」形同《管子》忠孝生於利益的主張,從而以報親養育之恩出於愛親之天性的觀點,批駁《孔傳》曲解經義。又如「議曰,人於天地之性自有尊親之心,聖人因其本心隨而設教,故云言其不失於人情也」(頁 123)、「父母相於之道,乃是天生自然之恆性也」(頁 125)等論說,皆一貫闡述了「孝」出於自然性情的主張。甚至呈現出對「孝母」的凸現與強調,如「《傳》取彼為說,故言父之生子而辭不及母,其實撫覆育養,顧視反復,乃母功為多也」(頁 128)、「母之養子,既撫育顧,復又食苦吐甘,故云苦之切無有大焉者也」(頁 129)等論特色鮮明,發前人所未發,總體則呈現出論孝基於性情自然流露的思想背景。

在政治層面,則體現在君臣民對孝道體認上具有同源性,在對孝行的實踐上,具有同構性。《孝經述議》云:「在己為德,施民為教,身之與德,猶是一物」、(頁 228)「立身於孝,以孝化民,故民皆化也」(頁 228)、「王者身自先物,其民能無從乎」(頁 254)這是指出君主要自身實踐孝行,才能軌範於民,孝治天下。「孝者法天節,法地宜,為民之高行」(頁 255)、「是由民之所行,法天地道義。故先王隨而化之」(頁 25

4），「民有法天之性，還以天道訓之，王者因民心以設教」（頁 253），這是指出民之行孝，是效法天地之道的崇高之行。甚至《孝經述議》說出：「民之本性自法天地，未有教戒之義在乎其間」（頁 258）、「民有恆性，無君在其間矣」（頁 258），這是提醒君王「以孝治天下」，也只能隨順天地之道引導萬民，王權并不是教戒萬民的根據，這已然體現出一種民本思想。《孝經述議》還出現「是則凡在臣民，莫不合諫。夫子欲見扶危定傾，規諫為重」（頁 284）的表達，對於君主有過失，則臣民皆可規諫，因為「扶危定傾」才是大事。孝為政教之本，治亂興亡之道寓於《孝經》，《孝經述議》云：「德正則治，不正則亂，安危治亂，在孝與不孝耳」（頁 229），亦在闡釋同樣的道理。

在處理忠孝關係問題上，《孔傳》多引《管子》從而突顯出一種嚴峻的法家式忠孝觀，如《孔傳》云：「主有令而民行之，上有禁而民不犯矣。」對此《孝經述議》云：「朝廷上下，有次序而雍和，眾庶以恩愛而輯睦。民既協和，畏威聽命，則主有號令，而民必行之」。（頁 246）《孝經述議》並非不認同在政治秩序中君命法令的意義，但《孝經述議》更加強調這樣的君命法令得以順利推行的基礎，還有和睦恩愛。由此可以明瞭《孝經述議》首要注重「親親之道」。《孝經述議》云：「王者必親親以及遠，故先言九族，爵命祿賞人君之柄；任官用刑，治國之器，故次之。帥民舉事，國之常法，故後言之」（頁 227），這樣的表述，以親親為先，以賞罰刑法為後，很明顯能看出是對《孔傳》強調名法之治的弱化，是以「孝」為實踐「忠」的前提乃至內涵。又云：「君有善事，則行其法令，順從其美；君有惡事，則匡其邪僻，救止其惡。善則揚之，失則匡之，臣既愛君，君亦愛臣，以是故上下能相親也」（頁 288），這也是在強調，愛敬情誼是實踐君臣倫理、政治運營的基礎與前提，以孝為體，以忠為用，「愛敬」成為忠孝相即的表徵，呈現出對《孔傳》的峻嚴忠孝觀有弱化乃至轉換的傾向。

文中還頻見從《古文尚書》、《毛詩》、《周禮》、《左傳》、《史

記》、《漢書》、《晉書》、《魏書》、《呂氏春秋》甚至《韓非子》、《孫子兵書》等經史百家傳記徵引語句,為確立《孝經》具有歷史經驗的實踐意義。此舉一例,〈廣至德章〉經云:「教以臣,所以敬天下之為人君者也」,《孔傳》云:「以臣道教,即是敬天下之為人君矣。古之帝王,父事三老,兄事五更,君事皇尸,所以示子弟臣人之道也。」此為《孔傳》疏解經文教臣敬君之道,以君主親自奉事「三老五更」的典禮,展現君主親自典範臣子竭誠敬君的政治與宗教意義。而針對「三老五更」的典禮制度,《孝經述議》進而疏解云:

> 養老之禮,希世間出。漢明帝永平二年,始尊事三老,兄事五更,以李躬為三老,桓榮為五更,是鄭玄以前已有以一人為說者也。魏高貴鄉公甘露三年,帝入學將崇先典,乃命王祥為三老,鄭小同為五更,吳蜀晉宋皆無其事。後魏高祖孝文皇帝大和十七年,鄴城行養老之禮,以尉元為三老,游明根為五更,各用一人,從鄭說也。(頁184)

則可發現《述議》廣取《史記》、《漢書》、《晉書》、《魏書》的史實以證之。亦如前文所提及劉炫是以「夫子乃假稱教授,制作《孝經》,論治世之大方,述先王之要訓」(頁 63)、又云「《春秋緯》稱孔子曰:吾志在《春秋》,行在《孝經》,已之志行所在,無容他人代作」(頁 78)」,實則是將《孝經》當作孔子為世人提供的治亂興亡的大經大法來看的,亦即為確立《孝經》具有歷史經驗的實踐意義。

還有,文中頻繁徵引《易》、引《老子》、《莊子》言以證經傳,[36] 頻

---

[36] 例如:「《易》曰:家人有嚴君焉,父母之謂也。是父之與母俱有君義」、「老子云:知足不辱。諸侯知守其足,則富祿雖滿,而不盈溢矣」、「《莊子》稱百體,是分之亦名體也」。前引參見參見日・林秀一:《孝經述議復原に關する研究》,頁128、頁256、頁221。

見「本末」[37]、「體用」[38]、「內外」[39]、「無爲」[40]、「理」[41]、「一」[42]，與論孝云「牢籠宇宙之器」、「闡揚性命之談」之類表述，極具時代特徵地反映出玄學思想在書中的滲透。這些特徵的呈現，已經遠遠超出《孝經》本身的思想涵蓋。

歸結來說，《孝經述議》是將《孝經》當作孔子自身體認實踐孝道孝行的經典，蘊含孔子對歷史「治亂興亡」的經驗總結，闡釋孝既是體現天地人倫之道，又是人人性情所生、自然可行的善行。如此《孝經述議》獨樹一幟的思考方式，足以體現出其理論的思辯性與現實意義的指導性，能夠體會《孝經述議》對六朝富含思辯性的玄學思想汲取同時，對《孝經》本身「以孝治天下」的思想宗旨，作出歷史實踐意義的重新詮釋。從以下針對《孝經述議》疏解經傳特徵的考察，亦能有此發現。

五、《孝經述議》的義疏特徵

《孝經述議》的著述者劉炫，經學成就獨步南北朝隋，與鄭玄並稱經學史上兩大高峰。時與劉焯號稱「二劉」，在當時經學界影響甚大。《隋書‧儒林傳》云：「二劉拔萃出類，學通南北，博極今古，後生鑽仰，莫之能測。所制諸經義疏，縉紳咸師宗之。」劉炫自述其學術之博通有云：

> 《周禮》、《禮記》、《毛詩》、《尚書》、《公羊》、《左傳》、《孝經》、《論語》孔、鄭、王、何、服、杜等注，凡十三家，雖義

---

[37]「以親爲本，則在我愈末；本重末輕，則親忘己。此孝之大要也」，同前引，頁256。
[38]「愛敬體用不別」，同前引，頁124。
[39]「善人君子，內外相稱；內有其德，外見於儀」，同前引，頁132。
[40]「上德不德、無欲無爲」，頁73；「道雖無爲，物待而就」，同前引，頁216。
[41]「常奉其本，冥符孝理」，頁256；「雖是孝理，其辭未稱爲孝」，同前引，頁218。
[42]「窮理之極爲至，以一管眾爲要」，同前引，頁216。

有精粗,並堪講授。《周易》、《儀禮》、《穀梁》,用功差少。史子文集,嘉言美事,咸誦於心。天文律曆,窮核微妙。至於公私文翰,未嘗假手。」[43]

足見其學術視野之廣博。皮錫瑞《經學歷史》亦有云:「隋之二劉,冠冕一帶。唐人作疏,《詩》、《書》皆本二劉」[44]。學者研究指出,唐代由孔穎達等編訂的《五經正義》,據劉炫的經學著作為多,尤以《詩》、《書》、《左傳》三經《正義》,幾本於劉炫各經《孝經述議》底本刪修而成。[45] 有這些資料背景,將之與《孝經述議》加以互參,則劉炫的經學成就及《孝經述議》的學術價值,可以判然明瞭。

參照前賢歸納皇侃《論語義疏》的義疏體例:「(一)先解篇名,次釋章義,並析篇章結構;(二)疏而不漏:對經文、注文作全面解釋,標明注釋起訖;(三)疏文中常有問答,疏亦破注」,[46] 檢核《孝經述議》,發現上述體例,亦皆可見於《孝經述議》本文。唯不同者,《論語義疏》廣採他說、博通含融百家以成一家(宋剛說),《孝經述議》則駁辯百家,以成自家之論。

(一)先解篇名,次釋章義,並析篇章結構

例如《孝經述議》對〈古文孝經序〉疏解之際,先解篇名,訓詁字義:

議曰:序,敘,字雖異,音義同。爾雅釋詁云:敘,緒也。孫炎云:謂端緒也。

---

[43] 唐・魏徵撰、令狐德棻撰:《隋書》,卷40,〈儒林傳〉,頁1720。
[44] 清・皮錫瑞撰、周予同注釋:《經學歷史》(北京:中華書局,1955年),頁196。
[45] 姜廣輝:〈政治的統一與經學的統一〉,載於姜廣輝編:《中國經學思想史》第 2 期(2011年11月),頁741-742。
[46] 宋剛:《六朝論語學研究》,(北京:中華書局,2007年),頁152。

次釋章義：

> 然則居傳之端，敘述其事，故以序爲名焉。孔氏既爲作傳，故序其作意。

並分析篇章結構，設立科段：

> 此序之文，凡有十段明義：自「孝經者」盡「經常也」，解孝經之名也；自「有天地」盡「斯道滅息」，言孝之興替在君之善惡也；……自「昔吾達從伏生」以下，言俗有謬說，己須改張之意也」。（頁68）

值得關注的是《孝經述議》並未囿於以上自圓其義，還會樹立駁論。其文云：

> 《今文》十八章者，并七章於〈庶人〉之末，首章爲總，不得與〈天子〉同章，總結五孝，安得與〈庶人〉同也。其十一章〈父子之道〉，十二章〈不愛其親〉，每章異意，義不相連，排而同之，不類甚矣。良由失其「子曰」，故不能分別之耳。《今文》又退〈明王事父孝〉章在〈諫爭〉之下，既於諫爭之後，復說和順之事，言之不次，亦已甚矣。聖人有作，豈其然乎。（頁96）

這是針對《今文孝經》的分章進行批評，以反證《古文孝經》結構之合理，符合孔子作《孝經》之意。

（二）對經文、注文作全面解釋，標明注釋起訖

以〈聖治章〉爲例，《述議》先列經文，標明起訖，然後進行全面解釋：

> 「曾子曰」至「本也」。議曰：夫子既說「孝治天下，能使災害不

生,禍亂不作」,是言孝行之大,大之極者。……,結上「以訓天下」之意也。

次分段列舉《孔傳》傳文,標明起訖,然後進行全面解釋:

> 傳「性生」至「莫大焉」。議曰:物生而各有其性,故性為生也。……,故以「行」表「德」也。
> 傳「嚴尊」至「其人也」。議曰……。
> 傳「人主」至「者乎」。議曰……。(頁105-125)

當然,如此全面解釋的重點,不僅僅在敷衍經傳,更在自立新說。僅舉其中一例:

> 經:孝莫大於嚴父,嚴父莫大於配天,則周公其人也。
> 傳:嚴,尊也。言為孝之道,無大於尊嚴其父,以配祭天帝者,周公親行此莫大之義,故曰則其人也矣。[47]

上述《孔傳》對經文「嚴父配天」疏解為「尊嚴其父,以配祭天帝」,簡明得要,並無過度疏解。再看《述議》的解釋,可見如下表述:

> 止言嚴父,而不言嚴母者,禮法以父配天,而母不配也。聖人作則,神無二主,母雖不配,為嚴亦同。下章云嚴親嚴兄,親父可以兼母,於兄尚嚴,況其母乎。祭統曰:鋪筵席設同機。鄭玄云:死則神合同為一。夫妻一體,其神既同,母雖不得配天,其尊不失於極也。(頁111)

《述議》疏解「嚴父配天」,一方面循經傳之義,從「配天」資格立論而主張「止言嚴父,而不言嚴母」,然而上述疏解中,還可見著墨於經傳所未嘗

---

[47] 漢‧孔安國傳、日‧太宰純音:《古文孝經孔氏傳》,頁12。

言及的「嚴母」、「尊母」的論述，且整體文脈毋寧說是為了強調「嚴母」等同於「嚴父」的意義。何以有如此超出經傳之新論，從本章前文所指出《述議》對「孝母」的凸顯與強調等論證亦可明瞭，亦即，受父母有生之年的「撫覆育養」，本之性情自然流露之情感，為人子者「孝父」亦當「孝母」，甚至主張「母功為多」；即便對過世父母，亦本之「夫妻一體，其神既同」，亦應當「尊（父與母同而）不失於極」，呈現出《述議》論孝基於人性自然的思想背景。

（三）疏文中常有問答、疏亦破注

《述議》以成自家之論，還表現在駁辯百家，疏亦破注之處。從以下節錄之例亦可明確：

> 孔意以為《孝經》是曾子發意諮問，此經曾子所錄。則此八字曾為之，若曾子自言，祇可言聞諸夫子，無容指斥師字，自言己姓。孔之此意，不可通矣。炫以為：此經夫子自作，……今夫子假託教誨之義，方與弟子對語，事無所敬，辭非自稱，固當宜以字矣。言曾子者，若云與己對語，重而不斥其名，從其常稱，故言姓耳。而前世學者，皆以孝經為他人所錄，莫不惑於此言。劉向《別錄》云：「上稱仲尼以冠篇，蓋著孝者聖人之法，孔子為曾參陳孝道，為萬世法。」然則若稱孔子閒居，豈後不知聖人法也？江左朝臣，各言所見。謝萬云：……車胤云：……殷仲文云：……劉瓛得重名於江左，掊擊諸說，自立異端云：……此等不知《孝經》是仲尼自制，故致斯謬耳。（頁 212-214）

如上文所云，關於《孝經》的作者問題，由於古文經文有「仲尼閒居，曾子侍坐」的字樣，六朝時期多有學者以《孝經》為曾子作的說法。上文中，以《孔傳》為首，《孝經述議》列舉了「劉向、謝萬、車胤、殷仲文、

劉瓛」等漢魏六朝的六家說法,並一一質問,加以論述駁辯,極力主張孔子自作《孝經》,根本與曾子無關,經文中的曾子問孝,只是假設的場景。明顯呈現出《孝經述議》駁辯百家,以成自家之論,「疏文中常有問答,疏亦破注」,自創新說等特徵。然而劉炫自創這個獨一無二的新說,實際上沒有任何文獻根據,亦無任何前人有同樣的主張。有如此主張的唯一依據,如其文云:

> 衰周之季,禮義陵遲,亂逆無紀,名教將絕,風俗頹弊,用感聖心,視世崩淪,有懷制作。雖有其德而無其位,不可自率己心,特制一典,因弟子有請問之道,師儒有教誨之義。(頁78)

這是以漢代公羊家主張的「孔子素王說」為依據,迂曲地論證孔子作《孝經》是不得不為之,也是不得已而為之,是孔子的苦心孤詣。之所以會產生如此以「假設曾子問孝」為理由執意強調孔子自作《孝經》,似乎更像是劉炫身處動盪的陳隋亂世,以思想家的敏銳,察覺到正在迎來的大一統時代,必將需要格局且兼具實踐意義的「孝治天下」理論,從而為名義上是「孔子家系的《孔傳》」作疏講授,積極傳播,終將《孔傳》推上隋朝官學的地位。

喬秀岩在所著《義疏學衰亡史》指出,二劉(劉炫、劉焯)打破了南北朝義疏學的既有傳統,使得「義疏學已不得更為義理、義例之思考探討」,而是走向「現實、合理、文獻主義」之途,謂二劉之學為「胥吏之學」,為「隋代的學術革命」。[48] 姑且不論喬氏之論何以將「義疏學衰亡」歸咎給二劉之學,由所評二劉之學為「胥吏之學」、「學術革命」,實際上從批判的角度,指出二劉學術——包括《孝經述議》所展現出的傾向於學以致用的思想特徵。或許林秀一的評述亦可傾聽:「劉炫在義疏學上的地位,可以說是

---

48 喬秀岩:《義疏學衰亡史論》,頁99、頁265。

六朝至隋唐過渡期集義疏學之大成者，對後世義疏學影響甚鉅」，[49] 這可以從劉炫著述《孝經述議》，以疏解《孔傳》確立孔子之學，並終將《孔傳》送上隋代官學地位，可證實《孝經述議》之學確實發揮了其時代指標性的學術影響力。

結　語

呂思勉先生曾經評述六朝玄學的成就說：「玄學之大功，在於破除拘執。其說之最要者，為貴道而賤跡。道者今所謂原理，跡則今所謂事實也。前此之言治者，率以模仿古人之行跡，自經玄學家之摧敗，而此弊除矣。」[50] 若以此說法作一參照指標，則《孝經述議》亦有大量吸收六朝玄學思辨及論證方式，可謂「破除拘執」，亦不乏「義理、義例之思考探討」，足具「承前」意義。而《孝經述議》所不同者，在《孝經》對孝義的主張，不在「貴道而賤跡」，而是「道跡相即」，既重原理，也重事實，雖然尚未開展出宋明儒者理氣心性的體用功夫論，然而「孝理民性之論」與「忠孝仁義之行」對舉的雛形，已然展現在《孝經述議》的論證之中。由此意義而言，亦具「啟後」作用。劉炫《孝經述議》所呈現的思想價值，實有批判繼承六朝義疏之論，有創新發展之論，對唐宋《孝經》學亦有影響，林秀一稱劉炫「集義疏學之大成者」，應可傾聽。

林秀一先生對《孝經述議》的復原成功，開啟了針對此書的思想性考察及與《孔傳》、《御注》等的思想承襲等諸多課題研究。透過本研究的初步觀察，釐清了《孝經述議》乃是極具特色思想的著述，《孝經述議》是將《孝經》當作孔子自身體認實踐孝道孝行的經典，蘊含孔子對歷史「治亂興亡」的經驗總結，闡釋孝既是體現天地人倫之道，又是人人發自性情、自然

---

49 日・林秀一：《孝經述議の復原に關する研究》，頁 40。
50 呂思勉：《兩晉南北朝史》（上海：上海古籍出版社，2005 年），頁 1386。

可行的高貴善行。有關孝的形上意義闡釋，自前漢董仲舒以陰陽五行論發展孝的「天經地義」（《孝經・三才章》）義涵作爲「三綱」（《春秋繁露・深察名號》）的基礎原理，其後一路發展至後漢緯書所論「元氣混沌，孝在其中」（《孝經援神契》），皆旨在發揮孝的宗教神學功能。比較而言，《孝經述議》所見豐富孝論，則完全摒棄了神學式的推演，而代之以理性闡釋。就此意義而言，可謂開啓出孝論的體用思辨理路。《孝經述議》如此獨樹一幟的思考方式，足以體現出其理論的思辯性與現實意義的指導性，能夠體會《孝經述議》對六朝富含思辯性的玄學思想汲取同時，對《孝經》本身「以孝治天下」的思想宗旨，作出歷史實踐意義的重新詮釋。以上的發現，皆由《孝經述議》復原成功而引發的議題，透過對這些議題澄清，不僅可以拓展劉炫《孝經》學的視野，既於對隋代經學研究以及劉炫思想評述，都將提供有益參考。

第十章 《御注孝經》研究的新展開

　　開元十年（719）唐玄宗御纂《御注孝經》取代當時官學通行的《鄭注》、《孔傳》，並成為爾後唐宋官方《孝經》的標準注本。唐玄宗兩次修纂的《御注孝經》皆有頒行天下，明令地方學官勸課及家家收藏，使唐朝廷推行「孝治天下」的文教政策普及帝國四隅，乃至朝鮮日本等東亞國家亦有傳播。亦由於唐玄宗從開元年間慎重地撰制《御注孝經》開始，之後在天寶二載修訂開元《御注》本，乃至兩年後親自御書經注全文刻石樹碑於太學。玄宗如此熱衷於《孝經》的一系列舉措，引發學術界廣泛熱絡的研究考證，雖觀點紛繁，亦莫衷一是。筆者新進發現日本見存《王羲之草書孝經》與《御注》成書問題甚有關聯，另有取證敦煌吐魯番文獻以及以往被忽略的史傳文獻，於本章為《御注孝經》的成書問題澄清及經學史價值評述，提供一項新成果。

一、問題的提起

　　《御注孝經》是唐代玄宗皇帝撰寫的《孝經》註釋，有開元十年（719）成立的「始注」及天寶二年（743）對此修訂而成的「重注」二種。另有大寶四年依照「重注」經注刻成碑文的「石臺孝經」。[1] 開元「始注」原有

---

[1]「石臺孝經」文字風格為唐隸八分書，原碑至今保存在西安碑林中。本稿參用唐玄宗御書：《石臺孝經》（東京：二玄社，1977年）。

元行沖的〈序〉，天寶「重注」刪除〈元行沖序〉重新冠以玄宗「御製序」。

史書記載，「（開元）十年六月二日，上注《孝經》，頒於天下及國子學。至天寶二年五月二十二日，上重注，亦頒於天下」、[2]「其載（天寶二年）十二月，敕自今已後，宜令天下家藏《孝經》一本，精勤教習；學校之中，倍加傳授；州縣官長，明申勸課焉。」[3] 可以明確，開元十年成立的「始注」及天寶二年對此修訂的「重注」，皆頒行於國子學而成為科舉經籍，並下令百姓家藏一本，使開元以降玄宗推行「以孝治天下」的政略，在地方學校與官府的合力推動下成為一項明確的「文教制度」普及到社會庶眾層面。

然而玄宗以皇帝兼學者的身份撰寫開元《御注》、以及天寶年間對《御注》重修乃至刻石建碑等一系列舉措的背後動機，卻引發近代眾多學者的關注。正如本章後面列舉諸多學說研究表明，玄宗數次改訂《御注》，呈現出並不單純的動機與背景。僅從天寶「重注」卷首〈玄宗序〉引發的學術討論，即可發覺圍繞《御注》成立問題，仍存在諸多疑惑。

其一，關於《御注》採錄的漢晉舊注，〈玄宗序〉云「今故特舉六家之異同，會五經之旨趣」。這裡云「六家」所指為誰，《孝經正義》邢昺疏解云「六家者，韋昭、王肅、虞翻、劉邵、劉炫、陸澄也」。[4] 然而學者實際考察注文，則僅見徵引「鄭玄、孔安國、王肅、韋昭、魏克己」等舊注，不見徵引邢疏所云「虞翻、劉邵、劉炫、陸澄」等人的論說。[5] 邢疏說法雖有

---

[2] 宋・王溥撰：《唐會要》（北京：中華書局，1955），卷36，〈修撰〉，頁658。

[3] 同前引，卷35，〈經籍〉，頁645。

[4] 唐・唐玄宗御注、宋・邢昺疏：《孝經注疏》（北京：中華書局，1980年，影印阮元校刻《十三經注疏》本），〈孝經注疏序〉，頁2541上。

[5] 日・林秀一：《孝經學論集》（東京：明治書院，1976年），〈御注孝経序に関する疑惑〉，頁151。案本稿所徵引日本學者論著，除特別標明者，引文皆以筆者譯為中文形式徵引。

誤，其說卻本之〈玄宗序〉「韋昭、王肅、先儒之領袖，虞翻、劉邵、又次焉，劉炫明安國之本，陸澄譏康成之注」諸句，如此便出現〈玄宗序〉所云與「重注」注文不相應的問題。那麼，既然在天寶「重注」做為必須替代〈元行沖序〉的〈玄宗序〉，何以竟出現這樣的錯謬，即成為學者向來討論的焦點之一。

其二，天寶「重注」成立之際，以〈玄宗序〉替代〈元行沖序〉是基於怎樣的原因？以及修訂過程如何？在〈玄宗序〉中不見交代。經過學者考察已經明確，開元「始注」經文之下有玄宗御製一百五十條注文、以及卷首有開元十年元行沖奉敕撰寫的〈元行沖序〉；天寶「重注」修改了「始注」注文十一條（包括刪除的六條），新增十條，合計有一百五十五條注文；卷首新增玄宗「御製序」一篇，替代了「始注」的〈元行沖序〉。由此可以看出，「重注」只是對「始注」做了小規模的修改，整體上仍舊大致襲用「始注」，唯獨卷首更迭〈玄宗序〉才是重大的改動之舉。[6] 然而史書對〈元行沖序〉並無批判性的記載，何以為了修訂「重注」需要玄宗親撰新〈序〉？既然〈序〉與《注》明顯不相應，玄宗自撰是否屬實？總之，天寶「重注」本身的成立真相為何？針對這些圍繞《御注》的諸多謎團，先行研究從不同角度已提出見仁見智的多種推論。本章結合先行研究，藉由新發現資料，亦試圖為《御注》成立問題提出一項延伸研究。

二、考察先行研究

首先針對史籍所載《御注》的成立及版本的推移做一概述，進而針對前賢相關學說加以檢討，藉以瞭解至今有關《御注》研究的總體成果。

---

[6] 同前引，頁156。

（一）史籍所載《御注》的成立

　　梁隋之間，《孝經鄭注》與《古文孝經孔氏傳》皆成為學官用書，亦由此引發力主《鄭注》與力主《孔傳》兩方儒官針對《孝經》今古文經注的真偽之爭，[7] 爭議直至唐開元年間。

　　開元七年（719）三月一日，玄宗詔令儒官質定「令明經者習讀」的科舉用經籍，《孔傳》與《鄭注》亦在質定優劣之列，然而並未達成共識。同年四月七日，在上奏玄宗的奏議中，劉知幾宗古文立「十二驗」立證《鄭注》非為鄭玄著，主張採用劉炫校訂的《孔傳》，而司馬貞宗今文以《孔傳》為劉炫偽作主張依舊採用《鄭注》，結果玄宗在五月的詔書中詔令兩注並置學官。至開元十年六月二日，玄宗以十八章今文本為底本，參酌古文及漢晉舊注，自製《御注孝經》一卷，並命元行沖作《疏》三卷，頒行國子學及天下，即開元「始注」的成立。相隔二十二年後的天寶二年（743），玄宗修訂「始注」以成天寶「重注」，同三年詔令天下各家收藏《孝經》一本。天寶四年，玄宗以八分書御書「重注」上石，建碑於長安大學前，即石臺孝經的建立。翌年更令補訂《元疏》使集賢院抄寫副本頒行中外。[8]

　　《御注》確立為官學經籍以後，《孔傳》、《鄭注》遂廢，終亡佚於五代戰亂。開元「始注」亦不知何時失傳，獨天寶「重注」流傳後世，為唐代以後各朝官學沿用。然而開元「始注」在中國本土失傳卻見存日本，現存最古的「始注」為日本室町時代享祿四年（1531）三條西實隆手書寫本，寬政十二年（1800）屋代弘賢覆刻此本，現存日本京都大學附屬圖書館「清家文庫」。[9] 明治十七年（1884），弘賢覆刻本回傳中國，收入黎庶昌編《古逸

---

[7] 唐・魏徵撰、令狐德棻撰：《隋書》（北京：中華書局，1973年），卷32，〈志第二十七・經籍一〉，頁935。

[8] 本稿有關開元七年至天寶四年《御注》成立過程的記述，主要參見王溥撰：《唐會要》，卷77，〈論經義〉，頁1405-1411；卷36，〈修撰〉，頁658。

[9] 參見京都大學附屬圖書館：《清家文庫目錄》（http：//edb.kulib.kyoto-u.ac.jp/exhibit/seike/index.html），2014年4月20日下載。

叢書》，題為《覆卷子本唐開元御注孝經》。[10]

關於天寶「重注」，至北宋真宗咸平二年（999），邢昺奉敕命以「重注」為底本，改訂元行沖的《疏》撰《孝經正義》三卷。今日所見本是把「重注」的《御注孝經》一卷與《正義》三卷合併，卷首增邢昺「孝經注疏序」和「成都府學主鄉貢傅注奉右撰」的〈序〉而成，亦即《四庫全書》收錄的《孝經注疏》九卷。阮元校刻的《十三經注疏》中亦收錄邢疏本，並為之增作〈校勘記〉附於各卷末，成為後世流通最廣之善本。元行沖《疏》失傳於宋代以後，邢疏大致承襲了《元疏》。[11]

以上依據《隋書·經籍志》、《唐會要》的相關記述及前人研究概述了《御注》成書及其傳承過程，並由此可以初步了解，開元《御注》的成書是在唐代官方考定科舉經籍過程中的產物。

自隋唐實施科舉採用「帖經」方式，考定科舉經籍成重要議題。唐初孔穎達主持考定五經文字，撰定《五經正義》確立了官方經籍。玄宗時期，延續唐初確立的《五經正義》擴大考定經典範圍，依據「開元七年三月一日敕」及同年「四月七日奏議」記載，考定經典包括「孝經孔鄭注」、「尚書孔鄭注」、「子夏易傳」、「輔嗣注老子」、「老子河上公注」等多種。[12] 由於朝臣針對《孝經》今古文注的爭議僵持不下，使玄宗從原本意欲自「舊注」選定一種的打算，轉向自定「新注」的結果。

綜合來看，玄宗對舊注的不滿在先，亦因學者持續的爭議未果，成為玄宗從原本意欲自「舊注」選定一種的初衷轉向另撰「新注」的直接契機。此項舉措的成果至少有二：第一，《御注》成立並頒行國子學，取代原有引發爭議的《鄭注》、《孔傳》，正式確立科舉經籍；第二，開元《御注》頒行

---

[10] 唐玄宗御注：《覆卷子本唐開元御注孝經》，收入黎庶昌編：《古逸叢書》第 5 輯（臺北：藝文印書館，1965：《百部叢書集成》影印光緒十年（1884）遵義黎氏日本東京使署刊本）。

[11] 參見日·林秀一：〈邢昺の孝經注疏校定に就いて〉，《孝經學論集》，頁 178-183。

[12] 宋·王溥撰：《唐會要》，卷 77，〈論經義〉，頁 1405-1411。

天下，使玄宗推行「以孝治天下」的政略，成為明確有據的文教舉措得以推向社會庶眾。

但是並非就此沒有疑問，即使認為《鄭注》、《孔傳》的學官對立一定程度成為促成開元「始注」成立的原因之一，至天寶「重注」的修訂，是否還存在上述同樣以質定科舉經籍為動機的背景存在？還有關於「重注」卷首成為問題之作的〈玄宗序〉，史書則完全不見言及，只見於邢疏〈孝經注疏序〉「以此序唐玄宗所撰，故云御製也……開元十年，制經序并注」一條解說。[13] 這顯然是將天寶「重注」的〈玄宗序〉誤當成開元「始注」之際既已寫成的序文。邢昺等人不見「始注」，遂出現如上錯謬，則當時「始注」已亡佚於中土。這樣，〈玄宗序〉的成立背景依然不明瞭，邢疏對〈玄宗序〉的解釋，亦只是加深其疑惑。

針對以上這些疑問，以林秀一為代表，近代學者多有關注，提出一些富有啟發的研究論斷。以下首先梳理先行研究，然後結合新發現資料，展開筆者的考察。

（二）林秀一的考察

關於〈玄宗序〉的成立時期，林秀一在〈御注孝經に関する疑惑〉一文中，推論「重注」卷首〈玄宗序〉為「始製於天寶四年建立石臺孝經之際」。[14] 其理由如下：

> 關於玄宗〈孝經序〉製作於何時，雖然序中沒有年號無法確實判明時期，不過若先有玄宗序，則不需要另外要求元行沖重複作序。恐怕取消開元之際所用元行沖序，是因為天寶重修時玄宗序始成，從而可以替代元行沖序了。然而並沒有玄宗序至天寶重注才製成的積極性證

---

[13] 唐・唐玄宗御注、宋・邢昺疏：《孝經注疏》，頁2539中。
[14] 日・林秀一：〈御注孝經序に関する疑惑〉，《孝經學論集》，頁151-156。

據。不過，玄宗序有「寫之琬琰、庶有補於將來」一句，可能成為解決這個問題的關鍵。關於此句的解釋，《正義》引用《周禮・考工記・玉人職》的經注，將「琬琰」解釋為琬圭、琰圭之義，云「今言以此所注《孝經》，寫之琬圭琰圭之上，若簡策之為，庶幾有所裨補於將來學者」。這個解釋過於拘泥於「琬琰」的原義，毋寧說《正義》另外做為「一說」加以引用的「或曰，謂刊石也。而言寫之琬琰者，取其美名也」的說法，亦即將「寫之琬琰」當作「刊石」來解釋，更為妥當。如果依照這個解釋，則玄宗序必須為天寶四年九月建立石臺孝經之際才會被撰寫出來。[15]

進而有關〈玄宗序〉的成立原因，做出如下推論：

> 何故刪開元始注元行沖序而於天寶重注之屬的石臺孝經代之以玄宗〈孝經序〉，有關做此序文變更尚無確鑿意見。若極為大膽地做出推論，則玄宗親自以八分御書天寶重注一卷，並為之刻石建碑於長安太學之前，恐怕是特為傳示天下後世，有一種為《御注》增添權威的用意。[16]

以上，有關天寶「重注」及〈玄宗序〉的成立，林論推論主要包括：〈玄宗序〉為玄宗自選；其成立在天寶四年九月；用意在於傳示天下後世，為《御注》增添權威。

林論所獲上述推論，不僅訂正了邢疏混淆「始注」與「重注」的錯繆，還可謂開當代《御注》研究之先。唯林論並未針對促成「重注」成立當時玄宗朝的歷史背景展開討論，而是選用邢疏已不確定的說法，將「寫之琬琰」解作「刊石」，便宜做為立論天寶四年九月建立石臺孝經及〈玄宗序〉始成

---

15 同前引，頁 153。
16 同前引，頁 155。

的依據，從而使「為《御注》增添權威」這一具有啟發性的論斷僅限於推測。

(三) 陳鴻森、朱海的考察

陳鴻森先生在〈唐玄宗〈孝經序〉「舉六家之異同」——釋疑唐宋官修注疏之一側面〉一文，大致認同林秀一以邢疏「寫之琬琰」解作「刊石」之說，認為〈玄宗序〉成立在天寶四年九月。[17]然而關於〈玄宗序〉作者及成立原因則有不同觀點：

> 四載九月，玄宗復御筆親寫此注，刻石太學，以垂久遠。其時行沖亡已十數載，新刊石經不便仍冠其序，因屬近臣別擬一序。其承命作序者，於此注參涉既淺，復不研覈本書，故僅能綴文敷藻，聊以塞責，致〈序〉與《注》不相應也。即此一端，可見天寶儒官之荒惰廢弛矣。[18]

陳論認為〈玄宗序〉乃近臣之撰，玄宗只做了御筆上石工作而非作序者，與林論主張玄宗親撰的推論不同。

除此之外，陳論指出從開元「始注」至天寶「重注」更迭過程中，玄宗《孝經制旨》一書，曾為作修訂開元「始注」的參考依據，發揮過影響：

> 玄宗《御注》而外，《新唐書・藝文志》著錄「今上《孝經制旨》一卷」，下注「玄宗」，《舊唐志》闕。陳振孫《直齋書錄解題》卷三、朱彝尊《經義考》卷二二四、《四庫總目》卷三十二並以《制旨》與《御注》為一書之異名。此說非是，按《正義》引玄宗《制旨》四事，其文與《御注》截然而異，知非一書。……蓋開元《御注》「退思補過」句，原依韋昭之義，解為「退歸私室，則思補其身

---

[17] 陳鴻森：〈唐玄宗〈孝經序〉「舉六家之異同」——釋疑唐宋官修注疏之一側面〉，《中央研究院歷史語言研究所集刊》第74卷1期（臺北：2003年），頁35-64。
[18] 同前引，頁49。

過。」是臣自補其過也,《制旨》改依《毛詩》傳、箋為說,以為「君有過失,則思補益。」則是臣補益君闕也,二義正相反對。天寶重注本遵用《制旨》,以改前注,所謂「此理為勝,故易舊也」。據此推之,則《制旨》當成於開元《御注》成書之後甚明。蓋玄宗與群臣共論經義,於前儒諸說未安或開元《御注》義有未盡者,稱制臨決也,故名。《制旨》對玄宗天寶二年重注《孝經》之舉當有若干之影響,惜其書久佚,其詳莫得而聞。[19]

上述陳論關於《制旨》指出三點:一、《制旨》並非陳振孫所云「與《御注》為一書之異名」,而是與《御注》別行的針對「開元《御注》義有未盡者,稱制臨決」而成《孝經》注釋書。二、玄宗修訂「始注」以成「重注」之際,修改注文參用了《制旨》的經義。三、《制旨》成立時期在「始注」以後、「重注」之前。

對此,朱海先生有不同見解,其在〈唐玄宗御注《孝經》考〉一文,根據玄宗詔書「朕思暢微言,以理天下;先為註釋,尋亦頒行。……近更探討,因而筆削」等記述,指出「始注」與「重注」皆非臣下敢動筆勘改,而是玄宗自己的撰寫。並針對邢疏引用四則《制旨》內容做出具體考察,指出引文「重在闡述自己的看法而非解釋注文出處等章疏之辭,與一般疏文大異其趣」,以及「現存《制旨》內容如此之少,體現出一種隨文添補的性質,」[20] 從而認為《制旨》非自成一書,乃是玄宗修訂《元疏》之際的補入意見。

案《新唐書》既然明確著錄「《今上孝經制旨》一卷,玄宗」,[21] 則

---

[19] 同前引,頁 46-47。
[20] 朱海:〈唐玄宗御注《孝經》考〉,《魏晉南北朝隋唐史資料》,第 20 期(武漢:2003 年),頁 130。
[21] 宋·歐陽修等撰:《新唐書》(北京:中華書局,1975 年),卷 57,〈志第四十七·藝文一〉,頁 1442。

《制旨》顯然自成一書，恐不能因修訂《元疏》僅引四條便可論定《制旨》非自成一書。不過，由上述陳、朱兩論可以明確，《制旨》對天寶「重注」的改訂不僅影響了疏文的改訂，而且一定程度影響到注文的改訂，則《制旨》對修訂《御注》的影響情形，當重新審視。

（三）長尾秀則的考察

長尾秀則先生在〈玄宗「石台孝經」成立再考〉一文，關於〈玄宗序〉及石臺孝經成立原因，在繼承林秀一說提出「為《御注》增添權威用意」的論斷基礎上，進而關注玄宗朝的歷史背景，提出一項具體的原因：

> 刪除開元始注卷首〈元行沖序〉，在天寶重注與石臺孝經換上玄宗自己的「孝經序」，這是為了給予石臺孝經碑一種權威，借此向世人宣告他自己（玄宗）施行孝治的姿態。這一切的目的，卻是為納楊玉環入宮在做準備。由此可以明確，他要將納楊玉環入宮當做一項政治行為來進行，天寶重注，特別是石臺孝經在這一過程所起到的作用是顯而易見的。[22]

在上述論說中，長尾論文認為玄宗親自撰寫序文，進而與經文、注文一起親筆御書上石，是為了給予石臺孝經碑一種權威，向世人昭示孝治的姿態，為納楊玉環入宮做準備。輔助此說，長尾論文進而推論：「石臺孝經的成立與納楊玉環入宮的時期幾乎重疊在一起，而這期間正是處於玄宗的性格好尚從對儒教的興趣轉向道教的一大轉變期」。[23]

上述長尾論文雖發前人所未發，但是僅以「將納楊玉環入宮當做一項政治行為來進行」、「石臺孝經的成立與納楊玉環入宮的時期幾乎重疊在一

---

[22] 長尾秀則：〈玄宗「石台孝経」成立再考〉，《京都語文》，第 6 期（京都：2000 年），頁 165。
[23] 同前引，頁 165。

起」等論斷做為依據,實是以理論合理事實,尚非確證。且以孝道合理玄宗「父娶子媳」的行為,亦屬牽強。文獻闕如,本文僅備有此一說,後文不做深論。不過,長尾論文指出「這期間正是處於玄宗的性格好尚從對儒教的興趣轉向道教的一大轉變期」,則具有啓發性。[24] 這似已經指示出,考察天寶重修《御注》及建立石臺孝經的原因,不僅從儒家背景加以探尋,而且要顧及天寶時期的諸多背景因素。

關於林秀一論文推論天寶四年九月建立石臺孝經之際撰就〈玄宗序〉的說法,長尾論文不無質疑指出:「玄宗為石臺孝經碑考慮作序,還要親筆書寫序、經文、注、批答等,而這些工作全部需要在天寶二年至四年的二年左右期間之內完成,看上去很是難以負擔」。[25] 長尾氏作為書法學者,從實作書寫角度加以評估,對玄宗撰就〈玄宗序〉的時間之短抱有疑慮,並將撰寫期間拉長為天寶二年至四年之間。這與陳鴻森論文指出〈玄宗序〉為天寶儒官倉促應付之作同樣,皆旨在為忽然出現於石臺碑刻上的〈玄宗序〉,給予某種合理解釋。

(四)陳一風、陳壁生等的考察

陳一風先生在《孝經注疏研究》一文,對開元「始注」、天寶「重注」及《元疏》乃至邢疏等做出綜合性的經注疏文字比對,對近六百年期間《孝經注疏》的文字增刪等流衍做出清晰梳理。就《御注孝經》的成書背景,其

---

[24] 史書記載,開元十三年四月,玄宗「改集仙殿為集賢殿,」表明其信賢不信仙。然而天寶元年十月,造長生殿,重建集靈臺,表明其頗信神仙。至天寶四載正月,玄宗對宰相說,在宮中築壇祈福,俄飛昇天,聞空中語云:「聖壽延長。」於是太子、諸王、宰相紛紛上表祝賀。到天寶九載前後,時人以明皇尊道教,慕長生,故所在爭言符瑞,群臣表賀無虛月。誠如胡三省於《通鑑》「上由是頗信神仙」下注云:「明皇改集仙殿為集賢殿,是其初心不信神仙也,至是則頗信矣,又至晚年則深信矣,史言正心為難,漸入於邪而不自覺。」以上史實據許道勛、趙克堯:《唐玄宗傳》(北京:人民出版社,1993 年),頁 207-208。

[25] 日・長尾秀則:〈玄宗「石台孝経」成立再考〉,頁 166。

觀點集中體現在認為《御注》「本著普及《孝經》教育的宗旨，力求經典文字適應時代特點和社會各階層的接受能力，避免單純學術性的對經文的考辯」。[26] 在他文還有結合天寶當時「節度使擁兵自重」的形勢，特別指出玄宗「重注」成立目的含有「希望借注《孝經》，來改善『孝先於忠』、『因孝僭禮』的社會現實，教化天下百姓以及有不臣之心的四方諸侯『以順移忠』」。[27] 陳壁生先生撰〈明皇改經與《孝經》學的轉折〉一文，具體針對玄宗《御注》經文與《鄭注》本經文做比較研究，指出「唐明皇《孝經注》的改經，……明顯也帶有唐明皇以時王的身份，行其政教，使人民各行其孝，防止犯上作亂的目的」，並指出「使《孝經》從孔子為後世制定典憲的政治書，變成時王教誨百姓的倫理書，這一思路，長久地影響了宋、元、明、清的《孝經》學」。[28]

　　以上兩說均以文本研究見長，從歷史的大視野給予玄宗《御注》以學術史定位，指出《御注》以「君主教孝」的立場，一改漢魏六朝以《孝經》為「孔子教孝」、「孝先於忠」的經典理解，可謂言之切當。不過如此側重文本對照的限制，亦正在於不易呈現特定歷史背景下的具體性原因，所云「教化天下百姓以及有不臣之心的四方諸侯」、「使人民各行其孝，防止犯上作亂」等結論，皆是結合文本解讀的必然論斷。

　　天寶時期，沉醉於四海升平之中的玄宗，好大喜功，輕開邊釁，自身卻怠於政務，追求享樂安逸，頻頻表示「天下無事，朕欲高居無為，悉以政事委林甫」、[29]「朕今老矣，朝事付之宰相，邊事付之諸將，夫復何憂」，即

---

[26] 陳一風：《孝經注疏研究》（成都：四川大學出版社，2007年），頁223。

[27] 陳一風：〈論唐玄宗注《孝經》的原因〉，《長春師範學院學報》第24卷6期（長春：2005年），頁41。

[28] 陳壁生：〈明皇改經與《孝經》學的轉折〉，《中國哲學史》第2期（北京：2012年），頁50。關於陳論所稱「唐明皇改經」是否屬實，本書第二章對此有詳細論證，可茲參考。

[29] 宋・司馬光編撰：《資治通鑑》（北京：中華書局，1956年），卷215，「天寶三載」條，頁6862。

使近侍高力士提醒「邊將擁兵太盛，陛下將何以制之」，玄宗仍不以為然地回答說「卿勿言，朕徐思之」，[30] 甚至是「太子亦知祿山必反，言於上，上不聽。」[31] 如此一味寵信權臣蕃將的玄宗，是否還能將「節度使擁兵自重」的形勢，納入視野加以警戒？僅就前述史料已可判明，云天寶時期玄宗寄予《孝經》「教化天下百姓」有一定的事實基礎，云「教化有不臣之心的四方諸侯」，則非盡然。

（五）以開元「始注」為中心的諸考察

將開元「始注」做為論考重心並做出背景探討的先行研究，可舉以下諸說。

吉川忠夫先生在〈元行沖とその《釋疑》をめぐって〉一文，指出開元年間，參與《御注》及《疏》的撰寫過程中，元行沖以外，還有司馬貞與劉知幾亦在其列。[32] 島一先生在〈母の為の三年の喪——玄宗《孝經》注の背景〉一文，指出注疏成立的背景中，存在開元年間田再思與盧履冰的論爭，其中盧履冰的經義見解，影響了元行沖製《疏》的經義取向。[33] 進而，古勝隆一先生在綜合以上論考基礎上，在〈《孝經》玄宗注の成立〉一文，考察開元六年至開元十年期間圍繞《孝經》的論爭，指出開元「始注」的撰著並非玄宗一人所為，開元「始注」的成立背景，與擔負皇子教育的諸多朝臣關聯密切。[34]

---

30 同前引，卷217，「天寶十三載六月」條，頁6927。
31 同前引，「天寶十三載正月」條，頁6922。
32 日・吉川忠夫：〈元行沖とその《釋疑》をめぐって〉，《東洋史研究》第47卷3期（京都：1988年），頁450。
33 日・島一：〈母の為の三年の喪——玄宗《孝経》注の背景〉，《立命館文学》551期（京都：1997年），頁53。
34 根據〈元行沖序〉記載：「傾與侍臣參詳厥理，為之訓注，冀闡微言。宜集學士儒官，僉議可否。於是左散騎常侍崇文舘學士劉子玄、國子學司業李元瓘，著作郎弘文舘學士胡皓、國子博士弘文舘學士司馬貞，左拾遺太子侍讀潘元祚，前贊善大夫鄂王

（六）小結

以上針對林秀一、陳鴻森、朱海、長尾秀則、陳一風、陳壁生、古勝隆一等諸家論說做出考察，大致呈現出至今為止有關《御注》研究的總體成果，綜合起來可見如下推論：

一、林秀一、陳鴻森認為〈玄宗序〉成立於天寶四年建立石臺孝經之際，朱海認為在天寶二年五月，長尾秀則認為成立於天寶二年至四年之間。

二、林秀一、朱海認為〈玄宗序〉為玄宗本人撰寫，長尾秀則對此抱有一定的意見保留，陳鴻森明確指出為玄宗近臣抄綴之作。

三、關於天寶「重注」以〈玄宗序〉替代〈元行沖序〉，林秀一認為是為了賦予石臺孝經以權威，長尾秀則指出是為納楊玉環入宮而進行的政治準備，陳鴻森認為是由於元行沖本人的亡故，並指出修訂「重注」之際《制旨》發揮了一定影響。朱海認為《制旨》非自成一書，而是玄宗修訂《御注》及元行沖《疏》之際的補入意見。

四、吉川忠夫、古勝隆一等認為開元「始注」是玄宗直接參與議定學官定本的集體創作成果，成立背景中還有平息田再思與盧履冰、司馬貞與劉知幾等朝臣的政爭，以及針對皇室子弟教育等目的。

五、在《孝經》學術史視野，陳一風、陳壁生研究基本澄清《御注》以「君主教孝」的宗旨一改漢魏六朝以《孝經》為「孔子教孝」的經典性格，《御注》的成立與頒行天下，為開元以後的唐代社會乃至之後歷代王朝推行「以孝治天下」、「移孝作忠」等文教政策以期統御萬民，實際產生過影響。

侍讀魏處鳳，太學博士郯王侍讀郄恆亨，太學博士陝王侍讀徐芙哲，前千牛長史鄧王侍讀郭謙光，國子助教鄆王侍讀范行恭及諸學官等，……咸集廟堂，恭尋聖義。」可知當時參與開元《御注》議定的儒官多為諸王侍讀。引文參見唐玄宗御注：《覆卷子本唐開元御注孝經》，頁 1a-5b。相關論述參見日・古勝隆一：〈《孝経》玄宗注の成立〉，《東方学報（京都）》72 期（京都：2000 年），頁 216-217。

以上諸說，關於開元「始注」及天寶「重注」的成立原因、過程乃至當時的社會背景等，進行角度多元的探究，從而獲得許多富有啓發的推論。總體而言，《御注》的成立，正如陳一風、陳壁生考察，與漢代以降歷代王朝利用《孝經》推行「以孝治天下」的文教統御目的是一致的。開元《御注》的撰著，亦是做為一項延續唐初考定《五經正義》確立科舉經籍的舉措，同樣具備了「學術推動政教」的經典性格。就結果而言可歸納四點：一、開元《御注》的成立並頒行國子學，正式確立了科舉經籍；二、自開元《御注》頒行天下，使唐代君主推行「以孝治天下」的政略成為行之有據的文教制度得以普及大眾。三、由於《御注》頒行國子學取代原來有爭議的《鄭注》、《孔傳》，一定程度發揮了消弭朝臣對立的作用。四、劉知幾、司馬貞、潘元祚等協助議定開元《御注》學者，多為國子博士或擔任諸王侍讀，得以發揮對皇室子弟的孝治功能。由此來看，開元《御注》的成立可以評價為盛唐「開元之治」中一項兼備政治性與學術性的成功舉措。

　　然而天寶「重注」的成立原因，則呈現分歧。正如前述諸多學者指出問題所在，關於天寶「重注」及〈玄宗序〉是玄宗自撰、還是近臣之作依然難以釋疑，《御注》的改訂及刻石建碑的背景似乎亦不單純，以至有陳一風說、長尾說等諸種推測。針對這些終究無法拂拭的疑點，可能有必要針對數次成立的《御注》做一整體研究。以下所論日本見存《王羲之草書孝經》，為重新探討本課題提供了新線索，此後逐節予以介紹澄清。

三、《御注》研究的新資料：〈賜薛王業勑序〉

　　正如本書於「第六章　日本見存《王羲之草書孝經》的發現」所澄清，《王羲之草書孝經》是中國歷史上早已失傳而幸得保存於日本的文獻。書寫當初是做為東晉皇室諸王的教化學習之書。曾作為唐宋皇室或者中日書畫名人的秘藏品代代傳承，流傳過程大多不為世人所知，罕有學界相關的研究，

僅見日人朝川鼎《古文孝經私記》及中里介山《大菩薩峠》中有關《王羲之草書孝經》的傳聞性記述。

貼中含有大量此本僅見的印鑑及品讀記錄：可見唐代玄宗皇帝李隆基御制「勅序」一篇以及宋代徽宗、米芾、米友仁父子、元代許衡、趙孟頫、貢師泰、張肅、虞集、倪瓚、明代項元汴、日本黃檗宗高僧即非如一、高泉性潡以及西岡逾明、國分章、石井勝光等十六位歷代中日書法名家的跋文、落款及八十餘款鑑藏印的刻拓，鑑定品評清晰可鑒，除傳抄或翻刻的失真之外，很難想像從內容至書體可以全然穿鑿，因此有充分理由將此做為學術考據文獻。

與《御注孝經》的關聯，為《王羲之草書孝經》的卷首，存唐玄宗御筆制〈序〉一篇，除首尾多出三十一字之外，竟全文見於正義本《御注孝經》及石臺孝經卷首〈玄宗序〉。茲錄如下，以石臺孝經及正義本〈玄宗序〉校勘於〔括號〕中，另加標點斷句，以利檢閱。

> 登花萼相輝樓，見王羲之草本孝經，為援筆制序〔石臺、正義本無以上十九字〕。朕聞上古，其風朴畧，雖因心之孝已萌，而資敬之禮猶簡。及乎仁義既有，親譽益著。聖人知孝之可以教之人也，故因嚴以教敬，因親以教愛。於是以順移忠之道昭矣，立身揚名之義彰矣。子曰，吾志在春秋，行在孝經，是知孝者德之本歟。經曰，昔者明王之〔石臺、正義本此下有「以」〕孝治〔石臺、正義本作「理」〕天下也，不敢遺小國之臣，而況於公、侯、伯、子、男乎。朕嘗三復斯言，景行先哲。雖無德教加于百姓，庶幾廣愛刑〔石臺、正義本作「形」〕於四海。嗟乎，夫子沒而微言絕，異端起而大義乖。況泯絕於秦，得之者皆煨燼之末。濫觴於漢，傳之者皆糟粕之餘。故魯史春秋，學開五傳。國風、雅、頌，分為四詩，去聖逾遠，源流益別。近觀孝經舊注，踳駁〔正義本同此，石臺作「駮」〕尤甚。至於踵相祖述，殆且百家。業擅專門，猶將十室。希昇堂者，必自開戶牖。攀逸

駕者,必騁殊軌轍。是以道隱小成,言隱浮偽。且傳以通經為義,義以必當為主。至當歸一,精義無二。安得不剪其繁蕪,而撮其樞要也。韋昭、王肅,先儒之領袖。虞翻、劉邵,抑又次焉。劉炫明安國之本,陸澄譏康成之注。在理或當,何必求人。今故特舉六家之異同,會五經之旨趣。約文敷暢,義則了〔石臺、正義本作「昭」〕然。分注錯經,理亦條貫。寫之琬琰,庶有補於〔正義本同此,石臺本無「於」字〕將來。且夫子談經,志取垂訓。雖五孝之用則別,而百行之源不殊。是以一章之中,凡有數句。一句之內,意有兼明。具載則文繁,略之又義闕。今存於疏,用廣發揮。開元二年三月書賜薛王業勅〔石臺、正義本無以上十二字〕[35]

上文中,章首「登花萼相輝樓,見王羲之草本孝經,為援筆制序」及章末「開元二年三月書,賜薛王業勅」等語句,是天寶「重注」卷首〈玄宗序〉所不見文字。但恰恰這些文字明確指示出此篇〈序〉的撰寫者、寫作時期及撰寫目的。

所謂「花萼相輝樓」,是唐玄宗的起居寢宮,也經常做為接待使節或舉辦國宴的場所,原坐落於長安城東部興慶宮內西南隅。後經開元十四年(726)、二十年兩次興慶宮擴地更有擴建,開元十六年玄宗由大明宮移居興慶宮聽政,遂使這裡成為開元、天寶期的政治中心,時人盛讚此樓為「開元第一樓」,後燒失於後唐戰火。

歷代史籍傳記對其建造時期及位置說法不一,如《玉海》卷一六四「唐勤政樓花萼樓」條注並存兩說:「一本作開元二年七月於是宮置樓;韋述《東京記》開元八年造二樓」。[36] 史籍記述多從韋述《東京記》所云「開元八年造二樓」說法,將花萼相輝樓多與興建「勤政務本樓」相關聯,以為開

---

[35] 同前引,頁 3-17。
[36] 宋・王應麟:《玉海(合璧本)》(京都:中文出版社,1977 年),卷 164,〈宮室〉,頁 3116 上。

元八年建置。[37] 然而正如《玉海》云「一本作開元二年七月於是宮置樓」，《王羲之草書孝經》序云「登花萼相輝樓，見王羲之草本孝經，為援筆制序……開元二年三月書」，則文獻記載花萼相輝樓於開元二年（714）建置之說不容忽視。

根據開元十三年進士高蓋在所撰《花萼樓賦》記述花萼相輝樓的來歷：「舊者中宮起樓，臨瞰於外，乃以花萼相輝為名，蓋所以敦友悌之義也」，[38] 意指舊有之樓是在改稱興慶宮當初即已築樓，登臨此樓便可眺望宮外（環繞於周圍的諸王宅邸），因此取名為「花萼相輝」，是玄宗與諸王兄弟友愛的表徵。按「花萼相輝」取自《詩經・小雅・常棣》「常棣之華，鄂不韡韡」之義，《毛詩正義》亦云：「兄弟眾多而相和睦，實強盛而有光暉也」，玄宗以「花萼相輝樓」為名，顯然用意在此。

蓋開元初興建的花萼相輝樓，還僅是宮城角樓，規模遠不如開元八年以後改為樓閣式殿宇的宮內建築形式。[39] 從早在開元初「宋王成器等累上表，

---

[37] 如《舊唐書》、《唐會要》云：「玄宗於興慶宮西南置樓，西面題曰花萼相輝之樓，南面題曰勤政務本之樓」。劉昫等撰：《舊唐書》（北京：中華書局，1975），卷95，〈睿宗諸子傳〉，頁3011；王溥撰：《唐會要》，卷30，〈興慶宮〉，頁558。《長安記》云：「西南隅曰勤政務本樓，西榜曰花萼相輝之樓」。宋敏求撰：《長安志》，《文淵閣四庫全書》史部第587冊（上海：上海古籍出版社，1987年），卷9，〈長安城三・次南興慶坊〉，頁137。這些記載實則並非專指花萼相輝樓的建造。當代考古發掘結果亦說法不一，其一是花萼相輝樓與勤政務本樓為一樓兩稱的「轉角樓」形制，建造於開元八年。參見李百進：〈唐興慶宮平面佈局和勤政務本樓遺址復原研究〉，《古建園林技術》1999年第1期（1999年2月），頁29。其二是二者各為一樓的說法，一說為二者始終是各自為獨立一樓；另一說為開元八年為一樓兩稱，但伴隨開元十四年及二十年的擴建，勤政務本樓隨宮牆擴建而南遷，如此形成二者各為一樓。參見竇培德、羅宏才：〈唐興慶宮勤政務本樓花萼相輝樓復原初步研究（上）〉，《文博》第5期（2006年9月），頁83。考古諸說注重遺址的位置判斷，對時間並無深入考證，皆依從韋說及兩《唐書》及《唐會要》的敘述。

[38] 宋・李昉等編纂：《文苑英華》（北京：中華書局，1982年），卷49，〈花萼樓賦〉，頁220。

[39] 馬得志：〈再論唐興慶宮勤政務本樓的位置〉，《考古》第6期（北京：1994年），

請以興慶舊裡宅為宮」，[40]至開元二年七月正式將興慶坊舊有「五王宅」擴建並改稱「興慶宮」，期間遷諸王宅邸似一大工程。但考察文獻則發現：「本中書令許敬忠之宅，……賜申王為宅」、「中書令馬周，尚書左僕射溫國公蘇良二宅並入宮地，其後寧王岐王宅亦以益之」，[41]即玄宗賜諸王宅邸只是改賜舊有宅邸，至多為「益之」的修繕。花萼相輝樓的築建配合此次遷宅亦似費時費工不多，因而有之後開元八年、十四年、二十年的逐漸擴建。這與後來史籍詞賦多讚譽的——與「勤政務本之樓」並稱的「花萼相輝之樓」功能尚不能匹敵，主要還是做為玄宗與諸王的友悌表徵。因此，開元二年在興慶宮西南隅築建的只有花萼相輝樓，即《玉海》所記「一本作開元二年七月於是宮置樓」。開元八年更在南向建勤政務本樓，《玉海》「韋述《東京記》開元八年造二樓」所指在此，因此兩則記事各表一事，彼此並無矛盾。又〈勑序〉記述開元二年三月玄宗即已登樓，則表明在七月正式改稱興慶宮之先樓已築成，《玉海》「七月於是宮置樓」的說法，蓋依照七月「興慶宮」的整體完工而記述「置樓」日期的。

又文獻記述「上與諸王靡日不會聚，或講經義，論道理，間以球獵蒲博，賦詩飲食，歡笑戲，未嘗惰怠。近古帝王友愛之道，無與比也。」[42]則可以瞭解玄宗即位當初，生活上與諸王兄弟親密無間，花萼相輝樓則是他們共同讀書宴飲之地。〈勑序〉「登花萼相輝樓，見王羲之草本孝經，為援筆制序……賜薛王業勑」的表述，正與上述文獻所描述情景相似。

「薛王業」指玄宗弟李業（原名隆業，避玄宗諱改名），唐隆元年（710）六月被進封為薛王。「勑」是皇帝行文給臣僚的文書，「賜薛王業勑」

頁 559。
[40] 宋・王欽若等編纂，周勛初等校訂：《冊府元龜》（南京：鳳凰出版社，2006 年），卷 14，〈帝王部・都邑第二〉，頁 146。
[41] 宋・宋敏求撰：《長安志》，卷 9，〈長安城三・次南興慶坊〉，頁 2-3。
[42] 唐・鄭棨：《開天傳信記》，收入王仁裕等撰，丁如明輯校：《開元天寶遺事十種》（上海：上海古籍出版社，1985 年），頁 50。

即為給弟李業的勅書（暫定為〈賜薛王業勅序〉，或略為〈勅序〉），其過程蓋為開元二年三月中，玄宗在花萼相輝樓與諸王兄弟研習經籍，見《王羲之草書孝經》遂御筆草書此〈序〉，並與羲之真蹟一併賜給李業以為〈勅〉，敦促其研讀《孝經》，提醒其躬行忠孝之道。不過，此〈序〉措辭暢達、文筆流麗且內容經過字斟句酌，不似興致所至的一時之作，且其草書賜李業《孝經》另有真意，後節對此深入考察。

又〈勅序〉「昔者明王之〔石臺、正義本此下有「以」〕孝治〔石臺、正義本作「理」〕天下也，……庶幾廣愛刑〔石臺、正義本作「形」〕於四海。……近觀孝經舊注踳駁〔正義本同此，石臺作「駮」〕」等措辭，較石臺孝經〈玄宗序〉顯得嚴峻，「明王之孝治天下」云云未避高宗李治名諱，且「約文敷暢，義則了〔石臺、正義本作「昭」〕然……寫之琬琰，庶有補於〔正義本同此，石臺本無「於」字〕將來」又不如「石臺」〈玄宗序〉帶有「宣示性」語勢，皆顯示〈勅序〉行文較「石臺」〈玄宗序〉措辭尚樸且氣勢稍遜，實可感到〈玄宗序〉有從〈勅序〉修改而成的性格。

瞭解以上背景，則可明確《王羲之草書孝經》卷首此篇序文，乃是玄宗御筆並下賜薛王業的勅命，而天寶二年重修開元「始注」之際置於卷首的〈玄宗序〉，便明顯是脫胎於開元二年三月的這篇〈勅序〉，即僅僅刪去〈勅序〉原文的上述首尾文字而已，對此於後章還將有新事實澄清。

四、對《御注》成立的幾點新見解

接下來的問題是，〈勅序〉既然是玄宗開元十年「始注」成立之前早已寫成的文字，為何「始注」成書未取以序？何待天寶「重注」廢〈元序〉而復截取〈勅序〉的文字取代之？進而，由此產生〈序〉與《注》文不相應之嫌玄宗竟何以不顧，並依此建碑昭示天下？這些圍繞《御注》成立問題的諸多謎團，依據前述新資料提供的線索並結合先行研究，以下做進一步的釐

清。

（一）對先行研究的再澄清

既然天寶「重注」卷首〈玄宗序〉為開元二年三月〈勅序〉的脫胎之作，則確為玄宗御筆無疑。那麼長尾秀則持「玄宗在兩年時間內完成為石臺孝經碑考慮作序，還要親筆書寫序、經文、注、批答等」的疑慮，透過上述的考察可以獲得一些消解的理由，若「重注」序文是沿用早在開元二年已經製成的〈勅序〉文字，則至少省下玄宗重新作〈序〉的勞力與時間。如果事實如林秀一、長尾秀則指出的「是為石臺孝經碑賦予一種權威」，豈非展現玄宗「御制」正最具權威意義。關於玄宗御制的真意，在以下的考察中會愈發明晰。

關於〈玄宗序〉的作成時期，林秀一等研究認為是「始製於天寶四年建立石臺孝經之際」。然而前文已然明確，天寶「重注」卷首〈玄宗序〉實際上是沿用開元二年〈勅序〉的幾乎全部文字，那麼天寶二年重修「始注」之際便被選為「重注」序文，至少可以明確，並不是天寶四年建立石臺孝經之際才開始撰寫的。

這樣，則必須重新探討一項林秀一立證〈玄宗序〉為天寶四年成立的證據，即林說依據邢疏對〈玄宗序〉「寫之琬琰，庶有補於將來」一句的解釋，將「寫之琬琰」解作「刊石」，由此立證玄宗只有意識到建立石臺孝經碑才有可能在〈玄宗序〉中有斯言。那麼，這樣的解釋是否妥當？

案宋代編著的《寶刻類編》，以編目形式收錄有唐代諸帝的翰墨書法，可見收錄玄宗的「碑石類」書作達三十三種，為諸帝中作品數量最多。其中第十九目列有石臺孝經的刊石記錄，其文云「注孝經。八分書，太子亨題，天寶四年九月立京兆」。[43] 不見相關開元二年〈勅序〉、開元「始注」及天

---

[43]《寶刻類編》，《文淵閣四庫全書》史部第 682 冊（上海：上海古籍出版社，1987 年），卷 1，〈帝王三・元宗〉，頁 588。

寶「重注」的刊石記錄。進而考察《宣和書譜》所記載宋代御府收藏玄宗書蹟，其中多數為諸如「賜趙宣王等勅」、「訪道勅」、「賜李含光勅」等行書作品，[44] 長尾氏針對這樣的現象指出「碑石所刻玄宗書蹟多為隸書，而紙本書蹟則多為行書」。[45] 若將這一說法與《唐會要》記載「《孝經》書疏……令集賢院具寫，送付所司，頒示中外」[46] 結合，則可以明確天寶時期頒布的「重注」與《疏》用書寫及傳抄副本的形式傳播的事實。開元二年三月的〈賜薛王業勅序〉，亦應屬於此類書寫作品，那麼，林秀一選擇將「寫之琬琰」作「刊石」解釋的邢疏說便不妥當。若〈玄宗序〉的原始素材是來自開元二年玄宗御賜李業的〈勅序〉，那麼文中「寫之琬琰」云云當然是體現開元二年玄宗的想法，亦即邢疏取以為據的「今言以此所注《孝經》，寫之琬圭琰圭之上，若簡策之為」之將「琬琰」作「簡策」來解釋才是正確。[47] 這實際是玄宗對自己在開元初撰著的《孝經》註釋書的一種雅言美稱，亦即〈勅序〉並見於〈玄宗序〉「今存於疏」所云的《疏》。

此句中的「疏」，向來被理解為元行沖《疏》。但是前文考察已然明確，既然為開元二年〈勅序〉見存語句，那麼很明顯指開元十年成立的元行沖《疏》之先另有其他的《疏》，並且文脈上亦應是指玄宗自己撰著的《疏》。對此，早有學者指出「今存於疏」的「疏」，即指《新唐書·藝文志》所著錄「《今上孝經制旨》一卷，玄宗」一書。如余嘉錫曾對此書考察指出：

> 考〈事君章〉退思補過《注》云：「君有過失，則思補益。」《疏》云：「出《制旨》。」然則《注》義出於《制旨》，必先有《制旨》

---

[44] 《宣和書譜》，《文淵閣四庫全書》子部第 813 冊（上海：上海古籍出版社，1987年），卷 1，〈歷代諸帝·唐明皇〉，頁 210。
[45] 長尾秀則：〈玄宗「石台孝経」成立再考〉，頁 157。
[46] 宋·王溥撰：《唐會要》卷 35，〈經籍〉，頁 645。
[47] 唐·唐玄宗御注、宋·邢昺疏：《孝經注疏》，〈孝經注疏序〉，頁 2541 中。

而後有《御注》。蓋《制旨》即講疏，明皇先為講疏，敷演其義，然後約其文以為《注》，又命元行沖本《制旨》之意為《注》作《疏》。[48]

所謂「制旨」，指帝王與大臣講習經疏的記錄，如梁武帝《制旨孝經義》、《制旨禮記中庸義》[49]之類。根據余嘉錫上述考證，先有玄宗講義記錄《孝經制旨》一書，玄宗對此簡約以成開元《御注》，因此《制旨》即是玄宗講習經疏的記錄，而非指元行沖《疏》。

不過，上述余氏以為玄宗命元行沖依照《制旨》之意撰寫成《疏》，則未必盡然。按余氏考〈事君章〉經文「退思補過」一條，開元「始注」的注文為「退歸私室，則思補身過也」，天寶「重注」修改為「君有過失，則思補益」。此處邢疏云：「案舊注韋昭云『退歸私室，則思補其身過』，……今云『君有過則思補益』，出《制旨》也，……此理為勝，故易舊也。」[50]則明言玄宗修訂「重注」此處注文，乃是依據《制旨》文旨。若如余氏理解的玄宗命元行沖依照《制旨》之意撰寫成《疏》，則豈非「始注」注文為「君有過失，則思補益」，才能有出於《制旨》云云。因此邢疏特別明示「重注」有此修訂，正可明確並非《元疏》依《制旨》，而是「重注」有依《制旨》之處。以下考察詳之。

案邢疏中今存四條《制旨》引用文，分別見於〈庶人章〉、〈三才章〉、〈聖治章〉、〈事君章〉疏文，除上述〈事君章〉所引《制旨》，朱海研究發現其他三處的引文亦有「依原有疏隨筆添補」的性質，並指出「如果除去《制旨》，上下文仍然連貫，並不影響原有意思的表達。……前三處《制旨》各自闡發一個相對完整、獨立的意思，細審文意，與經文、注文有

---

[48] 余嘉錫撰：《四庫提要辯證》（北京：中華書局，1980年），卷1，〈經部・孝經類〉，頁60-61。
[49] 李延壽撰：《南史》（北京：中華書局，1987年），卷56，〈張緬傳〉，頁1369。
[50] 唐・唐玄宗御注、宋・邢昺疏：《孝經注疏》，頁2561上。

些微的差異，不是對注文所言的疏文，而是重在闡發注文未盡之義。」[51] 這顯然是伴隨天寶「重注」的改訂而相應修訂《元疏》之際的補入文字。

那麼，是否如學者主張《制旨》為玄宗於開元「始注」之後另制一書呢？根據林秀一的考察已然明確，「重注」對「始注」經注並未做出重大修改，實看不出另行御制《制旨》的必要性。以下透過考察〈庶人章〉經注及所引《制旨》在論旨上的差異，會有新發現。先列資料如下：

> 經文：故自天子至於庶人，孝無終始，而患不及者，未之有也。
> 始注：始自天子，終於庶人，尊卑雖殊，孝道同致，而患不能及者，未之有也。言無此理，故曰未有也。[52]
> 邢疏：……《制旨》曰：嗟乎。孝之為大，若天之不可逃也，地之不可遠也。朕窮五孝之說，人無貴賤，行無終始，未有不由此道而能立其身者。然則聖人之德，豈云遠乎？我欲之而斯至，何患不及於己者哉。[53]

關於此章經文，清儒指出玄宗十八章《孝經》有刪經文「己」字。[54] 敦煌出土《孝經》白文本及《鄭注》本此處經文均有「己」字，證實玄宗十八章經文與《鄭注》本此處經文不同。[55] 然而吐魯番出土「72TAM169：26（a）古寫本《孝經》」殘卷中，[56] 經文作「孝無終始，而患不及者，未之

---

[51] 朱海：〈唐玄宗御注《孝經》考〉，頁130。
[52] 案：「重注」沿襲「始注」，唯刪句末「也」字。
[53] 唐‧唐玄宗御注、宋‧邢昺疏：《孝經注疏》，卷3，〈庶人章第六〉，頁2549下。
[54] 「明皇本無『己』字，蓋臆刪耳。據鄭注『患難不及其身』，身即己也。《正義》引劉瓛云『而患行孝不及己者』，又云『何患不及己者哉』，則經文元有『己』字。」嚴可均：《孝經鄭注》（北京：商務印書館，1959），頁4。
[55] 據陳鐵凡考察，「敦煌所出《孝經》，什九皆鄭氏，無一古文」。案敦煌本白文《孝經》及《鄭注》存〈庶人章〉經文者凡十二件，均作「患不及己者」。陳鐵凡：《敦煌本孝經類纂》（臺北：燕京文化，1977），頁1-3。
[56] 案吐魯番出土古寫本《孝經》殘卷為白文本，不分章且無章名，見存經文起「後世，

有也」，與《御注》正同，則《御注》經文無「己」字，亦自有所本。對此，已於本書「第三章 六朝隋唐《孝經》文本的淵源辯析」做出釐清。

當然，無論玄宗《御注》是否自有所本，從官學認定的十八章今文立場而言，《御注》取代《鄭注》，經文亦由《鄭注》經文轉換為《御注》經文，如此轉換，當有玄宗的意圖。具體考察注文部分，則可更為明確。玄宗《御注》經文不見「己」一字，且不採孔、鄭、韋、王等將「患」解為「禍患」，而解作「憂」，[57] 從而使經義成為「人人唯恐自己行孝不及」。更為關鍵的是玄宗在注文將「終始」解作「始自天子，終於庶人」，從而不再呼應〈開宗明義章〉「始於事親、終於立身」之義。因為「始於事親、終於立身」主要指行孝之事，關注點在於行孝能否做到從家庭到社會有始有終；而「始自天子，終於庶人」，主要指行孝之人，關注點在於行孝是體現政治尊卑秩序的行為。這樣的注解，遂使〈開宗明義章〉統貫〈庶人章〉以表徵「聖人教孝」的涵義，轉換為〈天子章〉統貫〈庶人章〉的「時王教孝」涵義。[58] 由此從結構上改變了漢晉舊注的疏解意向，亦改變了漢魏六朝一向將《孝經》做為「聖人治法」的經典性質。

再來斟酌《制旨》文意，其大意為「孝德廣大，正如使人寄身於天地之間，無所不為其覆。朕身為天子能透徹瞭解自天子以至庶民的五等孝義，而

以顯父母」（相當於〈開宗明義章〉第一），至「君親臨之，厚莫」（〈孝治章〉第九）。1972年出土於新疆阿斯塔那169號墓，編號為：72TAM169：26（a）。據唐長孺考察：「據同墓所出《高昌建昌四年（公元五五八年）張孝章隨葬衣物疏》，隨葬物有《孝經》一卷，因知本件寫成之日不得晚於建昌四年」。西元558年為南朝陳武帝永定二年，北周明帝二年，北齊天保九年，可知張孝章墓出土此卷《孝經》寫本為六朝遺文。國家文物局古文獻研究室等編：《吐魯番出土文書（錄文本）》第2冊（北京：文物出版社，1981年），頁268-273。

[57] 案經文「患」有兩解，其一作「憂、惡」，邢疏云：「《說文》云：患，憂也；《廣雅》曰：患，惡也」；其二解作「禍」，邢疏云：「《蒼頡篇》謂患為禍，孔、鄭、韋、王之學引之以釋此經。」唐·唐玄宗御注、宋·邢昺疏：《孝經注疏》，卷3，〈庶人章第六〉，頁2549下。

[58] 參見陳壁生：〈明皇改經與《孝經》學的轉折〉，頁50。

人無貴賤之分，行孝亦無終始，沒有人不能從行孝開始，終立其身者。聖人孝德哪裡是遙不可及的呢？我想蒙受他便至斯，哪有必要擔心不會覆加到自己身上呢？」由此發現，其中對「終始」的解說仍在「始於事親，終於立身」。最值得注意的是「患不及於己者」一句顯然是針對經文「患不及己者」做出的解釋。這樣，《制旨》以「患」作「擔心」解，整體經旨強調孝德廣大無所不及，任何人都不必擔心不能澤及己身，這裡天子是五孝的體證者之一。這樣的解釋，仍是因循舊注以《孝經》為聖人教孝的宗旨，與前述脫離漢晉舊注並將《孝經》改換成時王教孝的《御注》，形成明顯對照。

由此亦明確《制旨》所據經文，乃是當時通行的《鄭注》經文，並非是《御注》經文。那麼，諸多證據顯示出，《制旨》未針對《御注》疏解，且文義尚未脫離既往舊注經解，這樣的《制旨》，只能解釋為《御注》之先的玄宗早期著述。

若就此認同在開元《御注》之前先有玄宗御制《制旨》一書，且開元二年賜薛王業〈勅序〉中便提到此《疏》，則由此獲得一點重要啓發：〈勅序〉所指的《疏》既然為《制旨》，那麼可以推論賜薛王業〈勅序〉極有可能即為《制旨》本有〈序〉（暫稱為〈制旨序〉）的文字，其序文內容實際與天寶「重注」卷首〈玄宗序〉幾同，而篇首篇尾添加「登花萼相輝樓」云云諸句，便成為賜給薛王業的〈勅序〉。這樣，〈制旨序〉與《制旨》是經過字斟句酌的撰述，而非興致所至的一時之作，用於賜給薛王業的〈勅序〉實則是玄宗便宜將〈制旨序〉活用一次，並且再次活用於天寶「重注」。

關於《制旨》與〈制旨序〉本身何時撰寫完成，既如《新唐書》所定書名云「今上」、「制旨」，序文及內文又有「朕聞」、「朕窮」等字樣，即便不排除後來增益的可能，僅由〈制旨序〉的措辭表義程度，亦可明確《制旨》並〈序〉於開元二年三月之際已成獨立著述，其前身則可能為玄宗在藩時期已然累積的《孝經》講義錄。[59]

---

[59] 有關玄宗對《孝經》的學習狀況，史書不見記載。然而僅從其所著《孝經》諸注所呈

如此，即如前文已然明確的三點，一、「重注」只是對「始注」做了小規模的修改，整體上仍舊大致襲用「始注」，唯獨卷首更迭〈玄宗序〉，才是重大的改動之舉；二、玄宗在修訂「始注」以成「重注」的過程，《制旨》一書成為首要參考，修訂之處可能多出自此書，包括卷首〈序〉；三、玄宗意欲以展現「御制」〈經・注・序〉並親筆上石，賦予石臺孝經碑某種權威性。則綜合這三點，可以發現一種跡象，即玄宗似對天寶年間的重修《御注》乃至建立石臺孝經的「宣示」意味濃厚。既於天寶「重注」明文「御制並注」、與石臺孝經亦特別標明「御制序並注及書」，乃至更有「故親自訓注，垂範將來。今石臺畢功，亦卿之善職」等親筆御批，[60] 這些帶有「宣示性」的字樣，非正是顯露出玄宗意欲展現「御制」姿態？那麼，《制旨》亦無疑是修訂之際擔負此種「御制」涵義的重要指標。

那麼，《制旨》並〈序〉之詳，雖史書不見載，但就〈制旨序〉一度活用於〈勅薛王業序〉，再度活用於「重注」〈玄宗序〉，則透過考察玄宗不同時期這些對《孝經》的活用，可以澄清玄宗於不同時期所寄予《孝經》的不同期許。

（二）關於《孝經制旨》與開元「始注」

首先關於開元「始注」的製作意圖及其頒行過程，在〈元行沖序〉有詳

現的學術水準以及對後世的影響來看，不難想像玄宗花了許多時間對《孝經》作過充分的研讀。唐代皇室對《孝經》學習是從兒童時期開始的慣例。例如《唐會要》記載：「貞觀十四年二月十日，幸國子監，親臨釋奠。二十年二月，詔皇太子於國學釋奠於先聖先師。皇太子為初獻，國子祭酒張復裔為亞獻，光州刺史攝司業趙宏智為終獻。既而就講，宏智演《孝經》忠臣孝子之義。」又「開元七年十一月十一日，以貢舉人將謁先師，質問疑義，勅皇太子及諸子，宜行齒冑禮。二十一日，皇太子謁先聖，皇太子初獻，亞獻終獻，並以冑子充。」王溥撰：《唐會要》，卷35，〈釋奠〉，頁640、642。由此可以明確，玄宗自身為皇子的時候學習過《孝經》，稱帝之後亦令鴻儒為皇太子及諸皇子講義《論語》、《孝經》。

60 唐玄宗御書：《石臺孝經》，頁6-7。

細記載：

> 乃勅宰臣曰，朕以孝經，德教之本也，自昔詮解，其徒寔繁，竟不能窺其宗，明其奧，觀斯蕪漫，誠亦病諸。頃與侍臣，參詳闕理，為之訓注，翼闡微言，宜集學士儒官，僉議可否。於是左散騎常侍……並鴻都碩德，當代名儒，咸集廟堂，恭尋聖意。捧對吟咀，探紬反覆，至於再，至於三，動色相歡，昌言稱美，曰，……道先王至要之源，守章疏之常談，……伏請頒傳，希新耳目。侍中……等奏曰，……望即施行，佇光來葉。其序及疏，並委行沖修撰。制曰可。[61]

開元七年，玄宗初衷是令群儒從《孔傳》、《鄭注》質定擇一做為科舉經籍，但由於朝臣的僵持對立使玄宗最終決定御定「新注」。玄宗在整個開元「始注」的修撰過程中，如上所述可謂慎之又慎、精益求精，經與朝廷眾臣及當時名儒的再三和議，才頒行天下及國子學。並特意委任時任太學最高長官國子祭酒的元行沖製〈序〉和《疏》，則顯然是為制定官學科舉經籍。這一過程中，《制旨》對在開元「始注」的修撰似乎並未發揮指針性的影響，這從〈元序〉所云注文徵引舊注的「鄭玄、孔安國、王肅、韋昭、魏克己」，與〈制旨序〉所云「六家」多不一致亦可以察覺。玄宗在整個開元「始注」的修撰過程中，表現出的始終是謹慎謙讓、協調眾意的學術姿態。

進而看〈制旨序〉的宗旨，就整篇文章來看，大致與〈元序〉陳述對漢晉舊注不滿及制定「新注」必要性等內容大同小異，唯獨有一處不同且為全篇的核心表述，即文中「昔者明王之以孝治天下也，不敢遺小國之臣，而況於公、侯、伯、子、男乎。朕嘗三復斯言，景行先哲」一段文字。這是〈元序〉沒有的話題，達到讓玄宗「三復斯言」的程度，似乎反映出玄宗對「小國之臣」乃至「公卿大臣」倍感關注的心境。無論怎樣，在此呈現出玄宗對經義的「政治涵義」關注，明顯與〈元序〉旨在表明玄宗統合經義的注重

---

[61] 唐玄宗御注：《覆卷子本唐開元御注孝經》，頁 1a-5b。

「學術」趣旨不同。〈制旨序〉的撰寫動機為何,則從全篇沿用其文字的〈勑序〉撰寫動機可以獲得啓發。

開元二年草書於《王羲之草書孝經》卷首的〈賜薛王業勑序〉書寫意圖,從形式上來看出是敕命李業學習《孝經》的教材。六朝隋唐皆是奉行以孝治天下,研讀《孝經》是皇族的重要功課,前文《王羲之草書孝經》即為王羲之受命為年少的晉成帝書寫《孝經》課本,玄宗賜《孝經》給李業亦是基於這樣的傳統。但是若將視野投向當時的政治背景進一步解讀這篇〈勑序〉,則會發現玄宗敦促李業學習《孝經》另有一層涵義。

在歷經幾度的宮廷政變取得皇位之後,[62] 玄宗如何對待與其共同參與宮廷政變的岐王範、薛王業等諸王兄弟,似乎成為執政初期格外用心的課題。方法既有如前述玄宗與諸王親密友愛,以及生活的待遇改善、封王、封號、賜姓等懷柔的一面,亦有對他們的戒備監視。《資治通鑑》記載:

> 成器尤恭慎,未嘗議及時政,與人交結;上愈信重之,故讒間之言無自而入。然專以衣食聲色畜養娛樂之,不任以職事。羣臣以成器等地逼,請循故事出刺外州。六月,丁巳,以宋王成器兼岐州刺史、申王成義兼幽州刺史、幽王守禮兼虢州刺史,令到官但領大綱,自餘州務,皆委上佐主之。是後諸王為都護、都督、刺史者並準此。……乙卯,以岐王範兼絳州刺史、薛王業兼同州刺史。仍敕宋王以下每季二人入朝,周而復始。[63]

以上記述可見玄宗透過對諸王採取外刺、閑職、定期的入朝述職,乃至左遷、監視、削奪兵權等種種措施,保持對他們的監視與統轄。

---

[62] 自神龍元年(705)武后失權起,至先天二年(713)唐玄宗誅滅太平公主勢力的八年間,唐皇室發生七次政變,五易皇位,且多為玄宗親身經歷。慘烈的權力傾軋中,被誅殺者遍及帝后妃嬪,公主王孫,將相大臣。相關事件及過程記述,參見許道勛、趙克堯:《唐玄宗傳》,頁82-85。

[63] 司馬光編撰:《資治通鑑》,卷211,「開元二年」條,頁6700-6711。

即如玄宗遷諸王兄弟宅邸於興慶宮周圍，並置樓命名「花萼相輝」等一系列行為，一方面表徵兄弟親睦同時，亦如學者指出「以花萼相輝樓置儲王於身旁，不但表現了他對寧王讓天下予他的感謝誠心，兄弟義重，更重要的是將兄弟圈入防範之圍。在《冊府元龜》記有『首夏花萼樓觀群臣宴寧王山亭，回樓下又申之以賞樂賦詩』，就說明了這點，從而也消除了皇權爭鬥之慮。」[64] 置樓的目的亦不無「監視管制」意味。同樣，〈勅序〉形式上教導諸王兄弟以臣下之禮恪守服從忠孝之道同時，還帶有使宗室諸王不會產生「反心」的預防教育意圖，實質發揮一種軟性警告的作用。玄宗明瞭宗室諸王及諸皇子的行為是關係新政權能否穩定的最重要因素，因此寄予《孝經》的期待尤其切實，撰著《孝經制旨》及〈制旨序〉的動機有此一面，〈賜薛王業勅序〉亦是這個意義上的一個事例。

（三）關於天寶「重注」與石臺孝經

關於天寶「重注」的修訂成書，《唐會要‧論經義》中可見如下一條疏略的記載：「至天寶二年五月二十二日。上重注，亦頒於天下。」由此看不出天寶「重注」的製作動機。邢昺在〈孝經注疏序〉另有如下敘述：

> 至唐玄宗朝，乃詔羣儒學官，俾其集議。是以劉子玄辨鄭注有十謬七惑，司馬堅斥孔注多鄙俚不經。其餘諸家注解，皆榮華其言，妄生穿鑿。明皇遂於先儒注中，採摭菁英，芟去煩亂，撮其義理允當者，用為注解。至天寶二年注成，頒行天下。仍自八分御扎，勒于石碑。即今京兆石臺孝經是也。[65]

邢昺的敘述，很明顯把開元「始注」的成書過程和時期錯當成天寶「重注」成書的狀況，仍以平息開元群儒的論爭御制「新注」，做為「重注」成

---

[64] 李百進：〈唐興慶宮平面佈局和勤政務本樓遺址復原研究〉，頁 29。
[65] 唐‧唐玄宗御注、宋‧邢昺疏：《孝經注疏》：〈孝經注疏序〉，頁 2538。

書的原因。對刻石臺孝經的記述,也只有記述玄宗以八分書御書上石這一件事。

關於石臺孝經,《全唐文》另載一篇李齊古〈進御注孝經表〉:

> 臣聞《孝經》者,天經地義之極,至德要道之源,在六籍之上,為百行之本。自文宣既沒,後賢所注,雖事有發揮,而理甚乖舛。伏惟開元天寶聖神文武皇帝陛下敦睦孝理,躬親筆削,以無方之聖,討正舊經,以不測之神,改作新注,朗然如日月之照邈矣。合天地之德,使家藏其本,人習斯文,普天之下,罔不欣載。仍以太學王化所先,《孝經》聖理之本,分命璧沼,特建石臺,義展睿詞,書題御翰,以垂百代之則,故得萬國之歡。今刊勒既終,功績斯著,天文炳煥,開七曜之光輝,聖札飛騰,奪五雲之氣色,烟花相照,龍鳳沓起,實可配南山之壽,增北極之尊。百寮是瞻,四方取則,豈比周官之禮空懸象魏,孔子之書但藏屋壁。臣之何幸,躬覩盛事,遇陛下興其五孝,忝守國庠,率胄子歌其五德,敢揚文教,不勝忭躍之至。謹打石臺《孝經》本,分為上下兩卷,謹於光順門奉獻兩本以聞。[66]

李齊古做為國子祭酒,在這樣一篇極盡溢美之辭且道風十足的表文中,大力頌揚皇帝作注建碑的豐功偉業。而這篇表文也被鐫刻在石臺孝經碑上,體現出建立此碑的官方立場。玄宗〈答李齊古石臺孝經表批〉云「石臺功畢,亦卿之善職,覽所進本,深嘉用心」,[67] 表明李齊古表文所表達的宗旨,契合玄宗之意,獲得嘉許。

那麼從表文來看,云「仍以太學王化所先,《孝經》聖理之本」、「以垂百代之則,故得萬國之歡」,則建造石臺孝經依然是彰顯玄宗向天下萬民

---

[66] 宋・董誥等編:《欽定全唐文》(上海:上海古籍出版社,1990 年),卷 377,〈進御注孝經表〉,頁 1695。
[67] 同前引,卷 37,〈答李齊古石臺孝經表批〉,頁 174。

推行王道教化、弘揚孝道的意志,與之前數次推行《御注》宣揚《孝經》的宗旨,似乎並無特別不同。

然而結合建碑前後玄宗朝的實際情形,仔細品讀碑文表述,則會發現一些新事實。首先天寶石臺孝經篇首以玄宗「御製序」,取代了開元「始注」〈元行冲序〉,於前文已經明確,此序是玄宗開元初年撰寫的〈制旨序〉截去頭尾文字的再次留用。但由於〈經‧注〉僅是小幅修訂,使玄宗特別替換的〈序〉反而與〈經‧注〉言不相應,以致引發後世學者多有爭議。在開元十年(722)《御注》早已確立於學官的狀況下,二十二年之後的天寶四年(745),《御注》重新成為玄宗關注的目標,但是比起精益求精的學術修訂,其關注點似乎更在於以自〈序〉取代〈元序〉,並親自以八分書鄭重隸寫「重注」〈序‧經‧注〉全文、刻石、建碑,且使這一切在兩年內完工。從石臺孝經碑文排列亦可發現,最上方碑額為皇太子李亨(唐肅宗)題「大唐開元天寶聖文神武皇帝注孝經臺」十六字篆書,還有國子祭酒李齊古的〈表〉文被刻置於經注之後,與開元「始注」卷首冠〈元行冲序〉不同,這些展現玄宗「御製」涵義的建造形式,林秀一論文已然察覺到「有一種為《御注》增添權威的用意」。

本來,建立於京兆太學做為確立科舉經籍範本的石臺孝經,尤其在書寫等形式層面,沒有非必玄宗親筆書寫勒石的必要,況且修訂的疏略與建碑的工程浩大、鄭重其事形成反差,令人感到某種不尋常。亦如出現在刻石上的「御製序並注及書」及「親自訓注,垂範將來」等提醒字樣,皆旨在宣示改訂《御注》及石臺孝經建碑乃是玄宗的「一己之功」。

這種意向,從以下各角度觀察,更為明顯。關於「重注」的修訂,表文盛讚「躬親筆削,以無方之聖,討正舊經,以不測之神,改作新注」,這裡再也不見開元「始注」〈元序〉中所描述的君臣群策群力的狀況,也不是為確定科舉經籍玄宗精心細審的學術姿態,甚至對「始注」未及一言。云「以無方之聖,討正舊經」、「以不測之神,改作新注」,則修訂完成的是已然

是「聖經、神注」，其成就便「朗然如日月之照邈」、「合天地之德」，「使家藏其本，人習斯文，普天之下，罔不欣載」，表達出「孝治天下」的實現。這些極盡溢美之辭的表述本身，明確表達出玄宗改訂《御注》及御書上石建碑的功業，正是需要被凸顯的重點，與「始注」〈元序〉強調的重點已經大為不同。

尤其值得注意的是碑額及表文稱「開元天寶聖文神武皇帝陛下」字樣，這是天寶改元之際所加尊號。事實上，玄宗一生曾五次「加尊號」，第一次是於開元元年十一月戊子，「上加尊號為開元神武皇帝」。[68] 這個尊號用了二十七年時間，即便開元十八年「百僚及華州父老累表」多次勸請「上尊號內請加『聖文』兩字」，玄宗的回答始終是「不允」，[69] 並在〈答三請上尊號表批〉云「惟『聖』與『文』，洪名極稱。內省虛缺，安敢冒承。」[70] 表達出開元中期勵精圖治的年輕帝王的真實心情。

開元二十七年二月己巳，玄宗第二次「加尊號開元聖文神武皇帝」，恰恰多了「聖文」二字。[71] 還值得注意的是這一年的八月，孔子被追諡為「文宣王」。天寶四年的李齊古表文亦可見「自文宣既沒」，「文宣」即指「文宣王」。從漢至唐，孔子被追諡的稱號不在少數，卻從未獲得當王的諡號。這個「王」不是諸侯列國的諸王涵義，而是「南面而坐」的天子之尊，玄宗在〈追諡孔子十哲並昇曾子四科詔〉追諡孔子為「文宣王」的詔書稱：「夫子既稱先聖，可追諡為文宣王……夫子皆南面坐，十哲等東西列侍」，涵義再明顯不過，聖人當為王。詔書表彰孔子云：「所謂自天攸縱，將聖多能，德配乾坤，身揭日月，故能立天下之大本，成天下之大經。美政教，移風俗，君君臣臣，父父子子，人到於今受其賜。」[72] 這與李齊古表文「以無方

---

[68] 宋・劉昫等撰：《舊唐書》，卷 8，〈玄宗紀上〉，頁 171。
[69] 同前引，頁 196。
[70] 宋・董誥等編：《欽定全唐文》，卷 37，〈答三請上尊號表批〉，頁 174。
[71] 後晉・劉昫等撰：《舊唐書》，卷 9，〈玄宗紀下〉，頁 207。
[72] 宋・董誥等編：《欽定全唐文》，卷 31，〈追諡孔子十哲並昇曾子四科詔〉，頁 14

之聖，討正舊經，以不測之神，改作新注，朗然如日月之照邈矣。合天地之德，使家藏其本，人習斯文，普天之下，罔不欣載」的表述，在表達「聖人治世」及實現「天下孝治」的觀點上，何其相似。不同的是前者表彰孔子，後者讚頌玄宗；相同的是孔子理想中的治世，正如當今的天下大治。這一年，聖人成為王者，王者成為聖人，玄宗接受了「惟『聖』與『文』，洪名極稱」的儒家最高盛譽，自負太平盛世的實現。

但事實是此時玄宗年五十五歲，在位二十七年，「是時，上在位歲久，漸肆奢欲，怠於政事。」[73] 三年前的開元二十四年十一月，張九齡為穩定政局力諫玄宗不可輕廢太子，玄宗卻以「阿黨」罪名罷相張九齡，使李林甫竊據中書令。二十五年四月，玄宗聽信武惠妃誣陷，終廢黜太子，製造一日賜死三親子的冤案，史評「明皇一日殺三庶人，昏蔽甚矣」。[74] 同年十二月丙午寵愛二十多年的武惠妃死去，玄宗家庭生活沉到谷底。至二十六年七月己巳，經高力士一句提醒「立長為儲，誰敢復爭」，玄宗終於決定立忠王李璵為太子，糾結多年的繼承人選就此底定。[75] 開元二十七年，加尊「聖文」，表彰聖賢，是玄宗放下心中重擔、個人心情走出谷底的標誌，也是自負太平天子，全面怠政的開始。從這一年冬天開始，「上厭巡幸」，從此不再東幸洛陽。翌年（二十八年十月），楊玉環被選入宮。至天寶三載（744），玄宗「從容謂高力士曰：『朕不出長安近十年，天下無事，朕欲高居無為，悉以政事委林甫，何如？』」[76]「高居無為」不僅指不問政務，還指崇道。

開元二十九年正月，玄宗曾詔命「兩京諸州各置玄元皇帝廟，兼置崇玄學」，四月，玄宗自稱夢見玄元皇帝（老子），五月，「命有司圖畫〔玄

7。

[73] 宋・司馬光編撰：《資治通鑑》，卷214，「開元二十四年十一月」條，頁6832。
[74] 宋・歐陽修等撰：《新唐書》，卷222，〈南蠻傳〉，頁6295。
[75] 宋・司馬光編撰：《資治通鑑》，卷214，「開元二十六年五月」條，頁6833。
[76] 同前引，卷215，「天寶三載」條，頁6862。

元〕真容,分布天下。」[77] 翌年,有人稱「玄元皇帝……告以『我藏靈符,在尹喜故宅』,」尋求得之,遂應群臣上表改元「天寶」,並加尊號「開元天寶聖文神武皇帝」,[78] 這是玄宗第三次加尊號。改元「天寶」,並不具有萬象更新的意義,實則是朝臣迎合玄宗個人的求仙求長生意圖。三月,追封莊子、文子、列子、庚桑子等為真人,九月,改玄元皇帝廟為玄元皇帝宮,如此,玄元皇帝也如人間皇帝有了朝廷和朝臣。十月,建「長生殿」,[79] 造玄元皇帝立像,「每中夜夙興,焚香頂禮」。[80] 二年正月,追尊老子為大聖祖玄元皇帝,詔令「以王者袞冕之服,繪彩珠玉為之」,甚至玄宗為自己亦雕塑「真容」,立於玄元皇帝（老子）聖容右側,供人禮拜。[81] 於是老子成為現世的聖人皇帝,玄宗成為玄化的神。正如趙克堯指出:「唐玄宗裡裡外外,俱以自己至尊的模式,鑄造了道教教祖,把他裝飾成人間主宰。神是人創造出來的,神的禮儀制度都可以從人那裡找到它的踪跡。隨著玄元皇帝的玄宗化,玄宗也玄元皇帝化了。」[82] 這一年五月初二,天寶「重注」修訂完成,頒行天下。

天寶三載,改「元」為「載」,兩京及天下諸郡以金銅鑄造老子和玄宗「真容」,供奉於道觀。十二月,詔令天下家藏《孝經》。天寶四年正月,玄宗忽然對宰相說,「在宮中築壇祈福,俄飛升天,聞空中語云『聖壽延長』。」於是,太子、諸王、宰相紛紛上表祝賀。[83] 如果說開元後期玄宗在「自我造聖」,那麼到了此時,在渴求長生的迷夢中,則已演變成昏昏噩噩

---

[77] 宋・王欽若等編纂,周勛初等校訂:《冊府元龜》,卷 53,〈帝王部・尚黃老第一〉,頁 561。
[78] 同前引,卷 54,〈帝王部・尚黃老第二〉,頁 564。
[79] 許道勛、趙克堯:《唐玄宗傳》,頁 428。
[80] 後晉・劉昫等撰:《舊唐書》,卷 24,〈禮儀志四〉,頁 934。
[81] 宋・王欽若等編纂,周勛初等校訂:《冊府元龜》,卷 54,〈帝王部・尚黃老第二〉,頁 566。
[82] 許道勛、趙克堯:《唐玄宗傳》,頁 425。
[83] 宋・司馬光編撰:《資治通鑑》,卷 215,「天寶四載正月」條,頁 6863。

的「自我造神」運動。這一年九月，御書「重注」經、序、注、勒石刻碑的石臺孝經落成。[84]

　　由此可以更明確了解，李齊古〈表〉文中道風十足、極盡頌讚的涵義所在，「無方之聖」、「天文炳煥」、「聖札飛騰」，是讚頌天寶《御注》的無上成就，「開七曜之光輝」、「五雲之氣色，烟花相照，龍鳳沓起」，是描述完成天寶《御注》的聖德功業，與天地日月同輝，引來彩雲龍鳳祥瑞。甚至是「實可配南山之壽，增北極之尊。」這樣的讚嘆已經離開《御注》建碑「孝治天下」的前提，而成了為玄宗個人祈福納祥。由此看來，李齊古表文所表達的盛讚玄宗建碑之功，還帶有祝賀皇帝「聖壽延長」的阿諛目的。另外，表文之後還可見「天寶四載九月一日特進」，並羅列進獻者李林甫等四十六位朝臣的官銜與人名，慶賀氣氛濃厚。順便一提，當年的省試科舉詩題為《玄元皇帝應見賀聖祚無疆詩》，今存殷寅、李岑、趙鐸的三首省試科舉詩，其中詩句如「昔贊神功起，今符聖祚延」、「運表南山祚，神通北極尊」、「道光尊聖日，福應集靈年」等諛詞美言，[85] 與李齊古〈表〉文前述表達，迎合上意的用心不言而喻。這便是天寶年間彌漫在玄宗朝廷上下「造神」氛圍中石臺孝經建碑的背景及目的，其一，很大程度是為玄宗歌功頌德所建，其二，還帶有祝賀皇帝「聖壽延長」的目的。

　　由此澄清，天寶「重注」乃至石臺孝經的成立動機，就其內容本身而言仍然不失向萬民百姓宣揚「孝治天下」的文教功能，然而建碑的直接動機，更在於藉此誇飾玄宗實現「孝治天下」的聖德功業。這已不僅是宣揚文教，更主要目的是歌功頌德及祝賀玄宗「聖壽延長」，以迎合玄宗個人自負天下太平及希求長生的心理需求。

　　天寶八載閏月丁卯，「上皇帝尊號為開元天寶聖文神武應道皇帝」；九

---

[84] 宋・王溥撰：《唐會要》，卷 35，〈經籍〉，頁 645。
[85] 王兆鵬：《唐代科舉考試詩賦用韻研究》（濟南：齊魯書社，2004 年），頁 6。案王論作「趙驊」，誤。

載,「時人以明皇尊道教,慕長生,故所在爭言符瑞,群臣表賀無虛月。」十三載二月乙亥,「上尊號為開元天地大寶聖文神武孝德證道皇帝」。[86]「應道」、「證道」,是對玄宗成為真神的正式認定。就在這樣不斷升級的「造神」運動中,天寶十四載十二月暴發安史之亂,打破了玄宗所有求仙造神的迷夢,也將大唐王朝推向覆滅的邊緣。

　　歷史的發展,顯現出《孝經》本來的作用,由於唐代官民大力推行《御注》產生了成效。如敦煌文獻編號 P.2721《新集孝經十八章皇帝感》殘卷,可見「新歌舊曲遍州鄉,未聞典籍入歌場。新合孝經皇帝感,聊談聖德奉賢良。開元天寶親自注,詞中句句有龍光。……立身行道德揚名,君臣父子禮非輕。事君盡忠事孝,感得萬國總歡情」、P.3910《新合千文皇帝感辭》殘卷可見「帝詔四海贊諸賓,黃金滿屋未為珍。……天寶聖主明三教,追尋隱士訪才人。……御注孝經先公唱,又談千文獻明君」等吟詠。[87] 從這些中唐至五代在西北地區流行的詩句來看,能想像當時配合開元天寶《御注》的頒行天下,是如何以歌詠演奏的形式向庶民大眾推廣的盛況。還有出現如 P.3816《御注孝經讚并進表》殘卷,為天寶年間安西都護「張嵩(或作張孝嵩)」作,這是地方官吏希望比照其例,在天下諸郡及督護府建置官學,來推動《御注》傳習。[88] 這些皆足見《御注》在西北邊陲地區普及民間的情形。西北邊陲如此,中原地區影響之深亦可想像。[89] 歷史證明,皇帝利用《孝經》的私心自用最終只能歸於破滅,《孝經》的文教價值,在於對歷史

---

[86] 後晉‧劉昫等撰:《舊唐書》,卷9,〈玄宗紀下〉,頁223、227。

[87] 任半塘:《敦煌歌辭總編》(上海:上海古籍出版社,1987年),頁734-743。

[88] 鄭阿財:〈敦煌寫卷〈御注孝經讚并進表〉初探〉,《敦煌學》,18(臺北:1992),頁108、111。

[89] 趙楠論文大量列舉唐代詩人對《孝經》的吟詠,指出:「戲把藍袍包果子,嬌將竹笏惱先生」的孩子得學,「群書萬卷常暗誦」的士子總是「《孝經》一通看在手」,就連「只向田園獨辛苦」的農家也「家藏一卷古《孝經》。唐人對《孝經》已諳熟於心,經文漸漸化為了一種潛意識。參見趙楠:〈論《詠孝經十八章》〉,《西南民族大學學報》(人文社科版)第25卷5期(成都:2004年),頁225-228。

文化道德建設的貢獻，也是得以流傳後世的原因所在。

（四）〈玄宗序〉所見「六家」的疑義

最後考察有關〈玄宗序〉所見「六家」的疑義。林秀一針對〈玄宗序〉所見「六家」邢昺解為「韋昭、王肅、虞翻、劉邵、劉炫、陸澄」的錯誤說法，認為是由於邢昺等校書態度敷衍所引起的誤解，應當將「劉炫、陸澄」訂正為「鄭康成、孔安國」，從而指出構成開元「始注」的主要依據資料為〈元序〉所舉「鄭康成、孔安國、王肅、韋昭、魏克己」等五人，「虞翻、劉邵」則是天寶二年重修注文之際的重要參考學說，並未直接徵引虞翻、劉邵的注文。[90]

然而透過本文考察明確，天寶「重注」〈玄宗序〉的原型素材，是開元初玄宗個人撰著的〈制旨序〉，至少從〈元序〉的敘述來看，〈制旨序〉對開元十年成立的「始注」並未發揮指針性影響，因此，其中所見「六家」舊注與〈元序〉所云相異，亦並非不可思議。那麼，本來與「始注」制作未必關涉密切的〈制旨序〉，一旦全文被重新起用於天寶「重注」卷首〈玄宗序〉，便產生了本論最初指出的「六家」疑惑。不過，即使做出如上的序文更迭從而產生〈序〉與《注》不相應的問題，或許因為玄宗沒有時間精力撰寫新序，既然目的在於展現玄宗實現「孝治天下」的聖德功業，則最為優先被考量的，比起內容細部妥帖與否的「學術誤差」，建碑達成的歌功頌德、粉飾太平，纔是需要的效果。亦即使共同撰著性格的開元「始注」，轉變為玄宗一人御制性格的天寶「重注」及石臺孝經是建碑的實質需要。修訂參用書以玄宗名義的《孝經制旨》，用意亦在強化這種玄宗御制性格。既然了解〈玄宗序〉與《御注》不相應的真相，則〈玄宗序〉所見有關「六家」的疑義亦由此獲得澄清。邢昺的誤讀，正成為契入《御注》真相的切入點。

---

[90] 日・林秀一：〈御注孝経序に関する疑惑〉，《孝經學論集》，頁151。

結　語

　　《孝經》「以孝治天下」的明確宗旨，為歷代君主推行文教，提倡「孝治天下」、「移孝作忠」提供了絕佳的經典依據，對玄宗來說尤為注重。《御注孝經》乃是玄宗執政之餘，長期研習《孝經》所積累的學術成果。從撰制《御注》及對此修訂乃至建碑的過程，從某些角度，亦見證了玄宗從開元勵精圖治向天寶昏庸怠政的轉變。

　　開元初，玄宗曾自訂《孝經制旨》一書，用以督導宗室諸王勉學《孝經》，敦行孝悌不起反心。開元二年三月玄宗賜薛王業《王羲之草書孝經》，並沿用〈制旨序〉作〈勅薛王業序〉，則為這一舉措實施過程中的具體事例。

　　至開元「始注」及卷首冠以〈元行沖序〉，主要目的在修纂科舉經籍。開元「始注」成立，從而取代舊有朝野爭議的《鄭注》、《孔傳》，不僅達成確立科舉經籍目的，同時為消解朝臣爭執對立發揮了作用。由於元行沖、劉知幾、司馬貞、潘元祚、魏處鳳等協助議定開元《御注》的學者，多為國子博士或擔任諸王侍讀，對皇族子弟的孝治教化亦有發揮作用。

　　天寶二年修訂「重注」，玄宗沿用〈制旨序〉取代「始注」〈元行沖序〉，進而天寶四年建成石臺孝經，用意不僅在於向萬民百姓宣揚「以孝治天下」的文教意圖，還有藉此誇飾玄宗實現「孝治天下」的聖德功業。在天寶初期朝廷上下瀰漫的造神氛圍中，石臺建碑的目的還帶有祝賀皇帝「聖壽延長」，以迎合玄宗個人自負天下太平及希求長生的心理需求。

　　最重要的是玄宗兩次修纂的《御注孝經》皆頒行天下，並明令地方學官勸課及家家收藏，使朝廷推行「孝治天下」的文教政策，得以普及庶民大眾，並成為爾後官方《孝經》的標準注本，為唐代及後代官方推行文教、宣揚孝道發揮了長久的影響力。就歷史意義而言，《御注》成立的價值更在於此。

後　記

　　從五月以來想要撰寫一篇「後記」,然而一直滯於筆端。回鄉探望雙親之際,適逢家中曇花盛開十數朵,清麗怡人。感慨父親辛勤栽培,聯想自己鑽研的苦樂,遂仿陽明《龍江留別》詩句「莫將分手看容易,知是重逢定幾時」,吟詠七言小詩,聊抒心意:

　　　老父耕耘歲月長,曇花綻放夜幽香。
　　　莫道一夕芳菲易,知是歲月細培養。

　　本書得以出版,首先要感謝多年來國科會的研究經費資助,以及眾多師長與親朋的鼓勵和支持。這些幫助使我能夠延續博士論文《秦漢孝經學史研究》的研究,進而對六朝隋唐《孝經》學史課題保持持續的關注與探索。

　　秦漢至隋唐的中古《孝經》學史研究的難點在於文獻資料的匱乏。然而,隨著 20 世紀敦煌和吐魯番文獻的發現,以及簡帛文獻的陸續出土,甚至包括中國以外地區漢文古籍的發現,我們看到了中古《孝經》學的研究取得的喜人進展。長久以來未被澄清或忽略的各種議題,因而得以展開。本書特別針對出土文獻與域外文獻所涉及的課題進行研究,這也是撰寫本書的初衷。

　　由於博士論文《秦漢孝經學史研究》未付出版,本書選取了其中的三篇,其餘七篇則屬於六朝隋唐學史研究範疇的課題。內容涵蓋《孝經》成書的歷史探究、各種《孝經》注疏本傳承的歷史梳理,對漢魏六朝隋唐《孝

經》官學及民間文本的多元傳承進行統觀,對《孝經》義疏學及其政教功能的研究,以及考察漢魏六朝隋唐各時期《孝經》在政治、思想、文化、禮俗等方面的各種影響。這些研究成果已透過本書前後十章的探究獲得了各種新見解。書中各章的推論已在導論中介紹,這裡想闡述幾點書後的心得。

第一,對於《孝經》成立問題的探究。《孝經》作為一個完整的文本,提出了「王者以孝治天下」的思想體系,並以孔子的口述形式表明「孔子述作」的含義。第一章中,透過參照比對新出土文獻與傳世文獻,考證了《孝經》的成立時期、文本特徵及作者,揭示了《孝經》與曾子、樂正子春系列的「曾子十八篇」、《儒家者言》等先秦儒家「私學」範疇的「孝論」有本質上的區別,並與史料傳為傳承者的秦代博士孔鮒等孔氏家學傳人有密切關係。亦即,《孝經》作為一個完整的文本,成立於秦代。然而,關於《孝經》的成立之所以成為古今爭議不斷的課題,其原因在於關於作者的多種推論,例如孔子作、曾子作、曾子門徒作、子思作、樂正子門徒作、孟子門徒作、漢儒作等等。這種多元化的推論在其他儒家經典中並不常見。我們是否應該反思,這些多樣的研究結論是否還源於某種學術視野層面的問題?

正如楊家剛先生指出:「秦代的焚書坑儒對文化的破壞,尤其是儒家綿綿相傳的警語,然而正如諸多學術研究已經一定程度所澄清,焚書並非專門針對儒家,坑儒亦非針對儒家,最成問題的是,秦代對文化的破壞漸漸被等同於秦代毫無學術發展的空間。秦始皇備博士七十而不用,似乎是在法制執行層面上的,討論國家體制等重大議題上,仍然是徵求博士的參與。這與孔子、孟子、稷下學宮的形態類似,所不同者,在於之前的是私學,秦博士是官學。」[1] 秦始皇統一六國,以法家思想治國,上古典籍與諸子百家的書籍多有亡佚,傳統歷史觀多將其歸咎於秦代的「焚書坑儒」,甚或誇大秦代無學術建樹。儘管學界對此多有辯論,但現有研究積累起來的觀點,例如在爭

---

[1] 楊家剛:〈秦漢《尚書》之流傳與秦官藏之《書》不焚再論:兼議罪秦觀念〉,《西江月》第 27 期,2013 年,頁 428。

論《孝經》作者及成書時期這樣的個案問題上，是否存在這類因素的影響，從而有意避開評價秦代學術？期待通過本研究的考察，引發更深入的學術視野層面的思考。

第二，關於《孝經》文本脈絡的歷史還原問題。學界一直沿襲的《孝經》今古文模式，對於釐清《孝經》學術的流傳具有一定意義。然而，「非今即古」的判斷模式，也影響了學術研究中對隋唐以前《孝經》文本性質的判定。藉由本書相關章節的考察已經證實，隨著唐代《御注孝經》被官學規定為「今文本」，加上宋代以後朱熹對《古文孝經》的關注及對今古文經句的重視，導致黃震等學者為了與「古文《孝經》二十二章」對應，把專門稱呼的「今文《御注孝經》十八章」泛化成「今文《孝經》十八章」。也就是說，朱熹、黃震等學者根據當時所見的今古文本來討論漢唐《孝經》今古文，於是十八章本的《孝經鄭注》被理解為與《古文孝經孔氏傳》相對立的「今文本」。

漢代雖然流傳十八章博士所傳的隸書《孝經》和孔壁出古文字《孝經》，但當時並沒有後世所見的《孝經》今古文經學分立的局面，反而劉向、鄭玄等漢代大儒對《孝經》諸本的折中做法，使《孝經》內容逐漸趨同。魏晉南北朝時期，經學崇尚古文而《鄭注》流行，伴隨著皇族以及士人講經風氣的流行，加上六朝重孝的現實需求，使得《孝經》備受關注，促使當時流通最廣的《鄭注》文本再次趨向分化。雖然《孔傳》自民間出現，在梁、陳、隋、唐時期與《鄭注》爭置學官，但僅是官學兩家的並立，並沒有「十八章則為今文」的理解模式。即便後來《御注孝經》被確立為「今文」，從石臺碑刻中留存的隸定古文字來看，實際上《御注》在文本層面，也並非簡單可以用今文來定義。

由此可知，《孝經》今古文本特徵分明並取證於《漢書》、《隋書》所構成的「事實」本身，只是唐代以後學者在確認《孝經》經學文本價值的過程中，逐漸建構起來的理解模式。實際上，《漢書》、《隋書》僅是對當時

官學收藏的《孝經》文本的記述，其他民間流傳的《孝經》諸本源流甚多。經由與敦煌吐魯番等六朝隋唐《孝經》文本的特徵比較，亦能發現相類似的歷史脈絡。

伴隨著唐宋科舉取士選官制度的形成，使得確立官學權威文本成為學術關注的焦點。唐玄宗親自御注《孝經》，其影響不僅在唐代確立了科舉經籍，亦成為《孝經》今古文模式二分的誘因。在以回歸聖人道統的宋代學術視野中，例如朱熹正是批判今文《御注孝經》削〈閨門章〉及分章的不當，從而選取《古文孝經》，將其分為經一章、傳十四章，更刪除舊文二百二十三字，並名之曰「刊誤」，以表明回歸孔子真經的立場。陳振孫稱此書：「抱遺經於千載之後，而能卓然悟疑惑，非豪傑特起獨立之士，何以及此？」[2] 朱彝尊《經義考》亦謂：「自漢以來註疏家莫能刪削經文隻字者，刪之自朱子《孝經刊誤》始也。」[3] 南宋以後，作《注》者多用此本，亦開創了以理說經、剪裁經典的風氣。

亦如陳鐵凡先生所云：「四庫總目曰：孝經……傳注……宋以前……傳者寥寥，宋以後之說，大抵執古文以攻今文，又執朱子《刊誤》以攻古文。於孔曾大義微言反視為餘事……（注孝經集註條）自兩宋迄迄清初，七百年來《孝經》之學，此『執古文以攻今文，執《刊誤》以攻古文』二語足以進之，然則《孝經刊誤》一書影響後世《孝經》學者，其深鉅可想。」[4] 這是指出與「經出聖人」密切相關的今古文經學，往往更成為研判經典價值的依托所在。

清末今文經學巨擘皮錫瑞甚至提出：「必以經為孔子作，始可以言經

---

[2] 宋‧陳振孫著，徐小蠻、顧美華點校：《直齋書錄解題》（上海：上海古籍出版社，1987年），頁71。

[3] 清‧朱彝尊原著，游均晶、許維萍、黃智明點校：《點校補正經義考》（臺北：中央研究院中國文哲研究所籌備處，1999年）第7冊，卷228，頁24。

[4] 陳鐵凡：《孝經學源流》（臺北：國立編譯館，1986年），頁219。

學;必知孔子作經以教萬世之旨,始可以言經學。」[5]依此原則,皮氏不取《御注》,寧取輯佚未備的嚴本《鄭注》做《孝經鄭注疏》,貫徹其一貫的認可漢代今文學的態度。如此,以「經出聖人」的義理保障而獲得文本的合法性同時,亦顯現出對經典取捨的自主任意一面,《孝經》今古文模式的理解方式成爲簡便易用的研究視角,對《孝經》學史研究影響至今,不爲不鉅。

通過本書對《孝經》文本的歷史脈絡還原,我們了解到《孝經》與其他科舉經籍的不同之處,還在於其「孝治天下」的思想特徵,將家族人倫、社會倫理及政治統御連接起來,從而引發歷朝王公貴族至平民百姓的普遍重視。隋唐官學以確立科舉考試的統一文本爲任務,《孝經》的文本統一開始成爲關注點。然而,《孝經》的政教功能一直更爲對應於各種歷史情境,各種文本爲了解決現實問題發揮各自的功用,這更是歷代社會各階層對《孝經》關注的重點。本研究希望提示中古《孝經》各種注解本應從今古文的理解模式中紓解出來,使我們在歷史視野中理解其本來的思想樣貌及所對應的時代課題。

第三,藉由具體澄清《孝經》官學文本的傳遞過程,讓我們了解唐玄宗《御注孝經》的文本制定受到六朝代表性《孝經》注解的影響,表現在對六朝官學文本的繼承而非否定。例如在以《孝經》爲「天子教孝」的立場上,王肅、韋昭云「天子居四海之上,爲教訓之主,爲教易行,故寄易行者宣之」[6]的表達,早已體現出來,並爲《御注》繼承與發展,由此亦可以發現,經典文本的轉變及強調《孝經》今古文皆非焦點,而是因應現實政教功能「孝治天下」的需求,才是把《孝經》作爲官學經典的一貫特徵。亦即,從分裂的南北朝向統一的隋唐王朝過渡過程中,在經典注釋方面,一方面顯

---

[5] 清・皮錫瑞撰、周予同注釋:《經學歷史》(北京:中華書局,1955 年),頁 27。
[6] 唐・唐玄宗御注、宋・邢昺疏:《孝經注疏》(北京:中華書局,1980 年,影印阮元校刻《十三經注疏》本),卷 1,〈天子章第二〉,頁 2546。

現出王者教化的立場不斷被強化同時,另一方面被作為講經勸孝的教科書在社會更廣泛地得到普及。對此,我們可以從本書有關《孝經》義疏學的研究中發現這一特徵。亦即,政治運營實則更多地影響到《孝經》學的文本及義理的演進,並體現在六朝隋唐官學的推動下,無論是從官學文本的傳承,還是從社會廣域的宣傳與民間傳頌,多元豐富的開展形式構成了《孝經》傳播的真實歷史面貌。與其說是隋唐《孝經》學的重大轉折,莫若說是《孝經》學的根本立場仍在於做為聖人經教和通經致用的意義上,在國家政治以及社會各階層的多元展現,才是六朝隋唐《孝經》學的關注點及其保持活力所在。

第四,對新文獻引發新課題的探究與思考。若無敦煌吐魯番《孝經》類文獻的發現與整理,幾乎無法實現《孝經鄭注》的幾近復原;若無《孝經述議》的發現與整理,隋代經學研究亦幾乎是一片空白。本書在《孝經鄭注》及《孝經述議》的文獻學考察及義理思想價值的研究成果,無疑是依據先行文本整理的成就。讓我們瞭解到,在經學課題的研究上,文獻的存廢極大左右著課題開展的範疇、走向與進展,甚至決定課題的存廢。日本見存《王羲之草書孝經》的發現,亦印證了這個觀點。從本書的整理與研究,讓我們看到了其作為佐證文獻的有效性,體現在對《御注孝經》成立真相的研究推展,漢代長孫氏《孝經》學議題因此得以開展,以及發現〈閨門章〉的閨門禮法思想在漢魏六朝發揮過的深遠影響。《孝經》學術由此新資料的出現而別開生面,帶動課題研究的大幅推進甚至呈現全新景象。

《孝經》云「移風易俗,莫善於樂。安上治民,莫善於禮。」[7]文化思想作為人們的精神產物,不是懸浮在空中的亭臺樓閣,亦不僅僅是理論教條,而是始終因應著現實社會發展在與時俱進。尤其在中國傳統文化的「人文化成」與「學以致用」的文化理想指引下,學術思想的使命在於回應時代

---

[7] 唐・唐玄宗御注、宋・邢昺疏:《孝經注疏》,卷 6,〈廣要道章第十二〉,頁 2556中。

的需求，顯現其學術使命及思想的活力。與時俱進的時代要求，使得學術亦需要推陳出新。尤其是代表中國傳統聖人文化、精英士大夫精神的經學，最能代表地傳遞著政治統御與文化關懷的雙重使命。因此，經典以經學的話語權體現出它們在各個王朝的政治權威價值，同時也形成後代以文化價值批判經學御用的嚆矢。加之中國古代王朝的治亂興亡，導致典籍文獻的散失，追尋聖賢遺訓便成為經學的宿命。

因此，隔著歷史的時空，我們用後代傳遞的文本，去思索古代時空情境下的經典意義，首先不可或缺地需要追本溯源，進行考鏡源流的文獻學工作。從後代建構起來的「經典近代化」認同中，抽絲剝繭地尋找到歷史的蹤跡，那麼經史結合的研究方法，應不失為具有實事求是意義的有效方法。一種角度即是從保持著歷史痕跡的出土文獻，或一定程度上與中國歷史王朝意識形態有所隔絕的域外文獻探究中，來還原歷史真相，打開歷史視野，從而有機會發掘更多有效的學術參證，藉以趨近真實，瞭解經典的歷史價值及古人的精神力量。

《孝經》作為漢代以降廣泛推行孝道的最有影響力的經典，尤其在漢魏六朝隋唐時期，一直代表著「以孝治天下」的王朝理想指標，並被不斷烙印上時代的氣息。在前漢崇尚「大一統」的公羊春秋學背景下，董仲舒把《孝經》解釋為奉天承運的政治書，使《孝經》進而在後漢成為體現孔子「志在《春秋》，行在《孝經》」的為漢代專門制定的法典，甚至成為後漢緯書神話中的天授神書。另一方面，劉向將《孝經》視為王官之學、孔子開陳王者孝治之書，鄭玄則以之作為孔子「總會六藝」的文化代表，對《孝經》的學術典獻意義與禮教功能進行了闡揚。

六朝隋唐《孝經》學對兩漢視《孝經》為治政典獻之書的特徵有所繼承和反省，如劉炫《孝經述議》除卻漢代附加給《孝經》的神學觀，將《孝經》看作體認天道之書同時，也認為是體現孔子實踐孝行之書。與兩漢《孝經》學有所不同之處，六朝隋唐《孝經》更為貼近現實生活，上至王公貴族

講經祈福，下至平民百姓普及傳頌，都顯現著《孝經》從家庭到社會、從政治教化到宗教民俗的多方面的影響力。一方面，六朝隋唐各王朝爲了從經典獲得統治的合法依據，便從《孝經》先愛後敬、以孝做忠的體現禮法情誼的理論中，尋求其「孝治天下」的政教功能，並使《孝經》從體現孔子教化的立場，亦漸漸發展向立論天子教化的政治教科書功能。另一方面，重孝風氣使《孝經》更具有了啓蒙經典、官員的任用聘罷，乃至陪葬、治病、祈福、退敵的社會多元功用。

我們可以發現，秦漢至隋唐時期是《孝經》占據著官方學術地位的時期，這是其他時期所沒有的特徵。這就決定了中古時期《孝經》學從理論形成至發揮其「孝治天下」的政教功能，始終是從中古各王朝的政治統治核心，向社會其他階層乃至周邊世界擴展開來的重要時期。即便宋代以後《孝經》漸漸失去官學勢力的保護，主要作爲個人道德修養之書，卻仍然在長久的王朝社會獲得傳播，不失其影響。

從《孝經》本身的思想特徵，我們或者可以獲得一些啓發。《孝經》論孝，一精一博。專講孝道之處，體現出他的「精」的特點。同時，作爲彙集孔子以後儒家孝道思想的集大成之作，其中富含種種孝說，則是它的「博」的所在。其格調之高，既講體現「天經地義民行」的天地人三才之孝，又講「通於神明，光于四海，無所不通」的孝感天地之孝，更在宣明天子「以孝治天下」的德治主張；其說孝之切，在於講身體髮膚，受之父母，不敢毀傷；居則致敬，養則致樂，病則致憂，喪則致哀，祭則致嚴；旁及論述天子、諸侯、卿大夫、士、庶人的行孝方法，又可謂面面俱到。加之文義簡明，膾炙人口，回應了各種場域、各個階層的孝需求，對維繫人倫親情，提倡良善風俗，提供豐富的精神智慧，或許正是《孝經》在中國傳統社會乃至周邊世界獲得廣泛而長久傳播的根本原因所在。

總體而言，本書各章所提出的議題與相關的考察及推論，既有對傳統問題的延伸與推展，也有迄今《孝經》學史研究中未被言及的議題，論證中涉

及眾多的參證文獻——包括傳世文獻、中國失傳而域外見存的文獻、敦煌吐魯番文獻以及新近出土簡帛文獻。還有運用經學史學各種方法論，借鑑許多前賢的重要研究。雖然所提出各種見解與既有推論或有相異，然而並非為了標新立異，而是希望藉由新的文獻史料，提供一些力圖以綜論或專題展現秦漢至隋唐《孝經》學的產生及其各種流傳的歷史脈絡。書中推導出的各種論斷，能為中古《孝經》學形成與演變的歷史樣貌，提供一些不同視角的發現與新成果，或者增添一些新的線索。亦因為學力所限，雖自覺殫精竭慮，內容中提出的某些課題和見解仍不免疏漏和錯誤，切望就教於方家批評指正。

　　本書付諸出版要感謝高柏園教授的支持和鼓勵，並將本書推薦給臺灣學生書局。承蒙陳仕華主編及諸位審查委員的認可，使得本書獲得出版機會。編輯與出版過程中，還獲得陳蕙文編輯始終耐心的提點與幫助，在此一併謹誌謝忱。

　　青年時告別故鄉的父母兄弟，隻身渡日留學，再輾轉渡台，三十載的歲月荏苒，經歷的苦辣酸甜如今都淡去了滋味，留下的只是鬢添的白髮和寒窗燈影的記憶。而「獨在異鄉為異客」的心境愈多，久疏伴隨父母的歉疚愈深。本書出版，要感激我的父母，我的師長，我的妻兒，我的同仁，我的夥伴，還有很多善知識、善心人。他們在不同時期對我的鼓勵和守護，我都能銘記於心。特別在經歷全球蔓延的新冠疫情風暴之後，讓我感恩的是所有人都健康平安。盼望這本充滿感恩之情的研究著述，能對學術有所貢獻，以做為對大家的回報。

徵引書目

一、古籍（按朝代、筆畫排列）

漢・孔安國傳、日・太宰純音：《古文孝經孔氏傳》，收入《文淵閣四庫全書》經部第 182 冊，上海：上海古籍出版社，1987 年。

漢・孔安國傳、日・太宰純音：《古文孝經孔氏傳》，收入《知不足齋叢書》，乾隆四十一年（1776）據享保十七年刊本。

漢・孔安國傳、日・太宰純音：《古文孝經孔氏傳》，享保十七年（1732）東都紫芝園藏版刊本。

漢・孔安國傳、日・清原教隆校點：《仁治本古文孝經孔氏傳》，京都：便利堂，1939 年。

漢・孔安國傳、唐・孔穎達等正義：《尚書正義》，收入清・阮元校刻《十三經注疏》，北京：中華書局，1980 年。

漢・毛亨傳、漢・鄭玄箋、唐・孔穎達疏：《毛詩正義》，收入清・阮元校刻《十三經注疏》，北京：中華書局，1980 年。

漢・司馬遷撰、唐・張守節正義：《史記》，北京：中華書局，1963 年。

漢・何休注，徐彥疏：《春秋公羊傳注疏》，收入清・阮元校刻《十三經注疏》，北京：中華書局，1980 年。

漢・桓寬撰、王利器校注：《鹽鐵論校注》，北京：中華書局，1992 年。

漢・班固撰、唐・顏師古校：《漢書》，北京：中華書局，1962 年。

漢・許慎撰、清・段玉裁注：《說文解字注》，上海：上海古籍出版社，1981 年。

漢・陸賈撰、王利器校注：《新語校注》，北京：中華書局，1986 年。

漢・董仲舒撰：《春秋繁露》，收入《四部叢刊》第 50、51 冊，臺北：臺灣商務印書館，1965 年。

漢・賈誼撰、閻振益、鍾夏校注：《新書校注》，北京：中華書局，2000 年。

漢・趙岐注、宋・孫奭疏：《孟子注疏》，收入清・阮元校刻《十三經注疏》，北京：中華書局，1980 年。

漢・劉向撰、向宗魯校證：《說苑校證》，北京：中華書局，1987 年。

漢・鄭玄注、唐・孔穎達疏：《禮記正義》，收入清・阮元校刻《十三經注疏》，北京：中華書局，1980 年。

漢・鄭玄注、唐・賈公彥疏：《周禮注疏》，收入清・阮元校刻《十三經注疏》，北京：中華書局，1980 年。

漢・鄭玄注、唐・賈公彥疏：《儀禮注疏》，收入清・阮元校刻《十三經注疏》，北京：中華書局，1980 年。

漢・韓嬰撰、屈守元箋疏：《韓詩外傳箋疏》，成都：巴蜀書社，1996 年。

魏・何晏集解、梁・皇侃義疏：《論語集解義疏》，收入《文淵閣四庫全書》第 195 冊，上海：上海古籍出版社，1987 年。

魏・王弼、晉・韓康伯注、唐・孔穎達等正義：《周易正義》，收入清・阮元校刻《十三經注疏》，北京：中華書局，1980 年。

魏・王肅注：《孔子家語》，收入《四部叢刊初編》子部，臺北：臺灣商務印書館，1975 年。

晉・王羲之書、日・保田黃裳等摹、石井熊次郎印：《王羲之草書孝經》，日本東北大學圖書館藏明治十五年仙臺石井熊次郎石印本，1882 年。

晉・王羲之書：《王羲之孝經》，日本名古屋椙山女學園大學圖書館藏本。

晉・王羲之書：《王羲之草本孝經》，名古屋椙山女學園大學圖書館《孝經文庫》所藏本。

晉・王羲之書：《孝經》，日本東京國會圖書館，明治十五年。

晉・王羲之書：《孝經王羲之書》，日本名古屋椙山女學園大圖書館藏五好堂小川庄七本。

晉・王羲之書：《孝經王羲之書》，日本名古屋椙山女學園大圖書館藏用咸和二年奉勅鈔本景印。

晉・王羲之書：《孝經晉王羲之草書》，日本名古屋椙山女學園大圖書館藏井代藏本。

晉・杜預注、唐・孔穎達正義：《春秋左傳正義》，收入清・阮元校刻《十三經注疏》，北京：中華書局，1980 年。

晉・陳壽撰、南朝宋・裴松之注：《三國志》，北京：中華書局，1997 年。

晉・劉邵撰：《人物志》，上海：上海古籍出版社，1990 年。

晉・瞿曇僧伽提婆譯：《增壹阿含經》，收入《大正藏》第 2 冊，No.125。

南朝宋・范曄撰、唐・李賢等注：《後漢書》，北京：中華書局，1965 年。

南朝梁・蕭子顯：《南齊書》，北京：中華書局，1972 年。

南朝梁・蕭統選、唐・李善注：《昭明文選》，北京：京華出版社，2000 年。

北齊・顏之推著、王利器集解：《顏氏家訓集解》，上海：上海古籍出版社，1980 年。

隋・劉炫撰：《孝經述義》，林秀一著：《孝經述議復原に關する研究》收錄本，東京：文求堂書店，1953 年。

唐・令狐德棻等撰：《周書》，北京：中華書局，1971 年。

唐・李延壽撰：《北史》，北京：中華書局，1974 年。

唐・李延壽撰：《南史》，北京：中華書局，1987 年。

唐・李林甫等撰、陳仲夫點校：《唐六典》，北京：中華書局，1992 年。

唐・杜佑撰，王文錦、王永興、劉俊文、徐庭雲、謝方點校：《通典》，北京：中華書局，1982 年。

唐・房玄齡等撰：《晉書》，北京：中華書局，1974 年。

唐・姚思廉撰：《梁書》，北京：中華書局，1973年。
唐・唐玄宗御注、日・屋代弘賢覆刻：《覆卷子本唐開元御注孝經》，收入黎庶昌編《古逸叢書》之五，臺北：藝文印書館，1965年。
唐・唐玄宗御注、宋・邢昺疏：《孝經注疏》，收入《文淵閣四庫全書》第182冊，上海：上海古籍出版社，1987年。
唐・唐玄宗御注、宋・邢昺疏：《孝經注疏》，收入清・阮元校刻《十三經注疏》，北京：中華書局，1980年。
唐・唐玄宗御書：《唐玄宗石臺孝經》，東京：二玄社，1977年。
唐・唐玄宗撰、李林甫注：《大唐六典》，西安：三秦出版社，1991年
唐・陸德明撰：《經典釋文》，上海：上海古籍出版社，1985年。
唐・劉肅撰：《大唐新語》，北京：中華書局，1984年。
唐・鄭綮撰：《開天傳信記》，收入五代・王仁裕等撰、丁如明輯校：《開元天寶遺事十種》，上海：上海古籍出版社，1985年。
唐・魏徵撰、令狐德棻撰：《隋書》，北京：中華書局，1973年。
後晉・劉昫等撰：《舊唐書》，北京：中華書局，1975年。
宋・不著撰人：《宣和書譜》，收入《文淵閣四庫全書》子部・藝術類，第813冊，上海：上海古籍出版社，1987年。
宋・不著撰人：《寶刻類編》，收入《文淵閣四庫全書》史部・目錄類，第682冊，上海：上海古籍出版社，1987年。
宋・王欽若等編纂、周勛初等校訂：《冊府元龜》，南京：鳳凰出版傳媒集團，2006年。
宋・王溥撰：《唐會要》，北京：中華書局，1955年。
宋・王應麟撰、欒保羣等校點：《困學紀聞》，上海：上海古籍出版社，2008年。
宋・王應麟撰：《玉海》，京都：中文出版社，1977年。
宋・司馬光指解、清・范祖禹說：《古文孝經指解》，收入《文淵閣四庫全

書》第 182 冊，上海：上海古籍出版社，1987 年。

宋・司馬光撰：《古文孝經指解》，收入《文淵閣四庫全書》經部第 182 冊，上海：上海古籍出版社，1987 年。

宋・司馬光編撰：《資治通鑑》，北京：中華書局，1956 年。

宋・朱熹撰：《四書章句集注》，收入《新編諸子集成》第 1 輯，北京：中華書局，1983 年。

宋・朱熹撰：《朱子語類》，北京：中華書局，1986 年。

宋・朱熹撰：《孝經刊誤》，收入《文淵閣四庫全書》經部第 182 冊，上海：上海古籍出版社，1987 年。

宋・朱熹撰：《晦庵集》，收入《文淵閣四庫全書》集部第 1145 冊，上海：上海古籍出版社，1987 年。

宋・宋敏求撰：《長安志》，收入《文淵閣四庫全書》史部地理類，第 587 冊，上海：上海古籍出版社，1993 年。

宋・李昉等編纂：《太平御覽》，收入《四部叢刊初編》，上海：上海商務印書館，1922 年。

宋・李昉等編纂：《文苑英華》，北京：中華書局，1982 年。

宋・李燾撰：《續資治通鑑長編》，北京：中華書局，2004 年。

宋・范祖禹撰：《古文孝經說》，收入《孝經注解》，臺北：漢京文化事業有限公司，1985 年。

宋・夏竦撰：《古文四聲韻》，收入《文淵閣四庫全書》第 224 冊，上海：上海古籍出版社，1987 年。

宋・晁公武撰、孫猛校證：《郡齋讀書志校證》，上海：上海古籍出版社，1990 年。

宋・郭忠恕、夏竦編、李零、劉新光整理：《汗簡古文四聲韻》，北京：中華書局，1983 年。

宋・陳振孫撰、徐小蠻、顧美華點校：《直齋書錄解題》，上海：上海古籍

出版社，1987 年。

宋・黃震撰：《黃氏日抄》，收入《文淵閣四庫全書》第 182 冊，上海：上海古籍出版社，1987 年。

宋・董誥等編：《欽定全唐文》，上海：上海古籍出版社，1990 年。

宋・歐陽修、宋祁等撰：《新唐書》，北京：中華書局，1975 年。

宋・黎靖德編：《朱子語類》，北京：中華書局，1986 年。

元・趙孟頫撰：《蘭亭帖十三跋》，殘本現存日本東京國立博物館，高島菊次郎氏寄贈。

元・脫脫等撰：《宋史》，北京：中華書局，1977 年。

明・宋濂等撰：《元史》，北京：中華書局，1978 年。

明・張應文撰：《清秘藏》；收入《文淵閣四庫全書》子部・雜家類，第 872 冊，臺北：臺灣商務印書館，1983 年。

清・丁晏撰：《孝經徵文》，收入《皇清經解續編》卷 847，上海：上海書店，1988 年。

清・丁晏撰：《鄭大司農年譜》，道光同治間山陽丁氏六藝堂刊同治元年匯印《頤志齋叢書》本，收入《北京圖書館藏珍本年譜叢刊》第 6 冊，北京：北京圖書館出版社，1999 年。

清・毛奇齡撰：《孝經問》，收入《文淵閣四庫全書》第 182 冊，上海：上海古籍出版社，1987 年。

清・王先慎撰、鍾哲點校：《韓非子集解》，北京：中華書局，2003 年。

清・王先謙撰、沈嘯寰、王星賢點校：《荀子集解》，收入《新編諸子集成》第 1 輯，北京：中華書局，1988 年。

清・王聘珍撰、王文錦點校：《大戴禮記解詁》，北京：中華書局，1983 年。

清・王鳴盛撰：《尚書後案》，收入《皇清經解》卷 434 上，上海：上海書店，1988 年。

清·永瑢撰：《欽定歷代職官表》，收入《文淵閣四庫全書》第 602 冊，上海：上海古籍出版社，1987 年。

清·皮錫瑞撰、吳仰湘點校：《孝經鄭注疏》，北京：中華書局，2016 年。

清·皮錫瑞撰：《孝經鄭注疏》，收入《師伏堂叢書》，光緒乙未師伏堂刊本。

清·皮錫瑞撰、周予同注釋：《經學歷史》，北京：中華書局，1955 年。

清·皮錫瑞撰：《駁五經異議疏證》，收入《續四庫全書》第 171 冊，上海：古籍出版社，2002 年。

清·朱彝尊撰、游均晶、許維萍、黃智明點校：《點校補正經義考》第 7 冊，臺北：中央研究院中國文哲研究所籌備處，1999 年。

清·余嘉錫撰：《四庫提要辯證》，北京：中華書局，1980 年。

清·沈可培撰：《鄭康成年譜》，道光二十四年吳江沈氏世楷堂刊《昭代叢書》本，收入《北京圖書館藏珍本年譜叢刊》第 6 冊，北京：北京圖書館出版社，1999 年。

清·阮元撰：《曾子注釋》，收入阮元編《皇清經解》卷 803，上海：上海書店，1988 年。

清·姚震宗撰：《七略別錄佚文》，收入《續修四庫全書》916 冊史部·目錄類，上海：上海古籍出版社，2002 年。

清·孫灝撰：《河南通志》，收入《文淵閣四庫全書》史部第 537 冊，上海：上海古籍出版社，1987 年。

清·馬國翰撰：《玉函山房輯佚書》，光緒九年（1883 年）癸未長沙娜嬛館補校刊本。

清·郭慶藩集釋、王孝魚校：《莊子集釋》，北京：中華書局，1986 年。

清·陳立撰、吳則虞點校：《白虎通疏證》，北京：中華書局，1994 年。

清·陳壽祺撰：《五經異議疏證》，收入《續修四庫全書》第 171 冊，上海：上海古籍出版社，2002 年。

清・陳鱣撰：《孝經鄭注》，收入《叢書集成新編》第 25 冊，臺北：新文豐出版公司，1985 年。

清・董誥等編：《欽定全唐文》，上海：上海古籍出版社，1990 年。

清・雷學祺撰：《撰介庵說》，收入《畿輔叢書初篇》經類，北京：中華書局，1985 年。

清・臧庸撰：《孝經鄭氏解輯本》，北京：商務印書館，1959 年。

清・潘任撰：《孝經鄭注考證》，收入《虞山潘氏叢書》，中央研究院傅斯年圖書館藏。

清・鄭珍撰：《鄭學錄》，北京大學圖書館藏清同治四年刊本。

清・嚴可均撰：《孝經鄭注》，北京：商務印書館，1959 年。

清・顧炎武撰：《顧亭林詩文集》，北京：中華書局，1959 年。

江戶・朝川鼎撰：《古文孝經私記》，收入《日本儒林叢書》，東京：鳳出版株式會社，1978 年。

江戶・細川道契撰：《續日本高僧傳》，收入《大日本佛教全書》第 104 冊，東京：佛書刊行會，1917 年。

二、近人著作（按中外、筆畫排列）

上海古籍出版社、法國國家圖書館編：《法藏敦煌西域文獻》全 34 冊，上海：上海古籍出版社，1995-2005 年。

中國社會科學院歷史研究所、中國敦煌吐魯番學會古文獻編輯委員會、英國國家圖書館、倫敦大學亞非學院編：《英藏敦煌文獻（漢文佛經以外的部分）》全 14 冊，成都：四川人民出版社，1990-1995 年。

中國敦煌吐魯番學會、北京大學東方學研究院等編：《敦煌吐魯番研究》，第 1、2、3、4、5 卷，北京大學出版社，1966、97、97、2001 年；第 6、7、8 卷，北京：中華書局，2002、04、05 年。

王兆鵬：《唐代科舉考試詩賦用韻研究》，濟南：齊魯書社，2004 年。

王利器：《鄭康成年譜》，濟南：齊魯書社，1983 年。
王重民：《巴黎敦煌殘卷敘錄》第 2 輯，收入《敦煌叢刊初集》第 9 冊，臺北：新文豐出版公司，1985 年。
王重民：《敦煌古籍敘錄》，北京：中華書局，1979 年。
王重民主編：《敦煌遺書總目索引》，北京：商務印書館，1962 年。
王重民原編、黃永武新編：《敦煌古籍敘錄新編》，臺北：新文豐出版公司，1986 年。
王素：《吐魯番出土高昌文獻編年》，臺北：新文豐出版公司，1997 年。
王素：《敦煌吐魯番文獻》，北京：文物出版社，2002 年。
王國維：《古史新證》，北京：清華大學出版社，1994 年。
王國維：《觀堂集林》，收入《王國維先生全集初編》，臺北：臺灣大通書局，1976 年。
任半塘：《敦煌歌辭總編》，上海：上海古籍出版社，1987 年。
朱嵐：《中國傳統孝道的歷史考察》，臺北：蘭臺出版社，2003 年。
呂妙芬：《孝治天下：孝經與近世中國的政治與文化》，臺北：聯經出版公司，2011 年。
呂思勉：《兩晉南北朝史》，上海：上海古籍出版社，2005 年。
宋剛：《六朝論語學研究》，北京：中華書局，2007 年。
張舜徽：《漢書藝文志通釋》，武漢：湖北教育出版社，1990 年。
肖群忠：《中國孝文化研究》，臺北：五南圖書出版股份有限公司，2002 年。
肖群忠：《孝與中國文化》，北京：北京人民出版社，2001 年。
季羨林主編：《敦煌學大辭典》，上海：上海辭書出版社，1998 年。
林安弘：《儒家孝道思想研究》，臺北：文津出版社，1992 年。
金德建：《經今古文字考》，濟南：齊魯書社，1986 年
侯外盧：《中國思想通史》，北京：人民出版社，1980 年。

俄羅斯科學院東方研究所聖彼得堡分析、俄羅斯科學出版社東方文學部、上
　　海古籍出版社編：《俄藏敦煌文獻》全 17 冊，上海：上海古籍出版
　　社，1992-2001 年。
姜亮夫：《莫高窟年表》，上海：上海古籍出版社，1985 年。
胡平生：《孝經譯注》，北京：中華書局，1996 年。
胡适：《中國哲學史》，收入姜義華編《胡適學術文集》，北京：中華書局，
　　1991 年。
胡適題詞、向達、王重民編寫：《北京大學五十周年紀年敦煌考古工作展覽
　　概要》，北京：北京大學印刷發行，1948 年。
重慶大足石刻藝術博物館、重慶市社會科學院大足石刻藝術研究所合編：
　　《大足石刻銘文錄》，重慶：重慶出版社，1998 年。
首都博物館編：《歷代書法選》，北京：人民美術出版社，1993 年。
唐長孺：《魏晉南北朝史論拾遺》，北京：中華書局，1983 年。
徐俊：《敦煌詩集殘卷輯考》，北京：中華書局，2000 年。
徐望駕：《論語集解義疏語言研究》，北京：中國社會科學出版社，2006
　　年。
徐復觀：《中國孝道思想的形成演變及其歷史中的諸問題》，收入徐復觀
　　《中國思想史論集》，臺北：臺灣學生書局，2002 年。
國家文物局古文獻研究室等編：《吐魯番出土文書（圖錄本）》全 4 冊，北
　　京：文物出版社，1992-1996 年。
國家文物局古文獻研究室等編：《吐魯番出土文書（錄文本）》全 10 冊，
　　北京：文物出版社，1981-1991 年。
康學偉：《先秦孝道研究》，臺北：文津出版社，1992 年。
張涌泉主編、許建平撰：《敦煌經部文獻合集》第 4 冊，北京：中華書局，
　　2008 年。
張碩平等編：《中國孝文化》，西安：陝西人民教育出版社，2007 年。

張嚴：《孝經通識》，臺北：臺灣商務印書館，1970年。
曹方林編：《孝道研究》，成都：巴蜀書社，2000年。
許建平：《敦煌文獻叢考》，北京：中華書局，2005年。
許建平：《敦煌經籍敘錄》，北京：中華書局，2006年。
許道勛、趙克堯：《唐玄宗傳》，北京：人民出版社，1993年。
郭廉夫：《王羲之評傳》，南京：南京大學出版社，1996年。
陳一風：《孝經注疏研究》，成都：四川大學出版社，2007年。
陳奇猷：《呂氏春秋校釋》，上海：學林出版社，1984年。
陳奇猷：《呂氏春秋新校釋》，上海：上海古籍出版社，2002年。
陳金木：《皇侃之經學》，臺北：國立編譯館，1995年。
陳祚龍：《敦煌古抄文獻會最》，臺北：新文豐出版公司，1982年。
陳國燦、劉安志主編：《吐魯番文書總目（日本收藏卷）》，武漢：武漢大學出版社，2005年。
陳寅恪：《金明館叢稿二編》，上海：上海古籍出版社，1980年。
陳愛平：《孝說》，重慶：重慶大學出版社，2007年。
陳壁生：《孝經學史》，上海：華東師範大學出版社，2015年。
陳鐵凡：《敦煌本孝經類纂》，臺北：燕京文化事業股份有限公司，1977年。
陳鐵凡：《孝經鄭氏解抉微・孝經鄭氏解輯銓》，臺北：燕京文化事業股份有限公司，1977年8月
陳鐵凡：《孝經鄭注校證》，臺北：國立編譯館，1987年。
陳鐵凡：《孝經學源流》，臺北：國立編譯館，1986年。
傅亞庶：《孔叢子校釋》，北京：中華書局，2011年。
喬秀岩、葉純芳、顧遷編譯：《孝經述議復原研究》，武漢：崇文書局，2016年。
喬秀岩：《義疏學衰亡史論》，臺北：萬卷樓出版公司，2013年。

敦煌研究院編、施萍婷主撰、邰惠莉助編：《敦煌遺書總目索引新編》，北京：中華書局，2000 年。

焦桂美：《南北朝經學史》，上海：上海古籍出版社，2009 年。

童嶺：《六朝隋唐漢籍舊鈔本研究》，北京：中華書局，2017 年。

舒大剛：《中國孝經學史》，福州：福建人民出版社，2013 年。

華人德、張永強、毛秋瑾等編：《中國書法全集•兩晉南北朝寫經寫本卷》，北京：榮寶齋出版社，2013 年。

馮友蘭：《中國哲學史新編》，北京：人民出版社，1962 年。

黃文弼：《吐魯番考古記》，《考古學特刊》第 3 號，北京：中國科學院，1954 年。

黃永武主編：《敦煌遺書最新目錄》，臺北：新文豐出版公司，1986 年。

黃永武主編：《敦煌叢刊初集》，臺北：新文豐出版公司，1985 年。

黃永武主編：《敦煌寶藏》，臺北：新文豐出版公司，1981-1986 年。

黃懷信：《漢晉孔氏家學與「偽書」公案》，廈門：廈門大學出版社，2011 年。

楊朝明、宋立林主編：《孔子家語通解》，山東：齊魯書社，2009 年。

寧業高等：《中國孝文化漫談》，北京：中央民族大學出版社，1995 年。

榮新江、李肖、孟憲實合編：《新獲吐魯番出土文獻研究論集》，北京：中國人民大學出版社，2010 年。

榮新江：《英國國家圖書館敦煌漢文非佛教文獻殘卷目錄（S.6981-13624）》，臺北：新文豐出版公司，1994 年。

榮新江主編：《吐魯番文書總目（歐美收藏卷）》，武漢：武漢大學出版社，2007 年。

睡虎地秦墓竹簡整理小組：《睡虎地秦墓竹簡》，北京：文物出版社，1990 年。

劉增光：《明代孝經學史研究》，上海：上海古籍出版社，2015 年。

蔡汝堃：《孝經通考》，臺北：臺灣商務印書館，1967年。
蔣伯潛：《十三經概論》，上海：上海古籍出版社，1983年。
蔣伯潛：《諸子通考》，臺北：正中書局，1984年。
薄小瑩：《敦煌遺書漢文紀年卷編年》，吉林：長春出版社，1990年。
羅竹風主編：《漢語大詞典》，上海：漢語大詞典出版社，1993年。
蘇瑩輝：《敦煌學概要》，臺北：臺北編譯館，1988年。
蘇瑩輝著、曾仲威譯：《敦煌》，臺北：藝文印書館，1977年。
釋東初：《中日佛教交通史》，臺北：東初出版社，1985年。
釋禪叡編：《敦煌寶藏遺書索引》，臺北：法鼓文化出版社，1996年。
顧頡剛：《古史辨》，海口：海南出版社，2005年。
英‧翟理斯：《英國博物館藏敦煌漢文寫本注記目錄》，收入《敦煌叢書初集》第1冊，臺北：新文豐出版公司，2000年。
俄‧孟列夫主編，袁席箴、陳華平譯：《俄藏敦煌漢文寫卷敍錄》，上海：上海古籍出版社，1999年。
法‧伯希和編、陸翔譯：《巴黎圖書館敦煌寫本書目》，收入《北平圖書館圖書刊》第7卷6號、第8卷1號，又影印本收入北京：書目出版社，1992年。
日‧小田義久主編：《大谷文書集成》，京都：法藏館，第1卷，1984年；第2卷，1990年；第3卷，2003年。
日‧中里介山：《大菩薩峠34‧白雲の卷》，東京：筑摩書房，1994年。
日‧中野等：《戰爭の日本史16 文祿‧慶長の役》，東京：吉川弘文館，2008年。
日‧石濱純太郎：《敦煌石室の遺書》，懷德堂夏期講演本，大阪：植田政藏印刷，1922年。
日‧宇都宮清吉：《漢代社會經濟史》，東京：弘文堂，1955年。
日‧安居香山，中村璋八輯：《緯書集成》，石家莊：河北人民出版社，19

94年。

日‧池田溫:《中國古代寫本識語集錄》,東京:大藏出版社,1990年。

日‧林秀一:《孝經述議復原に關する研究》,東京:文求堂,1953年。

日‧林秀一:《孝經學論集》,東京:明治書院,1976年。

日‧林秀一撰,喬秀岩、葉純芳、顧遷編譯:《孝經述議復原研究》,武漢:崇文書局,2016年。

日‧武內義雄:《武內義雄全集》第3卷,東京:角川書店,1978年。

日‧阿部隆一:《古文孝經舊鈔本の研究(資料篇)》,《斯道文庫論集》第6輯,東京:慶應義塾大學附屬研究所,1968年。

日‧桑原騭藏:《中國之孝道》,臺灣:中華書局,1980年。

日‧神田喜一郎:《敦煌秘笈留真新編》,收入黃永武主編《敦煌叢書初集》第13冊,臺北:新文豐出版公司,1985年。

日‧淺野裕一:《孔子神話》,東京:岩波書店,1997年。

日‧諸橋轍次:《經學研究序說》,東京:目黑書店,1936年。

三、學刊論文(按中外、筆畫排列)

方建新、王晴:〈宋代宮廷藏書續考——專藏皇帝著作的殿閣〉,《浙江大學學報(人文社會科學版)》第38卷第3期,2008年5月,頁107-115。

王巧生:〈博藏戰國楚竹書(四)《內豊》篇集釋〉,《平頂山學院學報》第23卷第6期,2008年12月,頁72-77。

王正己:〈孝經今考〉,收入《古史辯》第4冊,上海:上海古籍出版社,1982年,頁93-112。

王利器:〈敦煌本孝經義疏跋〉,《圖書季刊》新9卷3、4合期,1948年12月,頁1-3。

王志勇:〈以出土文獻為基礎的《史記》研究綜述〉,《渭南師範學院學報》

2017 年第 1 期（總 32 期），頁 55-58。

王忠林：〈「敦煌歌辭」對孝道的歌頌與宣揚〉，《高雄師大學報》第 4 期，1993 年，頁 1-23。

王素：〈《吐魯番出土文書》〔壹〕附錄殘片考釋〉，《出土文獻研究》第 3 集，北京：中華書局，1996 年，頁 145-169。

王素：〈氏高昌曆法初探〉，《出土文獻研究》續集，北京：文物出版社，1989 年，頁 148-180。

王素：〈西晉索紞寫《道德經》殘卷續論－兼談西晉張儔寫《孝經》殘卷〉，《首都博物館叢刊》，第 17 期，北京：燕山出版社，2003 年，頁 3-11。

王燕君：〈從復原本《孝經述議》管窺劉炫學術特色〉，《天中學刊》第 26 卷第 6 期，2021 年 12 月，頁 125-131。

史應勇：〈傳世《孝經》鄭注的再考察〉，《唐都學刊》第 22 卷 3 期，2006 年 5 月，頁 6-10。

石立善：〈日本古鈔本隋劉炫《孝經述議》引書續考〉，《歷史文獻研究》2018 年第 1 期，2018 年，頁 94-101。

石立善：〈隋劉炫《孝經述議》引書考〉，《中國經學》第 19 期，2016 年 10 月，頁 229-233。

朱玉麟：〈吐魯番新出《論語》古注與《孝經義》寫本研究〉，《敦煌吐魯番研究》第 10 卷，上海古籍出版社，2007 年 9 月，頁 167-173；《新獲吐魯番出土文獻研究論集》，中國人民大學出版社，2010 年，158-173 頁。

朱明勛：〈《孝經》成書說論述〉，《重慶師院哲學報》2001 年 1 期，頁 8-11。

朱明勛：〈論魏晉六朝時期的《孝經》研究〉，《華中科技大學學報》2002 年第 3 期，頁 97-101。

朱海：〈唐玄宗御注《孝經》考〉，《魏晉南北朝隋唐史資料》第 20 期，2003 年 12 月，頁 124-135。

朱鳳玉：〈《俄藏敦煌文獻》11-17 冊中之文學文獻敘錄（初稿）〉，《冉雲華先生八秩華誕壽慶論文集》，臺北：法光出版社，2003 年，頁 57-117。

何直剛：〈《儒家者言》略說〉，《文物》1981 年第 8 期，頁 20-22。

何晉：〈從西漢海昏侯劉賀墓出土竹書看《孝經》今古文問題〉，《文物》2022 年 6 期，2022 年 6 月，頁 68-74。

吳智雄：〈政權、學官、經義的交結—論漢宣帝與穀梁學〉，《成大中文學報》第 37 期，2012 年 6 月，頁 1-36。

吳天宇：〈再論《古文孝經孔傳》的文本構成與歷史語境〉，《文史》2021 年第 4 輯，總第 137 輯，頁 25-44。

呂妙芬：〈做為蒙學與女教讀本的《孝經》－兼論其文本定位的歷史變化〉，《臺大歷史學報》第 41 期，2008 年 6 月，頁 28-29。

呂妙芬：〈做為儀式性文本的《孝經》：明清士人《孝經》實踐的個案研究〉，《近代史研究所集刊》第 60 期，2008 年 6 月，頁 1-46。

呂妙芬：〈晚明士人論《孝經》與政治教化〉，《臺大文史哲學報》第 61 期，2004 年 11 月，頁 223-259。

呂玲娣：〈敦煌本《孝經鄭注義疏》體例特點及其文獻學價值〉，《阜陽師範學院學報（社會科學版）》2018 年第 5 期，頁 60-65。

李正宇：〈土地廟遺屬的發現、特點和入藏年代〉，《敦煌研究》1985 年第 3 期，頁 92-97。

李正宇：〈唐宋時代的敦煌學校〉，《敦煌研究》1986 年第 1 期，頁 39-47。

李正宇：〈敦煌學郎題記輯注〉，《敦煌學輯刊》1987 年第 1 期，頁 26-40。

李百進：〈唐興慶宮平面佈局和勤政務本樓遺址復原研究〉，《古建園林技術》1999 年第 1 期，1999 年 2 月，頁 23-60。

李德超：〈敦煌本孝經校讐〉，《第二屆敦煌國際研討會論文集》，漢學研究中心編印發行，民國 80 年 6 月，頁 101-122。

李學勤：〈日本膽澤城遺址出土《古文孝經》論介〉，《孔子研究》，1988 年第 4 期，頁 95-98。

李學勤：〈竹簡〈家語〉與漢魏孔氏家學〉，《孔子研究》1987 年第 2 期，頁 60-64。

定縣漢墓竹簡整理組：〈《儒家者言》釋文〉，《文物》1981 年第 8 期，頁 13-19。

林麗真：〈論魏晉的孝道觀念及其與政治、哲學、宗教的關係〉，《臺大文史哲學報》，第 40 期，1993 年 6 月，頁 25-52。

金瀅坤：〈《俄藏敦煌文獻》中的西夏科舉「論」稿考─兼論唐宋西夏的科舉試論〉，《敦煌寫本研究年報》第 4 號，2010 年 3 月，頁 101-117。

姜廣輝：〈政治的統一與經學的統一〉，收入姜廣輝編《中國經學思想史》第 2 期，2011 年 11 月，頁 741-742。

施萍婷：〈敦煌研究院藏土地廟寫本源自藏經洞〉，《敦煌研究》1999 年第 2 期，頁 39-46。

柳洪亮：〈交河故城出土唐寫本《孝經》殘卷跋〉，《新出土吐魯番文書及其研究》，新疆：新疆人民出版社，1997 年，（錄文）頁 118-120，（圖版）頁 470。

胡平生：〈日本古文學孝經孔傳的真偽問題─經學史上一件積案的清理〉，《文史》第 23 輯，北京：中華書局，1984 年，頁 287-299。

孫筱：〈孝經小考〉，《心齋問學集》，北京：團結出版社，1993 年。

郗喆：〈魏晉南北朝《孝經》學中的愛敬之論及其影響──以皇侃、劉炫為中心〉，《人文雜志》2023 年 1 期，頁 77-85。

郝春文：〈唐後期五代宋初中印文化對敦煌寺院的影響〉，收入項楚、鄭阿財主編《新世紀敦煌學論集》，成都：巴蜀書社，2003 年 3 月，頁 3

31-337。

馬衡：〈宋范祖禹書《古文孝經》石刻校釋〉，《中央研究院歷史語言研究所集刊》，1948 年 6 月，頁 19-24。

馬鐵浩：〈《古文孝經孔傳》在隋代出現的歷史契機——以劉炫《孝經述議》為中心〉，《殷都學刊》2019 年第 1 期，頁 76-81。

高明士：〈時代區分論與隋唐史教學—秦漢至隋唐為「中古」的初步看法〉，《戰後日本的中國史研究》，臺北：明文書局，1996 年；亦收入《隋唐史教學研討會論文集》，台灣大學歷史學系，1993 年 4 月。

高明士：〈唐代敦煌的教育〉，《漢學研究》第 4 卷第 2 期，1986 年 12 月，頁 231-270。

高啓安、買小英：〈上海古籍出版社《俄藏敦煌文獻》第 11 冊非佛經文獻輯錄〉，《敦煌學輯刊》2003 年第 2 期，頁 9-38。

崔峰：〈晚唐五代宋初地區儒佛兼容的社會文化〉，《敦煌學輯刊》2009 年第 3 期，22-28 頁。

常佩雨：〈《孝經》作者新論〉，《孝感學院學報》第 32 卷第 1 期，2012 年 1 月，頁 5-11。

張重豔：〈唐代豆盧軍雜識——以敦煌吐魯番出土文書為中心〉，《河北青年管理幹部學院學報》2009 年第 6 期，頁 55-60。

張磊：〈上海博物館竹書《內豊》與《大戴禮記》「曾子十篇」〉，《管子學刊》2007 年第 1 期，頁 107-110。

張踐：〈《孝經》的形成及其歷史意義〉，《中國哲學·經學今詮續篇》第 23 輯，瀋陽：遼寧教育出版社，2001 年。

張錫厚：〈敦煌本《詠孝經十八章》補校〉，《敦煌研究》2005 年第 2 期，頁 88-91。

曹仕邦：〈高昌國毛詩、論語、孝經立學官的原因試釋〉，《唐代研究論集》第 4 輯，臺北：新文豐出版公司，1992 年，頁 489-506。

梁濤：〈「仁」與「孝」--思孟學派的一個詮釋向度〉，《儒林》2005年第1輯，上海：上海古籍出版社，2005年。

梁濤：〈樂正氏之儒的「泛孝論」及與思孟學派的關係（上）〉，《孝感學院學報》第26卷第1期，2006年1月。

莊兵〈御注孝經玄宗序の謎〉；《名古屋大學中國哲學論集》第六號，2007年3月，頁149-187。

莊兵：〈《呂氏春秋》引《孝經》經句考辯—兼論《孝經》的成立問題〉，《輔仁國文學報》第24期，2017年5月，頁1-43。

莊兵：〈《孝經》の成立を巡って〉，《日本中國學會報》第54集，2002年10月，頁1-15。

莊兵：〈《孝經・閨門章》考—兼論前漢中後期《孝經》解釋學的思想傾向〉，《中國儒學》第5輯，北京：中國社會科學院出版社，2010年9月，頁352-354。

莊兵：〈《孝經述議》藏本文獻整理與思想價值探究〉，《師大學報》第67卷第1期，2022年3月，頁71-100。

莊兵：〈《孝經鄭注》新辯〉，《名古屋大學中國哲學論集》第3號，2004年3月，頁1-34。

莊兵：〈《御注孝經》的成立及其背景—以日本見存《王羲之草書孝經》為線索—〉，《清華學報》新45卷2期，2015年6月，頁235-274。

莊兵：〈「孔子熱」何去何從〉，《國文天地》第30卷第10期（總第358號），2015年3月，頁65-69。

莊兵：〈「玄宗改經說」新辯〉，《東華漢學》第28集，2018年12月，頁71-100。

莊兵：〈日本見存《王羲之草書孝經》考察〉，《止善》第9期，2010年12月，頁1-23。

莊兵：〈書評林秀一著《劉炫孝經述議復原之研究》〉，《國文天地》第2

9卷7期（總第343號），2013年12月，頁83-86。

莊兵：〈敦煌吐魯番文獻展現的《孝經》今古文〉，《政大中文學報》第27集，2017年6月，頁231-278。

莊兵：〈敦煌吐魯番出土《孝經》研究論介〉，《出土文獻研究視野與方法》第5輯，2014年11月，頁275-309。

莊兵：〈董仲舒「孝經義」考辨〉，《中央大學人文學報》第42期，2010年4月，頁1-43。

莊兵：〈劉向刪繁《孝經》考辯〉，《華梵人文學報》第14期，2010年6月，頁1-42。

許建平：〈《俄藏敦煌文獻》儒家經典類寫本的定名與綴合——以第11—17冊未定名殘片為重點〉，收入浙江大學漢語史研究中心、浙江大學古籍研究所編《薑亮夫、蔣禮鴻、郭在貽先生紀念論文集》，上海教育出版社，2003年；又收入《敦煌文獻叢考》，北京：中華書局，2005年。

許建平：〈英倫法京所藏敦煌寫本殘片八種之定名並校錄〉，《敦煌學》第24輯，頁121-122；後收入《敦煌文獻叢考》，頁322-323。

許建平：〈跋大谷文書中四件未經定名的儒家經籍殘片〉，《敦煌學輯刊》2005年第4期，頁8-13。

郭沂：〈《孝經》新辨〉，《郭店楚簡與先秦學術思想》，上海：上海教育出版社，2001年，頁382-389。

陳一風、馮芳萍：〈《孝經注疏》成書述略〉，《孝感學院學報》第26卷第1期，2006年1月，頁17-20。

陳一風：〈論唐玄宗注《孝經》的原因〉，《長春師範學院學報》第24卷第6期，2005年10月，頁43-46。

陳以鳳：〈今本《古文孝經》孔傳成書問題考辯〉，《孝感學院學報》第29卷第5期，2009年9月，頁27-31。

陳以鳳：〈孔壁出書綜考〉，《唐都學刊》第 24 卷第 5 期，2008 年 9 月，頁 10-13。

陳金木：〈敦煌本《孝經鄭氏解義疏》作者問題重探〉，《嘉義師院學報》第 4 期，1990 年 11 月，頁 147-192。

陳壁生：〈明皇改經與《孝經》學的轉折〉，《中國哲學史》2012 年第 2 期，2012 年 3 月，頁 44-51。

陳鴻森：〈《孝經》孔傳與王肅注考證〉，《文史》2010 年 4 輯，頁 5-32。

陳鴻森：〈《續修四庫全書總目提要‧孝經類》辨證〉，《中央研究院歷史語言研究所集刊》第 69 本，1988 年，頁 314-316。

陳鴻森：〈唐玄宗〈孝經序〉「舉六家之異同」—釋疑唐宋官修注疏之一側面〉，《中央研究院歷史語言研究所集刊》第 74 卷第 1 期，2003 年 3 月，頁 35-62。

陳鴻森：〈漢長孫氏《孝經》有〈閨門〉章說辨惑〉，《復旦學報》2014 年第 4 期，2019 年 10 月，頁 128-144。

陳鐵凡：〈敦煌本《孝經》考略〉，《東海學報》19 期，1978 年 6 月，頁 1-14。

陳鐵凡：〈敦煌本鄭氏孝經序作者稽疑〉，《敦煌學》第 4 輯，1979 年，頁 1-9。

陳鐵凡：〈論鄭氏孝經序——孝經平議之二〉，《大陸雜誌》42 卷 9 期，1971 年 5 月，頁 10-15。

傅振倫：《敦煌寫本古文孝經殘卷一卷》，收入《續四庫全書總目提要‧經部》下冊，北京：中華書局，1993 年，頁 817-818。

喬娜：〈回歸原典：毛奇齡《孝經》學的學術史意義〉，《故宮博物院院刊》2022 年第 11 期（總 247 期），頁 112-124。

曾聖益：〈鄭玄《六藝論》十種輯鞾〉，《國立中央圖書館臺灣分館館刊》第 4 卷第 1 期，頁 70-93。

程蘇東：〈京都大學所藏《孝經述議》殘卷考論〉，《中華文史論叢》第 1 輯，2013 年，頁 67-204、395-396。

舒大剛：〈孝經鄭注真偽諸說平議〉，《儒藏論壇》2012 年第 1 期，頁 85-115。

舒大剛：〈敦煌文獻伯 3382 號《孝經注》作者初探〉，《中華文史論叢》2003 年第 76 期，頁 223-246。

華喆：〈讀喬秀岩《義疏學衰亡史論》〉，《哲學門》2015 年第 2 號，頁 321-329。

買小英：〈由敦煌本《二十四孝》看儒釋倫理的融通〉，《絲綢之路》2019 年第 1 期，頁 54-58。

黃浩波：〈肩水金關漢簡所見《孝經》經文與解說〉，《中國經學》第 25 輯，桂林：廣西師範大學出版社，2019 年。

楊家剛：〈秦漢《尚書》之流傳與秦官藏之《書》不焚再論：兼議罪秦觀念〉，《西江月》第 27 期，2013 年。

楊曾文：〈隱元東渡和日本黃檗宗〉，《中國佛學院學報》第 26 期，2008 年 12 月，頁 14-33。

葉渡：〈西晉寫本《孝經》殘卷初探〉，《首都博物館十五周年論文選》，北京：地質出版社，1996 年，頁 200-207。

董永強：〈唐代西州百姓陪葬《孝經》習俗考論〉，《西北大學學報（哲學社會科學版）》2015 年第 2 期（第 45 卷），2015 年 3 月，頁 15-21。

榮新江：〈《敦煌漢文文獻》評介〉，《中國敦煌吐魯番學會研究通訊》1992 年第 4 期，頁 26-31。

榮新江：〈敦煌文獻與古籍整理〉，《慶祝吳其顯先生八秩華誕敦煌學特刊》，臺北：文津出版社，1996 年 6 月。

趙楠：〈論《詠孝經十八章》〉，《西南民族大學學報（人文社科版）》，總 25 卷第 5 期，2004 年，225-228 頁。

劉波：〈普林斯頓大學東亞圖書館藏吐魯番文書唐寫本經義策殘卷之整理與研究〉，《文獻》2011年第3期，2015年9月，頁10-28。

劉增光：〈《古文孝經孔傳》為偽新證—以《孔傳》與《管子》關係之揭示為基礎〉，《雲南大學學報（社會科學版）》第1期，2014年，頁34-44。

劉增光：〈公天下的隱沒與忠君的凸顯——唐《孝經注疏》的批判性考察〉，《孔子研究》2023年第2期，頁96-108。

劉增光：〈朱熹《孝經刊誤》在明代的流傳與反響〉，《朱子文化》2011年第3期，頁23-26。

劉增光：〈劉炫《孝經述議》與魏晉南北朝《孝經》學—兼論《古文孝經孔傳》的成書時間〉，《復旦學報（社會科學版）》第3期，2015年，頁90-98。

潘忠偉：〈從東晉朝政看《孝經》鄭注地位上升的緣由〉，《重慶理工大學學報》2015年第1期，頁104-108。

潘重規：〈從敦煌遺書看佛教提倡孝道〉，《華岡文科學報》第12期，1980年3月，頁197-219。

潘重規：〈敦煌變文與儒生解經〉，《靜宜文理學院學報》1981年4期，頁1-13。

潘重規：〈簡談幾個敦煌寫本儒家經典〉，《孔孟月刊》第24集12號，1986年8月，頁21-24。

鄭阿財：〈敦煌本《明詩論》與《問對》殘卷初探〉，《第四屆唐代文化學術研討會論文集》，成功大學教務處出版組，1999年，頁303-325。

鄭阿財：〈敦煌寫卷「御注孝經讚並進表」初探〉，《敦煌學》第18期，1992年5月，頁107-115。

魯迅：〈魏晉風度及文章與藥及酒之關係〉，《魯迅學術論著》，杭州：浙江人民出版社，1998年。

羅振玉：〈莫高窟石室秘錄〉，《東方雜誌》6 卷 12 期，1909 年 9 月，頁 81-87。

羅振玉：〈敦煌石室書目及其發現之原始〉，《東方雜誌》6 卷 11 期，1909 年 9 月，頁 42-67。

嚴耀中：〈麴氏高昌時期的《孝經》與孝的觀念〉，《中華文史論叢》第 38 輯，1986 年 6 月，頁 275-282。

竇培德、羅宏才：〈唐興慶宮勤政務本樓花萼相輝樓復原初步研究（上）〉，《文博》第 5 期，2006 年 9 月，頁 81-85。

蘇瑩輝：〈北魏寫本孝經殘葉補校記〉，《大陸雜誌》第 20 卷第 5 期，1960 年 3 月；又收入《敦煌論集》，臺北：臺灣學生書局，1983 年 6 月，頁 283-295。

蘇瑩輝：〈從敦煌北魏寫本論詩序真偽及孝經要義〉，《孔孟學報》第 1 期，1961 年 4 月，頁 79-85。

蘇瑩輝：〈敦煌新出寫本毛詩孝經合考〉，《東方雜誌》第 41 卷第 3 號，1945 年 2 月；後收入孫彥等編：《敦煌學研究》，北京：國家圖書館出版社，2009 年 4 月，頁 1928-1933。

蘇瑩輝：〈敦煌新出寫本孝經校後記〉，《西北日報》第 5 期，1944 年 12 月 12 日。

顧永新：〈《孝經鄭注》回傳中國考〉，《文獻季刊》2007 年第 3 期，2007 年 7 月，頁 217-228。

顧永新：〈日本傳本《古文孝經》回傳中國考〉，《北京大學學報（哲學社會科學版）》第 41 卷第 2 期，2004 年 3 月，頁 100-109。

日‧古勝隆一：〈《孝經》玄宗注の成立〉，《東方學報（京都）》第 72 冊，2000 年 3 月，頁 213-241。

日‧石丸羽菜：〈『孝経述議』復原の三資料からみる中世日本『孝経』解釈の様相〉，《名古屋大學大學院文學研究科教育研究推進室年報》

第 9 期，2015 年 2 月，頁 51-55。

日‧石丸羽菜：〈『孝経秘抄』からみた清原家の『孝経』學〉，《新しい漢字漢文教育》第 61 期，2015 年 11 月，頁 28-35。

日‧石丸羽菜：〈天理大學附屬天理図書館所藏『孝経抄』について：その他の清原家『孝経』抄物との比較から〉，《名古屋大學中國哲學論集》第 15 期，2016 年 3 月，頁 27-44。

日‧石川泰成：〈日本出土木簡‧漆紙文書を用いた『論語』『古文孝經孔氏伝』の隋唐テキストの復原〉，《九州產業大學國際文化學部紀要》第 56 號，2013 年。

日‧石濱純太郎：〈敦煌雜考〉，《支那學》第 4 卷第 2 號，1927 年 3 月，頁 321-326。

日‧吉川忠夫：〈元行沖とその《釋疑》をめぐって〉，《東洋史研究》第 47 卷第 3 期，1988 年 12 月，頁 427-451。

日‧池田溫：〈一九四四年莫高窟土地廟塑像中發現文獻管見〉，收入《敦煌文藪》上冊，臺北：新文豐出版公司，1999 年，頁 1-38。

日‧池澤優：〈中國戰國時代末期の「孝」思想の諸文獻—孝の宗教學‧三〉，筑波大學《地域研究》第 11 集，1993 年，頁 37-68。

日‧林秀一：〈仁治本古文孝經解說〉，收入《孝經學論集》，東京：明治書院，1975 年，頁 249-263。

日‧林秀一：〈再訂敦煌遺書孝經鄭注解說〉，《岡山大學法文學部學術紀要》1959 年第 11 期，頁 67-72。

日‧林秀一：〈孝經鄭注復原に關する研究〉，《岡山大學法文學部學術紀要》1964 年第 21 期，頁 16-31。

日‧林秀一：〈邢昺の孝經注疏校定に就いて〉，收入《孝經學論集》，東京：明治書院，1975 年，頁 178-183。

日‧林秀一：〈敦煌出土孝經義疏解說〉，原載《漢學會雜誌》第 4 卷第 1

號（昭和 11 年，1936 年 3 月）；後經修訂，以題為《敦煌遺書鄭注孝経復原に関する研究》收入《孝經學論集》，頁 109-148。

日·林秀一：〈敦煌遺書孝經鄭注義疏の研究〉，收入《孝經學論集》，東京：明治書院，1975 年，頁 109-148。

日·林秀一：〈敦煌遺書孝經考〉，收入《孝經學論集》，東京：明治書院，1975 年，頁 32-48。

日·林秀一：〈敦煌遺書孝經鄭注本の經文復原について〉，《東方學》1965 年第 29 期，頁 106-117。

日·林秀一：〈敦煌遺書孝經鄭注復原に關する研究〉，收入《孝經學論集》，東京：明治書院，1975 年，頁 65-108。

日·林秀一：〈敦煌遺書孝經鄭注義疏の研究〉，《岡山大學法文學部學術紀要》1956 年第 7 期，頁 13-30。

日·林秀一：〈補訂敦煌出土孝經鄭注〉，原載《書誌學》第 4 卷第 1-5 號，昭和 10 年（1935）1 月-5 月；後經修訂，以題為〈敦煌遺書孝経考〉、〈敦煌遺書孝経鄭注本の経文復原に就いて〉、〈敦煌遺書孝経鄭注復原に関する研究〉三篇收入《孝經學論集》，頁 32-108。

日·長尾秀則：〈玄宗「石臺孝經」成立再考〉，《京都語文》第 6 期，2000 年 10 月，頁 154-169。

日·重澤俊郎：〈公羊傳疏作者時代考〉，原刊《支那學》第 6 卷 4 號，1932 年 12 月。孫彬中譯文，刊《中國文哲研究通訊》第 12 卷第 2 期，2002 年 6 月，頁 11-38。

日·島一：〈母の為の三年の喪—玄宗《孝經》注の背景—〉，《立命館文學》第 551 期，1997 年 11 月，頁 35-54。

日·間嶋潤一：〈鄭玄の祭天思想について—周禮國家における圜丘祭天と郊天〉，《中國文化研究與教育：漢文學會會報》第 45 號，1987 年，頁 25-38。

四、學位論文（按筆畫排列）

林佩儒：《孝經孝治思想研究》，臺北：國立政治大學中國文學系碩士論文，1999年。

莊兵：《秦漢孝經學史研究》，名古屋：日本國立名古屋大學文學研究科博士論文，2004年。

陳金木：《劉焯、劉炫之經學》，臺北：國立政治大學中國文學研究所博士論文，1989年。

楊明璋：《敦煌文學中之諧隱研究》，臺北：國立政治大學中國文學系博士論文，2007年。

趙婕妤：《皮錫瑞《孝經鄭注疏》研究》，桃園：國立中央大學中國文學系碩士論文，2013年。

鄭雅如：《唐代士人的孝道實踐及其體制化》，臺北：國立臺灣大學歷史學系博士論文，2010年。

韓峰：《敦煌本儒家文獻研究》，甘肅：蘭州大學博士論文，2007年。

關開華：《魏晉南北朝孝文化研究》，濟南：山東師範大學碩士學位論文，2012年。

五、報刊網絡資料（按中外、筆畫排列）

「維基百科」之「孝經」，網址：https://zh.wikipedia.org/zh-tw/%E5%AD%9D%E7%B6%93。瀏覽日期：2023年2月2日。

中國古籍保護網：《第三批國家珍貴古籍名錄》，http://pcab.nlc.gov.cn/gjpc/list.action?id=25885，瀏覽日期：2014年4月20日。

中華民國教育部編：《異體字字典（網絡版）》，參見：http://dict2.variants.moe.edu.tw/variants/，瀏覽日期：2015年1月24日。

光明日報編者：〈西域文書的新發現〉，《光明日報》，2013年12月13日10版。

國家圖書館館藏品鑒：《唐代《孝經》鄭注殘片》，公開網址：https://www.sohu.com/a/235160145_391289。瀏覽日期：2018 年 6 月 11 日。

曹景年：〈日傳本《古文孝經孔傳》為隋唐舊書新證〉，「每日頭條」，網址：https://kknews.cc/n/3qkool8.html。瀏覽日期：2013 年 4 月 20 日。

復旦吉大古文字專業研究生聯合讀書會：〈《上博八·顏淵問於孔子》校讀〉，http://fdgwz.org.cn/Web/Show/1592。瀏覽日期：2024 年 4 月 23 日。

隋‧劉炫：《孝經述議 存卷 1、4》，《京都大学貴重資料デジタルアーカイブ》網站：https://rmda.kulib.kyoto-u.ac.jp/item/rb00007930#?c=0&m=0&s=0&cv=0&r=0&xywh=-2130%2C-114%2C7331%2C2275。瀏覽日期：2019 年 1 月 9 日。

網友藏：《王羲之草書孝經》日本拓本，網站：https://blog.sina.com.cn/s/blog_6138b5320102zjug.html。瀏覽日期：2024 年 4 月 23 日。

橋本秀美：〈《儒藏》「日本之部」的獨特價值〉，《光明日報》，2009 年 9 月 21 日。

日‧〈王羲之の筆：孝経について〉，日本網站「高坂堂」，https://kousaka1527.web.fc2.com/ougishi.html。瀏覽日期：2012 年 3 月 15 日。

日‧全國漢籍データベース協議會管理，「全國漢籍データベース—‧日本所藏中文古籍數據庫」，正式公開網頁：http:kanji.zinbun.kyoto-u.ac.jpkanseki。瀏覽日期：2010 年 5 月 5 日。

日‧京都大學附屬圖書館所藏：《清家文庫目錄》，http://edb.kulib.kyoto-u.ac.jp/exhibit/seike/index.html。瀏覽日期：2013 年 4 月 20 日。

日‧宮城縣圖書館：《宮城縣圖書館だより「ことばのうみ」》第 26 號，2007 年 12 月，http:www.library.pref.miyagi.jpkotobanoumi26.html。瀏覽日期：2010 年 4 月 21 日。

日‧野口英司主持：「インターネット圖書館 青空文庫」正式公開網頁：ht

tp:www.aozora.gr.jp。瀏覽日期：2010 年 4 月 10 日。

日・京都大學附屬圖書館所藏：《清家文庫目錄》，http://edb.kulib.kyoto-u.ac.jp/exhibit/seike/index.html。瀏覽日期：2013 年 4 月 20 日。

日・宮城縣圖書館：《宮城縣圖書館だより「ことばのうみ」》第 26 號，2007 年 12 月，http:www.library.pref.miyagi.jpkotobanoumi26.html。瀏覽日期：2010 年 4 月 21 日。

日・野口英司主持：「インターネット圖書館 青空文庫」正式公開網頁：http:www.aozora.gr.jp。瀏覽日期：2010 年 4 月 10 日。

```
國家圖書館出版品預行編目資料

出土文獻與域外文獻視野中的孝經學史新證

莊兵著. – 初版. – 臺北市：臺灣學生，2024.06
面；公分

ISBN 978-957-15-1949-4 (平裝)

1. 孝經  2. 研究考訂

193.17                                          113008803
```

出土文獻與域外文獻視野中的孝經學史新證

著　作　者	莊兵
出　版　者	臺灣學生書局有限公司
發　行　人	楊雲龍
發　行　所	臺灣學生書局有限公司
地　　　址	臺北市和平東路一段 75 巷 11 號
劃撥帳號	00024668
電　　　話	(02)23928185
傳　　　真	(02)23928105
E - m a i l	student.book@msa.hinet.net
網　　　址	www.studentbook.com.tw
登記證字號	行政院新聞局局版北市業字第玖捌壹號
定　　　價	新臺幣六〇〇元
出版日期	二〇二四年六月初版
Ｉ Ｓ Ｂ Ｎ	978-957-15-1949-4

19301　　　有著作權・侵害必究